Die Welt der Jugend

WRITING AND CONSULTING STAFF
CENTER FOR CURRICULUM DEVELOPMENT

RESEARCH AND WRITING
Writer GEORGE WINKLER
Contributing Editor MARGRIT MEINEL DIEHL
Consulting Editor MARINA LIAPUNOV
Consulting Linguist ALFRED S. HAYES, Takoma Park, Md.
Editor ANN CONRAD LAMMERS

CONSULTANTS
General Consultants NELSON BROOKS, New Haven, Conn.
PIERRE J. CAPRETZ, Yale University
Culture Consultant EDELTRAUT EHRLICH, Markgräfliches Gymnasium
Müllheim, Baden-Württemberg

TEACHER CONSULTANTS DOROTHEA BRUSCHKE, Maplewood-Richmond Senior High School
Maplewood, Mo.
JOHN HENNINGER, Bridgewater Raritan High School West
Bridgewater Township, N.J.
GISELA SCHWAB, Ramapo High School
Franklin Lakes, N.J.
ALBERT WEAVER, Bridgewater Raritan High School West
Bridgewater Township, N.J.

Die Welt der Jugend

GERMAN 2

HARCOURT BRACE JOVANOVICH

New York Chicago San Francisco Atlanta Dallas *and* London

PICTURE CREDITS

Positions are shown in abbreviated form, as follows: *t*, top; *b*, bottom; *l*, left; *r*, right.

TEXT PHOTOS

All photos by George Winkler/HBJ Photo except: Page 3 #3 Oscar Buitrago/HBJ Photo; 49 round inset, 54 #3, #4, #5, 55 #7, 56 #13, 57 #22, #23, #24, #25, 58 Courtesy of Gemeinnütziger Verein die Förderer E. V. Landshut; 73 *t* #1 Courtesy of Peugeot Motors of America; #2 Courtesy of Chinetti International Motors; #3 Courtesy of Lincoln-Mercury Division, Ford Motor Company; *b* #1 Courtesy of Volkswagen of America, Inc; 74 Oscar Buitrago/HBJ Photo; 84 *t* #3, *b* #1 Gerhard Gscheidle/HBJ Photo; 91 Oscar Buitrago/HBJ Photo; 117 #1, #3, #4 Robin Forbes/HBJ Photo; #2 Gerhard Gscheidle/HBJ Photo; 145 Gerhard Gscheidle/HBJ Photo; 147 #2 Gerhard Gscheidle/HBJ Photo; #3 Oscar Buitrago/HBJ Photo; 148, 150, 151, 155, 156 Gerhard Gscheidle/HBJ Photo; 177 *tl* Robin Forbes/HBJ Photo; *tr, bl* Gerhard Gscheidle/HBJ Photo; 178, 179 Robin Forbes/HBJ Photo; 188, 189, 193 *bl, br* Oscar Buitrago/HBJ Photo; 197 #6, #8 Gerhard Gscheidle/HBJ Photo; #7 Robin Forbes/HBJ Photo; 227 #1, #2, #3, 228 #4, #5, #6, #7, 236 Courtesy of Firma Pfannkuch, Karlsruhe; 242 Bruce Coleman, Inc.; 243 Werner H. Müller/Peter Arnold Archive; 249 #1 Oscar Buitrago/HBJ Photo.

PLATES

All photos by George Winkler/HBJ Photo except: Plate 4 #1 Joachim Messerschmidt/Bruce Coleman, Inc.; Pl. 5 #2 Eduard Dietl/Bruce Coleman, Inc.; Pl. 8 #2, #3 Joachim Messerschmidt/Bruce Coleman, Inc.; Pl. 13 #2 Toni Schneiders/Bruce Coleman, Inc.; Pl. 14 #3 Edith Reichman/Monkmeyer; Pl. 15 #2 Joachim Messerschmidt/Bruce Coleman, Inc.; Pl. 16 #1 Joachim Messerschmidt/Bruce Coleman, Inc.; #2, #3 Toni Schneiders/Bruce Coleman, Inc.; Pl. 17 #3 Gallery of Modern Art, Munich/Editorial Photocolor Archives; Pl. 19 #4 German Information Center; Pl. 22 #1 Fritz Henle/Photo Researchers, Inc.; #2 Lufthansa German Airlines; Pl. 23 #1, #2 Joachim Messerschmidt/Bruce Coleman, Inc.; #4 The Bettmann Archive; Pl. 24 #1 Gerhard Gscheidle/HBJ Photo; #2 Frederic Olson/Shostal Associates; #3 Dore Bartcky/Bruce Coleman, Inc.; #4 The Bettmann Archive; #5 Gerhard Gscheidle/HBJ Photo; #6 Dore Bartcky/Leo de Wys, Inc.; Pl. 30 #4 Robin Forbes/HBJ Photo; Pl. 32 #1, #4 Robin Forbes/HBJ Photo; #6 Helmut Gritscher/Peter Arnold, Inc.

ART CREDITS

All art by Denman Hampson except: Pages 3 and 113 illustrations by Don Crew; 37 Courtesy of Germanisches Nationalmuseum, Nürnberg; 241, 243, 244, 246, 247, 249 environment decals, 65, 254, 255 cartoons Courtesy of Bundesministerium des Innern, Federal Republic of Germany; Plate 9 map illustrations by Manny Haller. Maps and mechanical art by HBJ Art.

Special Acknowledgments

We wish to express our gratitude to the boys and girls pictured in this textbook, to their parents for their cooperation, to the merchants who let us use their premises, and to the many people who assisted us in making this project possible.

Young People: The students of the twelfth grade at the Besigheimer Gymnasium, especially Rolf, Renate, Brigitte, and Gerhard (Unit 25); the boys and girls of the eighth grade at the Markgräfler Gymnasium in Müllheim, especially Veronika, Ursel, Rainer, and Gert (Unit 26); the girls and boys of the sixth grade at the Markgräfler Gymnasium in Müllheim, especially Ursula, Renate, Rolf, and Hans-Jörg (Unit 27); the Wieland children, Ulrike, Matthias, and Christiane (Unit 29); Harry Braun (Unit 30); Christian Böhmer (Units 30, 32); Peter Niebisch and Babsie Buresch (Units 30, 31, 32, 33, 37); Heidi and Elli (Unit 32); Alois and Franz Reiter (Units 34, 38); the girls and boys of the tenth grade at the Gymnasium in Starnberg, especially Rainer Marcinek, called Marzi (Units 34, 36); Katrin von Lehmann (Unit 34); the boys and girls of the sailing course at Schilksee, and the students of the eighth grade at the Mädchengymnasium in Kiel, especially Sabine and Anke (Unit 35); also Pia Koeller, Hans Niedermayer, Gabi Radler, Gabi Baumgartl, and Elke Weber (Unit 36); Sigrid Knöll, Martina Lankow, Werner Holzer, and Gerda Manthey (Unit 39).

Teachers: Erika Benz, Besigheim; Frau Braun, Müllheim; Fritz and Marianne Brunner, Dornbirn; Edeltraut Ehrlich, Müllheim; Herr Mohr, Müllheim; Herr Schaaff, Starnberg; Henning Schwarz, Kiel; Renate Sprick, Hamburg; Max Strack, Geretsried; Herr Wüstenberg, Kiel.

Our special thanks to Familie Funk, Berlin; Gerhard Lehmann, Karlsruhe; Lore Meinel, Bissingen; Gertrud Meinel, Hamburg; Familie Meyer-Böhringer, Bissingen; Familie Niebisch, München; Dieter von Lehmann, Berlin; Robert Pätzold, Karlsruhe; Familie Wieland, Besigheim; Familie Winkler, München.

Contents

● *basic material*
▲ *grammar*
■ *material for fun and cultural awareness*
▼ *reference*

Contents   vii

PHOTO ESSAY   **Regions of Germany, Part I**   Plates 17 – 24

Contents   **xi**

Sommerball im Gymnasium Besigheim

Der Sommerball im Gymnasium von Besigheim ist ein Ereignis! Schüler, Eltern, ehemalige Schüler, Freunde und Bekannte kommen hier einmal im Jahr zusammen und feiern. Jung und alt vergnügt sich, plaudert und tanzt, isst und trinkt. Wer gibt diesen Ball? Für wen ist der Ball? Die folgenden Seiten erzählen euch alles.

2 *In German-speaking countries, one kind of secondary school is called* das Gymnasium. *Students at the Gymnasium have an intensive academic schedule; they are usually planning to go to college. At the end of their last year they take* das Abitur, *a comprehensive examination that they have to pass to graduate. After this examination there is often a big party for the new* Abiturienten, *the students who have passed the* Abitur.

At the Gymnasium *in Besigheim, a town not far from Stuttgart, this summer party is always organized by the* Zwölftklässler, *the students one year behind the graduating class. They do everything—plan the food, decorations, and music, send out invitations, run the party, and clean up afterwards. Everyone connected with the* Gymnasium *is invited, as well as former students and local business people. The twelfth graders have a special interest in making the* Sommerball *a success each year, as you'll see from their conversation below.*

3 Das Organisationskomitee plante den Ball. ⊗

Schon im März wählten° die Zwölftklässler ihr Komitee: zehn Jungen und Mädchen. Diese Schüler waren das Organisationskomitee für den Sommerball. Sie planten alles für dieses Ereignis°: die Einladungen, das Essen und Trinken, die Dekorationen, die Musik, die Preise° für die Tombola° und die Aufräumearbeiten nach dem Ball. Sie schickten Einladungen an die Eltern, an ehemalige° Schüler, an Freunde, Bekannte° und Geschäftsleute. Sie dachten an alles.

Rolf, der Leiter vom Organisationskomitee, erklärte den Eintrittspreis°: „Der Eintritt kostet sechs Mark, und wir brauchen 400 bis 500 Gäste, wenn wir einen Profit machen wollen. Und die Gäste müssen viel essen und trinken!"

„Die Tombola wird ein Erfolg°", sagte Renate. „Viele Geschäftsleute waren grosszügig und spendeten° tolle Geschenke. Ein Los° kostet ja nur 50 Pfennig, und wenn jeder Gast nur vier Lose kauft, dann kommt Geld in die Kasse."

„Und wir brauchen dieses Jahr eine Menge° Geld für unsere Reise nach Berlin!" sagte Brigitte, eine andere Schülerin.

Das war im März. Drei Monate später, an einem Samstag im Juni, war der Sommerball. Und jetzt lesen wir, was an diesem Samstag alles passierte°.

wählen: *to elect, choose*

das Ereignis: *event*

der Preis: *prize*
die Tombola: *raffle*
ehemalig: *former*
Bekannte: *acquaintances*

der Eintrittspreis: *cost of admission*

der Erfolg: *success*
spenden: *to donate*
das Los: *chance*

eine Menge: *a lot*

passieren: *to happen*

4 Beantwortet die Fragen!

1. Wie oft hat das Gymnasium in Besigheim einen Ball?
2. Wer plant immer den Sommerball?
3. Wen wählten die Zwölftklässler?
4. Warum musste das Organisationskomitee schon im März zusammenkommen?
5. Was plante das Komitee alles?
6. An wen schickte das Komitee Einladungen?
7. Warum brauchten sie 400 bis 500 Gäste?
8. Warum brauchten die Zwölftklässler so viel Geld?

5 Die Schüler dekorierten die Schule.

1

Früh um halb neun lieferte der Blumenhändler die Blumen ab.

2

Er zeigte Renate, wie man die Blumen als Tischdekoration steckt.

3

Bernd und Hans dekorierten die Aula und die Schulräume.

4

Brigitte und Ursel malten alle Schilder und Plakate.

5

Sibylle und ihr Team stellten die Blumen und die Aschenbecher auf die Tische.

6

Rolf redete mit Hausmeister Schmid über die Beleuchtung.

Beantwortet die Fragen!

1. Was machte der Blumenhändler schon um halb neun in der Schule?
2. Was zeigte er Renate?
3. Was machten Bernd und Hans?
4. Was machten Brigitte und Ursel?
5. Und was machte Sibylle und ihr Team?
6. Über was redete Rolf mit Hausmeister Schmid?

Lektion 25   Sommerball im Gymnasium Besigheim   3

7 Was für Werkzeuge brauchen die Zwölftklässler? ⊗

a. Renate macht die Tischdekorationen.

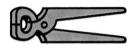

Mit einer Schere schneidet sie die Blumen kürzer.

Sie bindet die Blumen mit Draht zusammen.

Mit einer Zange schneidet sie den Draht.

Dann stellt sie die Blumen in eine Vase.

b. Brigitte und Ursel machen Schilder und Plakate aus Pappe.

Sie beschriften sie mit einem Filzschreiber.

Sie tauchen einen Pinsel in die Tusche und bemalen sie.

Mit Klebstoff kleben sie Dekorationen auf die Plakate.

Sie heften die Plakate mit Reisszwecken ans schwarze Brett.

c. Bernd und Hans dekorieren die Aula.

Mit einer Heftmaschine heftet Bernd die Dekorationen zusammen.

Hans bindet seine Dekorationen mit Schnur fest.

Bernd braucht einen Hammer und Nägel. Er baut den Tisch für die Tombola.

Mit Tesafilm kleben sie gelbes Papier über die Deckenleuchten.

8 Frag deine Klassenkameraden!

1. Was kannst du alles mit einer Schere schneiden?
2. Was machst du mit Tusche?
3. Was kannst du mit Klebstoff kleben?
4. Was brauchst du, wenn du ein Schild ans schwarze Brett hängen willst?
5. Was machst du mit der Heftmaschine?
6. Wann brauchst du einen Filzschreiber?

9 MÜNDLICHE ÜBUNG ⊗

10 TALKING ABOUT THE PAST
The Narrative Past of Weak Verbs

Lest die Beispiele und beantwortet die folgenden Fragen! ⊗

Die Schüler **planen** den Ball.	Die Schüler **planten** den Ball.
Sie **dekorieren** die Aula.	Sie **dekorierten** die Aula.
Ursel **malt** die Schilder.	Ursel **malte** die Schilder.
Rolf **redet** über die Beleuchtung.	Rolf **redete** über die Beleuchtung.

What is the difference between the sentences on the right and those on the left? Which sentences do you think are in the present tense and which in the past?

11 Lest die folgende Zusammenfassung!

1. The narrative past tense — also called simply the past tense — is used a great deal in writing and story-telling. You have already learned the narrative past tense forms of the modal verbs, and of **haben, sein,** and **werden.**

2. All verbs whose past participle ends in **-t** (**geplant, gemalt,** etc.) are weak. The narrative past tense forms of weak verbs are marked by the addition of **-te** to the verb stem. (**Ursel malte; die Schüler planten.**)

3. The **ich**-form and the **er**-form are the same in the narrative past; they have no additional ending. The forms used with the other persons do add endings, as shown below.

Narrative Past Tense Forms of Weak Verbs				
Person	*Verb Stem*	*Past Tense Marker*	*Ending*	*Verb Form*
ich	plan-	**te**	—	ich plante
du	plan-	**te**	**st**	du plantest
er, sie, es	plan-	**te**	—	er plante
wir	plan-	**te**	**n**	wir planten
ihr	plan-	**te**	**t**	ihr plantet
sie, Sie	plan-	**te**	**n**	sie planten

4. Verbs with stems ending in **-t, -d,** or sometimes **-n** have an extra **-e-** between the verb stem and the past tense marker. For these verbs, therefore, the past tense marker is **-ete.**

Infinitive	*Verb Stem*	*Past Tense Marker*	*Verb Form*
warten	wart-	**-ete-**	er wartete
reden	red-	**-ete-**	wir redeten
öffnen	öffn-	**-ete-**	sie öffneten

5. A few irregular weak verbs have a stem vowel and/or consonant change in the past tense forms. You have learned the following verbs of this kind:

Infinitive	*Past Tense*	*Past Participle*
brennen	brannte	gebrannt
bringen	brachte	gebracht
denken	dachte	gedacht
haben	hatte	gehabt
kennen	kannte	gekannt
nennen	nannte	genannt
rennen	rannte	ist gerannt
wissen	wusste	gewusst

6. It is also possible to use the present tense when writing or talking about past events. This is often done to make the events seem especially vivid.

12 Was machten die Zwölftklässler alles?

den Sommerball planen?   Ja, sie planten den Sommerball.
die Schule dekorieren?
die Blumen stecken?
die Schilder malen?
mit dem Hausmeister reden?

13 Und was machte Brigitte alles?

eine Vase holen?   Ja, sie holte eine Vase.
den Blumenhändler fragen?
eine Schnur benutzen?
mit Ursula plaudern?
die Aschenbecher auf die Tische stellen?

14 Jetzt fragt ihr den Rolf.

Er hat etwas gesagt.   Was sagtest du?
geholt / gefragt / gebracht / gewusst

15 SCHRIFTLICHE ÜBUNGEN

a. Schreibt die Antworten für Übungen 12, 13 und 14!
b. Schreibt das folgende Lesestück in der Vergangenheit! *(Use past tense verb forms.)*
    Die Schüler vom Gymnasium in Besigheim feiern ihren Sommerball. Jung und alt vergnügt sich, plaudert und tanzt. Die Tombola ist ein Erfolg. Ein Los kostet nur 50 Pfennig, und die Gäste kaufen viele Lose. Die Geschäftsleute spenden die Geschenke, und sie sind dieses Jahr sehr grosszügig.
    Die Schüler planen den Ball. Sie denken an alles. Sie schicken die Einladungen an Eltern und Freunde, dekorieren die Schule, kaufen das Essen und die Getränke. Sie bedienen die Gäste, plaudern mit ihnen und räumen nach dem Ball wieder alles auf.

16 Was für Musik wird das Orchester spielen?

Walzer, Tangos, Foxtrotts, Cha-Cha-Chas, Schlager von heute und beliebte Melodien, die jeder kennt und beim Tanzen mitsingt.

Gehn wir mal rüber

Gehn wir mal rüber, gehn wir mal rüber,
Gehn wir mal rüber zum Schmidt seiner
  Frau! :|
Der Schmidt, der hat drei Töchterlein,
Die möchten so gerne verheiratet sein!
Gehn wir mal rüber, gehn wir mal rüber,
Gehn wir mal rüber zum Schmidt!

Trinkn wir noch ein Tröpfchen

Trinkn wir noch ein Tröpfchen,
Trinkn wir noch ein Tröpfchen,
Aus dem kleinen Henkeltöpfchen! :|
Oh, Susannah, wie ist das Leben ach so
  schön!
Oh, Susannah, wie ist das Leben schön!

Ein Prosit der Gemütlichkeit

Ein Prosit, ein Prosit der Gemütlichkeit,
Ein Prosit, ein Prosit der Gemütlichkeit!

17 Die Schüler bereiteten das Essen vor.

um drei Viertel sieben

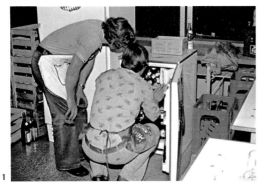

1

Willi und Gerhard sahen noch einmal in den Kühlschrank. „Haben wir alles?"

2

Susi schnitt das Brot mit der Brotmaschine. Kurt half ihr.

18 Der Sommerball begann pünktlich.

um Viertel neun

1

Um Viertel neun kamen die ersten Gäste. Sie kauften ihre Eintrittskarten an der Kasse.

2

Sie bestellten bei Helga belegte Brote und Getränke.

3

Die Gäste assen Schinken-, Salami-, und Käsebrote und tranken Bier, Wein oder alkoholfreie Getränke.

4

Wolf sprach so lange mit den Mädchen, bis er vergass, was sie essen und trinken wollten.

5 Helga bestellte alles in der Küche. „Zwei Glas Besigheimer und ein Käsebrot!"

6 Und Kurt schrieb alles auf, was die Küche verliess.

19 Die Getränkekarte

GETRÄNKEKARTE
Besigheimer Gymnasium

OFFENE WEINE

73er Walheimer Neckarberg	**DM 2,50**
Kerner, weiss	
73er Besigheimer Neckarberg	**DM 2,50**
Trollinger Römerblut, rot	
. . . und für die Dame:	
73er Gemmrigheimer	
Neckarberg	**DM 2,50**
Riesling mit Silvaner	
Neckarperle, weiss	
Schorle rot, weiss	**DM 1,50**

FLASCHENWEINE

73er Besigheimer Neckarberg	**DM 10,00**
0,7 Ltr Riesling, weiss	
Kastellan Kabinett,	
mit Prädikat	
71er Hessigheimer	
Katzenöhrle	**DM 11,00**
0,7 Ltr Schwarzriesling, rot	
Spätlese Gr. Preis DLG 73	
Sekt *Rüttgers Club*	**DM 11,00**

BIER

Stuttgarter Hofbräu, 0,3 Ltr	**DM 2,00**
Herrenpils	

ALKOHOLFREIE GETRÄNKE

Fanta	**DM 1,20**
Coca-Cola	**DM 1,20**
Spezi	**DM 1,20**
Orangensaft	**DM 2,00**
Mineralwasser	**DM –,70**
Tasse Kaffee (ab 23.00 Uhr)	**DM 1,50**

KLEINER IMBISS

Schinkenbrot	**DM 2,50**
Salamibrot	**DM 2,50**
Käsebrot	**DM 2,50**
Ripple mit Brot (garniert)	**DM 4,80**

20 Beantwortet die Fragen!

1. Was machten die Schüler alles um drei Viertel sieben?
2. Wann kamen die ersten Gäste?
3. Was machten sie zuerst?
4. Was bestellten sie bei Helga?
5. Was assen sie? Was tranken sie?
6. Was vergass Wolf? Warum?
7. Was machte Helga? Und Kurt?

Die Uhrzeit
Different Ways to Tell Time

21

1. In Unit 4 of **Unsere Freunde** you learned one way to tell time, while talking about Marianne's school schedule: **Deutsch um 8 Uhr 10, Erdkunde um 9 Uhr 35,** and so forth.

2. You learned about the 24-hour clock in Unit 22, when you practiced reading a railroad schedule: **an 13.10, ab 13.15; an 18.32, ab 18.34; an 22.41, ab 22.47,** and so forth.

3. There is another way to say what time it is, different from both of these. It expresses the time in terms of quarter-hours and half-hours. This is the way most German-speakers tell the time in ordinary conversation.

22 ## Wieviel Uhr ist es? Wie spät ist es? Was sagen wir?

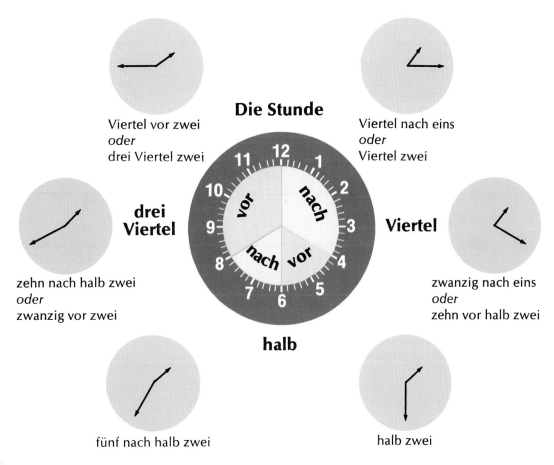

Die Stunde

Viertel vor zwei
oder
drei Viertel zwei

Viertel nach eins
oder
Viertel zwei

drei Viertel

Viertel

zehn nach halb zwei
oder
zwanzig vor zwei

zwanzig nach eins
oder
zehn vor halb zwei

halb

fünf nach halb zwei

halb zwei

23 ## Jetzt sagt ihr, wie spät es ist!

Malt eine Uhr für jede Uhrzeit, und sagt dann, wieviel Uhr es ist! Eure Uhren müssen die folgenden Uhrzeiten zeigen:

1. 4.10 Uhr	4. 4.25 Uhr	7. 4.45 Uhr	10. 8.22 Uhr	13. 11.59 Uhr
2. 4.15 Uhr	5. 4.30 Uhr	8. 4.55 Uhr	11. 9.37 Uhr	14. 12.40 Uhr
3. 4.20 Uhr	6. 4.35 Uhr	9. 7.12 Uhr	12. 10.48 Uhr	15. 12.50 Uhr

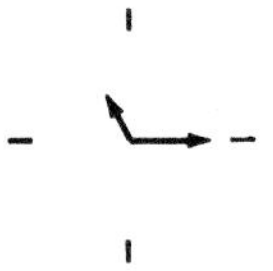

24 Der Ball war ein Erfolg! ☺

Schon um zehn Uhr wussten die Zwölftklässler, dass ihre Feier° ein Erfolg wurde. Die Stimmung° war gut. Das Orchester unter Werner Randecker brachte die Gäste mit Melodien von gestern und heute in Schwung°.

Die Gäste vergnügten sich, sie tanzten, plauderten, assen belegte Brote und tranken Bier, Wein und andere Getränke.

Um Viertel zwölf hielt Rektor° Weil eine Rede°. Sie war kurz. Er verlas° die Namen von den Abiturienten und wünschte ihnen Glück und Erfolg im Leben°. Er dankte Hausmeister Schmid für seine Hilfe mit dem Ball. Dann dankte er den Zwölftklässlern: „Ich hoffe, ihr habt jetzt eine Menge Geld in der Kasse, und ich wünsche euch eine gute Reise nach Berlin! Und wenn ihr alle im nächsten Jahr so fleissig° arbeitet wie für diesen Ball, so werdet ihr bestimmt auch das Abitur bestehen°!"

Dann begann der Verkauf von Losen für die Tombola. Die Verlosung° sollte um Mitternacht stattfinden. Der Verkauf war aber so gut, dass die Schüler die Verlosung um eine halbe Stunde verschieben° mussten. Alle Gäste kauften Lose, denn sie wussten, dass die Preise gut waren. Punkt halb eins° begann die Verlosung. Fast jeder Gast gewann einen Preis.

Glossary (right margin):

die Feier: *celebration, fest, party*
die Stimmung: *atmosphere, mood*
in Schwung bringen: *to put in the mood for a party*

der Rektor: *principal*
eine Rede halten: *to make a speech*
verlesen: *to read off*
das Leben: *life*

fleissig: *industrious(ly)*
das Abitur bestehen: *to pass the Abitur*

die Verlosung: *drawing*

um eine halbe Stunde verschieben: *to postpone for half an hour*
punkt halb eins: *at 12:30 on the dot*

um Viertel zwölf

1 Renate und Helga verkauften Lose für die Tombola.

2 Als Preise gab es Wein, Gläser, Konfekt, Turnschuhe, sogar einen Hasen.

3 Werner Randecker und sein Orchester unterhielt die Gäste.

4 Jung und alt tanzte bis zwei Uhr morgens.

25 Was geschah am nächsten Tag?
Aufräumen und Geld zählen°

zählen: *to count*

Am nächsten Tag arbeiteten zwei Komitees fleissig. Die Jungen und Mädchen vom Aufräumedienst° bauten die Tische und Stühle ab°, nahmen die Dekorationen herunter und räumten die Schule auf. Sie wuschen das Geschirr und brachten es zurück. Sie sammelten die leeren Flaschen ein° und brachten sie zum Supermarkt zurück, wo sie ihr Pfand° zurückbekamen. „DM 118,40 – das kommt gleich in die Kasse!"

der Aufräumedienst: *clean-up crew*
abbauen: *to fold up, put away*

einsammeln: *to collect*
das Pfand: *deposit*

Die Jungen und Mädchen vom Finanzkomitee zählten das Geld. Sie wussten schon, wieviel sie für Lebensmittel und Getränke ausgegeben° hatten. Es zeigte sich bald, dass die Kasse positiv war. Die Reise war gesichert° – eine Woche in Berlin!

ausgeben: *to spend*
s. zeigen: *to become apparent*
gesichert: *assured*

MÜNDLICHE ÜBUNG

Erzählt jetzt, was nach Viertel zwölf alles passiert!

Gebraucht die folgenden Satzstücke im Präsens!
 1. der Sommerball / ein Erfolg werden
 2. die Stimmung / gut sein
 3. das Orchester / die Gäste in Schwung bringen
 4. die Gäste / s. vergnügen
 5. sie / belegte Brote essen / Wein und Bier trinken
 6. der Rektor / eine Rede halten
 7. er / die Namen von den Abiturienten verlesen
 8. er / den Zwölftklässlern danken
 9. dann / der Verkauf von Losen / beginnen
10. alle Gäste / Lose kaufen

Erzählt, was am nächsten Tag alles passiert!

Gebraucht das Präsens! Fangt so an: Zwei Komitees arbeiten fleissig. Sie bauen . . .

SCHRIFTLICHE ÜBUNGEN

Schreibt die Antworten für Übungen 27 and 28!

HÖRÜBUNG

	0	1	2	3	4	5	6	7	8	9	10	11	12
vor dem Ball													
auf dem Ball	✓												
nach dem Ball													

TALKING ABOUT THE PAST
The Narrative Past of Strong Verbs

Lest die Beispiele und beantwortet die folgenden Fragen! ☺

| Die Schüler **sehen** | Die Schüler **sahen** | Willi **sah** |
| im Kühlschrank **nach.** | im Kühlschrank **nach.** | im Kühlschrank **nach.** |

The first sentence refers to present time; the second and third refer to the past. Say the verb form in all three sentences. How does the sound of the stem vowel differ in these three verb forms? Does the third-person verb form have an ending?

| Die Gäste **trinken** Wein. | Die Gäste **tranken** Wein. | Ich **trank** auch Wein. |

Say the verb form in all three sentences. How does the sound of the stem vowel differ in these three verb forms? Does the **ich**-form have an ending?

32 Lest die folgende Zusammenfassung!

1. Strong verbs have a stem vowel change in the past tense: **sehen — sah; trinken — trank.**

2. The **ich**-form and the **er-, sie-, es**-forms of strong verbs have no personal endings; the other verb forms have the same endings as in the present tense.

sehen					
ich	sah	—	wir	sah	**-en**
du	sah	**-st**	ihr	sah	**-t**
er, sie, es	sah	—	sie, Sie	sah	**-en**

3. There is no sure way of predicting the past tense of strong verbs. For each new strong verb, you should learn the past tense along with the infinitive and the past participle. These three forms — infinitive, past tense form, and past participle — are called the principal parts of a verb. From now on, you will be given the three principal parts of each new strong verb.

4. The table below lists the principal parts of the strong verbs appearing in this unit. You should review the past participles and learn the past tense forms of these verbs. In subsequent units you will learn the past tense of other strong verbs you have had.

Infinitive	Past Tense	Past Participle	Infinitive	Past Tense	Past Participle
beginnen	begann	begonnen	sehen	sah	gesehen
bekommen	bekam	bekommen	sein	war	ist gewesen
bestehen	bestand	bestanden	sprechen	sprach	gesprochen
essen	ass	gegessen	stattfinden	fand statt	stattgefunden
geben	gab	gegeben	trinken	trank	getrunken
geschehen	geschah	ist geschehen	unterhalten	unterhielt	unterhalten
gewinnen	gewann	gewonnen	vergessen	vergass	vergessen
halten	hielt	gehalten	verlassen	verliess	verlassen
helfen	half	geholfen	verlesen	verlas	verlesen
kommen	kam	ist gekommen	verschieben	verschob	verschoben
lesen	las	gelesen	waschen	wusch	gewaschen
nehmen	nahm	genommen	werden	wurde	ist geworden
schneiden	schnitt	geschnitten	zusammen-	band zusammen	zusammenge-
schreiben	schrieb	geschrieben	binden		bunden

5. The presence or absence of a prefix does not affect the stem vowel changes in a strong verb. For example, vowel changes in the verb **mithelfen** are the same as in the verb **helfen**.

Willi **hilft.**	Willi **half.**	Willi **hat geholfen.**
Willi **hilft mit.**	Willi **half mit.**	Willi **hat mitgeholfen.**

This rule applies also when the prefix is inseparable, as in the verb **unterhalten**.

Sie **hält** eine Rede.	Sie **hielt** eine Rede.	Sie **hat** eine Rede **gehalten.**
Sie **unterhält** die Gäste.	Sie **unterhielt** die Gäste.	Sie **hat** die Gäste **unterhalten.**

33   USING THE NARRATIVE PAST

1. In general, the narrative past tense is used mostly in writing. It is sometimes used in conversation, too, but with regional variations; one hears it more often in the North than in the South. Both in conversation and in writing, the narrative past tense is used to tell about a sequence of events. It produces a clearer style than the conversational past tense when there are many verbs in succession.

> Das Orchester **spielte,** und die Gäste **vergnügten** sich. Sie **plauderten** und **tanzten.** Sie **assen** belegte Brote und **tranken** Bier und Wein. Dann **hielt** der Rektor eine Rede. Er **verlas** die Namen von den Abiturienten, und er **wünschte** ihnen Glück und Erfolg im Leben. Er **dankte** Hausmeister Schmid für seine Hilfe mit dem Ball.

2. The narrative past is usually not used with the second-person pronouns **du** and **ihr**, especially in speaking. It is more common to say "**Was hast du getrunken?**" or "**Habt ihr eure Lehrerin gefragt?**" than to use past tense forms ("**Was trankst du?**" or "**Fragtet ihr eure Lehrerin?**"). Also, since most story-telling is done in the first and third persons, the second-person forms of the narrative past occur less often.

3. Certain verbs, however, are almost always used in the narrative past, rather than the conversational past, regardless of the personal pronoun. The past tense forms of **haben, sein, werden,** and the modals (and sometimes **wissen**) are usually preferred to the conversational past forms of those verbs, both in speech and in writing.

> Wo **warst** du gestern? — Ich **war** auf dem Sommerball.
> Du **wolltest** doch wegfahren? — Ja, aber ich **konnte** nicht.
> **Hattest** du gestern keine Zeit? — Nein, ich **musste** die Schule aufräumen.
> **Konntest** du nicht anrufen? — Ich **hatte** kein Geld.

Übt eure Verben!

The narrative past is used a great deal in the basic readings of this unit. Read the whole story again, changing all narrative past verb forms to the conversational past. The story will sound more like a conversation, and less like a written account. Begin like this: Schon im März haben die Zwölftklässler ihr Komitee gewählt: zehn Jungen und Mädchen. Diese Schüler sind . . .

Wie war das nun alles?

Eure Klasse plante einen Sommerball. Sagt jetzt, wie das alles war! (Fangt so an: Wir wählten . . .)

1. a. wir / ein Komitee wählen   b. das Komitee / an alles denken   c. wir / Einladungen an Geschäftsleute schicken   d. die Geschäftsleute / Geschenke für die Tombola spenden   e. jeder Gast / viele Lose kaufen   f. viel Geld / in die Kasse kommen   g. wir / einen Profit machen

2. a. um 9.30 Uhr / wir / mit der Arbeit beginnen   b. der Blumenhändler / die Blumen abliefern   c. (Renate) / die Blumen stecken   d. (Bernd und Hans) / die Aula dekorieren   e. (Brigitte und Ursel) / alle Plakate malen   f. (Sibylles) Team / Blumen und Aschenbecher auf die Tische stellen   g. (Rolf) / mit dem Hausmeister reden

3. a. um 8.15 Uhr / die ersten Gäste / kommen   b. sie / die Eintrittskarten an der Kasse kaufen   c. sie / belegte Brote und Getränke bestellen   d. (Susi und Kurt) / in der Küche sein   e. sie / das Brot mit der Brotmaschine schneiden   f. (Willi) / den Schinken aus dem Kühlschrank holen   g. (Wolf) / die Gäste bedienen   h. er / mit den Mädchen sprechen   i. (Kurt) / alles aufschreiben

4. a. am nächsten Tag / zwei Komitees / fleissig arbeiten   b. ein Team / Aufräumedienst haben   c. die Jungen und Mädchen / die Tische und Stühle abbauen   d. sie / die Dekorationen herunternehmen   e. sie / die Schule aufräumen   f. sie / das Geschirr waschen und es zurückbringen   g. sie / die leeren Flaschen einsammeln   h. sie / die Flaschen zum Supermarkt zurückbringen   i. sie / ihr Pfand zurückbekommen

SCHRIFTLICHE ÜBUNG

Schreibt zwei von den Aufgaben in Übung 35!

KONVERSATIONSÜBUNG

Ihr habt eine Feier oder einen Ball in euerm Deutschklub.
1. Ihr wählt vier Teams. Wer sorgt für:
    a. die Einladungen? b. Essen und Getränke? c. Musik und Beleuchtung? d. Dekorationen?
2. Jedes Team plant, was es machen muss.
    a. Wer kauft und schreibt Einladungen? / bringt sie zur Post? / telefoniert?
    b. Was essen und trinken sie? / Wer kauft die Lebensmittel und Getränke? / bäckt? / bereitet das Essen vor? / bedient?
    c. Wer hat einen Plattenspieler? / einen Cassetten-Recorder? / Platten? / Cassetten?
    d. Wer bringt Werkzeuge? / malt Plakate? / stellt Stühle und Tische auf? / steckt Blumen? / macht Tischdekorationen?
3. Ihr wählt ein Finanzkomitee—einen Schüler von jedem Team.
    a. Preise / Tombola / Einladungen b. Wieviel Geld braucht jedes Team?
4. Ihr wählt ein Aufräumeteam.

SCHRIFTLICHE ÜBUNG

Jeder von euch bereitet einen Partyplan vor. Diskutiert eure Pläne in der Klasse und schreibt dann, in Teamarbeit, einen Plan, der euch allen gefällt. Und dann viel Spass auf eurer Party!

39 Wie war denn die Party? ☺

Die Musik war zum Einschlafen!

Was für ein Ereignis!

So etwas Langweiliges!

Was für ein Erfolg!

Nie wieder!

Fast niemand hat getanzt.

Schon um 9 Uhr war das Cola weg.

Wie fad!

Fantastisch! Die Musik war erstklassig!

Das Essen sieht toll aus!

Eine klasse Party! Grossartig!

Keine Phantasie!

Eine miese Party!

Die Fete war Spitze!

Furchtbare Musik — so laut!

Das Essen war schrecklich!

Die Dekorationen sind sauber!

Die Stimmung war prima!

Wie hat dir die Party gefallen?

Du bist bei einer Party oder einer Feier gewesen. Am nächsten Tag fragen dich deine Freunde: „Wie hat dir die Party gefallen? Erzähl uns alles!'' Was sagst du?

41 WORTSCHATZ

1–6
die **Aula, —s** auditorium
der **Ball, ⸚e** dance, prom
der **Bekannte, —n** (den – n)
  acquaintance
die **Beleuchtung** lighting
die **Dekoration, —en** decoration
der **Eintritt** admission
das **Ereignis, —se** event, occasion
der **Erfolg, —e** success
das **Gymnasium, —ien** academic
  secondary school
der **Hausmeister, —** custodian
das **Komitee, —s** committee
das **Los, —e** (lottery) chance
das **Plakat, —e** poster
der **Preis, —e** prize
der **Profit, —e** profit
das **Team, —s** team
die **Tombola, —s** raffle, lottery

der **Aschenbecher, —** ashtray
die **Aufräumarbeit, —en** clean-up
  chores
der **Blumenhändler, —** florist

der **Eintrittspreis, —e** cost of
  admission
die **Geschäftsleute** (pl) business
  people
der **Leiter, —** leader
das **Organisationskomitee, – s**
  organizing committee
der **Schulraum, ⸚e** schoolroom
der **Sommerball, ⸚e** summer dance
die **Tischdekoration, – en** table
  decoration
das **Trinken** drinking; drinks
der **Zwölftklässler, –** twelfth
  grader

abliefern sep to deliver
denken an A (hat gedacht) to
  think of
feiern to celebrate
passieren (ist passiert) to happen
plaudern to chat
reden über A to talk about
schicken an A to send to

spenden to donate
stecken to stick, put
s. **vergnügen** to enjoy o.s.
wählen to elect; to choose

zusammenkommen (ist zusam-
  mengekommen) sep to meet,
  get together

ehemalig former
einmal once
folgend- following
über about

Blumen stecken to arrange flowers
eine Menge (Geld) a lot of
  (money)
einmal im Jahr once a year
halb neun 8:30
im März in March
in die Kasse kommen to go into
  the fund

7-15	die **Deckenleuchte, -n** *ceiling lighting fixture*	die **Schere, -n** *scissors*	**bauen** *to build*
	der **Draht, ⸗e** *wire*	die **Schnur, ⸗e** *string*	**bemalen** *to paint on, draw on*
	der **Filzschreiber, -** *felt-tipped pen*	der **Tesafilm** *transparent tape*	**beschriften** *to write on*
	der **Hammer, ⸗** *hammer*	die **Tusche, -n** *India ink*	**heften** *to fasten, attach*
	die **Heftmaschine, -n** *stapler*	die **Vase, -n** *vase*	**kleben** *to glue, stick*
	der **Klebstoff, -e** *glue, paste*	das **Werkzeug, -e** *tool, equipment*	**tauchen** *to dip*
	der **Nagel, ⸗** *nail*	die **Zange, -n** *wire cutters*	
	die **Pappe** *cardboard, posterboard*		**zusammenbinden** (hat zusammengebunden) sep *to tie together*
	der **Pinsel, -** *paintbrush*		
	die **Reisszwecke, -n** *thumbtack*		**ans schwarze Brett** *on the bulletin board*

16	das **Henkeltöpfchen, -** *little mug*	**beliebt** *popular*	**beim Tanzen** *while dancing*
	das **Leben** *life*	**verheiratet** *married*	**ein Prosit der Gemütlichkeit!** *let's drink to good company and good times!*
	der **Schlager, -** *hit tune*		**gehn wir mal rüber!** *let's go over*
	das **Töchterlein, -** *little daughter*		
	das **Tröpfchen, -** *little drop*		

17-38	das **Abitur** (see note, p. 2)	**abbauen** sep *to fold up, put away*	**an der Kasse** *at the ticket table*
	der **Abiturient, -en** (den - en) (see note, p. 2)	**einsammeln** sep *to collect*	**belegte Brote** *open-faced sandwiches*
	das **Brot, -e** *sandwich*	**verkaufen** *to sell*	**die Kasse war positiv** *we came out ahead (financially)*
	die **Eintrittskarte, -n** *admission ticket*	**vorbereiten** sep *to prepare*	**eine Rede halten** (hält, hielt, hat gehalten) *to give a speech*
	die **Feier, -n** *celebration, party*	**zählen** *to count*	**im Leben** *in life*
	das **Glück** *happiness; good luck*	s. **zeigen** *to appear, become apparent*	**im nächsten Jahr** *next year*
	die **Hilfe** *help*		**in die Kasse kommen** *to go into the fund*
	das **Konfekt** *candy*	**ausgeben** (gab aus, hat ausgegeben) sep *to spend (money)*	**in Schwung bringen** (brachte, hat gebracht) *to put in the mood for a party*
	der **Kühlschrank, ⸗e** *refrigerator*	**bestehen** (bestand, hat bestanden) *to pass (a test)*	**sie bestellten bei Helga** *they ordered from Helga*
	das **Leben, -** *life*	**herunternehmen** (nahm herunter, hat heruntergenommen) sep *to take down*	**um eine halbe Stunde verschieben** *to postpone for half an hour*
	das **Orchester, -** *orchestra*	**verlesen** (verlas, hat verlesen) *to read off*	**zwei Glas Besigheimer** *two glasses of Besigheim wine*
	die **Rede, -n** *speech*	**verschieben** (verschob, hat verschoben) *to postpone*	
	der **Rektor, -en** *principal, director*		
	die **Stimmung** *atmosphere, mood*		
	der **Verkauf** *sale*	**alkoholfrei** *nonalcoholic*	**drei Viertel sieben** *6:45*
	die **Verlosung, -en** *drawing (in a lottery*	**bis** *until*	**Viertel nach eins** *1:15*
		fleissig *industrious, hard-working*	**Viertel neun** *8:15*
	der **Aufräumedienst, -e** *clean-up crew*	**gesichert** *assured, guaranteed*	**Viertel vor zwei** *1:45*
	die **Brotmaschine, -n** *bread-slicing machine*	**herunter-** *down*	**punkt halb eins** *at 12:30 on the dot*
	das **Finanzkomitee, -s** *committee in charge of finances*	**nächst-** *next*	**um Mitternacht** *at midnight*
	die **Getränkekarte, -n** *beverage list*	**spät** *late*	**wie spät ist es?** *what time is it?; how late is it?*
	die **Melodie, -n** *melody*		**wieviel Uhr ist es?** *what time is it?*
	das **Pfand, ⸗er** *deposit*		
	die **Uhrzeit, -en** *time by the clock*		

39	**erstklassig** *first-rate*	**das Cola war weg** *the cola was all gone*	**keine Phantasie** *no imagination*
	fantastisch *fantastic*	**die Fete war Spitze** *the party was terrific*	**wie fad!** *how dull!*
	furchtbar *terrible, awful*	**die Musik war zum Einschlafen** *the music was so bad, you could have fallen asleep*	
	grossartig *terrific*		
	klasse *marvelous, great*		
	mies *bad, lousy*		

26
Unser Ausflug ins Elsass

1. Teil: Hoch-Königsburg ⊗

Gestern regnete es noch, aber als ich heute aufwachte° – was für eine Überraschung°! Die Sonne schien, keine Wolke am Himmel. Ein herrlicher Tag für unsern Schulaus-
5 flug!

Als ich um Viertel vor acht an die Schule kam, stand die ganze Klasse schon vor der Schule. Nicht nur meine Klasse, die 8c, sondern auch alle anderen Klassen von der
10 fünften aufwärts machten an diesem Tage ihren Ausflug. Und die meisten Klassen fuhren mit dem Bus weg.

Ich brauchte meine Klassenkameraden gar nicht lange zu suchen: ich hörte sie schon
15 von weitem. Was für ein Krach! ,,Schau mal, Veronika!'' rief Ursel, als sie mich sah. ,,Was der Bus mit meiner Tasche gemacht hat – einfach platt gefahren°!'' ,,Der Bus- fahrer hat sie nicht gesehen'', meinte Ursula.
20 ,,Du kannst meine Brote haben'', rief Chri- stian. ,,Ein Fasttag für Ursel!'' brüllte Gert, und alle lachten.

Da endlich kam Frau Ehrlich, unsere Klas-
25 senlehrerin. Jeder wollte ihr die Geschichte° noch einmal erzählen. ,,Kommt, Schluss damit°! Steigt ein, damit wir losfahren° können!'' ,,Aber der Herr Mohr ist noch nicht da'', rief einer von hinten. ,,Das macht nichts'', sagte Frau Ehrlich, ,,ich muss

LEXIKON: aufwachen: *to wake up;* die Überraschung: *surprise;* einfach platt gefahren: *simply drove over it and squashed it;* die Geschichte: *story;* Schluss damit!: *that's enough!;* losfahren: *to start driving*

sowieso zuerst sehen, wer von euch fehlt. So, 30 Ruhe bitte! Bender!'' – ,,Hier!'' – ,,Engler!'' – ,,Hier!'' – ,,Fischer! – Fischer! Ja, wo ist denn die Daniela? Sie fehlt also. Hofmann . . .''

Frau Ehrlich war gerade fertig, als Herr Mohr ankam. Er war in der Turnhalle und 35 hatte zwei Bälle geholt. Frau Ehrlich stellte uns dann den Fahrer vor, und es ging los. Müllheim war schnell hinter uns. Fünf Minu- ten später überquerten wir die Autobahn Basel-Frankfurt, und dann hielten wir an. 40 Wir waren an der Grenze nach Frankreich°. Ein Grenzpolizist kam. Er wollte nur wissen, wieviel wir waren und wohin wir fuhren – 27 Schüler, 2 Lehrer und der Fahrer auf dem Weg zur Hoch-Königsburg – und wir durften 45 weiterfahren.

Wir überquerten den Rhein und fuhren jetzt durch eine hübsche° Gegend, die viele von uns noch nicht kannten: Apfel- und Kirschbäume, Felder, kleine Dörfer. 50

,,Du, was heisst denn *Boulangerie* auf deutsch?'' fragte mich Rainer, der hinter mir sass. Ich war nicht sicher. Bevor ich ant- worten konnte, rief Frau Ehrlich: ,,*Boulan- gerie* heisst Bäckerei!'' – ,,Danke!'' – ,,Keine 55 Ursache!°''

Frau Ehrlich sass vorn im Bus neben Herrn Mohr, unserm Sportlehrer. Sie hielt das Mikrofon in der Hand und sagte uns, wenn es etwas zu sehen gab. 60

,,Wir fahren jetzt auf der Elsässischen Weinstrasse'', sagte Frau Ehrlich, ,,und bald kommen wir nach Colmar.''

LEXIKON: Frankreich: *France;* hübsch: *pretty;* keine Ursache!: *don't mention it!*

„Schaut mal nach rechts!" brüllte Gert von
65 hinten. „Ich sehe nur einen Misthaufen¹",
erwiderte° Ursula. Und sie hatte recht°, denn
wir fuhren eben an einem Bauernhof° vorbei.

Wir kamen durch die Stadt Colmar. Colmar hat viele schöne Fachwerkhäuser². Eine
70 nette, alte Stadt. Kaum hatten wir Colmar
verlassen, rief Gert schon wieder von hinten:
„Frau Ehrlich, können wir mal anhalten? Der
Marita ist schlecht°."

Der Bus hielt an, Marita stieg aus. Sie war
75 ganz blass° im Gesicht. „Lauf ein bisschen!
Ihr andern bleibt im Bus —" rief Frau Ehrlich,
als einige aussteigen wollten.

LEXIKON: erwidern: *to reply;* recht haben: *to be right;*
der Bauernhof: *farm;* der Marita ist schlecht: *Marita
feels sick;* blass: *pale*

¹ Almost any German farm that has livestock also has a
Misthaufen, *manure pile,* which is used as fertilizer.

² **Fachwerkhäuser,** *half-timbered houses,* are built with
the structural beams exposed. The spaces between the
beams are filled with plaster, brick, or other mate-
rials. This method of building was used throughout
northern Europe until the 17th century.

Marita kam bald zurück, und wir fuhren
weiter. Die Landschaft wurde bergiger, denn
wir näherten° uns den Vogesen°. „Schaut 80
nach vorn!" sagte Frau Ehrlich durchs Mikrofon. „Ihr könnt jetzt die Hoch-Königsburg
sehen. Ja, oben auf dem Berg." Alle schauten
nach vorn. Die Burg° verschwand aber bald
wieder hinter Bäumen. Der Bus bog jetzt 85
links ab. „Ht. Koenigsbourg³, 2,2 Kilometer", lasen wir auf dem Strassenschild. Die
Strasse wurde steil, eine Kurve nach der
andern, immer höher ging es. Da endlich lag
die Burg vor uns, und der Fahrer hielt auf 90
dem Parkplatz für Busse.

„Einen Moment, bitte!" sagte Frau Ehr-
lich, als wir aus dem Bus aussteigen wollten.
„Ihr habt jetzt 15 Minuten Zeit, bis wir alle
zusammen zur Burg gehen. Nehmt eure 95
Fotoapparate mit! Alles andre könnt ihr im
Bus lassen."

LEXIKON: s. nähern: *to approach;* die Vogesen: *the
Vosges Mountains;* die Burg: *fortress, castle*

³ *Haut Koenigsbourg* is the French spelling of *Hoch-Königsburg.*

4

5

Es dauerte nicht lange, und der Bus war leer. 27 Schüler rannten auf die Ausssichts-
100 terrasse. Die Aussicht war herrlich. Weit unter uns kleine Dörfer und Städte. Die Kirchtürme glänzten in der Sonne. Zwischen den Dörfern Felder und Wälder, Wiesen, Obstgärten, Weinberge. In der Ferne° konn-
105 ten wir sogar den Rhein sehen und dahinter, ganz klein, den Schwarzwald°.

„Wer hat denn französisches Geld mit?" rief Gert ganz laut und unterbrach° die Ruhe

LEXIKON: in der Ferne: *in the distance;* der Schwarz-wald: *Black Forest;* unterbrechen: *to interrupt*

hier oben auf der Terrasse. „Ich möchte mir ein Andenken° kaufen." 110

„Die nehmen auch deutsches Geld", meinte Ursel. „Schau! Ich hab' mir eine Menge Ansichtskarten° gekauft."

„Mensch, an wen schreibst du denn? Hast du so viele Freunde, he? – Du kannst schrei- 115 ben, wenn wir essen", hänselte° Gert.

„Das geht dich nichts an°", sagte Ursel, als sie sich an den Tisch zwischen Katrin und Antje setzte.

LEXIKON: das Andenken: *souvenir;* die Ansichtskarte: *picture post card;* hänseln: *to tease;* das geht dich nichts an: *that's none of your business*

6

7

20

8

120 ,,Kommt jetzt!'' winkte Frau Ehrlich. ,,Wir
gehen jetzt hinauf zur Burg und machen die
Führung mit°. Und du, Veronika'', sagte sie
zu mir, ,,stell dich bitte oben hin und sammle
das Eintrittsgeld ein!''

125 Ein Fussweg führte zur Burg hinauf. An
der Seite standen Bänke, wo sich ältere Leute
ausruhten. Fünf Minuten später gingen wir
durch ein Tor° in den Burghof. Während alle
das Wappen° über dem Tor bewunderten,
130 ging ich mit Frau Ehrlich zur Kasse. Eintrittspreis für Schüler in Gruppen: 50 Pfennig. Ich sammelte das Geld ein, ging zur
Kasse zurück und bekam die Entrittskarten.
Wir bekamen einen Führer, und wir
135 folgten ihm in die Burg. In dem grossen
Waffensaal° sprach er zu uns, zuerst auf
französisch, dann auf deutsch. Ich verstand
nicht sehr viel. Sein Französisch kam mir
Spanisch vor°, und sein Deutsch klang auch
140 merkwürdig°. Aber so sprechen die Leute im
Elsass wohl°. Ich stand ganz hinten, und ich
hörte nur einige Jahreszahlen wie 1147 und
1192, und ich hörte viele Namen von
Kaisern°, Königen° und Herzögen°.

LEXIKON: die Führung mitmachen: *to take the guided
tour*; das Tor: *gate*; das Wappen: *coat-of-arms*; der
Waffensaal: *armor hall*; sein Französisch kam mir Spanisch vor: *his French was Greek to me*; merkwürdig:
strange; wohl: *probably*; der Kaiser: *emperor*; der König: *king*; der Herzog: *duke*

Die Gruppe zog in einen anderen Raum. 145
,,Macht hier ja keine Faxen°'', ermahnte°
Herr Mohr den Gert und den Rainer. Die
beiden standen bei den Waffen, und es sah
so aus, als ob sie ein Schwert von der Wand
nehmen wollten. 150

Wir zogen von Raum zu Raum: mehr Namen, mehr Jahreszahlen. Dann marschierten
wir alle durch den Burggarten, über eine
Zugbrücke°, und wir stiegen hinauf in den
Turm. Die Aussicht von hier oben war noch 155
besser. Vor einer riesigen° Kanone setzte
unser Führer seine Rede fort°. Als er fertig
war, sagte Gert ganz laut und deutlich°: ,,Die
Rede war unter aller Kanone°!'' Wir mussten
natürlich alle lachen, und der arme° Führer 160
stand da und verstand bestimmt nicht warum. Frau Ehrlich sah uns vorwurfsvoll° an
und flüsterte°: ,,Benehmt euch°!''

,,Die Führung ist jetzt zu Ende'', sagte
unser Mann in Blau. ,,Ich bringe Sie nach 165
unten.'' Er war wohl froh°.

Unser nächstes Ziel war der Affenwald.
Wir wollten von der Hoch-Königsburg aus
dorthin laufen. Wir holten unsere Taschen
aus dem Bus, und Herr Mohr sagte dem Fah- 170
rer, dass er mit dem Bus pünktlich um Viertel
nach drei auf dem Parkplatz am Affenwald
sein sollte.

LEXIKON: macht hier ja keine Faxen!: *don't play any
silly pranks here!*; ermahnen: *to warn, admonish*; die
Zugbrücke: *drawbridge*; riesig: *huge*; fortsetzen: *to
continue*; deutlich: *clear*; unter aller Kanone: *very
bad*; arm: *poor*; vorwurfsvoll: *reproachfully*; flüstern:
to whisper; s. benehmen: *to behave o.s.*; froh: *glad*

9

LESEÜBUNG

Jetzt lest ihr diese Geschichte noch einmal, aber diesmal in der Gegenwart, *present tense!* Vielleicht liest jeder von euch einen Satz. Ihr fangt so an: Es regnet, aber als ich heute aufwache – was für eine Überraschung! Die Sonne . . .

MÜNDLICHE ÜBUNG ☺

Beantwortet die Fragen!

1. Warum ist dieser Tag eine Überraschung für Veronika?
2. Was sah und hörte Veronika, als sie zur Schule kam?
3. Was machte Frau Ehrlich, bevor Herr Mohr kam?
4. Was passierte dann alles, bis der Bus über die Grenze war?
5. Beschreibt die Gegend auf der anderen Seite vom Rhein!
6. Wo sass Frau Ehrlich, und was machte sie?
7. Warum hielt der Bus schon kurz nach Colmar an? Was passierte dort?
8. Beschreibt die Gegend, bevor der Bus zur Hoch-Königsburg kam!
9. Was sagte Frau Ehrlich, bevor die Schüler den Bus verlassen konnten?
10. Was sahen die Schüler alles von der Aussichtsterrasse?
11. Warum hänselte Gert die Ursel?
12. Was musste Veronika tun, bevor die Schüler die Führung mitmachen konnten?
13. Beschreibt, wie der Burgführer sprach!
14. Warum musste Herr Mohr den Gert und den Rainer ermahnen?
15. Was sahen die Schüler alles in der Burg?
16. Wohin wollte die Gruppe dann laufen?

SCHRIFTLICHE ÜBUNG

Schreibt eine Antwort zu den Fragen in Übung 4! Ihr dürft die Gegenwart benutzen.

Fragt eure Mitschüler!

1. Wer hat dieses Jahr oder letztes Jahr einen Klassenausflug mitgemacht? Wohin?
2. Wie seid ihr gefahren? Wer ist mitgefahren?
3. Wer hat den Ausflug geplant, und wieviel hat er gekostet?

The castle Hoch-Königsburg is located in the Vosges Mountains on a beautiful spot 755 meters above sea level. A fortress was first built there in the early twelfth century. It was burned down and rebuilt, then burned a second time in 1633, during the Thirty Years' War. After that it stood in ruins until the early twentieth century, when Emperor Wilhelm II of Prussia had it reconstructed in fifteenth-century style.

Alsace, where the castle is situated, was part of Germany at the time of Wilhelm II's reign, but it became part of France at the end of the first World War. The areas of Elsass *and* Lothringen *(in French, "Alsace-Lorraine"), located between France and Germany, have changed hands several times in the course of history, and their local language and customs show the influence of both countries.*

The young people taking this bus trip are students at the Gymnasium in Müllheim, *a town in the* Schwarzwald, *Black Forest, not far from the French border (see map p. 17).*

8 PRINCIPAL PARTS OF STRONG VERBS

Listed below are the principal parts of the strong verbs from the first section of this lesson. You should review the past participles and learn the narrative past forms.

Infinitive	Past Tense	Part Participle	Infinitive	Past Tense	Past Participle
abbiegen	bog ab	ist abgebogen	rufen	rief	gerufen
s. benehmen	benahm	benommen	scheinen	schien	geschienen
bleiben	blieb	ist geblieben	sitzen	sass	gesessen
fahren	fuhr	ist gefahren	stehen	stand	gestanden
gehen	ging	ist gegangen	steigen	stieg	ist gestiegen
heissen	hiess	geheissen	unterbrechen	unterbrach	unterbrochen
klingen	klang	geklungen	verschwinden	verschwand	ist verschwunden
lassen	liess	gelassen	verstehen	verstand	verstanden
laufen	lief	ist gelaufen	ziehen	zog	ist gezogen
liegen	lag	gelegen			

Wie war das nun alles? ☉

Erzählt, und benutzt die Vergangenheit, *past tense!*

1. Die Sonne scheint; es regnet nicht mehr.   Die Sonne schien; es regnete nicht mehr.
   Ich komme um Viertel vor acht an die
      Schule.
   Die ganze Klasse steht vor der Schule.
   Die meisten Klassen fahren mit dem Bus
      weg.
   „Veronika!" ruft Ursel, als sie mich sieht.
   Wir steigen in den Bus und fahren los.

2. An der Grenze halten wir an.
   Ein Grenzpolizist spricht mit dem Fahrer.
   Dann fahren wir weiter.
   Frau Ehrlich sitzt neben Herrn Mohr.
   Sie hält das Mikrofon in der Hand.
   Wie heisst diese Stadt?
   Das ist Colmar.

3. Wir verlassen Colmar.
   Plötzlich hält der Bus.
   Der Marita ist schlecht.
   Sie steigt aus und verschwindet hinter dem Bus.
   Wir bleiben im Bus.
   Marita läuft ein bisschen und kommt zurück.

4. Es geht wieder los.
   Der Bus biegt links ab.
   An der Burg unterbrechen wir unsere Reise.
   Wir bekommen einen Führer.
   Wir ziehen mit ihm von Raum zu Raum.
   Wir verstehen ihn nicht gut.
   Sein Deutsch klingt merkwürdig.

10 PAST TENSE CLAUSES WITH als

The narrative past tense is normally used after **als,** meaning *when.* **Als** generally indicates one single event in the past. A clause with **als** requires verb-last word order.

> Als ich heute **aufwachte,** schien die Sonne.

The **als**-clause can also follow the main clause.

> Die Sonne schien, als ich heute **aufwachte.**

11 SCHRIFTLICHE ÜBUNGEN

a. Schreibt zwei Sätze mit „als", wie im Beispiel!
Beispiel: Veronika wachte auf. Es war schon sieben Uhr.
> *Als Veronika aufwachte, war es schon sieben Uhr.*
> *Es war schon sieben Uhr, als Veronika aufwachte.*

1. Veronika kam an die Schule. Die andern warteten schon.
2. Wir erreichten die Grenze. Der Bus hielt an.
3. Der Bus überquerte den Rhein. Wir waren in Frankreich.
4. Wir kamen nach Colmar. Der Marita wurde schlecht.
5. Marita stieg aus. Wir mussten im Bus bleiben.
6. Sie kam zurück. Wir fuhren weiter.

b. Jetzt schreibt ihr noch sechs andere als-Sätze!

12

2. Teil: Affenwald und Kintzheim

Wir marschierten nun die Strasse hinunter, im Gänsemarsch° an der linken Strassenseite, dem Verkehr entgegen°. „Hier ist ein Pfad°!" rief Gert, und bevor Frau Ehrlich
5 etwas sagen konnte, rannte und rutschte die Klasse den Abhang hinunter und verschwand auf einem kleinen Pfad im Wald. Eine andere Klasse kam uns entgegen. Wir fragten, wo sie herkamen. Vom Affenwald. Wir waren also ganz richtig.   10

Unser Pfad hörte bald auf, und wir kamen auf einen richtigen° Weg. Hier standen Ursel, Katrin und Silvia. Ursel zeigte auf etwas, und Gert rief: „Was macht ihr denn da? Macht ihr vielleicht Waldkunde°?"   15

Herr Mohr kam näher. „Ich wette, dass die meisten von euch nicht einmal° die Bäume kennen, die hier im Walde wachsen." Und jetzt begann das Raten. „Das ist eine Tanne°!"—„Tannen kennt jeder", meinte 20 Frau Ehrlich. „Aber was ist das für ein Baum dort drüben?" Niemand sagte etwas. „Was, Schweigen° im Walde?"—„Eine Buche°", riet Gert. „Nein! Ach, du meine Güte! Ihr habt ja keine Ahnung!"—„Der Gert hat 25 sowieso ein Spatzenhirn°", rief einer von hinten. Alle lachten. „Ihr habt alle Spatzenhirne—das ist eine Eiche°! Seht euch doch

LEXIKON: im Gänsemarsch: *single file;* dem Verkehr entgegen: *against the traffic;* der Pfad: *path*

LEXIKON: richtig: *real;* Waldkunde machen: *to study nature;* nicht einmal: *not even;* die Tanne: *fir;* das Schweigen: *silence;* die Buche: *beech;* das Spatzenhirn: *birdbrain;* die Eiche: *oak*

mal die Blätter an!'' sagte Herr Mohr.

30 Und weiter ging's. Herr Mohr an der Spitze°. Als wir aus dem Wald kamen, was für ein schöner Anblick°! Vor uns eine grosse Wiese mit hohen, hellroten Blumen. ,,Das sind Fingerhüte°'', erklärte Frau Ehrlich.
35 ,,Die sind aber giftig°.''

,,Können wir nicht mal eine Pause machen?'' fragte Silvia. ,,Ich möchte gern ein paar Bilder machen.'' — ,,Alle herkommen!'' rief Rainer. ,,Die Silvia will uns fotogra-
40 fieren!''

,,Mensch, Gert, streich dir doch deine Simpelfransen° aus dem Gesicht!'' rief Katrin.

,,Du musst reden°'', grinste Gert. ,,Wenn du im Bild bleibst, zerreisst° es bestimmt den
45 Film!''

,,Wo steht denn unser Schönster?'' wollte Rainer wissen. ,,Ja, zeig mal deine Zähne°, Jörg! – Ja, sooo . . .''

,,Knips° doch endlich!''
50 Dann ging's weiter. Einige liefen mit

Herrn Mohr voraus, die anderen folgten mit Frau Ehrlich.

,,Herr Mohr! Ich hab' ein paar Pilze° gefunden!'' Rainer kam aus dem Wald gelaufen, zwei Pilze in der Hand. ,,Das sind 55 Steinpilze. Die kann man essen'', meinte Herr Mohr. ,,Aber man soll die Pilze nie herausreissen°! Man soll sie mit dem Messer abschneiden. Dann wachsen wieder neue.''

,,Kommt hierher!'' rief Gert. ,,Hier gibt's 60 was zu essen. Blaubeeren!'' Alle stürzten auf° die Beeren. Sie schmeckten herrlich!

Nach dieser Pause erreichten wir endlich den Affenwald. ,,MONTAGNE DES SINGES'' stand auf einem Schild, und jeder versuchte 65 sein Französisch. Ich musste wieder das Geld für den Eintritt einsammeln, und Gert hänselte mich: ,,Da ist unsere Klassenmutti wieder bei der Arbeit!''

Am Eingang zum Affenwald bekam jeder 70 von uns eine grosse Handvoll Popcorn, und der Mann ermahnte uns, die Anweisungen° auf dem Schild zu beachten. Wir durften die Affen nur mit Popcorn füttern.

LEXIKON: an der Spitze: *in front;* der Anblick: *sight;* der Fingerhut: *foxglove;* giftig: *poisonous;* die Simpelfransen: *simpleton's bangs;* du musst reden: *you should talk;* zerreissen: *to tear up;* der Zahn: *tooth;* knipsen: *to snap (a picture)*

LEXIKON: der Pilz: *mushroom;* herausreissen: *to pull up by the roots;* stürzen auf: *to rush to;* die Anweisungen: *instructions*

3

4

75 „Ich führ' dich an der Hand, Veronika",
sagte Gert zu mir. Er wollte mich wohl über-
zeugen°, dass er lesen kann.

Die Affen waren wirklich süss. Da war
eine Affenmutter mit einem Kleinen auf dem
80 Rücken. Rainer fütterte sie. Dann lief sie
davon°, das Kleine noch immer auf dem
Rücken.

„He! Wen soll ich huckepack tragen°?"
rief Rainer, und er schaute auf mich. Ich
85 lachte. „Du bist viel zu schwach dazu°!"
„Meinst du?" fragte er, aber er versuchte
es nicht!

Die Affen machten uns Spass, aber leider
konnten wir nicht so lange bleiben. Es war
90 Viertel nach drei, und unser Bus wartete
schon auf uns.

LEXIKON: überzeugen: *to convince;* davonlaufen: *to
run away;* huckepack tragen: *to carry piggyback;* du bist
viel zu schwach dazu: *you're much too weak for that*

Wir fuhren jetzt nach Schloss° Kintzheim.
Um vier Uhr fand dort die letzte Raubvogel-
Vorführung° statt. Kintzheim ist eine alte
Schlossruine, wo man Raubvögel – Geier° 95
und Adler° – züchtet und abrichtet°.

Als wir ankamen, gab es auf den Bänken
keine Plätze mehr, und wir setzten uns auf
die Mauer°, die um das Schloss geht. Von
hier aus konnten wir die Vorführung gut 100
sehen. Der Wärter°, die linke Hand in einem
dicken Lederhandschuh°, stand im Hof. Da
flog ein Kaiseradler aus dem Wald, die
Flügel° weit ausgestreckt, und landete auf
dem Lederhandschuh. Dann flog der grosse 105
Raubvogel zu uns und setzte sich nicht weit
von uns entfernt auf die Mauer. Alle bewunderten das schöne Tier.

LEXIKON: das Schloss: *castle;* die Vorführung: *demonstration, show;* der Geier: *hawk:* der Adler: *eagle;*
abrichten: *to train;* die Mauer: *wall;* der Wärter: *keeper;*
das Leder: *leather;* der Flügel: *wing*

5

6

Der Wärter stellte uns drei Geier und drei Adler vor. Jedes Tier flog eine Runde° und bekam eine Maus dafür.

„Ich würde auch bald eine Maus fressen, so einen Hunger hab' ich'', meinte Gert. Als die Vorführung zu Ende war, liefen wir alle
115 schnell zum Parkplatz zurück, wo der Bus auf uns wartete. Wir wollten ja noch ein Picknick machen.

Unser Fahrer hatte schon auf dem Weg nach Schloss Kintzheim einen Picknickplatz gesehen, und dorthin fuhren wir jetzt. Zuerst mussten wir alle Holz° sammeln. Es dauerte ja nicht lange, bis wir genug hatten. Herr Mohr und Rainer machten ein Feuer, und bald spiesste° jeder seine Wurst auf einen
125 Stock° und hielt sie ins Feuer. Antje hatte zwei Kartoffeln mit, in Aluminiumfolie eingepackt, und legte sie in die heisse Asche.

LEXIKON: die Runde: *loop*; das Holz: *wood*; spiessen: *to spear*; der Stock: *stick*

„Aua!'' brüllte Gert plötzlich. „Ich hab' mir die Zunge° verbrannt.'' — „Das geschieht dir recht°!'' erwiderte Silvia. „Jetzt wirst du 130 endlich mal deinen Mund halten!''

Für den Jörg waren die Würstchen wohl nicht gut genug. Er hatte sein Kochgeschirr mit und grillte sich ein grosses Schweine-schnitzel. 135

Antje holte jetzt ihre Kartoffeln aus der Asche; sie waren schnell weich° geworden. „Lass mich mal kosten°!'' bat Rainer. Antje liess ihn beissen. Jetzt wollte Christian auch etwas. „Selber essen macht fett°!'' rief Antje, 140 und sie schob das letzte Stück Kartoffel in den Mund.

Während einige noch assen, spielten andere Volleyball. Frau Ehrlich schlug vor°, dass ich dem Busfahrer jetzt das Trinkgeld 145 geben sollte, und ich holte den Umschlag mit 15 Mark aus meiner Tasche. Ich hatte eine Karte geschrieben: „Vielen Dank. Die 8c vom Markgräfler Gymnasium in Müll-heim.'' 150

Herr Mohr rief dann ein paar Jungen herbei: wir mussten das Feuer ausmachen, und dann ging's leider nach Hause. Es war schon Viertel nach sechs und schon zu spät, um pünktlich nach Hause zu kommen. Unser 155 Fahrer fuhr einen anderen Weg zurück, wieder durch eine ganz schöne Landschaft.

LEXIKON: die Zunge: *tongue;* das geschieht dir recht: *that serves you right;* weich: *soft;* kosten: *to taste;* selber essen macht fett: *I don't get fat on what you eat;* vorschlagen: *to suggest*

7

8

9

10

Wir waren alle müde°. Manche schliefen schon. Da weckte Gert sie auf: „Sie, Herr
160 Fahrer! Können Sie nicht die Blechkutsche° da vor Ihnen überholen? Meine Mutter wartet schon mit dem Abendessen auf mich!" — „Pst, Gert!" winkte Jörg. „Veronika schont sich die Augen°!" Der Fahrer liess sich aber
165 nicht aus der Ruhe bringen°.

Jemand stimmte jetzt leise ein Lied an°. Zuerst klang nur eine Stimme, dann zwei; und bald sang die ganze Klasse mit. „Ein Heller und ein Batzen . . ."⁴ Jetzt wurden
170 alle wieder wach. „Grün, ja grün sind alle meine Kleider . . ." Silvia kannte eine

LEXIKON: müde: *tired;* die Blechkutsche: *old heap;* sie schont sich die Augen: *she's resting her eyes;* er liess sich nicht aus der Ruhe bringen: *he paid no attention;* ein Lied anstimmen: *to start up a song*

⁴ **"Ein Heller und ein Batzen"** is a German folk song. **Heller** and **Batzen** refer to old coins no longer in circulation.

neue Strophe°: „Darum lieb' ich alles, was so blau ist, weil mein Schatz ein Aral-Tankwart° ist."⁵

Mit dem Singen verging die Zeit schnell. 175 Weil wir Verspätung hatten, machte unser Fahrer einen Umweg° und liess einige Schüler vor Müllheim aus dem Bus. Der Rest stieg vor der Schule aus. Da war es jetzt ruhig. Wir waren wohl die letzte Klasse, 180 die vom Ausflug zurückkam.

LEXIKON: die Strophe: *stanza;* der Tankwart: *gas station attendant;* der Umweg: *detour*

⁵ **Aral** is a brand of German gasoline. Aral gas stations are blue and white. The attendants usually wear blue uniforms.

13 LESEÜBUNG

Jetzt lest ihr den zweiten Teil der Geschichte noch einmal, aber diesmal in der Gegenwart, *present tense!* Vielleicht liest jeder von euch einen Satz. Ihr fangt so an: Wir marschieren nun die Strasse hinunter . . .

14 MÜNDLICHE ÜBUNG ◉

15 Beantwortet die Fragen!

1. Wie marschiert die Klasse die Strasse hinunter?
2. Warum bleiben die Schüler nicht auf der Strasse? Wohin kommen sie?
3. Drei Schüler „machen Waldkunde". Beschreibt diese Szene!
4. Was für einen Anblick haben die Schüler, als sie aus dem Wald herauskommen?
5. Beschreibt die Szene, als Silvia fotografieren will!
6. Was hat Rainer im Wald gefunden, und was sagt Herr Mohr?
7. Was hat Gert gefunden?
8. Warum sagt Gert: „Unsere Klassenmutti bei der Arbeit!"?
9. Was, glaubt ihr, steht auf dem Schild?
10. Beschreibt, was die Schüler im Affenwald sehen!
11. Was sehen sich die Schüler dann an?
12. Beschreibt, was die Schüler alles in der Schlossruine sehen!
13. Beschreibt, was die Schüler alles auf dem Picknickplatz tun!
14. Was ist im Umschlag?
15. Beschreibt die Busfahrt zurück zur Schule!

16 SCHRIFTLICHE ÜBUNG

Schreibt eine Antwort zu den Fragen in Übung 15!

MORE PRINCIPAL PARTS OF STRONG VERBS

Listed below are the principal parts of the strong verbs from the second section of this lesson. You should review the past participles and learn the narrative past forms.

Infinitive	Past Tense	Past Participle	Infinitive	Past Tense	Past Particple
beissen	biss	gebissen	schlafen	schlief	geschlafen
bitten	bat	gebeten	singen	sang	gesungen
finden	fand	gefunden	tragen	trug	getragen
fliegen	flog	ist geflogen	tun	tat	getan
fressen	frass	gefressen	vergehen	verging	ist vergangen
herausreissen	riss heraus	herausgerissen	vorschlagen	schlug vor	vorgeschlagen
raten	riet	geraten	wachsen	wuchs	ist gewachsen
schieben	schob	geschoben	zerreissen	zerriss	zerrissen

SCHRIFTLICHE ÜBUNG

For each verb in the chart above, write a sentence in the narrative past. You may want to check the text to see how these verbs were used, but make your sentences different from the ones in the story.

HÖRÜBUNG

	0	1	2	3	4	5	6	7	8	9	10	11	12
auf der Hoch-Königsburg													
im Affenwald													
in Kintzheim													
beim Picknick	✓												

SCHRIFTLICHE ÜBUNG

Prepare a written summary on one or two of the following topics. Use narrative past tense verb forms as much as possible.
1. vor der Abfahrt   2. im Bus zur Burg   3. auf der Hoch-Königsburg   4. auf dem Weg zum Affenwald   5. im Affenwald   6. in Kintzheim   7. das Picknick   8. im Bus nach Hause

KONVERSATIONSÜBUNGEN

a. Eure Klasse will einen Klassenausflug machen. Einige von euch wollen zur Hoch-Königsburg fahren, andere zum Affenwald, andere nach Kintzheim. Versucht, die anderen Klassenkameraden zu überzeugen, warum sie mit euch fahren sollen!

b. Einige von euch wollen eine Wanderung machen, andere haben ein Picknick lieber. Was wollt ihr alle tun? Versucht, die anderen zu überzeugen!

c. Jetzt plant ihr euren eigenen Ausflug! Wann könnt ihr den Ausflug machen? Wohin wollt ihr fahren? Wie fahrt ihr dorthin? Wie teuer wird alles? Wollt ihr euch etwas zu essen mitnehmen? Macht ihr ein Picknick? Was nehmt ihr mit?

22 Bäume und Feldblumen, Pilze und Beeren ⊗

die Tanne   die Kiefer   die Kastanie   die Eiche

die Trollblume   der Fingerhut   der Löwenzahn   die Margerite   das Veilchen   die Primel

der Steinpilz   der Pfifferling   der Reizker   Preiselbeeren   Blaubeeren   Himbeeren

23 Schülerdeutsch ⊗

Like all students, students in Germany have their own special language. It includes not only familiar colloquial expressions, but also Schülerdeutsch — words and expressions used only by students. See if you can match the following with the standard German on the next page.

Das war unter aller Kanone!   *Wenn du im Bild bleibst, zerreisst es den Film!*

Streich dir deine Simpelfransen aus dem Gesicht!   **Das kommt mir Spanisch vor.**

So'ne Blechkutsche!

Halt deinen Mund!   **Das geschieht dir recht!**

Sie schont sich die Augen.   *Du hast ein Spatzenhirn!*

Das geht dich nichts an!

Schweigen im Walde!

Das ist unser Schönster!   *Selber essen macht fett!*

Du musst reden!   **Im Gänsemarsch**

Unsere Klassenmutti!   *Mach ja keine Faxen!*

1. Sie schläft.
2. hintereinander
3. Du vergisst sehr viel.
4. Sei still!
5. unsere Klassensprecherin
6. Das ist nicht deine Sache.
7. Mach keine Dummheiten!
8. Das versteh' ich nicht.
9. Die Haare fallen dir in die Augen.
10. Das war sehr schlecht.
11. ein altes Auto
12. Niemand antwortet.
13. Der sieht gut aus!
14. Dich will ich nicht fotografieren!
15. Ich esse lieber alles selbst.
16. Das kann man auch von dir sagen.
17. So musste es kommen.

WORTSCHATZ

1–10

das **Andenken**, − souvenir
die **Ansichtskarte**, −n picture post card
die **Aussichtsterrasse**, −n observation deck
die **Autobahn**, −en superhighway
der **Bauernhof**, ⸚e farm
die **Burg**, −en fortress, castle
der **Fahrer**, − driver
das **Französisch** French (language)
der **Führer**, − guide
die **Führung**, −en guided tour
die **Geschichte**, −n story
die **Kasse**, −n ticket window
die **Klassenlehrerin**, −nen homeroom teacher
der **König**, −e king
der **Moment**, −e moment
der **Raum**, ⸚e room
der **Schulausflug**, ⸚e school excursion
das **Tor**, −e gate
die **Turnhalle**, −n gymnasium
die **Überraschung**, −en surprise
die **Ursache**, −n cause
die **Waffe**, −n weapon
die **Wiese**, −n meadow

der **Affenwald** monkey forest
der **Burghof**, ⸚e castle courtyard
das **Eintrittsgeld** admission money
der **Eintrittspreis**, −e cost of admission
das **Fachwerkhaus**, ⸚er half-timbered house
der **Fasttag**, −e day of fasting
der **Grenzpolizist**, −en (den −en) border guard
der **Herzog**, ⸚e duke
die **Jahreszahl**, −en date (by year)
der **Kaiser**, − emperor
die **Kanone**, −n cannon
der **Kirchturm**, ⸚e church steeple
der **Kirschbaum**, ⸚e cherry tree
der **Misthaufen**, − manure pile
der **Obstgarten**, ⸚ orchard
das **Schwert**, −er sword
der **Waffensaal**, −säle armor hall
das **Wappen**, − coat of arms
der **Weinberg**, −e vineyard
die **Zugbrücke**, −n drawbridge

aufwachen sep to wake up
bewundern to admire
brüllen to yell
ermahnen to warn, admonish
erwidern to reply
flüstern to whisper
folgen D to follow
fortsetzen sep to continue
glänzen to sparkle, shine
hänseln to tease
hinaufführen sep to lead upward, upstairs
s. **hinstellen** sep to go and stand, to place o.s.
lachen to laugh
marschieren (ist marschiert) to march
mitmachen sep to participate
s. **nähern** D to approach

s. **benehmen** (benimmt sich, benahm sich, hat sich benommen) to behave o.s.
halten (hält, hielt, hat gehalten) to hold
klingen (klang, hat geklungen) to sound
kommen nach (kam, ist gekommen) to get to
losfahren (fährt los, fuhr los, ist losgefahren) sep to start driving
schreiben an A (schrieb, hat geschrieben) to write to
unterbrechen (unterbricht, unterbrach, hat unterbrochen) to interrupt
ziehen (zog, ist gezogen) to move, go

arm (ärmer) poor
bergig mountainous
blass pale
deutlich clear, distinct
französisch French
froh glad
hübsch pretty
merkwürdig strange
riesig gigantic, huge
vorwurfsvoll reproachful(ly)

als when
aufwärts up, upward
dahinter behind it, that
einfach simply
jeder each one, everyone
vorn up front
während while

an etwas vorbeifahren D to drive by s.th.
auf deutsch in German
das kam mir Spanisch vor it was Greek to me
das geht dich nichts an! that's none of your business!
der Marita ist schlecht Marita feels sick
dort (hier) oben up there (here)
einen Moment just a moment
es ging los it started, we started
es sah so aus, als ob it looked as if
ganz hinten all the way in the back
immer höher higher and higher
in der Ferne in the distance
keine Ursache! don't mention it!; you're welcome!
nicht nur . . . sondern auch not only . . . but also
recht haben to be right
Schluss damit! that's enough!
von weitem from far away
weiter ging's onward; we went on, we continued
zu Ende over, finished

alles andre everything else
ältere Leute elderly people
einfach platt gefahren simply drove over it and squashed it
Faxen machen to play silly pranks
he? huh?
ihr andern the rest of you
unter aller Kanone very bad
von der fünften aufwärts from the fifth (grade) up

11–19

der Adler, – *eagle*
der Anblick, –e *view, sight*
die Anweisung, –en *instruction*
die Beere, –n *berry*
die Blaubeere, –n *blueberry*
die Buche, –n *beech tree*
die Eiche, –n *oak tree*
das Feuer, – *fire*
der Film, –e *roll of film*
der Flügel, – *wing*
der Geier, – *hawk*
der Hof, ⸗e *courtyard*
das Holz *wood*
das Lied, –er *song*
die Mauer, –n *wall*
die Maus, ⸗e *mouse*
der Mund, ⸗er *mouth*
die Pause, –n *pause, break*
der Pfad, –e *path*
das Picknick, –s *picnic*
der Picknickplatz, ⸗e *picnic area*
der Pilz, –e *mushroom*
das Popcorn *popcorn*
der Raubvogel, ⸗ *bird of prey*
das Schloss, ⸗er *castle*
die Schlossruine, –n *castle ruin*
das Schweigen *silence*
die Tanne, –n *fir tree*
der Umweg, –e *detour*
der Verkehr *traffic*
die Vorführung, –en *show, demonstration*
der Wärter, – *keeper*

die Aluminiumfolie *aluminum foil*
die Asche *ashes*
der Fingerhut, ⸗e *foxglove*
der Kaiseradler, ⸗ *imperial eagle*
die Karte, –n *card, note*
die Kleider (pl) *clothing*
das Kleine, –n *baby, little one*
das Kochgeschirr *cooking utensils*
der Lederhandschuh, –e *leather glove, gauntlet*
die Runde, –n *loop, circle*
der Schatz, ⸗e *sweetheart*
der Stock, ⸗e *stick*
die Strophe, –n *verse, stanza*
der Tankwart, –e *gas station attendant*
der Zahn, ⸗e *tooth*
die Zunge, –n *tongue*

abrichten sep *to train (animals)*
anstimmen sep *to start up (a song)*
aufwecken sep *to wake (s.o.) up*
ausmachen sep *to put out*
einpacken sep *to wrap, to pack up*
führen *to lead*
grillen *to grill*
hinunterrutschen (ist hinuntergerutscht) sep *to slip, slide down*
knipsen *to snap (a picture)*
kosten *to taste*
landen auf A *to land on*
sammeln *to collect*
schauen auf A *to look at*
spiessen *to spear*
stürzen auf A *to rush to, fall on*
überzeugen *to convince*
s. verbrennen (verbrannte sich, hat sich verbrannt) *to burn o.s.*
zeigen auf A *to point to*

davonlaufen (läuft davon, lief davon, ist davongelaufen) sep *to run away*
entgegenkommen D (kam entgegen, ist entgegengekommen) sep *to come toward*
herausreissen (riss heraus, hat herausgerissen) sep *to tear out*
herbeirufen (rief herbei, hat herbeigerufen) sep *to call over*
herkommen (kam her, ist hergekommen) sep *to come from; to come here*
kommen auf A (kam, ist gekommen) *to come to, come upon*
lassen (lässt, liess, hat gelassen) *to let*
vergehen (verging, ist vergangen) *to pass, go by (time)*
vorschlagen (schlägt vor, schlug vor, hat vorgeschlagen) sep *to suggest*
zerreissen (zerriss, hat zerrissen) *to tear up*

ausgestreckt *stretched out*
dick *thick*
giftig *poisonous*
hoch (höher) *tall*
letzt- *last*
müde *tired*
richtig *real, proper*
schwach (schwächer) *weak*
weich *soft*

darum *therefore*
entgegen D *toward, against*

ach, du meine Güte! *oh, my goodness!*
an der Hand führen *to lead by the hand*
an der Spitze *at the head, in front*
bei der Arbeit *at work*
Bilder machen *to take pictures*
dem Verkehr entgegen *against the traffic*
die Affen machten uns Spass *the monkeys were fun*
du bist zu schwach dazu *you're too weak for that*
ein Lied anstimmen *to start up a song*
ein Picknick machen *to have a picnic*
er kam gelaufen *he came running*
er liess sich nicht aus der Ruhe bringen *he paid no attention*
huckepack tragen *to carry piggyback*
im Gänsemarsch *single file*
lass mich mal kosten! *let me have a taste!*
mit einem Kleinen *with a baby*
nicht einmal *not even*
Pause machen *to take a break*
Sie, Herr Fahrer! *hey, driver!*
sie kamen vom Affenwald her *they were coming from the monkey forest*
um . . . zu . . . *in order to*
Waldkunde machen *to study nature*

Schülerdeutsch *student slang*
das geschieht dir recht! *it serves you right!*
die Blechkutsche *old heap*
du hast ein Spatzenhirn! *you birdbrain!*
du musst reden! *you should talk!*
halt den Mund! *shut up! be quiet!*
selber essen macht fett *I don't get fat on what you eat*
sie schont sich die Augen *she's sleeping (resting her eyes)*
streich dir deine Simpelfransen aus dem Gesicht! *brush your (simpleton's) bangs out of your face*
unser Schönster! *our most handsome!*
unsere Klassenmutti! *our class mommy!*

20–25

die Feldblume, –n *wild flower*
die Himbeere, –n *raspberry*
die Kastanie, –n *chestnut*
die Kiefer, –n *pine*
der Löwenzahn, ⸗e *dandelion*

die Margerite, –n *daisy*
der Pfifferling, –e *(type of mushroom)*
die Preiselbeere, –n *cranberry*
die Primel, –n *primrose*

der Reizker, – *(type of mushroom)*
der Steinpilz, –e *(type of mushroom)*
die Trollblume, –n *globe flower*
das Veilchen, – *violet*

Schülertheater ²⁷

Wir stellen vor:

1 *For the Quintaner, sixth graders, of the Markgräfler Gymnasium in Müllheim, this school year promises to be especially exciting. To begin with, they are participating in an exchange program with a class of sixth graders in the town of Chauny, France. The Müllheimer students will go to Chauny for two weeks, living in the homes of the French students and going to their school. Then the French students will come to Müllheim.*

The Quintaner also have another project. They are writing and producing their own play, so they can take part in a state theater competition. The town of Müllheim is located in the state of Baden-Württemberg, which sponsors a school theater competition every year for students at different grade levels. The winners this year will perform their play in the city of Freiburg, and will also have a chance to appear on regional TV.

2 Ein ganz besonderes Schuljahr! ⊗

Wer in diesem Frühling die *Badische Zeitung* aufgeschlagen hat, hat folgende Schlagzeilen gelesen:

Mit „Harlekin und Columbine" in den Theaterwettbewerb	**Schülertheater im Fernsehen**
Schulpartnerschaft mit Chauny für die 6. Klasse	**Die Quintaner aus Müllheim lernen die Nachbarn kennen**

Die Müllheimer lesen diese Schlagzeilen mit Stolz: ihre Söhne und Töchter in der Quinta sind in diesem Jahr sehr fleissig gewesen. Die Freude auf den Schüleraustausch mit Frankreich und die Vorbereitungen für das Theaterstück haben die Schultage in diesem Jahr besonders interessant gemacht.

3 Die Vorbereitungen begannen schon im September. ⊗

Ende August, kurz nach dem Schulbeginn, kam Frau Braun, die Deutschlehrerin, in die Klasse, und folgendes Gespräch° begann:

   das Gespräch: *conversation*

  „Bitte einmal herhören! Ich hab' euch etwas Wichtiges zu sagen. Nächsten April finden die Schülertheaterwettbewerbe statt. Wollt
5 ihr mitmachen?"

  „Natürlich!" – „Selbstverständlich!" riefen alle begeistert° durcheinander°.

  begeistert: *enthusiastically*
  durcheinander: *all at the same time*

  „Wir nehmen uns jetzt eine halbe Stunde Zeit und besprechen, was wir alles tun müssen, wenn wir wieder Theater spielen. Nun,
10 was für ein Theaterstück wollt ihr diesmal aufführen?"

  „Ich schlage vor, dass wir wieder ein Puppenspiel°aufführen", meinte Ursula. „Wir haben die Bühne° und die Puppen noch vom letzten Jahr."

  das Puppenspiel: *puppet show*
  die Bühne: *stage*

„Wir können doch nicht wieder ein Puppenspiel aufführen.
15 Immer dasselbe° ist langweilig!" erwiderte Hans-Jörg.

„Ich bin dafür", sagte Renate, „dass wir das Spiel selbst° schreiben. Das wird viel lebendiger° und lustiger."

„Das stimmt°", meinte Rolf. „Wir können alles selbst machen."

„Zu viel Arbeit!" rief Bärbel. „Wie lange wir wieder üben° und
20 proben° müssen, und dann . . ."

„Gar nicht wahr!" — „Renate hat recht!" riefen Heino und Inge.
„Wir machen alles selbst." Und so einigten° sich die Quintaner
auf die Idee, ihr eigenes° Spiel zu schreiben.

dasselbe: *the same*
selbst: *ourselves*
lebendig: *lively*
das stimmt: *that's right*
üben: *to practice*
proben: *to rehearse*

s. einigen auf: *to agree to*
eigen: *own*

4 Das Texten fand in den Wintermonaten statt. ⊗

„Wir machen alles selbst", hatten die Schüler gesagt, aber von
der Idee bis zum Text war ein langer Weg. Die jungen Quintaner
hatten viele Ideen, aber für ein ganzes Spiel reichten manche Ideen
nicht aus°. Zweimal in der Woche diskutierten die Jungen und
5 Mädchen und machten Pläne: einmal am Montag in der Deutschstunde° und einmal Donnerstag nachmittags nach der Schule.

Dann endlich — es war schon Mitte November — brachte Hans-Jörg ein Lustspiel° mit in die Klasse, „Harlekin und Columbine".
Er hatte diese Komödie in einem Buch zu Hause gefunden, und
10 ihm hatten die Abbildungen° so gut gefallen.

„Das Stück ist toll! Wir müssen nur den Text neu schreiben",
meinte Hans-Jörg, und er erzählte seinen Klassenkameraden die
Geschichte von Harlekin und Columbine.

„Prima!" — „Toll!" — „Jetzt haben wir ein Spiel." — „Ein Lust-
15 spiel!" — „Wir haben schon den Titel: Harlekin und Columbine!"

Frau Braun unterbrach jetzt: „Wisst ihr alle, was *commedia
dell'arte*[1] bedeutet? Nein? Da habt ihr etwas Schönes zu lernen.
Hans-Jörg, du hast ein gutes Spiel gefunden."

ausreichen: *to be enough*

die Deutschstunde: *German class*

das Lustspiel: *comedy*

die Abbildung: *illustration*

[1] *Commedia dell'arte* is a style of comedy that developed in Italy in the sixteenth to the eighteenth centuries with companies of actors trained to improvise dialog and stage business from a written plot. The plots are standardized, built around certain stock characters and situations, and depending on broad farce and pantomime for their humor. The actors not only make up lines to fit the scenes, but may even add political jokes and comments about well-known local people. Sometimes they talk directly to the audience as if asking for advice or telling a secret. ("Shall I hit him again?" The audience is likely to yell back: "Yes!")

Der nächste Schritt war: den Text schreiben und die einzelnen° einzeln: *individual*
20 Rollen aussuchen°. Alle waren damit einverstanden°, dass Ursula aussuchen: *to select*
den Harlekin² und Renate die Columbine³ spielen sollten. Sie hatten einverstanden sein mit: *to be in agreement with*

die besten Sprechstimmen, und beide waren gute Schauspielerin- die Schauspielerin: *actress*
nen°. Mit den beiden in den Hauptrollen hatten sie im letzten Jahr
mit ihrem Puppenspiel einen grossen Erfolg gehabt. Rolf sollte
25 den Vater spielen, und Hans-Jörg den „Dottore". Jeder bekam obwohl: *although*
eigentlich eine Rolle, obwohl° einige Schüler gar nicht zu sprechen das Bühnenbild: *stage set, scenery*
brauchten. Sie mussten nur hinter den Bühnenbildern° stehen und bewegen: *to move (s.th.)*
sie festhalten oder bewegen°. Das war auch wichtig.

5 Beantwortet die Fragen!

1. Welche Schlagzeilen lasen die Müllheimer mit Stolz?
2. Warum war es ein ganz besonderes Schuljahr für die Quintaner?
3. Was für ein Gespräch hatten sie kurz nach dem Schulbeginn?
4. Was schlug Ursula vor? Warum?
5. Was meinte Hans-Jörg? und Renate? und Rolf? und Bärbel?
6. Wie endete das Gespräch?
7. Warum war das Texten gar nicht so leicht?
8. Wie oft kamen die Schüler zusammen?
9. Was passierte dann Mitte November?
10. Was für ein Spiel fand Hans-Jörg?
11. Was hat Hans-Jörg so gut gefallen?
12. Was mussten die Schüler dann tun?
13. Wer bekam welche Rollen?
14. Warum bekamen Ursula und Renate die Hauptrollen?

6 MÜNDLICHE ÜBUNG ☺

² **Harlekin** (in English "Harlequin") is one of the stock characters of the *commedia*. He is a quick-witted, zany servant, in love with **Columbine**. He usually wears a mask and particolored clothing.

³ **Columbine,** another of the stock characters, is the daughter of the old miser **Pantalone** ("Pantaloon" in English). She is a pert young girl, in love with Harlequin, and her problem is to outwit her father and the undesirable suitors he chooses for her — the rich, old doctor and the bombastic army captain.

7   Die Geschichte von Harlekin und Columbine ⊗

Harlekin liebt Columbine und möchte sie heiraten°. Aber ihr Vater, Pantalone, hat einen anderen Mann° für sie, den alten, doch° reichen „Dottore". Und da ist noch ein dritter Kandidat, der eingebildete° „Capitano". Harlekin kämpft mit List° gegen seine bei-
5 den Rivalen. Schliesslich° fliehen er und Columbine in den Wald. Sie bitten dort zwei Zauberer° um Hilfe. Harlekin bekommt einen Zaubertrunk° und kann damit Pantalone und die beiden Rivalen in Tiere verwandeln°. Dann reitet das Liebespaar auf einem riesigen Drachen in die Freiheit.

heiraten: *to marry*
der Mann: *husband*
doch: *but*

eingebildet: *conceited*
die List: *cunning*
schliesslich: *finally*

der Zauberer: *magician*

der Zaubertrunk: *magic potion*

verwandeln: *to transform*

8   Was sind Quintaner?

In the **Gymnasium,** *academic secondary school,* classes and students are often referred to by Latin names. This practice goes back to a time when Latin was used as the language of instruction. Today, Latin is still a required subject for nearly all **Gymnasium** students.

Wie alt sind die Schüler?	In welche Klasse gehen sie?	Wie heisst die Klasse in einem Gymnasium?	Wie heissen die Gymnasiasten?
6 Jahre	in die erste Klasse	—	—
7 Jahre	in die zweite Klasse	—	—
8 Jahre	in die dritte Klasse	—	—
9 Jahre	in die vierte Klasse	—	—
10 Jahre	in die fünfte Klasse	die Sexta	Sextaner
11 Jahre	in die sechste Klasse	die Quinta	Quintaner
12 Jahre	in die siebte Klasse	die Quarta	Quartaner
13 Jahre	in die achte Klasse	die Untertertia	Untertertianer
14 Jahre	in die neunte Klasse	die Obertertia	Obertertianer
15 Jahre	in die zehnte Klasse	die Untersekunda	Untersekundaner
16 Jahre	in die elfte Klasse	die Obersekunda	Obersekundaner
17 Jahre	in die zwölfte Klasse	die Unterprima	Unterprimaner
18 Jahre	in die dreizehnte Klasse	die Oberprima	Oberprimaner

9   SOME TIME EXPRESSIONS

1. Certain time expressions can be used to answer the questions **wann?, wie oft?,** and **wie lange?.** These expressions consist of a noun phrase in the accusative case.

   Wann? — **Nächsten April** spielen wir Theater.
   Wie oft? — Wir diskutieren **jeden Montag.**
   Wie lange? — Wir müssen **den ganzen Winter** üben.

2. The question **wann?** can also be answered by a prepositional phrase with **am: am Nachmittag, am Abend,** etc., or by an adverb ending in **-s: nachmittags, abends,** etc. These expressions usually indicate repeated events, events occurring regularly.

   Wann üben die Quintaner gewöhnlich? — **Am Nachmittag.** *or* **Nachmittags.**

   A single, specific event is usually indicated by a phrase with **am.**

   Wann fährst du in die Stadt? — **Am Abend.**

3. The following chart summarizes common time expressions referring to parts of the day. Note the two exceptions to the pattern: **in der Nacht** and **tagsüber.**

der Morgen	am Morgen	jeden Morgen	morgens
der Vormittag	am Vormittag	jeden Vormittag	vormittags
der Mittag	am Mittag	jeden Mittag	mittags
der Nachmittag	am Nachmittag	jeden Nachmittag	nachmittags
der Abend	am Abend	jeden Abend	abends
die Nacht	in der Nacht	jede Nacht	nachts
der Tag	am Tag(e)	jeden Tag	tagsüber
der Montag	am Montag	jeden Montag	montags

Was machen die Quintaner jeden Tag? ⊗

Habt ihr jeden Morgen Deutsch?   Ja, morgens haben wir immer Deutsch.
Habt ihr jeden Vormittag eine Pause?
Geht ihr jeden Mittag nach Hause?
Kommt ihr jeden Nachmittag zusammen?
· Macht ihr jeden Abend Pläne?

Frag deine Klassenkameraden!

1. Was machst du tagsüber?
2. Wo bist du gewöhnlich vormittags?
3. Was hast du alles am Morgen? am Nachmittag?
4. Was tust du am Nachmittag? am Abend?
5. Spielst du ein Instrument? Wann übst du?
6. Wie oft hast du in Mathe eine Klassenarbeit?
7. Wie lange darfst du gewöhnlich am Abend fernsehen?

12   MORE TIME EXPRESSIONS
Seasons, Months, and Days

1. In time expressions answering the question **wann?**, **in** with the dative case is used before the names of the seasons and months.

> **Wann** schrieben die Schüler ihr Stück? — **In den Wintermonaten; im Dezember.**
> **Wann** führten sie das Stück auf? — **Im Frühling; im April.**

2. For the beginning, the middle, and the end of the month, the words **Anfang, Mitte,** and **Ende** are used, together with the name of the month. No articles are used.

Anfang September
Anfang September begannen die Vorbereitungen.
At the beginning of September the preparations began.

Mitte November
Mitte November fand Hans-Jörg ein Lustspiel.
In the middle of November Hans-Jörg found a comedy.

Ende Dezember
Ende Dezember war der Text fertig.
At the end of December the script was finished.

---

3. In time expressions answering the question **wann?**, **an** with the dative case is used before the days of the week and before specific dates.

> **Wann** fand das Gespräch statt? — **Am Montag; am 10. September**[1].
> **Wann** suchten sie die Rollen aus? — **Am Donnerstag; am 3. Januar**[2].

[1] *Read:* **am zehnten September.**
[2] *Read:* **am dritten Januar.**

13 Anfang, Mitte oder Ende? ⊗

Am 2. September kam Frau Braun in die Klasse.

Am 16. November fand Hans-Jörg ein altes Lustspiel.

Am 30. Januar war das Texten fertig.

Am 4. März fahren die Quintaner nach Frankreich.

Vom 19. bis zum 30. April sind die Theaterwettbewerbe.

Am 13. Juni kommt unsere Partnerschaftsklasse aus Chauny.

Anfang September kam Frau Braun in die Klasse.

14 Frag deine Klassenkameraden!

1. Wann hast du Geburtstag? dein Bruder? deine Schwester? deine Eltern?
2. Wann bist du im Theater gewesen? Wann hast du Theater gespielt?
3. Wann hast du deine Ferien? Was machst du alles im Winter? im Frühling? im Sommer?

15 HOW MANY TIMES?

To express the idea of "how many times" (**wie oft? wievielmal?**), the word **mal** can be added to a number, as shown in the table below.

Zweimal in der Stunde	fragt er den Lehrer.
Einmal am Tag	haben sie Deutsch.
Zweimal in der Woche	kamen sie zusammen.
Dreimal im Monat	gibt sie ein Konzert.
Einmal im Jahr	spielen wir Theater.
Wievielmal	führt ihr das Spiel auf?

16 Wievielmal, bitte? ⊗

Der Wettbewerb findet immer im Frühling statt.

Am Montag und am Donnerstag kommen die Schüler zusammen.

Jeden Tag von 9 bis 10 Uhr haben sie Deutsch.

Am siebten, am vierzehnten und am einundzwanzigsten spielen sie Theater.

Einmal im Jahr findet der Wettbewerb statt.

Zweimal in der Woche . . .

17 Frag deine Klassenkameraden!

1. Wievielmal in der Woche haben wir Deutsch?
2. Wievielmal im Monat schreiben wir eine Klassenarbeit?
3. Wie oft bekommen wir unsere Noten?
4. Wievielmal in der Woche haben wir Turnen?

18

SCHRIFTLICHE ÜBUNGEN

a. Schreibt die Antworten für Übungen 13 und 16!

b. Schreibt Sätze nach folgendem Beispiel!

Beispiel: Anfang / Mai / wir / Theaterspiel / aufführen

Anfang Mai führen wir ein Theaterspiel auf.

1. Anfang / Oktober / Schüler / mit den Vorbereitungen / anfangen
2. einmal / Tag / sie *(pl.)* / Deutschlehrerin / sehen
3. vormittags / sie *(pl.)* / Theaterstück / in der Deutschstunde / diskutieren
4. Mitte / Dezember / sie *(pl.)* / Rollen / aussuchen
5. zweimal / Woche / sie *(pl.)* / nach der Schule / zusammenkommen
6. Ende / April / Schülertheaterwettbewerbe / stattfinden

Sagt wann und wie oft!

1. Seht auf euren Stundenplan und beschreibt, wann ihr die einzelnen Fächer habt! Wie oft in der Woche habt ihr jedes Fach?
2. Seht euch euer Fernsehprogramm an und sagt, wann die einzelnen Sendungen kommen! Wie oft in der Woche oder im Monat seht ihr eure Lieblingsprogramme?

20 Kostüme, Bühnenbilder und Musik ⊙

Die Schüler hatten vorher° nicht geglaubt, wieviel Arbeit so ein Spiel machen konnte. Sie mussten ihre Bühnenbilder selbst entwerfen° und herstellen°. Die Bilder durften nicht zu gross und nicht zu schwer sein; die Kinder mussten sie ja auf der Bühne herum-
5 tragen. Auch mussten die Schüler ihre Kostüme entwerfen und selbst nähen — und hier hat wohl manche[1] Mutter ein bisschen mitgeholfen.

vorher: *before*

entwerfen: *to design*
herstellen: *to build, produce*

1

[1] **Mancher, -e, -es,** *many, many a,* is a **dieser**-word with forms like those of **dieser, jeder,** and **welcher.**

Und dann mussten die Quintaner ihre eigene Musik schreiben. Der Musiklehrer half ihnen, und das Schulorchester mit drei Quintanern in der Gruppe studierte die Musik ein.

Dann endlich — es war schon Anfang März — war es so weit°. Die ersten Theaterproben° konnten jetzt anfangen mit Kostümen, mit Bühnenbildern, mit Musik. Die Quintaner waren wieder ganz begeistert, wie am Anfang: „Wir haben's geschafft°! Ein richtiges Lustspiel!" — „Echt *commedia dell'arte!"* lachte Frau Braun, als die Schauspieler den Text vergassen und ihre eigenen Worte sprachen. Manchmal waren die neuen Worte und Gesten° so lustig, dass man die Probe mit Lachen unterbrach und Frau Braun um Ruhe bitten musste.

Anfang April war die Generalprobe°. Die Quintaner hatten einige Lehrer und Freunde als Zuschauer° eingeladen. Man wollte sicher sein, das alles gutging, denn am 22. April fand die Aufführung vor einer Jury statt. Diese Jury war schon seit[2] einigen Wochen° unterwegs: sie musste alle Aufführungen für die Schülertheaterwettbewerbe bewerten°.

so weit sein: *to be ready*
die Probe: *rehearsal*

wir haben's geschafft!: *we did it!*

die Geste: *gesture*

die Generalprobe: *dress rehearsal*
der Zuschauer: *spectator, audience*
seit einigen Wochen: *for several weeks*

bewerten: *to rate, judge*

21 Die Aufführung vor der Jury ⊗

Freitag Abend, den 22. April, fast acht Uhr. Die Aula im Markgräfler Gymnasium ist voll: Eltern, Lehrer, Gymnasiasten, Freunde — und zwei Fremde°, ein Mann und eine Frau°, die Jury für den Wettbewerb.

der Fremde: *stranger*
die Frau: *woman*

Die Quintaner haben sich die Kostüme schon um sieben angezogen. Ursula trägt ihren Harlekinhut; Hans-Jörg hat sich die weisse Perücke° vom „Dottore" aufgesetzt. Renate hat sich geschminkt° und gepudert; ihre Augen lachen, wenn sie sich im Spiegel sieht: Columbine! Die Schüler flüstern und lachen hinter den Kulissen°: es ist fast Zeit zu beginnen. „Meine ganze Familie ist da!" — „Die Jury ist da!"

die Perücke: *wig*
s. schminken: *to put on make-up*

die Kulisse: *set, scenery*

[2] **Seit,** *since,* is a preposition followed by dative case forms.

Der Vorhang° geht auf. Man hört die Zuschauer leise flüstern . . .
dann klatschen sie, als sie die Bühnenbilder sehen. „Da ist mein
Sohn!" hört man einen stolzen Vater sagen. Achtundzwanzig
15 Herzen° schlagen schneller, als Columbine auf die Bühne tritt°.
Wird alles gutgehen? Sie spricht die ersten Zeilen°, klar und nicht
zu schnell.

der Vorhang: *curtain*

das Herz: *heart*
treten: *to step*
die Zeile: *line*

Pantalone tritt auf die Bühne mit dem alten „Dottore" und dem
„Capitano". Wenn Hans-Jörg nur langsamer sprechen würde! Eben
20 spricht er mit dem „Capitano". Man merkt° sofort, dass er nervös
ist. „Au weh! Jetzt ist er steckengeblieben°!" Doch da—Harlekin
läuft jetzt auf die Bühne und rettet° den „Dottore." Die Zuschauer

merken: *to notice*
steckenbleiben: *to get stuck*
retten: *to save, rescue*

3

lachen und klatschen. Sie glauben wohl, dass das alles geplant
war! Diese Szene ist schnell vorbei, und die nächsten auch. Das
25 Schönste kommt am Ende: drei Schüler im Drachenkostüm treten

4

auf° und tragen Harlekin und Columbine auf dem Rücken von der Bühne. Der Vorhang fällt, aber die Zuschauer klatschen so laut und so lange, bis die Schauspieler wieder auftreten. Das Spiel ist ein grosser Erfolg.

auftreten: to enter, appear

30 Nach der Aufführung laufen alle Quintaner zusammen und lachen und rufen: „Du hast fantastisch gespielt!" — „Du auch!" — „Ursula, du hast die Szene ge-
35 rettet!" — „Hast du gesehen, wie begeistert die beiden von der Jury geklatscht haben?"

22   Die Quinta wird berühmt°. ⊗

berühmt: famous

Jetzt vergingen zwei lange Wochen, bis die Schüler das Ergebnis des Wettbewerbs erfahren° konnten. Am Montag, am 9. Mai, erfuhren sie es endlich: sie hatten mit ihrem Lustspiel „Harlekin und Columbine" den ersten Preis in der Altersgruppe II (Klassen
5 5 bis 10) gewonnen! In der Badischen Zeitung stand ein grosser Artikel: „Müllheimer Quintaner gewinnen den Schülertheaterwettbewerb".

erfahren: to learn, find out

Eine Woche später führten die Quintaner ihr Lustspiel noch einmal für ihre Eltern und Freunde des Gymnasiums auf. Die Auf-
10 führung war so gut besucht°, dass sie sie eine Woche später wiederholen mussten. Am. 12. Juni kamen Ausschnitte° aus dieser Aufführung im Fernsehen des Südwestfunks Stuttgart. Und am. 18. Juni führte die Quinta das Stück vor ihren französischen Gästen aus Chauny auf.

gut besucht: well-attended
der Ausschnitt: excerpt, portion

15 Für die Quintaner aber fand „die grosse Aufführung" am 20. Juni statt. Als Gewinner des ersten Preises durften die Schüler ihr Stück im Städtischen Theater von Freiburg aufführen.

Beantwortet die Fragen!

1. Was für Arbeiten mussten die Schüler nach dem Texten tun?
2. Was fand im März statt?
3. Warum sagte Frau Braun: „Echt *commedia dell'arte!*"?
4. Warum war die Generalprobe wichtig?
5. Was musste die Jury tun?
6. Wie benehmen sich die Quintaner, bevor die Aufführung beginnt?
7. Was passiert alles auf der Bühne?
8. Was wissen die Zuschauer wohl nicht?
9. Was ist „das Schönste" an der Aufführung?
10. Glauben die Quintaner am Ende, dass sie einen Preis gewinnen? Warum?
11. Wie wurde die Quinta berühmt? Was fand alles im Mai und Juni statt?
12. Was war „die grosse Aufführung"?

MÜNDLICHE ÜBUNG

25   PRINCIPAL PARTS OF STRONG VERBS

Listed below are the principal parts of the strong verbs from this lesson. Included also are the principal parts of the remaining verbs taught in **Unsere Freunde** that have not yet appeared in this book.

Infinitive	Past Tense	Past Participle	Infinitive	Past Tense	Past Participle
anfangen	fing an	angefangen	messen	mass	gemessen
s. anziehen	zog an	angezogen	reiben	rieb	gerieben
beschreiben	beschrieb	beschrieben	reiten	ritt	ist geritten
besprechen	besprach	besprochen	schlagen	schlug	geschlagen
bieten	bot	geboten	schliessen	schloss	geschlossen
einladen	lud ein	eingeladen	schwimmen	schwamm	ist geschwommen
entwerfen	entwarf	entworfen	springen	sprang	ist gesprungen
erfahren	erfuhr	erfahren	stechen	stach	gestochen
fallen	fiel	ist gefallen	treten	trat	ist getreten
gefallen	gefiel	gefallen	vergleichen	verglich	verglichen
gefrieren	gefror	ist gefroren	verlieren	verlor	verloren
giessen	goss	gegossen	werfen	warf	geworfen
hängen	hing	gehangen	wiegen	wog	gewogen
heben	hob	gehoben			

SCHRIFTLICHE ÜBUNGEN

a. *For each verb in the chart above, write a sentence in the narrative past. You may want to check the text to see how these verbs were used, but make your sentences different from the ones in the story.*

b. *Rewrite the following paragraphs, using the narrative past tense.*

    Wer in diesen Tagen die *Badische Zeitung* aufschlägt, kann viele Schlagzeilen über die Quintaner lesen. Die Quintaner haben ein ganz besonderes Schuljahr! Sie lernen eine Partnerschaftsklasse aus Frankreich kennen, und sie führen ihr eigenes Theaterstück auf.

(continued)

Schon im September planen die Schüler ihr Lustspiel. Zweimal in der Woche kommen sie zusammen und besprechen ihre Ideen. Sie finden eine Geschichte, und dann beginnen sie mit der Arbeit. Sie schreiben den Text und suchen die Rollen aus. Sie entwerfen die Bühnenbilder und die Kostüme und stellen sie selbst her.

Dann finden die Theaterproben statt. Die Schüler wissen, dass alles gutgeht, denn die Generalprobe gefällt den Lehrern. Im April führen sie ihr Spiel vor einer Jury auf.

Zwei Wochen vergehen. Endlich erfahren sie das Ergebnis: sie gewinnen den Theaterwettbewerb und bekommen den ersten Preis! Ausschnitte aus dem Lustspiel kommen im Badischen Fernsehen, und die Stadt Freiburg lädt die Quintaner ein. Sie sollen ihr Spiel im Städtischen Theater aufführen.

27 TALKING ABOUT THE PAST
The Past Perfect Tense

Sometimes, in English or in German, we want to talk about something that happened before some other event in the past. For example, if the train leaves before you get there, you might say, "I ran to the station, but the train had already left." The first part of your statement is in the past tense. The second part is in the "past perfect." The past perfect tense works the same in German as in English. It is formed in the same way as the conversational past, except that **haben** and **sein** are used in their past tense forms.

Earlier Past Event (Past Perfect Tense)				Past Event (Narrative Past)
Die Schüler	**hatten**	einen Titel	**gefunden;**	der Plan war jetzt fertig.
Frau Braun	**war**	zu Hause	**geblieben,**	und sie konnten nicht üben.
Das Stück	**hatte**	schon	**begonnen,**	als wir ankamen.

28 Sie hatten schon alles vorher getan. ⊗

Wann machten sie die Pläne?
Wann schrieben sie den Text?
Wann suchten sie die Rollen aus?
Wann entwarfen sie die Bühnenbilder?
Wann nähten sie die Kostüme?
Wann studierten sie die Musik ein?
Wann führten sie das Spiel auf?

Sie hatten sie schon vorher gemacht!

29 SCHRIFTLICHE ÜBUNGEN

a. Schreibt die Antworten für Übung 28!
b. Schreibt Sätze nach folgendem Beispiel!
Beispiel: den Text schreiben / Rollen aussuchen
Als wir den Text geschrieben hatten, suchten wir die Rollen aus.
1. die Bühnenbilder entwerfen / sie herstellen
2. die Musik schreiben / sie einstudieren
3. die Kostüme nähen / die Theaterproben stattfinden
4. zwei Wochen / vergehen / die Schüler das Ergebnis erfahren
5. sie / das Ergebnis hören / die Eltern stolz sein

HÖRÜBUNG ⊗

	0	1	2	3	4	5	6	7	8	9	10	11	12
richtig	✓												
falsch													

KONVERSATIONSÜBUNG

Ihr plant ein Theaterstück. Was müsst ihr alles tun? Diskutiert miteinander!

1. Was wollt ihr spielen? (Puppenspiel, Lustspiel, etwas Trauriges)
2. Wer tut was?
   a. den Text schreiben
   b. die Bühnenbilder entwerfen, herstellen, bemalen
   c. die Kostüme entwerfen und nähen
   d. die Musik schreiben
3. Wann kommt ihr gewöhnlich zusammen?
4. Wer bekommt welche Rollen?
5. Wann habt ihr die Theaterproben?
6. Wen ladet ihr zur Aufführung ein?
7. Wo findet die Aufführung statt?
8. Wie kommt eure Aufführung in die Zeitung? in welche Zeitung?
9. Welche Lehrer helfen euch?

SCHRIFTLICHE ÜBUNG

In German, write your own outline of all the things that have to be considered in preparing for a play.

33 Wir diskutieren. ⊗

Ich schlage vor, dass . . .
Ihr habt mich falsch verstanden.
Du hast recht.
Nein, das stimmt nicht.
Ich bin dagegen.
Meiner Meinung nach . . .
Ich bin damit einverstanden.
Was schlägst du vor?
Wir einigen uns auf (ein) . . .
Ich bin dafür, dass . . .
Wofür bist du?
Ich bin sicher, dass . . .
Ja, das stimmt.

34 WORTSCHATZ

1-6
die **Abbildung, –en** *illustration*
die **Badische Zeitung** (a newspaper in Baden)
die **Bühne, –n** *stage*
das **Bühnenbild, –er** *stage set, scenery*
die **Deutschstunde, –n** *German class period*
das **Gespräch, –e** *conversation*
die **Komödie, –n** *comedy*
das **Lustspiel, –e** *comedy*
die **Mitte, –n** *middle*
der **Nachbar, –n** (den –n) *neighbor*

der **Plan, ⸚e** *plan*
die **Puppe, –n** *puppet*
das **Puppenspiel, –e** *puppet show*
die **Quinta** *sixth grade (at a Gymnasium)*
der **Quintaner, –** *sixth grader (at a Gymnasium)*
die **Rolle, –n** *role, part*
die **Schauspielerin, –nen** *actress*
die **Schlagzeile, –n** *headline*
der **Schulbeginn** *beginning of school*

der **Schüleraustausch** *student exchange program*
das **Schülertheater, –** *student theater*
das **Schuljahr, –e** *school year*
die **Schulpartnerschaft** *partnership between schools*
der **Schultag, –e** *school day*
das **Spiel, –e** *play*
die **Sprechstimme, –n** *speaking voice*
der **Stolz** *pride*
das **Stück, –e** *play*

der **Text, –e** *script*
das **Texten** *script-writing*
das **Theaterstück, –e** *play (for the theater)*
der **Titel, –** *title*
die **Vorbereitung, –en** *preparation*
der **Wettbewerb, –e** *contest, competition*

aufführen sep *to perform*
ausreichen sep *to be enough*
aussuchen sep *to select*
bewegen *to move (s.th.)*
diskutieren *to discuss*
s. **einigen auf** A *to agree on*
proben *to rehearse*
spielen *to act*
üben *to practice*

aufschlagen (schlägt auf, schlug auf, hat aufgeschlagen) sep *to open (a book, newspaper, etc.)*
besprechen (bespricht, besprach, hat besprochen) *to discuss*

begeistert *enthusiastic(ally)*
besonder- *special*
best- *best*
eigen *own*
einzeln *individual*
lebendig *lively*
damit *with it, with that*
dasselbe *the same thing*
diesmal *this time*
durcheinander *all together, mixed up*
obwohl *although*
selbst *myself, yourself, himself, herself, ourselves, yourselves, themselves*
wer *whoever*
wievielmal? *how many times?*

am Montag *on Monday*
Ende August *at the end of August*
Donnerstag nachmittags *on Thursday afternoon(s)*
im September *in September*

in diesem Jahr *this year*
Mitte November *in the middle of November*
nächsten April *next April*
tagsüber *during the day*
zweimal in der Woche *twice a week (see also time expressions, pp. 38, 39, 40)*

bitte einmal herhören! *pay attention; listen, please!*
dafür sein *to be in favor of*
das stimmt *that's right*
die Freude auf A *the anticipation of*
eine halbe Stunde *half an hour*
einverstanden sein mit *to be in agreement with, to agree to*
etwas Schönes *something nice*
etwas Wichtiges *something important*
im Fernsehen *on television*
neu schreiben *to write over*
Theater spielen *to put on a play*
vom letzten Jahr *from last year*
von . . . bis zu . . . *from . . . to . . .*

---

7 der **Drache, –n** (den –n) *dragon*
die **Freiheit** *freedom*
der **Kandidat, –en** (den –en) *candidate*
das **Liebespaar, –e** *pair of lovers*
die **List** *cunning*
der **Mann, ∺er** *husband*
der **Rivale, –n** (den –n) *rival*

der **Zauberer, –** *magician*
der **Zaubertrunk, ∺e** *magic potion*

heiraten *to marry*
verwandeln *to transform*

fliehen (floh, ist geflohen) *to flee*

dritt- *third*
eingebildet *conceited*
reich *rich*

doch *but*
gegen A *against*
schliesslich *finally*

8–33 die **Altersgruppe, –n** *age group*
der **Anfang, ∺e** *beginning, start*
der **Artikel, –** *article*
die **Aufführung, –en** *performance*
der **Ausschnitt, –e** *portion, excerpt*
das **Drachenkostüm, –e** *dragon costume*
der **Fremde, –n** (den –n) *stranger*
die **Frau, –en** *woman*
die **Generalprobe, –n** *dress rehearsal*
die **Geste, –n** *gesture*
der **Gewinner, –** *winner*
der **Gymnasiast, –n** (den –en) *student (at a Gymnasium)*
das **Herz, –en** (den –en) *heart*
die **Jury, –s** *jury*
das **Kostüm, –e** *costume*
die **Kulisse, –n** *set, scenery*
das **Lachen** *laughter*
die **Perücke, –n** *wig*
die **Probe, –n** *rehearsal*
der **Schauspieler, –** *actor*
das **Schulorchester, –** *school orchestra*
das **Städtische Theater** *City Theater*
der **Südwestfunk Stuttgart** *southwestern TV network, broadcasting from Stuttgart*
die **Szene, –n** *scene*
der **Vorhang, ∺e** *curtain*

die **Worte** (pl) *words (in context)*
die **Zeile, –n** *line (of a text)*
der **Zuschauer, –** *spectator, audience*

bewerten *to rate, judge*
einstudieren sep *to learn, study (a part, music)*
herstellen sep *to build, produce*
merken *to notice*
s. **pudern** *to put on powder*
retten *to save, rescue*
s. **schminken** *to put on make-up*
wiederholen *to repeat*

auftreten (tritt auf, trat auf, ist aufgetreten) sep *to enter (the stage)*
aufgehen (ging auf, ist aufgegangen) sep *to go up, rise*
entwerfen (entwirft, entwarf, hat entworfen) *to design*
erfahren (erfährt, erfuhr, hat erfahren) *to learn, find out*
gutgehen (ging gut, ist gutgegangen) sep *to go well*
schlagen (schlägt, schlug, hat geschlagen) *to beat, pound*
steckenbleiben (blieb stecken, ist steckengeblieben) sep *to get stuck*
treten (tritt, trat, ist getreten) *to step*

berühmt *famous*
echt *real, genuine, authentic*
erst- *first*
fantastisch *fantastic(ally)*
nervös *nervous*

einander *each other*
herum- (prefix) *around*
mancher, –e, –es *many a*
seit D *since*
vorher *before*

am Anfang *in the beginning*
am Ende *at the end*
Anfang März *at the beginning of March*
au weh! *oh, no!*
das Schönste *the best part*
die Jury war seit einigen Wochen unterwegs *the jury had been traveling around for a few weeks*
die nächsten *the next ones*
gut besucht *well-attended*
ich bin dagegen *I'm against it*
im Fernsehen kommen *to be on television*
meiner Meinung nach *in my opinion*
so weit sein *to be ready*
vorbei sein *to be over*
wir haben's geschafft! *we did it!*

Die Landshuter Hochzeit

Eine ganze Stadt spielt Mittelalter

1 When you look at a German calendar of festivals, you could get the impression that Germans do nothing but celebrate! Almost all towns, large and small, have festivals during the year. There are historical pageants, beer and wine festivals, music festivals, and religious celebrations. The festivities usually begin with a costumed procession through the town. Then there are all kinds of carnival activities, exhibitions, and of course, plenty to eat and drink. One of the most famous festivals is Karneval, or Fasching, celebrated each spring in Catholic regions with weeks of parades, parties, and dances.

Every three years the city of Landshut in Bavaria stages an impressive pageant to reenact the wedding in 1475 of Jadwiga, daughter of the Polish king, to Georg, son of an extremely wealthy Bavarian duke. The whole town takes part in the festival. The citizens dress up to act out the parts of the bridal party, the clergy, servants, knights, soldiers, workers, musicians, clowns, beggars, and children—the whole population of medieval Landshut!

The Landshuter Hochzeit is an elaborate and costly event, but the city benefits from it in important ways. The festival is put on not only for national and international publicity, but for very simple, human reasons. It brings the people of the town closer together. Young and old cooperate, work, and have fun. They discover things they have in common. Their love of Heimat, "home," deepens, and they develop respect for and pride in their past. Young people become part of their town through this experience and look forward to carrying on the tradition.

2 Vor dem Festzug: Ein Interview mit einem Mitspieler

Ein Mitspieler mit seiner Armbrust. Sie ist mit Blumen geschmückt.

INTERVIEWER	Grüss Gott!
MITSPIELER	Grüss Gott!
INTERVIEWER	Sie sitzen hier so bequem auf der Strasse. Müde?
MITSPIELER	Ich ruh' mich aus. Ja.
INTERVIEWER	Was sind Sie denn in diesem Festzug°?
MITSPIELER	Ich bin ein Schütze°. Ein Armbrustschütze.
INTERVIEWER	Ach ja! Jetzt seh' ich erst Ihre Armbrust°. Sie haben sie ja so wunderschön geschmückt°!

der Festzug: *procession*
der Schütze: *marksman*
die Armbrust: *crossbow*
schmücken: *to decorate*

MITSPIELER	Gell?[1] Sie sieht schön aus!
INTERVIEWER	Wunderbar! Ihr Kostüm gefällt mir aber auch. Ist es echt? Ich meine°, so wie Sie hat ein Armbrustschütze damals° ausgesehen?
MITSPIELER	Ich glaub' schon. Alles ist echt. Alle Kostüme.
INTERVIEWER	Wie lange machen Sie schon mit?
MITSPIELER	Schon siebenmal. Heuer° ist es schon das achte Mal.
INTERVIEWER	Immer als Schütze?
MITSPIELER	Nein, nein. Ich bin erst das zweite Mal Schütze. Einmal war ich Lanzenträger°, und einmal Bettler°.
INTERVIEWER	Und als Junge?
MITSPIELER	Ja, da war's eigentlich am schönsten. Ich war sieben, als ich das erste Mal mitgespielt hab'. Da war ich ein Sohn vom Herzog.
INTERVIEWER	Wieviel Leute spielen eigentlich mit?
MITSPIELER	Heuer sind es über 1 300 Mitspieler.
INTERVIEWER	Und Sie spielen gern mit?
MITSPIELER	Ja. Es macht immer Spass. Man gewöhnt sich so daran°. Ich freu' mich° immer auf den Tag, wo es wieder losgeht.
INTERVIEWER	Was sind Sie eigentlich von Beruf?
MITSPIELER	Ich bin Tankwart°.
INTERVIEWER	Nun, ich möchte Sie nicht länger aufhalten°. Vielen Dank!
MITSPIELER	Bitte schön!

meinen: *to mean*

damals: *in those days, at that time*

heuer: *this year*

der Lanzenträger: *lancer*
der Bettler: *beggar*

man gewöhnt sich daran: *you get used to it*

s. freuen auf: *to look forward to*

der Tankwart: *gas station attendant*

aufhalten: *to hold up, take up a person's time*

Beantwortet die Fragen!

1. Warum sitzt der Mitspieler auf der Strasse?
2. Was ist er im Festzug?
3. Warum hat der Interviewer die Armbrust nicht sofort gesehen?
4. Was sagt der Schütze über die Kostüme?
5. Wie lange macht er schon mit?
6. Ist er immer Schütze?
7. Was hat er als Junge gespielt?
8. Wieviel Leute spielen heuer mit?
9. Spielt der Schütze gern mit?
10. Was ist er von Beruf?

Frag deine Mitschüler!

1. Hast du schon einmal in einem Spiel mitgespielt oder in einem Festzug mitgemacht? Wann war das?
2. War das von der Schule? Kirche? Stadt?
3. Was bist du gewesen? deine Freunde?
4. Was für ein Kostüm hast du getragen?
5. Wievielmal hast du schon mitgemacht?
6. Was hast du am liebsten gespielt?

MÜNDLICHE ÜBUNG ⊗

SCHRIFTLICHE ÜBUNG

Beschreibe den Mitspieler! Was weisst du alles über ihn?

[1] The words **gell?** or **gelt?** are used often, especially in southern Germany and Austria, to mean "isn't that right?" The standard phrase is **nicht?** or **nicht wahr?**

7   TIME PHRASES WITH erst, schon, AND seit

Lest die Beispiele und beantwortet die folgenden Fragen!

Wie lange spielen Sie schon mit?

What does this sentence mean? Is the event expressed here completed in the past, or does it continue into the present? What tense is used? Name the word which shows that the event began in the past.

Ich spiele schon einen Monat mit.

What does this sentence mean? Is the event expressed here completed in the past, or does it continue into the present? What tense is used? Name the word which shows that the event began in the past. What noun phrase answers the question **wie lange?** What case is it in?

Ich spiele erst seit einem Jahr mit.

What does this sentence mean? Is the event expressed here completed in the past, or does it continue into the present? What tense is used? Name the word which shows that the event began in the past. What prepositional phrase answers the question **wie lange?** What case is used after **seit?** What do you think **erst** suggests here?

8   Lest die folgende Zusammenfassung!

To express the idea that an event began in the past and continues into the present, English uses the past tense: "I've been taking part in this for a month." German, on the other hand, uses the present tense, together with an adverb or adverbial phrase: **Ich spiele schon einen Monat mit.** The following phrases are commonly used to indicate that an event began in the past and continues into the present or future:

1. The adverb **schon,** *already,* may be used together with a word or phrase answering the question **wie lange?** The noun phrase following **schon** is in the accusative case.

Wie lange spielen Sie schon mit?	Ich spiele schon einen Monat mit.
How long have you been taking part?	*I've been taking part for a month.*

Present Tense		wie lange?	
Ich mache	schon	24 Jahre	mit.
Er wartet	schon	einen Tag	hier.
Wir sind	schon	ein Jahr	in Landshut.
Ich warte	schon	lange	auf den Festzug.
Er macht	schon	siebenmal	mit.

2. A prepositional phrase beginning with the word **seit,** *since,* may be used. **Seit** is always followed by the dative case.

     Wie lange machst du schon mit? — Ich mache seit einem Jahr mit.

When a prepositional phrase with **seit** is used to indicate that the event started in the past, the word **schon** may be added for emphasis.

Ich mache	schon	seit einem Monat	mit.
Sie warten	schon	seit einer Stunde	auf uns.

3. The word **erst,** *only,* may be used with a word or phrase answering the question **wie lange?** or with a prepositional phrase beginning with **seit. Erst** suggests that the event that began in the past has not been going on too long and that it will probably continue into the future.

> Er wartet erst ein paar Minuten. (Er wird wahrscheinlich noch länger warten.)
> Wir sind erst seit gestern hier. (Und wir werden noch ein paar Tage bleiben.)

9 Der Interviewer fragt: ⊗

Wie lange sind Sie schon hier? eine Stunde?   Ja, ich bin schon eine Stunde hier.
Wie lange ruhen Sie sich schon aus? fünf Minuten?
Wie lange sind Sie schon Schütze? einen Monat?
Wie lange spielen Sie schon mit? zehn Jahre?
Wie lange sind Sie schon Tankwart? ein Jahr?

10 Der Interviewer fragt weiter: ⊗

Wie lange üben Sie schon? einen Monat?   Ja, erst seit einem Monat.
Wie lange kennen Sie die Mitspieler schon? vier Tage?
Wie lange haben Sie dieses Kostüm schon? ein Jahr?
Wie lange warten Sie schon auf den Festzug? eine Stunde?
Wie lange sitzen Sie schon hier? zehn Minuten?

11 Frag deine Klassenkameraden!

Wie lange gehst du schon zur Schule?
Wie lange lernst du schon Deutsch?
Wie lange kennst du mich schon?
Wie lange spielst du schon (Klavier)?
Wie lange lernst du schon diese Lektion?

12 SCHRIFTLICHE ÜBUNGEN

Schreibt die Antworten für Übungen 9, 10 und 11!

13 500 Jahre Landshuter Hochzeit ⊗

Seit 1903 feiert die Stadt Landshut alle drei Jahre° ein grosses Fest°: die Landshuter Hochzeit. Die „Landshuter Hochzeit 1475" ist das grösste historische Fest Deutschlands. Die ganze Stadt Landshut spielt Mittelalter°. Dann ziehen° über 1 300 Landshuter, Männer, Frauen und Kinder, in bunten Kostümen durch die Strassen. Sie feiern die Hochzeit von 1475 von Georg Herzog von Bayern mit Hedwig[1], einer Tochter des Königs von Polen°. Und heute wie damals hört man sie rufen: „Himmel Landshut! Tausend Landshut!"

Im Jahre 1975 fand die 500-Jahr-Feier statt. Fast eine Million Besucher kamen nach Landshut und sahen sich das Spektakel an.

alle drei Jahre: *every three years*
das Fest: *festival*

das Mittelalter: *Middle Ages*
ziehen: *to move, go*

Polen: *Poland*

---

[1] **Hedwig** is the German equivalent of the Polish name **Jadwiga.**

Die gotische Altstadt von Landshut ist die Kulisse für den Hochzeitszug.

Der Kirchturm ist der höchste Backsteinturm der Welt.

14 Eine ganze Stadt spielt Mittelalter ⊗

Das Brautpaar:
Jadwiga
Prinzessin von Polen
und Georg
Herzog von Bayern

Nach dem Festmahl am Abend versammeln sich Fürsten und Edeldamen zum Tanz.

Eine Gruppe von Musikanten unterhält die noblen Gäste.

Das Volk kommt in die Stadt, und die Gaukler belustigen die Gäste.

Ein polnischer Fürst

Die Eltern des Bräutigams

Kinder der Edelleute

Die Fanfaren ertönen: der Festzug setzt sich in Bewegung.

Die Fahnenschwinger schwingen ihre Fahnen: die Fahne des Herzogtums von Bayern und die Fahne des Königreichs von Polen.

„Himmel Landshut! Tausend Landshut!" rufen die Lanzenträger.

Nobelmänner und Edelfrauen zu Fuss oder zu Pferd

Ein Falkenträger Ein Ritter in Rüstung Stadtknechte und Soldaten

Das gewöhnliche Volk in bunten Kostümen . . . auf Pferdewagen

Bettler und ihre Kinder

Der Hochzeitszug endet auf dem Turnierplatz. Die „hohen Gäste" sitzen im Fürstenzelt und verfolgen das Geschehen.

Das Fest dauerte damals über eine Woche. Zehntausend Gäste waren da, und der Herzog bewirtete alle.

Dudelsackpfeifer

Das Stechen auf das Ringlein

15 Ein junger Zuschauer erzählt. ☺

DIETER	Sag mal, Werner, wo steckst du denn°? Warst du gestern beim Baden? Du siehst so rot aus im Gesicht.
WERNER	Ja, weisst du, wo ich war? In Landshut.
DIETER	Am Lech¹?
WERNER	Nee, das ist Landsberg am Lech. Ich meine Landshut. An der Isar. In Niederbayern².
DIETER	Jaa! Da war doch, glaub' ich, ein Dokumentarfilm über Landshut im Fernsehen.
WERNER	Ja, das war vor einer Woche°. Ich hab' mir gestern mit meinen Eltern die Landshuter Hochzeit angesehen.
DIETER	Ach so! Wie war's?
WERNER	Toll! Ich konnte den Umzug° gut sehen. Ich hatte einen prima Platz!
DIETER	Wie teuer war der Eintritt?
WERNER	Wo wir standen, war es frei. Nur in der Altstadt³ waren Tribünen°. Da war der Eintritt 12 Mark.
DIETER	Eine Menge Geld!
WERNER	Fand ich auch! Da war mir mein Stehplatz lieber. Ich wollte mir dann das Turnier° am Abend ansehen, aber alle Sitzplätze waren ausverkauft°.
DIETER	Es waren bestimmt viele Leute da.
WERNER	Mensch, die Stadt war voll. Wir mussten vor der Stadt parken, auf einer Wiese, und mussten zu Fuss in die Stadt gehen.
DIETER	Ach, ich hasse so ein Gedränge°.
WERNER	Ich auch. Aber es hat sich gelohnt°. Der Hochzeitszug war einmalig.
DIETER	Hast du viel fotografiert?
WERNER	Ich hab' mehrere Filme verknipst°.
DIETER	Hast du die Bilder schon?
WERNER	Ich mach' Dias°. Und einige sind sehr gut geworden°. Komm doch mal vorbei! Dann zeig' ich sie dir.
DIETER	Schön°, das tu' ich.

Glosses:
- wo steckst du denn?: *where have you been keeping yourself?*
- vor einer Woche: *a week ago*
- der Umzug: *parade*
- die Tribüne: *grandstand, bleachers*
- das Turnier: *jousting*
- ausverkauft: *sold out*
- das Gedränge: *pushing and shoving crowd*
- es hat sich gelohnt: *it was worth it*
- verknipsen: *to use up film*
- das Dia: *slide*
- gut werden: *to turn out well*
- schön: *okay, fine, good*

¹ Cities are often identified with a body of water, as **Frankfurt am Main, Landsberg am Lech, Landshut an der Isar,** etc.
² **Niederbayern** is one of the seven administrative districts of the State of Bavaria. Landshut is the capital city of **Niederbayern.**
³ **Eine Altstadt** is the central and oldest part of a city. In the Middle Ages, most European cities were surrounded by walls for protection. Today the cities have expanded beyond their original areas, but **die Altstadt** remains the heart of the city. It is here that the church, marketplace, fountain, town hall, and twisting streets of the medieval town can still be seen.

Beantwortet die Fragen!

1. Warum ist Werner wohl rot im Gesicht?
2. Wo liegt Landshut?
3. Woher kennt Dieter Landshut?
4. Warum konnte Werner den Hochzeitszug so gut sehen?
5. Wie teuer war der Eintritt?
6. Was wollte sich Werner am Abend ansehen?
7. Warum hat er sich das Turnier nicht angesehen?
8. Wie war der Verkehr in Landshut?
9. Was sagt Werner über das Gedränge? Warum?
10. Warum lädt Werner seinen Freund Dieter ein?

MÜNDLICHE ÜBUNG

Frag deinen Klassenkameraden!

1. Wann hast du einen Umzug gesehen?
2. Was für ein Umzug war es?
3. Hattest du einen Sitzplatz?
4. Gab es auch Tribünen?
5. Wie teuer war der Eintritt?
6. Wie war der Verkehr?
7. Hat dir der Umzug gefallen?
8. Hast du viel fotografiert?

SCHRIFTLICHE ÜBUNG

Beschreibe Werners Ausflug mit seinen Eltern nach Landshut!

20   in AND vor IN TIME EXPRESSIONS

The prepositions **in,** *in,* and **vor,** *ago,* are followed by dative case forms when used in time expressions.

	Dative Case		Dative Case
Der Umzug ist	**in einer Woche.**	Der Umzug war	**vor einer Woche.**
Das Fest ist	**in einem Monat.**	Das Fest war	**vor einem Monat.**
Die Hochzeit ist	**in zwei Jahren.**	Die Hochzeit war	**vor zwei Jahren.**

Wann fährst du nach Landshut?

Tag / Stunde / Monat / Woche / Jahr   In einem Tag.

Wann warst du in Landshut?

Woche / zwei Tage / Monat / Jahr / drei Jahre   Vor einer Woche.

KONVERSATIONSÜBUNG

Seht euch einen Kalender oder ein Fernsehprogramm an und sagt, wann alles war oder sein wird! Gebraucht dabei Ausdrücke mit „in" und „vor"!

24

DETERMINERS OF QUANTITY

alle, andere, einige, ein paar, mehrere, viele, wenige

The following expressions indicate quantity and may be used as plural determiners or as plural pronouns. When used as determiners, they have the same endings as **dieser**-words and are followed by plural nouns. Note that **ein paar** does not take endings.

alle	all	**mehrere**	several
andere	other	**viele**	many
ein paar	a few	**wenige**	few (not many)
einige	some		

Plural Determiner	Plural Pronoun
Einige Dias sind gut geworden.	**Einige** sind gut geworden.
Er hat **mehrere Filme** verknipst.	Er hat **mehrere** verknipst.
Ich habe **mit vielen Mitspielern** gesprochen.	Ich habe **mit vielen** gesprochen.

25 Wer sieht sich den Umzug an? ⊗

many people
all children
some parents
several actors

Viele Leute.

26 Wer spielt das erste Mal mit? ⊗

a few children
few parents
other people
some friends

Ein paar Kinder.

27 Fragt eure Klassenkameraden!

Wann hast du Geburtstag?
Wann hattest du Geburtstag?
Wann hast du Ferien?
Wann bist du mit der Schule fertig?

(in zwei Monaten, in ein paar Tagen, usw.)
(vor zwei Wochen, vor einigen Tagen, usw.)

28 SCHRIFTLICHE ÜBUNGEN

Schreibt die Antworten für Übungen 21, 22, 25 und 26!

29 HÖRÜBUNG ⊗

	0	1	2	3	4	5	6	7	8	9	10
Mitspieler											
Zuschauer	✓										

TIME EXPRESSIONS FOR PARTS OF THE DAY

1. Certain nouns, such as **Vormittag, Abend,** and **Nacht,** function as adverbs when they occur in time expressions with the words **heute, gestern,** and **morgen.** In these expressions they are not capitalized.

heute	
heute früh	*early this morning*
heute morgen	*this morning*
heute vormittag	*this morning*
heute mittag	*today at noon*
heute nachmittag	*this afternoon*
heute abend	*this evening, tonight*
heute nacht	*tonight*

morgen	
morgen früh	*early tomorrow morning*
morgen vormittag	*tomorrow morning*
morgen mittag	*tomorrow at noon*
morgen nachmittag	*tomorrow afternoon*
morgen abend	*tomorrow evening*
morgen nacht	*tomorrow night*

gestern	
gestern früh	*early yesterday morning*
gestern morgen	*yesterday morning*
gestern vormittag	*yesterday morning*
gestern mittag	*yesterday at noon*
gestern nachmittag	*yesterday afternoon*
gestern abend	*last night*
gestern nacht	*last night*

2. German-speakers tend to divide the parts of the day a little more precisely than English-speakers do. English-speakers usually refer to morning, afternoon, and evening. German-speakers distinguish between early morning, late morning, midday, afternoon, etc. The following diagram shows approximately which hours of the day are meant by the various German expressions.

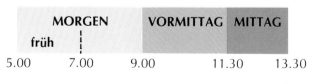

31 Zeitleisten ☺

a. Was tust du?

b. Was hast du gestern alles getan?

c. Was wirst du am Samstag alles tun?

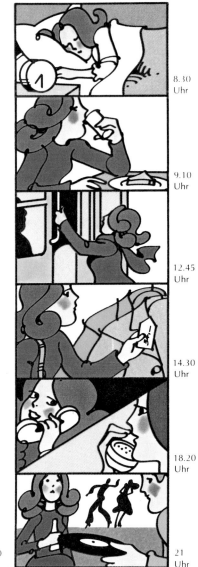

32 Frag deine Klassenkameraden!

1. Was hast du gestern abend gemacht?
2. Was tust du morgen nachmittag?
3. Was machst du heute abend?

4. Wann gehst du zu deinem Freund?
5. Wann hast du deinen (Onkel) besucht?
6. Wann wirst du dir (den Umzug) ansehen?

33 SCHRIFTLICHE ÜBUNG

Schreibt die Antworten für Übung 31a, b und c!

KONVERSATIONSÜBUNG

Jeder von euch hat schon Umzüge oder Festzüge gesehen oder vielleicht sogar in einem Umzug mitgemacht. Den Unabhängigkeitstag, *Independence Day*, feiern alle in den USA. Sprecht über diesen Tag mit euren Klassenkameraden!

1. Interview mit einem Zuschauer:
a. Wann ist der Unabhängigkeitstag?
b. Was siehst du dir an diesem Tag an?
c. Wann findet der Umzug statt?
d. Von wo aus siehst du dir den Umzug an? Wo stehst du gewöhnlich?
e. Wieviel Leute machen mit?
f. Was siehst du alles im Umzug?
g. Was findet am Abend statt?
h. Was gefällt dir am besten?
i. Hast du Andenken von einem Umzug? Dias?

2. Interview mit einer Mitspielerin:
a. Was bist du oder was machst du im Umzug?
b. Trägst du ein Kostüm?
c. Wie lange machst du schon mit?
d. Warum machst du mit?
e. Wie hast du diese Rolle bekommen?
f. Sag, wer im Umzug alles mitmacht!
g. Wieviel Tage oder Wochen musst du für diesen Umzug üben?

SCHRIFTLICHE ÜBUNG

Schreibt einen Aufsatz mit dem Thema „Unser Unabhängigkeitstag" oder „Unser Festzug"!

1–12

die **Armbrust**, ⸚e   crossbow
der **Armbrustschütze**, –n   crossbowman
der **Bettler**, –   beggar
der **Festzug**, ⸚e   procession
der **Herzog**, ⸚e   duke
die **Hochzeit**, –en   wedding
das **Interview**, –s   interview
der **Interviewer**, –   interviewer
der **Lanzenträger**, –   lancer
das **Mal**, –e   time, instance
der **Mitspieler**, –   participant
der **Schütze**, –n (den – n)   marksman
der **Tankwart**, –e   gas station attendant

s. **freuen auf** A   to look forward to
s. **gewöhnen an** A   to get used to
meinen   to mean
schmücken   to decorate

aufhalten (hält auf, hielt auf, hat aufgehalten) sep   to hold up, take up a person's time
losgehen (ging los, ist losgegangen) sep   to start, get started

damals   in those days, at that time
heuer   this year
wunderbar   wonderful
wunderschön   beautiful(ly)
zweit-   second

als Junge   as a boy
am schönsten   nicest of all
das achte Mal   the eighth time
die Landshuter Hochzeit   the Landshut Wedding
gell?   right?
ich bin erst das zweite Mal Schütze   this is only the second time that I've been a marksman
ich glaub' schon   I think so
man gewöhnt sich daran   you get used to it
von Beruf   by profession
wie lange machen Sie schon mit?   how long have you been taking part, participating?

13–14

die **Altstadt**, ⸚e   old part of the city
der **Backsteinturm**, ⸚e   brick tower
der **Besucher**, –   visitor
die **Bewegung**, –en   movement, motion
der **Bräutigam**, –e   bridegroom
das **Brautpaar**, –e   bridal pair
der **Dudelsackpfeifer**, –   bagpiper
die **Edeldame**, –n   noble lady
die **Edelfrau**, –en   noblewoman
die **Edelleute** (pl)   nobles, nobility
die **Ehre**, –n   honor
die **Fahne**, –n   flag, banner
der **Fahnenschwinger**, –   bannerwaver
der **Falkenträger**, –   falconer
die **Fanfare**, –n   fanfare
das **Fest**, –e   celebration
das **Festmahl**, –e   banquet
der **Fürst**, –en (den – en)   prince
das **Fürstenzelt**, –e   royal tent
der **Gaukler**, –   juggler
die **Gemahlin**, –nen   wife
das **Geschehen**   event(s)
das **Herzogtum**, ⸚er   dukedom
der **Hochzeitszug**, ⸚e   wedding procession
der **Höhepunkt**, ⸚e   high point
der **Kirchturm**, ⸚e   church steeple
das **Königreich**, –e   kingdom
die **Million**, –en   million

das **Mittelalter**   Middle Ages
der **Musikant**, –en (den – en)   musician
der **Nobelmann**, ⸚er   nobleman
das **Pferd**, –e   horse
der **Pferdewagen**, –   horse-drawn wagon
(das) **Polen**   Poland
die **Prinzessin**, –nen   princess
das **Ringlein**, –   little ring
der **Ritter**, –   knight
die **Rüstung**, –en   armor, suit of armor
der **Soldat**, –en (den – en)   soldier
das **Spektakel**, –   spectacle
der **Stadtknecht**, –e   city guard
das **Turnier**, –e   jousting tournament
der **Turnierplatz**, ⸚e   tournament grounds
das **Volk**, ⸚er   people, folk
die **Welt**, –en   world

belustigen   to amuse
bewirten   to entertain, serve with food and drink
enden   to end
ertönen   to sound
verfolgen   to follow, watch
s. **versammeln**   to gather

schwingen (schwang, hat geschwungen)   to swing, wave

eisern   iron
gotisch   Gothic
grösst-   largest
historisch   historical
höchst-   highest
nobel (nobler)   noble
unterhalb   below

alle drei Jahre   every three years
das Stechen auf das Ringlein   tilting for the ring
500-Jahr-Feier   500th anniversary celebration
Herzog Ludwig der Reiche   Duke Ludwig the Rich
im Jahre 1975   in 1975
sich in Bewegung setzen   to begin to move
zu Fuss   on foot
zu Pferd   on horseback
sich zum Tanz versammeln   to gather for the dancing

15–35

das **Dia**, –s   color slide
der **Dokumentarfilm**, –e   documentary film
das **Gedränge**   pushing and shoving crowd
(das) **Niederbayern**   Lower Bavaria
der **Sitzplatz**, ⸚e   seat
die **Tribüne**, –n   grandstand, bleacher
der **Umzug**, ⸚e   parade

hassen   to hate
parken   to park
verknipsen   to use up film

ausverkauft   sold out
einmalig   terrific, fantastic
mehrere   several

beim Baden   swimming, at the beach
da war mir mein Stehplatz lieber   so I preferred standing
ein prima Platz   a great spot
es hat sich gelohnt   it was worth it
gut werden   to turn out well
komm doch mal vorbei!   come over sometime!

nee! (colloquial speech)   no
sag mal   say
schön   okay, good, fine
so ein   such a
vor der Stadt   outside the city limits, on the outskirts of the city
vor einer Woche   a week ago
wo steckst du denn?   where have you been keeping yourself?
zu Fuss gehen   to walk

Historic Landmarks

links oben: Porta Nigra, Trier
rechts oben: Dom in Worms
links unten: Freiburger Münster
rechts unten: Holstentor, Lübeck

Plate 1

The city of Trier was founded in 15 A.D. by Caesar Augustus, first Roman Emperor. Treviris, as it was then called, was the largest city north of the Alps. Between 286 and 395 it was a favored residence of the Roman emperors.

Built before 200 A.D., the Porta Nigra is the best-preserved example of Roman architecture in Germany.

The central part of the Dom dates back to the 4th century.

The towers of the Dom were added much later, in the 11th and 12th centuries. They are examples of Romanesque architecture.

Another remnant of Roman architecture is the Imperial Baths, built in the early 4th century.

Remains of Roman architecture have also been found in Cologne and other places.

Plate 2

The Dom in Worms is considered the most harmonious example of Romanesque architecture in Germany.

The Klosterkirche Maria Laach is another beautiful example of Romanesque architecture. This basilica was completed around 1200.

The 11th-century tower of the Dom in Paderborn is Romanesque.

The 13th-century nave of the church is in Gothic style.

"Romanesque" is the style of building that developed from Roman principles of architecture. This style prevailed between 770 and 1250 and is characterized by round arches and a general massiveness of the building.

The "Hasenfenster," designed by an unknown 16th-century stonemason, depicts three running rabbits whose six ears appear as only three. This window is one of the landmarks of the city of Paderborn.

Plate 3

Built in the 12th–16th centuries, the Münster of Freiburg harmoniously combines Romanesque and Gothic elements.

Medieval stained-glass windows, unequaled for their colors, depict Bible stories and sacred symbols.

Gothic architecture prevailed in Europe from about 1200 to 1500. This style emphasizes height, with pointed arches, tall slender columns, and ribbed vaulting. Flying buttresses, or stone supports built against the outside walls, give support and permit almost unlimited height with great lightness.

The Münster of Ulm, begun in 1377 but not completed until 1890, is a beautiful example of Gothic style.

The steeple of the Ulmer Münster is the highest in the world, 161 meters. Now one can take an elevator to the platform; in earlier times people had to climb the 768 steps.
The cathedral was the focal point of medieval life. Even the market was held within the shadows of its walls. Inside, the rituals of life took place, from birth to death.

Plate 4

The Renaissance style of architecture began in Italy in the 14th century and gradually spread to other countries. It took nearly one hundred years before the Italian Renaissance came to Southern Germany, brought via trade routes by the merchants of Augsburg and Nürnberg.

The Renaissance marks the transition from medieval to modern history. This period is marked by the invention of movable type (1450), the discovery of America (1492), and the Protestant Reformation (1517).

Renaissance style is influenced by the clear lines of the classic Roman style. In Germany, this period lasted roughly through the 16th century.

Beginning around 1550, the North German Renaissance moved through Holland to Bremen and the Weser area.

links oben: Heidelberger Schloss
rechts oben: Schloss Aschaffenburg
rechts unten: Rathaus, Paderborn

Plate 5

The baroque style of architecture developed in the late 16th century and prevailed throughout the 17th century. It is characterized by extravagantly contorted classical forms, and ornamentation full of movement and color. Many palaces and lavish homes were built in this colorful and ornamental style.

Schloss Schleissheim, near Munich, was once a summer palace for Bavarian kings, but is now a museum. It is a fine example of German baroque style.

The palace chapel.

Window detail.

The Theatinerkirche in Munich was built between 1666 and 1688 in Italian baroque style.

Plate 6

The Klosterkirche Ettal was originally a Gothic structure. Between 1710 and 1753 this church received baroque towers, a baroque cupola, and a beautiful baroque façade.

This Benedictine cloister is in a beautiful rural area near Garmisch-Partenkirchen.

The rococo style, an elaboration and refinement of baroque, came from France. Prevalent in the 18th century, rococo is characterized by an overelaborate style and by ornamental stone carvings in the form of shells, foliage, and scrolls.

The 18th-century Wieskirche is considered Europe's most beautiful rococo-style church. It is located in a meadow near Steingaden.

In the 19th century a neo-classic style developed, based upon Greek principles of architecture. This style was used mostly in Berlin and in Munich.

The Glyptothek in Munich, which houses a precious collection of antique sculptures, was built by Klenze between 1816 and 1830, and is a good example of this style of architecture.

This period was followed by a return to older styles — Romanesque, Renaissance, and Gothic. A good example of neo-Gothic style is the Neues Rathaus in Munich, built between 1867 and 1908. In the 20th century, after World War I, the famous Bauhaus School of Weimar began to exert its influence with modern, geometric design that is still used today.

rechts oben: Neues Rathaus, München
links unten: Neue Nationalgalerie, Berlin
rechts unten: Glyptothek, München

Plate 8

Mit dem Auto in den Urlaub

1 Planen ist die halbe Reise! ⊗

Die meisten deutschen Familien—und so auch die Wielands—planen ihre Sommerreise schon lange vor dem Sommer. Schon im Winter holen sie Reisebroschüren und Prospekte vom Reisebüro, und sie diskutieren über die verschiedenen° Reiseziele. Die ganze Familie sitzt um den dicken Reiseatlas. Mit einem Lineal und einer Schnur messen die Kinder, wieviel Kilometer es sind von zu Hause bis zu den verschiedenen Ferienorten.

verschieden: various

ULRIKE	Warum fahren wir denn nicht mal nach Jugoslawien oder wenigstens° nach Italien? Die Brigitte fährt mit ihren Eltern jedes Jahr ins Ausland°!	*wenigstens: at least* *das Ausland: foreign country*
FRAU WIELAND	Die sind ja nur drei in der ganzen Familie. Wir sind fünf!	
HERR WIELAND	Das ist auch viel zu weit mit unserem kleinen Wagen.	
MATTHIAS	Ich möchte am liebsten an den Bodensee¹ reisen.	
CHRISTIANE	Bloss weil du dort baden kannst. Da fahr' ich lieber wieder in Süddeutschland herum, wie im letzten Jahr. Die alte Stadt Landshut hat dir doch auch gut gefallen.	
HERR WIELAND	Diese Reise war sehr teuer! So eine Reise können wir uns dieses Jahr nicht leisten°.	*s. leisten: to afford*
CHRISTIANE	Ich hab' eine prima Idee!	
MATTHIAS	Bei dir ist immer alles prima!	
CHRISTIANE	Sei doch ruhig, du blöder Kerl!	
FRAU WIELAND	Müsst ihr denn schon wieder streiten°?	*streiten: to fight*
CHRISTIANE	Aber der Matthias fängt immer wieder an!	
HERR WIELAND	Ruhe jetzt!	
CHRISTIANE	Du Vati, hör mal! Du hast doch noch das alte Zelt°. Da fahren wir zelten, an den Baggersee in Germersheim².	*das Zelt: tent*
HERR WIELAND	Das können wir machen.	
FRAU WIELAND	Das sind aber keine Ferien für mich. Ich muss dann wieder kochen und spülen.	
CHRISTIANE	Ihr beide könnt doch bei Tante Gertrud wohnen, und wir drei bleiben allein im Zelt.	
MATTHIAS	Toll!	
HERR WIELAND	Na, gut! Gehen wir mal in den Keller und sehen nach, was für Campingsachen wir noch haben!	

2

Camping is very popular in Germany, especially near lakes and rivers. Good sites are hard to get because it is so crowded, and in very scenic locations they are often quite expensive. Some people rent a site permanently. In fact, that is why Wielands are going to the Baggersee in Germersheim, a small town near Speyer. Frau Wieland's brother has a permanent campsite there which they can use.

¹ **Der Bodensee,** *Lake Constance,* is Germany's largest lake. It belongs to Germany, Austria, and Switzerland.
² A **Baggersee** is a lake created by sand excavations. Many have been landscaped and have become popular for swimming and boating. The water is very clear, since most of these lakes are fed by underground springs.

3 Was hat den Wielands im letzten Jahr gefallen? ⊗

der kleine Ort in den Alpen

die alte Stadt Landshut

das malerische Dorf in Bayern

4 Was möchte Matthias wieder sehen? ⊗

den sandigen Strand

die hohe Burg Trausnitz[1]

das schöne Schloss Linderhof[2]

5 Wem gehören diese Campingsachen? ⊗

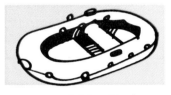
Das gelbe Zelt gehört Herrn Wieland.

Das weisse Schlauchboot gehört den Kindern.

Die rote Luftmatratze gehört Christiane.

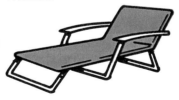
Der neue Liegestuhl gehört Mutti.

Der grüne Schlafsack gehört Ulrike.

Die Fusspumpe gehört Matthias.

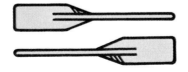
Die zwei Paddel sind fürs Boot.

Der Sonnenschirm ist für den Strand.

[1] **Burg Trausnitz** is located in Landshut.
[2] **Schloss Linderhof** is a castle in the Bavarian Alps. It was built in the rococo style in the 1870's by Ludwig II, King of Bavaria.

Beantwortet die Fragen!

1. Wie planen Wielands für ihre Reise?
2. Wohin möchte Ulrike fahren? Warum?
3. Warum fahren sie nicht ins Ausland?
4. Wohin möchte Matthias? Warum?
5. Und wohin möchte Christiane wieder?
6. Warum geht das dieses Jahr nicht?
7. Was schlägt Christiane vor?
8. Warum gefällt das der Mutti nicht?
9. Was schlägt Christiane noch vor?
10. Was sagt Herr Wieland dann?

Fragt eure Klassenkameraden!

1. Wie plant deine Familie eine Reise?
2. Wohin fahrt ihr? Wann? Warum?
3. Streitet ihr über die Reiseziele?
4. Was für Campingsachen habt ihr?
5. Hat dein Vater Campen gern? deine Mutter? Warum oder warum nicht?
6. Wo kann man in Nordamerika gut zelten gehen?

MÜNDLICHE ÜBUNG ⊗

9 Wichtige Schilder für den Urlauber. Was bedeuten sie?

10

ADJECTIVE ENDINGS
Following the Definite Article and dieser-Words

Lest die Beispiele und beantwortet die folgenden Fragen! ⊗

Dieser kleine Ort heisst Germersheim.
Diese alte Stadt heisst Landshut.
Dieses malerische Dorf liegt in Bayern.

Name the determiner in each noun phrase. Name the adjective. What is the adjective ending after each determiner? What case are all three noun phrases in?

Matthias mag **den sandigen Strand.**
Er besucht **die hohe Burg Trausnitz.**
Ich möchte **das schöne Schloss Linderhof** sehen.

Name the determiner in each noun phrase. Name the adjective. What are the adjective endings after each determiner? What case are all three noun phrases in?

Es sind nur drei **in der ganzen Familie.**
Das ist zu weit **mit diesem kleinen Wagen.**
Sie diskutieren **über die verschiedenen Reiseziele.**

Name the noun phrase following the preposition in each sentence. Name the determiner in each noun phrase. What is the adjective ending after each determiner? In what case are the first two noun phrases? Is the third noun phrase singular or plural? What case is it in?

11 Lest die Folgende Zusammenfassung!

1. Adjectives that follow the definite article (**der, die, das**) or a **dieser**-word (**dieser, jeder, mancher, welcher**) end in either **-e** or **-en:**
   a. **-e:** nominative singular, all genders
      accusative singular, feminine and neuter
   b. **-en:** all other cases and genders

masculine	Nominative	Was gefällt Wielands?	**Der schöne Ort.**
	Accusative	Was möchten sie sehen?	**Den sandigen Strand.**
	Dative	Wem gefällt das Dorf?	**Dem kleinen Matthias.**
feminine	Nominative	Was gefällt Wielands?	**Die hübsche Stadt.**
	Accusative	Was möchten sie sehen?	**Diese hohe Burg.**
	Dative	Wem gefällt die Burg?	**Der kleinen Tochter.**
neuter	Nominative	Was gefällt Wielands?	**Das malerische Dorf.**
	Accusative	Was möchten sie sehen?	**Jedes alte Schloss.**
	Dative	Wem gefällt das Schloss?	**Diesem kleinen Mädchen.**
plural	Nominative	Was gefällt Wielands?	**Diese ganzen Campingsachen.**
	Accusative	Was nehmen sie mit?	**Diese roten Liegestühle.**
	Dative	Wem gefällt der See?	**Allen jungen Leuten.**

Here is a summary of the adjective endings following the definite article and **dieser**-words:

	masculine		feminine		neuter		plural	
Nominative	**der**	**-e**	**die**	**-e**	**das**	**-e**	die	-en
Accusative	den	-en	**die**	**-e**	**das**	**-e**	die	-en
Dative	dem	-en	der	-en	dem	-en	den	-en

2. a. Adjectives such as **teuer (dunkel, sauber)** usually omit the stem **-e: eine teure Reise.**
   b. The adjective **hoch** changes its form to **hoh-** when used before a noun: **die hohe Burg.**

Was seht ihr euch alles an?

Hier ist das alte Schloss!   Ich seh' mir das alte Schloss an.
Hier ist der schöne Strand!   Ich seh' mir den schönen Strand an.
Hier ist die berühmte Burg!   Ich seh' mir die berühmte Burg an.
Hier ist das kleine Dorf!   Ich seh' mir das kleine Dorf an.
Hier ist der neue Prospekt!   Ich seh' mir den neuen Prospekt an.
Hier ist die historische Stadt!   Ich seh' mir die historische Stadt an.

Matthias und Ulrike streiten.

Dieses Dorf ist so alt.   Aber mir gefällt dieses alte Dorf.
Diese Stadt ist so modern.
Dieser Ort ist so ruhig.
Diese Burg ist so klein.
Dieser Strand ist so sandig.
Dieses Schloss ist so neu.

14 Herr Wieland und Matthias suchen die alten Campingsachen. ⊗

Suchst du das Zelt?   Ja, wo ist das alte Zelt?
den Sonnenschirm? / die Luftmatratze? / das Schlauchboot? /
den Liegestuhl? / den Schlafsack?

15 Matthias, hast du das? ⊗

Matthias, hast du die Pumpe?   Nein, ich hab' die blöde Pumpe nicht.
das Schlauchboot? / den Liegestuhl? / das Zelt? /
den Sonnenschirm? / den Reiseatlas?

16 Wie war das Wetter? ⊗

In der letzten Zeit?   Es hat die ganze Zeit geregnet.
Im letzten Monat?
In der letzten Woche?
Im letzten Sommer?
Am letzten Wochenende?
Am letzten Tag?

17 SCHRIFTLICHE ÜBUNGEN

a. Schreibt die Antworten für Übungen 13 bis 16!
b. Schreibt das folgende Lesestück ab, und setzt die fehlenden Adjektivendungen ein!

Die ganz_____ Familie Wieland sitzt um den dick_____ Reiseatlas. Matthias hat das gelb_____ Lineal in der Hand und misst die Entfernungen zu den verschieden_____ Ferienorten. Ulrike möchte an den sonnig_____ Strand von Italien fahren, aber das ist zu weit mit der ganz_____ Familie in dem klein_____ Auto. Christiane möchte sich die schön_____ Stadt Landshut ansehen, aber Matthias fährt lieber an den klar_____ Baggersee bei Germersheim.

Herr Wieland geht mit Matthias in den dunkl_____ Keller. Sie wollen sich die alt_____ Campingsachen ansehen. Das gelb_____ Zelt ist noch gut, aber die rot_____ Luftmatratze ist kaputt. Den alt_____ Sonnenschirm können sie auch nicht mitnehmen; sieh dir doch das gross_____ Loch an!

18 Wielands müssen tanken, bevor sie wegfahren. ⊗

Frau Wieland fährt zur Tankstelle. Der Tankwart füllt Benzin in den Tank.

TANKWART	Normal oder Super?
FRAU WIELAND	Super, bitte.
TANKWART	Voll?
FRAU WIELAND	Ja. Und schauen Sie doch bitte mal das Öl nach! Und auch die Reifen. Wir fahren in Urlaub.
TANKWART	Sie brauchen einen Liter Öl.
FRAU WIELAND	Wie lange dauert das Wagenwaschen?
TANKWART	Etwa zehn Minuten. Und er sieht wieder wie neu aus!

2
Der Tankwart prüft den Ölstand.

3
Er prüft den Reifendruck.

Ein Sonderangebot: 6 Mark fürs Wagenwaschen! Frau Wieland lässt den Wagen
waschen.

4

6

19 Frag deinen Mitschüler!

1. Wie heissen einige Tankstellen in deinem
   Ort?
2. Was tut ein Tankwart alles?
3. Was kannst du noch alles an der Tankstelle kaufen?
4. Was machen deine Eltern mit dem Auto,
   bevor ihr in Urlaub fahrt?

5. Wohin fährt dein Vater, wenn er Benzin
   braucht?
6. Zu welcher Tankstelle fährt er am liebsten? Warum?
7. Habt ihr einen guten Mechaniker für
   euern Wagen? Warum geht ihr zu ihm?
8. Wie oft kommt euer Wagen zum Service?

20 Vor der Abfahrt ☺

FRAU WIELAND   Sag mal, hast du den Matthias gesehen?

ULRIKE   Da kommt er. Er will wieder seine ganzen Spiele°
mitnehmen.

seine ganzen Spiele: *all his games*

Lektion 29   Mit dem Auto in den Urlaub   71

HERR WIELAND	Aber Matthias! In den Kofferraum geht kein einziges° Stück mehr rein!	einzig: *single*
MATTHIAS	Wenn es die ganze Zeit regnet, werdet ihr froh sein, dass ich meine Spiele dabeihabe.	

Weil Wielands zum Campen fahren, darf Christiane auch ihre Freundin Elsa einladen. Die vier Kinder klettern in den Wagen und nehmen auf dem Rücksitz° Platz. Herr Wieland schliesst die Haustür und die Gartentür ab° und setzt sich auf den Beifahrersitz°. Seine Frau fährt heute. „Ruh dich schön aus!" meint Frau Wieland. „Es ist dein erster Urlaubstag."

der Rücksitz: *back seat*
abschliessen: *to lock*
der Beifahrersitz: *passenger's seat*

21 Auf der Hinfahrt°

die Hinfahrt: *trip (to)*

CHRISTIANE	Mutti, fahr doch nicht so schnell!	
FRAU WIELAND	Ich fahr' nur 120[1].	
HERR WIELAND	Nur keine Angst! Eure Mutti ist eine gute Fahrerin. Sie hat noch keinen einzigen Unfall° gehabt.	der Unfall: *accident*
MATTHIAS	Aber vor einem halben Jahr hat sie doch einen Strafzettel° bekommen.	der Strafzettel: *ticket*
FRAU WIELAND	Da war eine Radarfalle°. Pech° gehabt! Ich bin aber nur zehn Kilometer drüber° gefahren!	die Radarfalle: *radar trap* das Pech: *bad luck* drüber: *over (the speed limit)*
HERR WIELAND	Dreht euch mal um! Da kommt ein lebensmüder° Bursche° hinter uns. Husch!	lebensmüde: *tired of living* der Bursche: *guy*
MATTHIAS	Ein grüner Porsche. Ein klasse Wagen!	
HERR WIELAND	Er hat bestimmt 180 Sachen drauf°.	. . . 180 Sachen drauf: *he must be doing 180 km/h*
ULRIKE	Er hat so ein komisches° Nummernschild°.	komisch: *strange, funny* das Nummernschild: *license plate*
HERR WIELAND	Ein ausländischer Wagen. Siehst du das ovale Schild?	
CHRISTIANE	Woher° kommt er denn? Was bedeutet FL?	woher: *from where*
HERR WIELAND	Fürstentum° Liechtenstein.	das Fürstentum: *principality*
MATTHIAS	He! Wollt ihr raten, woher die Autos kommen?	
ULRIKE	Das ist besser als mit dir „Mensch ärgere dich nicht"[2] spielen.	
MATTHIAS	Vati, hast du deinen Taschenkalender°[3] mit? Du musst uns helfen, wenn wir steckenbleiben.	der Taschenkalender: *pocket calendar*
CHRISTIANE	Vor uns: NL.	
ULRIKE	Niederlande. Ein Holländer. Das war einfach°!	einfach: *easy*

Und so vergeht die Zeit schnell. Unterwegs halten sie einmal an. Sie machen ein bisschen Gymnastik im Wald, und sie haben ein kleines Picknick[4]. Und schon geht es weiter.

---

[1] German **Autobahnen,** *superhighways,* have no speed limits; however a limit of 130 km/h is recommended (about 80 miles per hour).

[2] **Mensch ärgere dich nicht** is a popular board game, something like Parcheesi.

[3] **Taschenkalender** usually contain all sorts of useful information, such as weights and measures, geographical data, zip codes, and the code letters used on license plates to identify cities and countries.

[4] The **ADAC (Allgemeiner Deutscher Automobil-Club** — the German equivalent of the AAA) urges drivers to pause frequently when taking long car trips. They recommend stopping every few hours to have a snack and perhaps do some calisthenics. Along the **Autobahn** there are many rest areas, and some even have exercising facilities.

72

22 **Beantwortet die Fragen!**

1. Was will Matthias unbedingt mitneh-men?
2. Ist im Kofferraum noch Platz?
3. Warum will er die Spiele mitnehmen?
4. Warum fahren vier Kinder mit?
5. Warum fährt Frau Wieland heute?
6. Wie fährt Frau Wieland Auto?
7. Wann hat sie einen Strafzettel bekom-men? Warum?

8. Wer überholt sie plötzlich?
9. Wie schnell fährt dieser Wagen wohl?
10. Woher kommt dieser Wagen? Wie kann man sehen, woher er kommt?
11. Was will Matthias jetzt tun?
12. Macht Ulrike gern mit?
13. Was soll Herr Wieland tun?
14. Was machen die Wielands unterwegs, als sie einmal anhalten?

23 **Fragt eure Klassenkameraden!**

1. Was nehmt ihr alles mit, wenn ihr in Urlaub fahrt?
2. Wer fährt euern Wagen?
3. Fährt dein Vater oder deine Mutter gut?
4. Haben sie schon einmal einen Unfall gehabt oder einen Strafzettel bekom-men? Warum?

5. Wie schnell dürft ihr fahren? Durch einen Ort? Auf einer Schnellstrasse? Wieviel Kilometer sind das?
6. Welche Buchstaben und Zahlen stehen auf euerm Nummernschild?
7. Was für Spiele spielt ihr im Auto?
8. Haltet ihr unterwegs oft an? Oder fahrt ihr immer durch? Warum?

24 MÜNDLICHE ÜBUNG ⊛

25 **Was ist das für ein Wagen? Ich glaub', das ist . . .** ⊛

ein französischer Wagen   eine italienische Marke   ein amerikanisches Auto

26 **Was für einen Wagen möchtest du? Ich möchte . . .** ⊛

einen neuen Volkswagen   eine lahme Ente   ein kleines Auto

27 **Kennt ihr diese bekannten Automarken?** ⊗

Aus Deutschland kommen der

Mercedes　　Volkswagen　　BMW　　Audi

Aus Italien kommen der

Fiat　　Ferrarri

Opel　　Ford　　Porsche　　Lancia　　Alfa-Romeo

Aus Frankreich kommen der　　　　Aus Grossbritannien kommen der

Renault　　Peugeot　　Citroën　　Austin　　Rolls-Royce　　MG

28 **Wie können wir Autotypen vergleichen?** ⊗

Autos sind:　　gross – klein　　　　gut – schlecht　　　　bequem – unbequem
　　　　　　　schnell – langsam　　teuer – billig　　　　geräumig – eng
　　　　　　　schwer – leicht　　　neu – gebraucht　　　schön – hässlich

29 **Wagen haben auch Kosenamen.** ⊗

Eine (alte) Klapperkiste	ist ein altes, kaputtes Auto.
Eine (alte) Blechkutsche	ist auch ein altes, kaputtes Auto.
Ein Strassenkreuzer	ist ein grosser, schwerer PKW.
Ein Flitzer	ist ein kleiner, schneller, sportlicher Wagen.
Eine Ente	ist der kleine, französische 2CV.
Eine lahme Ente	ist ein langsamer 2CV.

30 **Fragt eure Klassenkameraden!**

1. Was für einen Wagen habt ihr? Was für eine Marke? Farbe?
2. Ist es ein guter Wagen oder eine alte Klapperkiste?
3. Wer hat einen ausländischen Wagen?
4. Was für ein Wagen ist das?
5. Was für einen Wagen möchtest du gern fahren? Warum?
6. Was wird wohl dein erster Wagen sein?

31 **MÜNDLICHE ÜBUNG** ⊗

32

ADJECTIVE ENDINGS
Following ein-Words

Lest die Beispiele und beantwortet die folgenden Fragen!

> Das ist **ein französischer Wagen.**
> Das ist **eine italienische Marke.**
> Das ist **ein amerikanisches Auto.**

Name the determiner in each noun phrase. Name the adjective. What are the adjective endings after each determiner? What case are all three noun phrases in? Why do you think the adjective endings are different in the three sentences?

> Ich habe **einen neuen Wagen.**
> Er möchte **eine lahme Ente.**
> Sie fährt **ein kleines Auto.**

Name the determiner in each noun phrase. Name the adjective. What are the adjective endings after each determiner? What case are all three noun phrases in?

> Matthias holt **seine ganzen Spiele.**
> Er streitet **mit seinen älteren Schwestern.**

Name the noun phrase in each sentence. Name the determiner. What is the adjective ending after each determiner? Are these noun phrases singular or plural? What case is each one in?

33 Lest die folgende Zusammenfassung!

1. Adjectives that follow **ein-**words (**ein, kein, mein, dein,** etc.) have these endings:

	masculine		feminine		neuter		plural	
Nominative	ein	-er	eine	-e	ein	-es	seine	-en
Accusative	einen	-en	eine	-e	ein	-es	keine	-en
Dative	einem	-en	einer	-en	einem	-en	unsern	-en

2. When you compare these endings with the ones in the chart on page 69, you will notice that the adjective endings are the same, with the exception of the masculine nominative and the neuter nominative and accusative. Since the determiners **ein, mein, dein,** etc. do not show gender when used before a masculine or a neuter noun, the adjective which follows must show gender by taking **dieser**-word endings.

> masculine, nominative: **dieser** Wagen — **Ein schöner** Wagen ist das!
> neuter, nominative: **dieses** Auto — **Ein neues** Auto ist das!
> neuter, accusative: **dieses** Schloss — **Ein altes** Schloss sehe ich!

34 So viele Fragen unterwegs!

Ist dieses Auto gebraucht?   Ja, das ist ein gebrauchtes Auto.
Ist diese Marke bekannt?   Ja, das ist eine bekannte Marke.
Ist dieser Porsche teuer?   Ja, das ist ein teurer Porsche.
Ist dieses Nummernschild neu?   Ja, das ist ein neues Nummernschild.
Ist dieser BMW schnell?   Ja, das ist ein schneller BMW.

Wem gehört das alles?

Wem gehört der neue Reiseatlas?   Das ist mein neuer Reiseatlas.
Wem gehört das alte Zelt?
Wem gehört die weisse Fusspumpe?
Wem gehört der alte Liegestuhl?
Wem gehört das neue Schlauchboot?

Du möchtest schon wieder etwas Neues?

Der alte VW gefällt dir nicht?   Nein, ich möchte einen neuen VW.
Das alte Schlauchboot gefällt dir nicht?
Die alte Luftmatratze gefällt dir nicht?
Das alte Fahrrad gefällt dir nicht?
Der alte Mercedes gefällt dir nicht?

Alles ist kaputt!

Die Pumpe ist kaputt.   Was? Unsere schöne Pumpe!
das Zelt / der Liegestuhl / das Schlauchboot /
die Luftmatratze / der Wagen / das Auto

Ulrike sucht und findet nichts.

Sie sucht ein Spiel.   Ich finde kein einziges Spiel.
einen Prospekt / ein Lineal / einen Atlas /
eine Broschüre / eine Schnur

SCHRIFTLICHE ÜBUNGEN

a. Schreibt die Antworten für Übungen 35 bis 38!

.b. Schreibt das folgende Lesestück ab und setzt die fehlenden Adjektivendungen ein!

Vor einem halb_____ Jahr haben wir einen schön_____ Ausflug gemacht. Wir sind mit unserm neu_____ Wagen nach Süddeutschland gefahren. Mutti ist die ganz_____ Zeit gefahren; sie ist eine gut_____ Autofahrerin. Sie hat erst einen einzig_____ Strafzettel bekommen. Das war, als sie mit unserm neu_____ Wagen zu schnell gefahren ist.

Unsere klein_____ Reise hat uns durch manche schöne Orte gebracht. Ein nett_____ Dorf, das werde ich nie vergessen! Es war das malerisch_____ Dorf Holzhausen. Und die berühmt_____ historisch_____ Stadt Landshut hat der ganz_____ Familie gefallen. Das nächst_____ Mal wollen wir nach Österreich fahren.

HÖRÜBUNG

	1	2	3	4	5	6	7	8	9	10
zu Hause										
auf der Hinfahrt										
beim Campen										

41 Wohin fahren die Urlauber? Woher kommen sie?

Sie fahren . . .   Sie kommen . . .

nach Frankreich	in die Schweiz	aus Frankreich	aus der Schweiz
nach Deutschland	in die Bundesrepublik	aus Deutschland	aus der Bundesrepublik
nach Belgien	in die DDR	aus Belgien	aus der DDR
nach Russland	in die Sowjetunion	aus Russland	aus der Sowjetunion
nach Portugal	in die Tschechoslowakei	aus Portugal	aus der Tschechoslowakei
nach Holland	in die Niederlande	aus Holland	aus den Niederlanden
nach Amerika	in die Vereinigten Staaten	aus Amerika	aus den Vereinigten Staaten

NOTE that the definite article **die** is used with the following countries: **die Schweiz, die Bundesrepublik (Deutschland), die DDR (Deutsche Demokratische Republik), die Sowjetunion, die Tschechoslowakei, die Türkei, die Niederlande** (plural), and **die Vereinigten Staaten** (plural). The names of most countries are neuter, and are used without the definite article.

42 Nationalitätszeichen

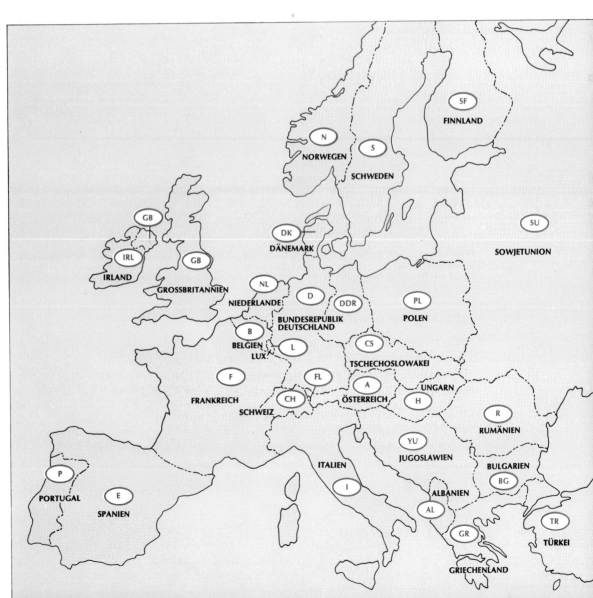

43 Was bedeuten die Nationalitätszeichen? ⊚

das internationale Autokennzeichen	das Land	das Adjektiv
A	Österreich	österreichisch
B	Belgien	belgisch
BG	Bulgarien	bulgarisch
CH	Schweiz	Schweizer
CS	Tschechoslowakei	tschechoslowakisch
D	Bundesrepublik Deutschland	deutsch
DDR	Deutsche Demokratische Republik	deutsch
DK	Dänemark	dänisch
E	Spanien	spanisch
F	Frankreich	französisch
FL	Fürstentum Liechtenstein	Liechtensteiner
GB	Grossbritannien	englisch
GR	Griechenland	griechisch
H	Ungarn	ungarisch
I	Italien	italienisch
IRL	Irland	irisch
L	Luxemburg	Luxemburger
N	Norwegen	norwegisch
NL	Niederlande	holländisch
P	Portugal	portugiesisch
PL	Polen	polnisch
R	Rumänien	rumänisch
S	Schweden	schwedisch
SF	Finnland	finnisch
SU	Sowjetunion	russisch
TR	Türkei	türkisch
USA	Vereinigte Staaten von Amerika	amerikanisch
YU	Jugoslawien	jugoslawisch

NOTE that adjectives derived from names of countries have regular adjective endings: **der ungarische Wagen, das dänische Auto,** etc. However, if the adjective formed from the name of a country ends in **-er (Schweizer, Luxemburger),** it is always capitalized and takes no additional ending: **Woher kommt der Schweizer Wagen?**

44 Wer kennt die Nationalitätszeichen? ⊚

1. Was steht auf dem ovalen Schild?
   ein F: Dann kommt der Wagen aus Frankreich. Es ist ein französischer Wagen.
   CH: Dann kommt der Wagen aus der Schweiz. Es ist ein Schweizer Wagen.
   ein E / ein L / GR / YU / DDR / ein B / ein N / ein S / SF / ein H

2. Was siehst du auf dem internationalen Kennzeichen?
   ein R: Das ist ein rumänisches Auto. Es kommt aus Rumänien.
   ein P / TR / GB / CS / ein I / USA / BG / ein A / ein D / IRL

3. Was für einen Wagen fährt er?
   Er hat ein D auf dem internationalen Kennzeichen. Er fährt einen deutschen Wagen.
   ein F / SU / ein S / NL / DK / CH / ein I

45 Für Christiane ist immer alles prima oder klasse. ☺

Christiane's favorite adjectives are **prima** and **klasse,** but they do not tell us very much. Can you replace her adjectives with some more descriptive ones? (Remember that although **prima** and **klasse** don't take adjective endings, other adjectives do.)

Wir haben einen klasse Wagen.
Meine Mutter ist eine prima Autofahrerin.
Wir fahren an einen prima Campingplatz.
Mein Vater hat ein klasse Zelt.
Und ich habe ein prima Schlauchboot.
Ist das nicht klasse?

46 KONVERSATIONSÜBUNG

Deine Familie oder eine Familie, die du kennst, macht Urlaub.
1. Ihr plant die Reise.
   a. Ihr holt Reisebroschüren.   b. Ihr besprecht Reiseziele.   c. Ihr streitet.
2. Ihr wollt zum Campen fahren.
   a. Wohin fahrt ihr?   b. Was für Campingsachen braucht ihr?
3. Ihr bereitet euer Auto für die Reise vor.
   a. Was für ein Auto habt ihr?   b. Was macht ihr an der Tankstelle?
4. Ihr seid auf der Hinfahrt.
   a. Wer fährt? Warum?   b. Was für andere Autos seht ihr unterwegs?   c. Was für Autospiele spielt ihr?   d. Was für Autos gefallen euch?

47 SCHRIFTLICHE ÜBUNGEN

a. Schreibt so viele Antworten wie möglich für Übung 45!
b. Schreibt einen Aufsatz mit dem Thema: Unsere Ferienreise.

48 Ein kleines Auto-Vokabular ☺

Du kannst hier nicht weiterfahren.   Fahr doch schneller!

Der ist wohl verrückt!   Mensch, der hat einen Vogel!

Eine lahme Ente!   Der hat Vorfahrt.   Mensch, eine Radarfalle!

Nein, PL heisst Polen, nicht Portugal!   Ein klasse Wagen!

So ein blöder Kerl!   Fahr doch nicht so schnell!

Der hat bestimmt 150 Sachen drauf!   Da will einer überholen.

Kreisverkehr hat Vorfahrt.

Der Porsche braucht Super!   Fahr doch endlich zu!

WORTSCHATZ

1–17
die **Alpen** (pl) *Alps*
das **Ausland** *foreign country*
der **Baggersee**, −n (see fn p. 66)
der **Bodensee** *Lake Constance*
die **Campingsachen** (pl) *camping supplies, equipment*
die **Ferien** (pl) *vacation*
der **Ferienort**, -e *vacation spot*
die **Fusspumpe**, −n *foot, pump*
(das) **Jugoslawien** *Yugoslavia*
der **Kerl**, −e *guy*
das **Paddel**, − *paddle*
das **Planen** *planning*
der **Prospekt**, −e *pamphlet, (travel) folder*
der **Reiseatlas**, −se *atlas*
die **Reisebroschüre**, −n *travel brochure*
das **Reisebüro**, −s *travel bureau*
das **Reiseziel**, -e *destination*
der **Schlafsack**, ⸚e *sleeping bag*

das **Schlauchboot**, −e *rubber boat*
die **Sommerreise**, −n *summer trip*
der **Sonnenschirm**, −e *beach umbrella*
(das) **Süddeutschland** *Southern Germany*
das **Zelt**, −e *tent*

campen *to camp out*
diskutieren über A *to discuss*
s. **leisten** *to afford*
reisen (ist gereist) *to travel*

campen fahren (fährt campen, fuhr campen, ist campen gefahren) *to go camping*
streiten (stritt, hat gestritten) *to fight, quarrel*
zelten fahren (fährt zelten, fuhr zelten, ist zelten gefahren) *to go camping*

dick *thick, fat*
halb *half*
malerisch *picturesque*
sandig *sandy*
verschieden *various, different*
wenigstens *at least*

bei dir *with you*
du blöder Kerl! *you jerk!*
eine prima Idee *a great idea*
im letzten Jahr *last year*
in den Urlaub *(going) on vacation*
ins Ausland *to a foreign country*

18–24
der **Beifahrersitz**, −e *passenger seat*
das **Benzin** *gasoline*
der **Bursche**, −n (den −n) *young guy*
das **Campen** *camping*
die **Fahrerin**, −nen *driver*
das **Fürstentum**, ⸚er *principality*
die **Gymnastik** *gymnastics, exercises*
die **Haustür**, −en *front door*
die **Hinfahrt**, −en *trip (to)*
der **Holländer**, − *Dutchman*
der **Liter**, − *liter*
die **Niederlande** (pl) *the Netherlands*
das **Normal(benzin)** *regular gas*
das **Nummernschild**, −er *license plate*
das **Öl** *oil*
der **Ölstand** *oil level*
das **Pech** *bad luck*
das **Picknick**, −s *picnic*
der **Porsche**, − *Porsche (German sports car)*
die **Radarfalle**, −n *radar trap*
der **Reifen**, − *tire*
der **Reifendruck** *tire pressure*
der **Rücksitz**, −e *back seat*
der **Strafzettel**, − *traffic ticket*
das **Super(benzin)** *super gas*

der **Tank**, −s *tank*
der **Taschenkalender**, − *pocket calender*
der **Unfall**, ⸚e *accident*
der **Urlaubstag**, −e *day of vacation*
das **Wagenwaschen** *car wash*

dabeihaben sep *to have along*
füllen *to fill*
nachschauen sep *to check*
prüfen *to test, check*
tanken *to fill up, buy gas*
s. **umdrehen** sep *to turn around*

abschliessen (schloss ab, hat abgeschlossen) sep *to lock*
reingehen (ging rein, ist reingegangen) sep *to go in, fit in*

ausländisch *foreign*
drüber *over (s.th.)*
einfach *easy, simple*
einzig *single, only*
etwa *about, approximately*
klasse *great, terrific*
komisch *funny, strange*
lebensmüde *tired of living*
oval *oval*
woher? *from where?*

den **Ölstand** (Reifendruck) **prüfen** *to check the oil level (tire pressure)*
ein klasse Wagen *a great car*
Gymnastik machen *to exercise, do exercises or gymnastics*
he! *hey!*
180 Sachen draufhaben sep *to be driving 180 km/h*
husch! *whiz!*
in Urlaub fahren *to go on vacation*
kein einziges Stück mehr *not one single thing more*
Mensch, ärgere dich nicht! *hey, don't get mad! (see fn p. 72)*
nur keine Angst! *don't be afraid!*
Platz nehmen *to take a seat, sit down*
Pech haben *to have bad luck*
seine ganzen Spiele *all of his games*
(waschen) lassen *to have (washed)*
zum Campen fahren *to go camping*

25–48
das **Autokennzeichen**, −n *auto identification on license plate*
der **Autotyp**, −en *type of car*
die **Blechkiste**, −n *tin crate*
die **Ente**, −n *duck*
der **Flitzer**, − *small, fast car*
(das) **Grossbritannien** *Great Britain (see also p 78)*
das **Kennzeichen**, − *identifying numbers, letters, or symbols*
die **Klapperkiste**, −n *rattletrap*
der **Kosename**, −n *nickname*
die **Marke**, −n *brand*
das **Nationalitätszeichen**, − *emblem identifying nationality*

der **PKW**, − (Personenkraftwagen) *car*
der **Strassenkreuzer**, − *very big car*

fahren nach (fährt, fuhr, ist gefahren) *to go to*
kommen aus (kam, ist gekommen) *to come from*

bekannt *well-known*
eng *narrow, cramped*
gebraucht *used*
hässlich *ugly*
international *international*
italienisch *Italian (see p 78)*

lahm *lame*
kaputt *broken, broken-down*
sportlich *sporty*
unbequem *uncomfortable*

aus (der Schweiz) *from (Switzerland)*
aus (Frankreich) *from (France)*
fahr doch endlich zu! *go ahead!*
in (die Schweiz) *to (Switzerland)*
nach (Frankreich) *to (France)*
woher kommen sie? *where are they from?*
wohin fahren sie? *where are they going?*

Hobbys

30

1 Was ist ein Hobby?

Viele von euch sammeln vielleicht Baseballkarten, Schallplatten, Bilder von Filmstars oder Autogramme. Können wir dieses Sammeln ein Hobby nennen? – Nein, eigentlich nicht, denn diese Tätigkeiten° sind nur ein Zeitvertreib° für euch. Ihr sammelt diese Dinge, weil es vielleicht gerade Mode ist°, weil es eure Freunde auch tun.

die Tätigkeit: *activity*
der Zeitvertreib: *pastime*
Mode sein: *to be in style*

Was ist nun ein Hobby? Ein Hobby ist eine Tätigkeit für unsere Freizeit, eine Freizeitbeschäftigung°. Es ist etwas, was wir gern tun. Es ist nicht nur ein Spiel – es kann eine richtige Arbeit sein. Hobbys verlangen oft Wissen° und Können°, und manche Hobbys kosten sogar viel Geld.

die Freizeitbeschäftigung:
leisure-time activity

das Wissen: *knowledge*
das Können: *ability*

Warum brauchen wir ein Hobby? Ein Hobby soll uns entspannen°. Wenn wir unser Hobby ausüben°, können wir den Alltag° vergessen. Wir brauchen nicht an die Arbeit oder an die Schule zu denken.

entspannen: *to relax*
ausüben: *to pursue*
der Alltag: *daily routine*

Übrigens°, das englische Wort ,,hobby" kommt vom Wort ,,hobby horse". Es hat ein deutsches Gegenstück°: das Steckenpferd, das hübsche Spielzeug°, das die kleinen Kinder begeistert, wenn sie auf ihm glücklich° durch die Wohnung galoppieren.

übrigens: *by the way*
das Gegenstück: *counterpart*
das Spielzeug: *toy*
glücklich: *happily*

2 Was für Hobbys haben die deutschen Jungen und Mädchen?

Harry fotografiert.

Peter sammelt Briefmarken.

Babsie malt und zeichnet gern.

Und sie spielt Orgel.

Christian sammelt Münzen.

Gerhard baut elektronische Geräte.

3 Fragt eure Klassenkameraden!

1. Was ist ein Hobby?
2. Warum ist das Sammeln von Baseballkarten kein Hobby?
3. Was für ein Hobby hast du?
4. Ist es ein teures Hobby? Gibst du viel
   Geld aus?
5. Warum hast du dieses Hobby?
6. Was für Hobbys haben deine Freunde?

4 MÜNDLICHE ÜBUNG ⊗

5 Fotografieren, das schönste Familien-Hobby ⊗

Fotografieren wird immer beliebter. Es ist ein Hobby für jung und alt. Deutschlands Fotoamateure gaben im vergangenen Jahr rund 4 Milliarden Mark für ihr Hobby aus. Damit steht
Fotografieren von allen Hobbys an erster Stelle!

6 Harry Braun, unser Fotograf ⊗

,,Mein Vater hat mir zum zwölften Geburtstag einen einfachen Fotoapparat geschenkt,
und damit hab' ich angefangen'', erzählte
uns Harry. ,,Das ist jetzt sechs Jahre her°.
Heute hab' ich eine bessere Kamera. Sie ist
komplizierter, und ich kann mit ihr die
schönsten Fotos machen.''

,,Ich hab' meine eigene Dunkelkammer°.
Hier entwickle° ich meine Schwarzweiss-
filme und mache Abzüge°. Die Farbfilme
bring' ich ins Fotolabor zum Entwickeln. Ich
besitze° auch einen Vergrösserungsapparat°.
Von allen Fotoarbeiten mach' ich Vergrösserungen am liebsten.''

,,Ich mach' aber nicht nur Schwarzweiss-
aufnahmen°. Ich fotografiere auch farbig.
Ich hab' schon einige tausend Dias. Und
von den schönsten Dias lass' ich Farbbilder
machen°. Wollt ihr meine Bilder sehen?''

LEXIKON: her: *ago;* die Dunkelkammer: *darkroom;*
entwickeln: *to develop;* der Abzug: *print, copy;* besitzen: *to own;* der Vergrösserungsapparat: *enlarger;* die
Aufnahme: *photo;* machen lassen: *to have made*

7 Meine besten Fotos ⊗

Mein lustigstes Foto:
ein Pferd ohne Kopf

Meine schönste Aufnahme:
Geschwister

Mein bester Schnappschuss:
Lausbuben

1

2

3

8 Was für Motive knipst Harry am liebsten? ⊗

Die einfachsten Motive: sie bewegen sich nicht.

1

2

3

Brunnen: der grösste Brunnen
in München

Kirchen: die älteste Kirche
in Paderborn[1]

Häuser: das modernste
Wohnhaus in München

9 Welche Motive sind am schwersten zu fotografieren? ⊗

Kinder: Kinder sind die schwierigsten° Foto-
modelle, weil sie immer in Bewegung sind
und keine Geduld° haben. Es ist am besten,
wenn man sie mit einem Teleobjektiv fotografiert. Sie merken dann nicht, dass man
sie fotografiert, und sie sehen im Foto ganz
natürlich aus.

1

Tiere: Wer gute Tierfotos machen will, muss
viel Geduld haben. Man muss die Tiere be-
obachten° und erst fotografieren, wenn man
weiss, was sie tun.

LEXIKON: schwierig: *difficult;* die Geduld: *patience;*
beobachten: *to observe*

[1] **Paderborn** is a city in **Nordrhein-Westfalen.** The
cathedral, built from the 11th to the 13th century, is a
famous example of Romanesque architecture.

2

Beantwortet die Fragen!

1. Was wisst ihr alles über Deutschlands Lieblingshobby?
2. Wie hat Harry als Fotograf angefangen?
3. Was macht er in seiner Dunkelkammer?
4. Warum besitzt er einen Vergrösserungsapparat?
5. Wohin bringt er seine Farbfilme?
6. Wie viele Dias hat er schon?
7. Hat er auch Farbbilder?
8. Was sind seine besten Fotos?
9. Was sind Harrys Lieblingsmotive?
10. Was ist am schwersten zu fotografieren? Warum?

Fragt eure Mitschüler!

1. Welches Hobby steht in den USA an erster Stelle?
2. Ist dieses Hobby teuer?
3. Hast du eine Kamera? Was für eine?
4. Wann hast du deinen ersten Fotoapparat bekommen?
5. Möchtest du jetzt eine bessere Kamera haben? Warum?
6. Ist deine Kamera kompliziert?
7. Was sind deine Lieblingsmotive? Warum?
8. Fotografierst du lieber mit Farbfilm oder mit Schwarzweissfilm?
9. Entwickelst du deine Filme selbst, oder bringst du sie ins Labor?
10. Beschreibe dein Lieblingsfoto!

MÜNDLICHE ÜBUNG ⊗

A recent survey in West Germany looked into how Germans spend their leisure time. The results showed that the most popular leisure-time activities are walking, hiking, gardening, watching television, and participating in sports, especially soccer, gymnastics, and swimming. The West German Sports Federation (Deutscher Sportbund) states that 65% of the young people in West Germany between the ages of 14 and 18 belong to sports or gymnastics associations.

About one German in three regularly pursues a hobby. The most popular include photography, stamp collecting, do-it-yourself projects, painting, music, tennis, skiing, and sailing.

A SPECIAL USE OF THE VERB lassen
To Have Something Done: lassen + Infinitive

The idea of having something done is expressed in German by the verb **lassen,** together with an infinitive.

| Ich | **lasse** | Farbbilder | **machen.** | *I'm having color prints made.* |
| Sie | **lässt** | den Wagen | **waschen.** | *She's having the car washed.* |

Du lässt das alles machen? ⊗

Machst du die Abzüge selbst?
Entwickelst du den Film selbst?
Reparierst du die Kamera selbst?
Fotografierst du die Kinder selbst?
Machst du die Vergrösserungen selbst?

Nein, ich lasse die Abzüge machen.

16
ADJECTIVE ENDINGS
Comparative and Superlative Forms

Lest die Beispiele und beantwortet die folgenden Fragen! ☺

> Woher hast du **dieses schöne Foto?**
> Gib mir **das schönere Foto!**
> Er hat **das schönste Foto** gemacht.

Name the adjective in each sentence. What is the meaning of each adjective in the entire noun phrase? What is the ending? What kind of determiner precedes these adjectives?

> Das ist **ein guter Fotoapparat.**
> Aber das ist **ein besserer Fotoapparat.**
> Das ist **sein bester Fotoapparat.**

Name the adjective in each sentence. What is the meaning of each adjective in the entire noun phrase? What is the ending? What kind of determiner precedes these adjectives?

17 Lest die folgende Zusammenfassung!

1. In German, most comparative forms are made by adding **-er** (and sometimes an umlaut) to the positive form of the adjective or adverb: **schnell, schneller; gross, grösser.**

2. There are also superlative forms in German, similar to the English superlative forms "fastest," "smallest," "most expensive," "best." The superlative form in German is made by adding **-st** to the positive form. (For adjectives or adverbs ending in **-t, -d, -ss, -z,** or **-sch,** the superlative ending is **-est.**)

Positive	Comparative	Superlative
schnell	schneller	**schnellst-**
lustig	lustiger	**lustigst-**
hübsch	hübscher	**hübschest-**

3. Most one-syllable adjectives take an umlaut in the comparative and the superlative. The following is a summary of adjectives in this group.

Positive	Comparative	Superlative	Positive	Comparative	Superlative
alt	älter	**ältest-**	oft	öfter	**öftest-**
arm	ärmer	**ärmst-**	scharf	schärfer	**schärfst-**
hart	härter	**härtest-**	schwach	schwächer	**schwächst-**
jung	jünger	**jüngst-**	schwarz	schwärzer	**schwärzest-**
kalt	kälter	**kältest-**	stärk	stärker	**stärkst-**
kurz	kürzer	**kürzest-**	warm	wärmer	**wärmst-**
lang	länger	**längst-**			

NOTE: **a.** The comparative and superlative forms of some adjectives and adverbs can be used either with or without the umlaut: **blass, blasser, blassest- (blässer, blässest-); gesund, gesunder, gesundest- (gesünder, gesündest-); glatt, glatter, glattest- (glätter, glättest-); nass, nasser, nassest- (nässer, nässest-); rot, roter, rotest- (röter, rötest-).**

b. There are some one-syllable adjectives that never take an umlaut in the comparative or superlative: **blond, braun, froh, klar, laut, stolz, toll, voll, wahr.**

4. Several adjectives have irregular comparative and superlative forms.

Positive	Comparative	Superlative	Positive	Comparative	Superlative
gern	lieber	**liebst-**	hoch	höher	**höchst-**
gross	grösser	**grösst-**	nah	näher	**nächst-**
gut	besser	**best-**	viel	mehr	**meist-**

5. Superlative forms are often used in the following phrase:

am *superlative form* **+ en**

Ulrike läuft (ist) **am schnellsten.** *Ulrike runs (is) fastest.*

6. When used before nouns, both comparative and superlative forms add regular adjectives endings. For a review of adjective endings, see pages 69 and 75.

	Comparative Marker	Adjective Ending	
(der) klein	**+ er**	**+ e**	der **kleinere** Apparat
(ein) schön	**+ er**	**+ es**	ein **schöneres** Foto

	Superlative Marker	Adjective Ending	
(diese) klein	**+ st**	**+ e**	diese **kleinste** Kamera
(sein) lustig	**+ st**	**+ es**	sein **lustigstes** Foto

18 Alles ist schöner und besser! ☺

Ist das eine einfache Kamera?   Das hier ist eine einfachere Kamera.
Ist das ein schönes Motiv?   Das hier ist ein schöneres Motiv.
Ist das ein lustiges Bild?   Das hier ist ein lustigeres Bild.
Ist das ein guter Schnappschuss?   Das hier ist ein besserer Schnappschuss.
Ist das eine grosse Arbeit?   Das hier ist eine grössere Arbeit.

19 Ja, du hast recht. ☺

Das Bild ist schöner!   Ja, das ist ein schöneres Bild.
Der Apparat ist besser!
Die Aufnahme ist älter!
Das Hobby ist teurer!
Die Vergrösserung ist schärfer!

20 Du hast alles billiger und besser! ☺

Ich habe ein billiges Hobby.   Und ich habe ein billigeres Hobby!
Ich brauche eine schöne Beschäftigung.
Ich habe eine alte Kamera.
Ich sehe ein interessantes Motiv.
Ich kenne einen guten Fotografen.

21 Was gefällt dir? Immer das Gegenteil! ⊗

das neue Modell?   Nein, mir gefällt das ältere Modell!
die kleine Aufnahme?
der alte Film?
das kurze Teleobjektiv?
die schwere Arbeit?
der teure Fotoapparat?

22 Was möchtest du haben? ⊗

diese alte Kamera?   Nein, diese neuere Kamera.
dieses kleine Foto? / diesen teuren Film? /
diese langweilige Schallplatte? / dieses grosse Farbbild? /
dieses neue Spielzeug?

23 Was gefällt dir? ⊗

diese kleine Kamera?   Nein, die kleinste Kamera.
dieser grosse Apparat? / dieses alte Modell? /
diese gute Aufnahme? / dieses scharfe Dia? /
dieser neue Film?

24 Was hast du dir gekauft? ⊗

eine gute Kamera?   Ja, die beste Kamera!
ein teures Auto? / einen schnellen Wagen? /
einen grossen Fotoapparat? / eine neue Schallplatte? /
ein billiges Spielzeug?

25 Wir vergleichen! ⊗

Was ist die Stadt Hamburg?   Die grösste Stadt in der Bundesrepublik.
Was ist der Rhein?
Was ist die Zugspitze?
Was ist der Mercedes?
Und was ist der Porsche?

26 SCHRIFTLICHE ÜBUNGEN

a. Schreibt die Antworten für Übungen 19 bis 25!
b. Schreibt Sätze nach folgendem Beispiel!
   Beispiel: Peter, Christian und Harry haben (eine grosse Kamera).
        Peter hat eine grosse Kamera. Christian hat eine grössere Kamera. Harry hat die grösste Kamera.
1. Peter, Christian und Harry haben (ein interessantes Hobby).
2. Christian, Babsie und Gerhard haben (eine schöne Freizeitbeschäftigung).
3. Harry, Peter und Babsie haben (viel Geld).
4. Babsie, Gerhard und Peter haben (einen alten Fotoapparat).
5. Peter, Gerhard und Harry sind (gute Fotografen).

27 Habt ihr das gewusst? ⊙

1. Die kleinste Kirche der Welt steht in Grundy Center in den USA. Sie ist nur 2 m lang und 1,30 m hoch.
2. Das längste Telefongespräch, 724 Stunden lang, hat 1974 stattgefunden. Studenten und Studentinnen in Kentucky haben vom 21. Januar bis zum 20. Februar am Telefon gesprochen.
3. Der grösste Bahnhof der Welt ist Grand Central Station in New York.
4. Die schnellste Schwimmerin über den Ärmelkanal, August 1973, war Lynne Cox aus den USA. Ihre Zeit: 9 Stunden, 36 Minuten. Sie war damals sechszehn.

28 Jetzt dürft ihr Rekorde suchen!

Schreibt eine Liste mit Weltrekorden! Seht auch im Guinness Lexikon der Superlative nach!

29 RATESPIEL: Superlative ⊙

Wie heisst der längste Fluss in Südamerika? in Nordamerika?
Wie heisst der höchste Berg der Welt? der höchste Berg in Europa?
Wer die Antwort weiss, darf die nächste Frage stellen!

30 Was könnt ihr über diese Zeichnungen sagen? ⊙

31 Briefmarkensammeln, ein Hobby für das ganze Leben

Das Briefmarkensammeln ist ein schönes und billiges Hobby für Jungen und Mädchen. Die meisten Hobbys kosten Geld. Fotoamateure müssen viel Geld für Kameras und Filme ausgeben. Klavier- oder Orgelspieler geben einige tausend Mark aus für ein Instrument und für Musikstunden. Briefmarkensammler haben es besser. Schon mit ein paar Mark können sie eine nette Sammlung aufbauen.

Das Sammeln hat viele Vorteile°: es fördert° Ausdauer° und Ordnungssinn°. Es ist auch lehrreich. „Aus welchem Land kommt diese Marke?" – „Wie heisst denn dieser Mann?" – „Was ist denn das für eine komische Schrift°?" Und jeder Sammler muss tauschen°, und durch das Tauschen entstehen° oft viele Freundschaften.

der Vorteil: *advantage*
fördern: *to promote*
die Ausdauer: *perseverance*
der Ordnungssinn: *sense of organization*
die Schrift: *writing*
tauschen: *to exchange, trade*
entstehen: *to develop*

32 Peter Niebisch, unser Briefmarkensammler

INTERVIEWER Peter, warum sammelst du Briefmarken?

PETER Ich sammle, weil es mir Spass macht.

INTERVIEWER Beschäftigst° du dich oft mit deinen Briefmarken?

PETER So zwei- bis dreimal in der Woche.

INTERVIEWER Für welche Marken interessierst du dich am meisten?

PETER Ich sammle eigentlich alles, am meisten aber Europa. Ich habe viele europäische Marken.

33 Was braucht der Briefmarkensammler?

Als erstes braucht der Sammler ein Album für seine Briefmarken. Die meisten Sammler haben Vordruckalben°. Dann braucht er eine Lupe° und eine Pinzette°. Jeder ernsthafte° Sammler braucht auch einen Briefmarkenkatalog. Es gibt viele Kataloge: Deutschland-Kataloge, Europa-Kataloge, usw.

LEXIKON: s. beschäftigen mit: *to occupy o.s. with;* das Vordruckalbum: *pre-printed stamp album;* die Lupe: *magnifying glass;* die Pinzette: *tweezers;* ernsthaft: *serious*

34 Beantwortet die Fragen!

1. Warum ist Briefmarkensammeln ein billiges Hobby?
2. Was für Vorteile hat das Sammeln?
3. Warum sammelt Peter Briefmarken?
4. Wie oft beschäftigt er sich mit seinen Marken?
5. Für welche Marken interessiert er sich am meisten?
6. Was braucht ein Sammler für seine Marken?
7. Was für Dinge braucht er noch?
8. Was braucht der ernsthafte Sammler?

35 Fragt eure Mitschüler!

1. Was für Briefmarken sammelst du?
2. Erzähle etwas über deine Sammlung!
3. Beschreibe einige Briefmarken!

36 MÜNDLICHE ÜBUNG ◉

37 Woher stammen diese Briefmarken?

Peter hat viele europäische Marken. Er hat auch andere.

Aus welchem Land stammen diese Marken?

Woher stammt die erste Marke?   Die erste Marke stammt aus . . .
die zweite? / die dritte? / die vierte? / die fünfte? / die sechste?

Was für eine Marke ist das?

Was für eine Marke ist die erste Marke?   Die erste Marke ist eine . . .
die zweite? / die dritte? / die vierte? / die fünfte? / die sechste?

40 Peter sammelt auch Sondermarken.

Sondermarken sind schöner als die gewöhnlichen Marken. Und dann gibt es die sogenannten
Wohlfahrtsmarken. Für diese zahlt man einen extra Preis, einen Zuschlag. Diesen Zuschlag
bekommt die Organisation, für die die Wohlfahrtsmarke wirbt.

Jugend trainiert für Olympia. (Jugendmarken)

eine 30iger (+ 15)   eine 40iger (+ 20)   eine 50iger (+ 25)   eine 70iger (+ 35)

Städtemarken

Andere schöne Marken

THE ORDINAL NUMBERS ⊙

1. The ordinal numbers are:

	1.	2.	3.	4.	5.	6.	7.	8.	9.	10.
der die das	erste,	zweite,	dritte,	vierte,	fünfte,	sechste,	siebte,	achte,	neunte,	zehnte,

	11.	12.	13.		21.		32.	
der die das	elfte,	zwölfte,	dreizehnte, usw.		einundzwanzigste,		zweiunddreissigste, usw.	

2. Ordinal numbers, corresponding to English "first," "second," "twentieth," etc. are adjectives and take regular adjective endings. Above, they are shown following the definite article in the nominative case, but they can follow determiners in any case.

> Heute haben wir **den achtzehnten Dezember.** (accusative)
> **Mein zweiter Film** ist gut geworden. (nominative)

3. To form the ordinals, **-t-** is added to the cardinal numbers 1 through 19, and **-st-** to the cardinal numbers from 20 on. Note the exceptions: **der erste, der dritte, der siebte.**

Lest die folgenden Sätze! ⊙

1. Das ist sein (1.) Foto.
2. Das ist seine (5.) Kamera.
3. Wir haben den 12. März.
4. Ich habe am 7. April Geburtstag.
5. Der (3.) Katalog ist besser.
6. Das war seine (1.) Freundschaft.
7. Ich kenne ihre (2.) Schwester nicht.
8. Das war ihr (1.) Farbbild.

Ein Geburtstagskalender

Zusammen mit anderen Klassenkameraden bereitet einen Geburtstagskalender vor! Fragt, wann jeder Geburtstag hat! Schaut dann in einen Kalender und seht nach, was für ein Tag das ist! Fangt so an: Michael hat am 6. Juni Geburtstag. Der 6. Juni ist ein Donnerstag. Andrea hat am . . .

ADJECTIVES AFTER NUMERALS

Lest die Beispiele und beantwortet die folgenden Fragen! ⊙

> Peter hat **zwei schöne Briefmarken.**
> Harry hat **drei gute Aufnahmen.**

Name the adjective in each of these two sentences. What is the ending of each adjective? What kind of word precedes these adjectives?

> Wo hat Peter **seine zwei schönen Briefmarken?**
> Woher hat Harry **diese drei guten Aufnahmen?**

Name the adjective in each of these two sentences. What is the ending of each adjective? Name the words that determine the adjective endings. Does the numeral affect the ending here?

45 Lest die folgende Zusammenfassung!

1. An adjective following a numeral other than **ein** has the plural ending of a **dieser**-word. In the nominative and accusative case, this ending is **-e;** in the dative, it is **-en.**

> Er hat **diese** Briefmarken.
> Sie hat **zwei schöne** Briefmarken.
> Er fotografiert **mit zwei guten** Kameras.

Note that **ein** may indicate either the indefinite article or the numeral *one.*

Ich habe **ein schönes Album.**   *I have a nice album.*
Ich habe nur **ein schönes Album.**   *I only have one nice album.*

2. When the numeral follows the definite article, a **dieser**-word, or an **ein**-word, the adjective has the usual ending. The numeral remains unchanged.

	Definite Article, dieser-Word, ein-Word	Numeral	Adjective	
Woher hat er Wo sind	diese meine	drei zwei	guten schönen	Aufnahmen? Briefmarken?

46 Alles liegt hier. ☒

Wo sind meine zwei schönen Marken?   Hier liegen zwei schöne Marken!
Wo sind meine drei alten Fotoalben?
Wo sind meine zwei kleinen Pinzetten?
Wo sind meine drei neuen Kataloge?
Wo sind meine zwei grossen Lupen?

47 SCHRIFTLICHE ÜBUNGEN

a. Schreibt die Antworten für Übung 46!
b. Schreibt die folgenden Sätze ab, und setzt die Endungen ein!

Peter hat zwei neu_____ Vordruckalben. Seine zwei alt_____ Alben sind schon voll. Peter hat auch drei europäisch_____ Kataloge; seine zwei amerikanisch_____ Kataloge gehören eigentlich seinem Vater. Sein Vater hat drei voll_____ Sammlungen: seine zwei best_____ Sammlungen möchte er gern verkaufen.

48 DETERMINERS OF QUANTITY
Followed by Adjectives

1. You have already learned that the words **andere, einige, mehrere, viele, wenige, alle,** and the expression **ein paar** are called determiners of quantity. To this list you should add **beide,** *both.*

(continued)

2. When these determiners of quantity are not preceded by any other determiner, they, and adjectives following them, take the plural endings of a **dieser**-word: **-e** in the nominative and accusative case, **-en** in the dative case. Note that the expression **ein paar,** *a few,* has no ending.

		Determiner of Quantity	Adjective	
Nominative	In Peters Sammlung sind Mir gefallen	**wenige** **einige**	**teure** **deutsche**	Briefmarken. Kameras.
Accusative	Harry hat Ich kenne auch	**mehrere** **andere**	**lustige** **gute**	Fotos. Fotoamateure.
Dative	Inge kauft Film von Ihre Aufnahmen gefallen	**ein paar** **vielen**	**jungen** **guten**	Schülern. Fotografen.

3. The words **alle,** *all,* and **beide,** *both,* are exceptions. When they are not preceded by another determiner, adjectives following them end in **-en,** the regular adjective ending.

		Determiner of Quantity	Adjective	
Nominative	Meinem Bruder gefallen In Peters Sammlung sind	**beide** **alle**	**amerikanischen** **deutschen**	Filme. Marken.
Accusative	Harry gab ihm Er zeigt uns	**beide** **alle**	**guten** **neuen**	Bilder. Aufnahmen.
Dative	Das Bild ist in Sie bekommt Geld von	**beiden** **allen**	**deutschen** **europäischen**	Sammlungen. Zeitungen.

4. Determiners of quantity preceded by other determiners (**dieser**-words, **ein**-words, and the definite article) are treated like adjectives and take regular adjective endings. Adjectives following them also take regular adjective endings.

		Other Determiner	Determiner of Quantity	Adjective	
Nom.	Wo sind	**die** **Diese**	**anderen** **beiden**	**französischen** **lustigen**	Briefmarken? Fotos sind toll!
Acc.	Ich kenne Sie beschreibt	**seine** **ihre**	**vielen** **wenigen**	**berühmten** **guten**	Aufnahmen. Dias.
Dat.	Was hältst du von Peter tauscht mit	**den** **seinen**	**anderen** **vielen**	**deutschen** **amerikanischen**	Hobbys? Freunden.

Was, du hast so viele? ⊗

Das ist ein schlechtes Foto.   Ach, ich hab' viele schlechte Fotos!
eine gute Briefmarke / ein amerikanischer Katalog /
ein besseres Album / ein teurer Film / eine lustige Aufnahme

Hast du nur eine oder mehrere? ⊗

Hast du nur eine italienische Marke?   Ich hab' mehrere italienische Marken.
einen deutschen Fotoapparat? / eine gutes Foto? /
einen neuen Farbfilm? / ein altes Teleobjektiv?

Harry fotografiert alles. ⊗

Du fotografierst jede grosse Kirche?   Ja, alle grossen Kirchen.
jeden alten Brunnen? / jedes moderne Wohnhaus? /
jeden hohen Berg? / jedes gute Motiv? / jede kleine Stadt?

Was für Fotos hat Christian? ⊗

Hast du Fotos von jedem alten Brunnen?   Ja, von vielen alten Brunnen.
aus jedem europäischen Land? / aus jeder deutschen Stadt? /
von jedem bayrischen Dorf? / von jeder berühmten Kirche?

Dem Peter gefällt alles! ⊗

Ich hab' viele schöne Marken.   Ja, mir gefallen diese vielen schönen
                                                Marken.

viele alte Münzen / viele tolle Fotos /
viele gute Dias / viele neue Bilder

HÖRÜBUNG ⊗

	1	2	3	4	5	6	7	8	9	10
Fotografieren										
Briefmarken sammeln										

KONVERSATIONSÜBUNG

Erzählt, was für Hobbys ihr habt! Was für Hobbys haben eure Freunde?
1. Ist dein Hobby überhaupt ein Hobby?
2. Wie lange hast du dein Hobby schon?
3. Wie hast du mit dem Hobby angefangen?
4. Wie oft beschäftigst du dich mit deinem Hobby?
5. Was brauchst du alles für dein Hobby?
6. Was gefällt dir besonders an deinem Hobby?
7. Kannst du etwas Lustiges über dein Hobby erzählen?

SCHRIFTLICHE ÜBUNGEN

a. Schreibt die Antworten für Übungen 49 bis 53!
b. Schreibt einen Aufsatz mit dem Thema: Mein Hobby.

1–4
der **Alltag** *daily routine*
das **Autogramm**, – e *autograph*
die **Baseballkarte**, – n *baseball card*
die **Beschäftigung**, −en *activity*
das **Ding**, −e *thing*
der **Filmstar**, −s *movie star*
die **Freizeit** *leisure time*
die **Freizeitbeschäftigung**, −en *leisure-time activity*
das **Gegenstück**, – e *counterpart*
das **Gerät**, −e *gadget*
das **Können** *ability*
die **Mode**, −n *fashion, style*
die **Orgel**, −n *organ*
das **Sammeln** *collecting*

die **Schallplatte**, −n *record*
das **Spielzeug**, −e *toy*
das **Steckenpferd**, – e *hobby horse; hobby*
die **Tätigkeit**, −en *activity*
das **Wissen** *knowledge*
der **Zeitvertreib** *pastime*

ausüben sep *to pursue*
begeistern *to delight*
entspannen *to relax*
galoppieren (ist galoppiert) *to gallop*
verlangen *to demand, require*
zeichnen *to draw*

elektronisch *electronic*
englisch *English*
gerade *at the moment, right now*
glücklich *happy, happily*
hübsch *cute, pretty*
übrigens *by the way*

brauchen . . . zu *to need to*
Mode sein *to be in style*

5–30
der **Abzug**, ≃e *print, copy*
die **Aufnahme**, −n *photo, picture*
die **Dunkelkammer**, – n *darkroom*
das **Familien-Hobby**, −s *family hobby*
das **Farbbild**, −er *color picture; color print*
der **Farbfilm**, −e *color film*
das **Foto**, −s *photo*
der **Fotoamateur**, −e *amateur photographer*
die **Fotoarbeit**, −en *photography work, chores*
der **Fotograf**, −en (den – en) *photographer*
das **Fotografieren** *photography*
das **Fotolabor**, −s *photo lab*
das **Fotomodell**, −e *photographer's model, subject*
die **Geduld** *patience*
die **Kamera**, −s *camera*
der **Kopf**, ≃e *head*
der **Lausbub**, −en (den – en) *rascal*
die **Milliarde**, −n *billion*
das **Modell**, −e *model*
das **Motiv**, −e *subject*
der **Schnappschuss**, ≃e *snapshot*

die **Schwarzweissaufnahme**, −n *black-and-white photo*
der **Schwarzweissfilm**, −e *black-and-white film*
das **Teleobjektiv**, −e *telephoto lens*
das **Tierfoto**, −s *animal picture*
die **Vergrösserung**, −en *enlargement*
der **Vergrösserungsapparat**, – e *enlarger*
das **Wohnhaus**, ≃er *apartment house*

beobachten *to watch, observe*
s. **bewegen** *to move*
entwickeln *to develop*

besitzen (besass, hat besessen) *to own, possess*
machen lassen (lässt machen, liess machen, hat machen lassen) *to have done*

beliebt *popular*
farbig *in color*
kompliziert *complicated*
modern *modern*

natürlich *natural(ly)*
rund *around, about, approximately*
schwierig *difficult*
zwölft- *twelfth*

am besten *best*
am schwersten *hardest*
am schwierigsten *most difficult*
an erster Stelle stehen *to be in first place*
das ist jetzt 6 Jahre her *that was 6 years ago*
eine Aufnahme, ein Foto machen *to take a picture*
farbig fotografieren *to photograph in color*
ich lasse Farbbilder machen *I have color pictures, prints made*
im vergangenen Jahr *in the past year*
immer beliebter *more and more popular*
in Bewegung sein *to be in motion*
von allen Hobbys *out of all hobbies*
zum Entwickeln bringen *to bring for developing*

31–56
das **Album**, Alben *album*
die **Ausdauer** *perserverance*
der **Briefmarkenkatalog**, −e *stamp catalog*
das **Briefmarkensammeln** *stamp collecting*
der **Briefmarkensammler**, − *stamp collector*
das **Europa** *Europe*
die **Freundschaft**, −en *friendship*
die **Jugendmarke**, – n *stamp for the benefit of youth organizations*
der **Katalog**, −e *catalog*
der **Klavierspieler**, − *piano player*
die **Lupe**, −n *magnifying glass*
die **Marke**, −n *stamp*
die **Musikstunde**, −n *music lesson*
Olympia *Olympics*
der **Ordnungssinn** *sense of organization*
die **Organisation**, – en *organization*
der **Orgelspieler**, − *organist*
die **Pinzette**, −n *tweezers*
der **Sammler**, − *collector*

die **Schrift**, −en *writing*
die **Sondermarke**, −n *special-issue stamp*
die **Städtemarke**, – n *stamp commemorating cities*
das **Tauschen** *exchanging, trading*
das **Vordruckalbum**, – alben *pre-printed stamp album*
der **Vorteil**, −e *advantage*
die **Wohlfahrtsmarke**, −n *stamp for the benefit of a worthy cause*
der **Zuschlag** *additional price*

aufbauen sep *to build up*
s. **beschäftigen mit** *to occupy o.s. with*
fördern *to encourage, promote*
s. **interessieren für** *to be interested in*
stammen aus *to come from*
tauschen *to exchange; trade*
trainieren *to train*

entstehen (entstand, ist entstanden) *to develop, come into being*
werben für (wirbt, warb, hat geworben) *to advertise for*

ernsthaft *serious(ly)*
europäisch *European*
gewöhnlich *ordinary*
so *about, approximately*
sogenannt *so-called*

als erstes *first of all, the first thing*
am meisten *most of all*
eine 30iger *30-Pfennig stamp*
erste, zweite, dritte, usw. (see p. 92)

31
Mach Dich schön!

1 Peter macht sich fertig.

MUTTER   Du bist doch ein fauler Kerl!
         Jetzt schläfst du schon den ganzen
         Nachmittag!
PETER   Na und? Ich war hundemüde!
MUTTER   Ja, sag mal, gehst du denn heute
         nicht in die Tanzstunde?
PETER   Doch! Ich steh' ja schon auf.

PETER   . . . dreizehn, vierzehn . . . ha,
         vierzehn Liegestütze – mehr kann
         ich heute nicht.
MUTTER   Peter! Wenn du in die Wanne
         willst, musst du dich beeilen. Ich
         will auch noch baden; ich muss
         weg.
PETER   Bei mir dauert's ja nicht lange.
         Ich dusch' mich, wenn ich nach
         Hause komme.

MUTTER   Was? Du bist doch ein richtiger
         Bademuffel! Du gehst tanzen und
         machst Katzenwäsche! Gell, dass
         du dich ja rasierst!
PETER   Jaja!

Nimmt Peter ein Bad, oder geht er unter
die Dusche? – Nein, heute macht er nur
Katzenwäsche. Er wäscht sich: einmal warm
und einmal kalt. Warmes Wasser reinigt,
kaltes Wasser erfrischt.

Peter beim Zähneputzen

Peter rasiert sich elektrisch.
Er hat einen elektrischen Rasierapparat.

Zuletzt trocknet und kämmt
er sich die Haare.

2 Was braucht Peter zum Waschen? ⊗

Seife. Er wäscht sich damit die Hände.

Einen Waschlappen. Er wäscht sich damit das Gesicht.

Eine Nagelbürste. Er reinigt sich damit die Fingernägel.

Ein Deodorant. Es beseitigt lästigen Körpergeruch.

3 Was braucht er zum Zähneputzen? ⊗

Eine Zahnbürste. Er putzt sich damit die Zähne.

Zahnpasta. Er nimmt die Zahnbürste und gibt Zahnpasta darauf.

Ein Zahnputzglas. Er füllt es mit Wasser und gurgelt.

Mundwasser. Es desinfiziert, und es macht den Atem frisch.

4 Was braucht er zum Rasieren? ⊗

Rasierwasser. Es macht den Bart weich.

Einen elektrischen Rasierapparat

oder einen Rasierapparat mit Rasierklingen.

Eine After-Shave Lotion. Sie glättet die Haut.

5 Was braucht er für sein Haar? ⊗

Gutes Shampoo. Es schont die Haare.

Einen Haartrockner. Er trocknet damit die Haare.

Einen Kamm und eine Haarbürste.

Haarwasser. Es riecht gut.

6 Beantwortet die Fragen!

1. Warum sagt die Mutter: „Du bist doch ein fauler Kerl!"?
2. Warum hat Peter geschlafen?
3. Was macht er, als er aufsteht?
4. Warum will Peter nicht baden?
5. Warum sagt die Mutter: „Du bist doch ein richtiger Bademuffel!"?
6. Wie wäscht sich Peter?
7. Was macht er nach der Katzenwäsche?
8. Womit rasiert er sich?
9. Was macht er zuletzt?

7 Frag deine Mitschüler!

1. Schläfst du manchmal nachmittags? Warum?
2. Wie oft duschst du dich?
3. Duschst du dich kalt oder warm?
4. Wie oft badest du?
5. Machst du manchmal Katzenwäsche?
6. Was brauchst du alles zum Waschen?
7. Wann brauchst du eine Zahnbürste?
8. Warum brauchst du Mundwasser?
9. Wie oft rasierst du dich?
10. Womit rasierst du dich?
11. Warum brauchst du Rasierwasser?
12. Was brauchst du zum Haarewaschen?
13. Wie trocknest du dir das Haar?
14. Womit kämmst du dir die Haare?

8 MÜNDLICHE ÜBUNG ⊗

9 USING THE WORD ja

In colloquial German the word **ja** is used often.

1. The primary meaning of the word **ja** is "yes," as in answers to questions.

> Bist du müde? Ja, ich bin müde.

2. The word **ja** can also be used like the English word "well, . . ."

> Ja, sag mal, gehst du heute nicht in die Tanzstunde? *Well, tell me, aren't you going to your dancing class today?*

3. **Ja** is also used in statements that express facts known to both speaker and listener, or to lend emphasis to a sentence.

> Bei mir dauert's ja nicht lange. *It won't take me long, you know.*
> Ich steh' ja schon auf. *I am getting up!*

10 Peter sagt, dass er alles tun wird. ⊗

Peter, wann badest du?
Peter, wann rasierst du dich?
Peter, wann wäschst du dir die Haare?
Peter, wann trocknest du dich ab?
Peter, wann ziehst du dich an?
Peter, wann gehst du?

Ich bade ja schon!

11   A SPECIAL USE OF dass

A **dass**-clause can be used to express an urgent request or to lend emphasis to a request.

> **Dass du dich ja rasierst!**   *Be sure you shave!*

Was Peter alles tun soll! ⊙

Er soll sich rasieren.   Dass du dich ja rasierst!
Er soll sich baden.
Er soll sich duschen.
Er soll sich waschen.
Er soll sich umziehen.
Er soll sich beeilen.

13   USING THE WORD doch

1. As an unstressed word in the sentence, **doch** often suggests the emphasis that English expresses by raising the voice or by using an expression like ''really.''

    > Du bist doch ein fauler Kerl.   *You're really a lazy guy!*

2. The word **doch** is also used to respond affirmatively to a negative statement or question, that is, one containing a negative word like **nicht, kein, niemand,** etc. Used in this way it means ''but yes'' or ''on the contrary.''

    > Gehst du heute nicht in die Tanzstunde?   Doch! (Doch, ich gehe!)

Peter antwortet mit ,,ja'' oder mit ,,doch''. ⊙

Peter, willst du nicht baden?   Doch, ich will baden.
Badest du?   Ja, ich bade.
Gehst du tanzen?
Geht niemand mit zum Tanzen?
Wäschst du dir nicht die Haare?
Hast du kein Geld?

15   INFINITIVES USED AS NOUNS

1. Infinitives can be used as nouns.

    > **Puzzeln** ist langweilig.   **Schwimmen** ist gesund.

2. Such nouns are always neuter, and can be used with or without the definite article.

    > **Das Rasieren** dauert bei mir nicht lange.

3. Sometimes the infinitive form is added to another word to make a compound noun. Such compound nouns are always neuter.

    > **Das Zähneputzen** geht schnell.   Dann kommt **das Haaretrocknen** dran.

16 Peter, mach dich fertig! ⊙

Hast du dich schon gewaschen?
Hast du dich schon rasiert?
Hast du dich schon gebadet?
Hast du dir schon die Haare getrocknet?
Hast du dir schon die Zähne geputzt?

Das Waschen dauert nicht lange.

17 INFINITIVES USED AS NOUNS
Following beim and zum

1. When **beim (bei dem)** precedes an infinitive used as a noun, it expresses the idea of "in the process of" or "while."

   Peter ist gerade **beim Waschen.** *Right now Peter is washing.*
   Beim Waschen hört er Radio. *While he washes he listens to the radio.*

2. When **zum (zu dem)** precedes such nouns, it expresses the idea of "for," or "in order to."

   Wozu gebraucht Peter die Seife? *What does Peter use the soap for?*
   Zum Waschen. *For washing.*

18 Was Peter alles tut, bevor er weggeht ⊙

Peter, wäschst du dich?
Rasierst du dich?
Badest du dich?
Putzt du dir jetzt die Zähne?

Ja, ich bin beim Waschen.

19 Peter, wozu gebrauchst du das alles? ⊙

Wozu gebrauchst du die Seife?
und den Rasierapparat? / die Zahnbürste? / den Haartrockner?

Zum Waschen.

20 Was ist ein Muffel? ⊙

Peters Mutter sagt: „Du bist ein richtiger Bademuffel." Sie sagt das, weil sich Peter nicht gern badet. Was für ein Muffel kann Peter sein?

Er badet nicht gern.
Er wäscht sich nicht gern.
Er trägt nicht gern Krawatten.
Er geht nicht gern ins Wasser.

Er ist ein richtiger Bademuffel.

21 Babsie frisiert sich.

Babsie hat schönes Haar. Sie trägt es lang und natürlich. Färbt sie ihr Haar? Sie sagt: „Nein, gefärbtes Haar ist unnatürlich. Es macht das Haar spröde, und ich hab' von Natur aus weiches Haar. Ich wasch' aber mein Haar alle zwei Tage."

„Babsie, gehst du oft zum Friseur?"
„Nein. Nur ab und zu zum Schneiden."
„Du hast keine Dauerwelle?"
„Nein. Ich hab' welliges Haar, und dann helfe ich ein bisschen nach mit meinem Frisierstab."

22 Womit pflegt Babsie ihr Haar?

Sie frisiert ihr Haar mit einem Frisierstab.

Sie dreht ihr Haar mit Lockenwicklern ein.

Sie hat auch einen elektrischen Kamm.

Sie benutzt ein Haarspray.

23 Frag deine Mitschüler!

1. Wie trägst du dein Haar?
2. Färbst du dein Haar?
3. Hast du sprödes oder weiches Haar?
4. Wie oft wäschst du dir die Haare?
5. Wie oft gehst du zum Friseur?

6. Hast du welliges Haar?
7. Hast du lockiges Haar? Was tust du, damit es lockig wird?
8. Womit frisierst du dir die Haare?
9. Benutzt du ein Haarspray?

24 MÜNDLICHE ÜBUNG

25   da-COMPOUNDS

Lest die Beispiele und beantwortet die folgenden Fragen! ⊗

Babsie wäscht sich **mit dieser Seife.**
Ich wasch' mich auch **damit.**
What does **damit** mean in the second sentence? What does **damit** refer to?

Er tut Zahnpasta **auf die Zahnbürste.**
Ich tu' auch Zahnpasta **darauf.**
What does **darauf** mean in the second sentence? What does **darauf** refer to?

26   Lest die folgende Zusammenfassung!

1. As you have learned, the personal pronouns may refer either to persons or to things.

Brauchst du **ihn?**   ihn ⟨**deinen Bruder** *(person)*
                                    den Kamm *(thing)*

2. However, a personal pronoun following a preposition can refer only to persons.

Ich fahre mit **ihm.**   **ihm: meinem Bruder** *(person)*

3. When the object of the preposition is a thing, the prefix **da-** is used with the preposition instead of a personal pronoun. (**dar-** is used when the preposition begins with a vowel.)

Ich wasche mich **mit dieser Seife.**   Ich wasche mich **damit.**
Ich tu' Zahnpasta **auf die Zahnbürste.**   Ich tu' Zahnpasta **darauf.**

4. **Da**-compounds do not reflect differences in gender, number, or case, as can be seen in the following examples:

Was machst du **mit dem Haartrockner?** ⎫
Was machst du **mit der Seife?** ⎪
Was machst du **mit dem Haar?** ⎬   Was machst du **damit?**
Was machst du **mit den Lockenwicklern?** ⎭

27   Babsie, was machst du damit? ⊗

Was machst du mit dem Frisierstab?   Ich frisier' damit mein Haar.
Was machst du mit dem Shampoo?   Ich wasch' damit mein Haar.
Was machst du mit dem Haartrockner?   Ich trockne damit mein Haar.
Was machst du mit dem Kamm?   Ich kämm' damit mein Haar.
Was machst du mit den Lockenwicklern?   Ich dreh' damit mein Haar ein.

28   Wieviel zahlst du dafür? ⊗

Du zahlst 10 Mark für das Haarspray?   Ja, ich zahl' 10 Mark dafür.
30 Mark für die Dauerwelle? / 26 Mark für den Frisierstab? /
6 Mark für das Shampoo? / 20 Mark für den Kamm und die Bürste?

Du hast keine Lust dazu? ⊙

Hast du Lust zum Radfahren?   Nein, ich habe keine Lust dazu.
zum Baden? / zum Essen? / zum Tanzen? / zum Ausgehen?

SCHRIFTLICHE ÜBUNG

Schreibt die Antworten für Übungen 28 und 29!

31   wo-COMPOUNDS

Lest die Beispiele und beantwortet die folgenden Fragen! ⊙

Peter wäscht sich **mit dieser Seife.**
Womit wäschst du dich, Babsie?
What does **womit** mean in the question? What does **womit** refer to?

Peter braucht den Haartrockner **zum Trocknen.**
Wozu brauchst du den Haartrockner, Babsie?
What does **wozu** mean in the question? What does **wozu** refer to?

32 Lest die folgende Zusammenfassung!

1. As you have learned, the interrogative pronoun **was** can be used at the beginning of questions referring to things.
   Was benutzt du? **die Seife?**
   Was brauchst du? **den Haartrockner?**

2. When the question involves a preposition, the prefix **wo-** is usually added to the preposition. (**wor-** is used when the preposition begins with a vowel.)
   Womit wäschst du dich? **mit dieser Seife?**
   Worauf tust du die Zahnpasta? **auf die Zahnbürste?**

3. In questions referring to people and beginning with a preposition, the interrogative pronoun **wen** or **wem** must be used. The prefix **wo-** (**wor-**) can refer only to things. Compare the two columns of questions in the chart below:

Referring to Things		*Referring to People*	
wo(r) + *Preposition*		*Preposition +* *Interrogative*	
Woran	denkst du?	**An wen**	denkst du?
Worauf	wartest du?	**Auf wen**	wartest du?
Worüber	sprechen Sie?	**Über wen**	sprechen Sie?
Wofür	ist diese Bürste?	**Für wen**	ist diese Bürste?
Womit	spielst du?	**Mit wem**	spielst du?
Wovon	erzählt sie?	**Von wem**	erzählt sie?
Wozu	sagen Sie das?	**Zu wem**	sagen Sie das?

33 Babsie, wozu brauchst du das alles? ⊗

Wozu brauchst du den Frisierstab?　　Zum Frisieren.
die Zahnbürste?　　　　　　　　　　Zum Zähneputzen.
das Shampoo?　　　　　　　　　　　Zum Haarewaschen.
die Nagelbürste?　　　　　　　　　　Zum Fingernägelputzen.
den Haartrockner?　　　　　　　　　Zum Haaretrocknen.
den Waschlappen?　　　　　　　　　Zum Waschen.

34 So, jetzt fragt ihr die Babsie! ⊗

Sie wäscht ihr Haar mit Shampoo.　　　Womit wäschst du dein Haar?
Sie braucht den Frisierstab zum Frisieren.
Sie spricht über ihre Dauerwelle.
Sie wartet auf ihre elektrischen Locken-
　　wickler.
Sie erzählt von ihrem guten Haarspray.
Sie denkt an ihre Hausaufgaben.

35 Peter, was ist heute nur mit dir los! ⊗

Ich hab' mir mit dem Haartrockner die　　Womit hast du dir die Hose getrocknet?
　　Hose getrocknet.
Ich hab' mit der Nagelbürste die Schuhe
　　gereinigt.
Ich hab' das Mundwasser für die Haare
　　benutzt.
Ich hab' die Sonnencreme zum Zähneput-
　　zen benutzt.
Ich hab' das Rasierwasser zum Gurgeln
　　genommen.
Ich hab' das Shampoo zum Spülen benutzt.

36 Was tut Peter? Ihr fragt. ⊗

Er denkt an die Tanzstunde.　　　　Woran denkt er?
Er denkt an Babsie.　　　　　　　An wen denkt er?
Er wartet auf das Bad.
Er wartet auf seine Freundin.
Er spricht über das Zähneputzen.
Er spricht über seine Schulkameraden.
Er interessiert sich für Briefmarken.
Er interessiert sich für Mädchen.
Er spielt mit seinem Haartrockner.
Er spielt mit seinen Freunden.

37 SCHRIFTLICHE ÜBUNG

Schreibt die Antworten für Übungen 34 bis 36!

38 Babsie schminkt sich. ⊗

PETER Mach dich schön, Kind!
BABSIE Du bist gemein!
PETER Wieso? Das war nur ein Kompliment!
BABSIE Du lachst mich wieder aus, wenn du mich geschminkt siehst.
PETER Nur, wenn du dir wieder blaue Augen malst. Dann denkt jeder, ich hab' dich geschlagen!
BABSIE Ach, du! Du verstehst überhaupt nichts vom Schminken. Es macht mir Spass, Make-up zu tragen. So, lass mich jetzt in Ruh'!

Babsie trägt zuerst etwas helles Rouge auf ihre Wangen auf. Dann zieht sie ihre Augenbrauen nach. Sie verlängert ihre Augenwimpern mit schwarzer Wimperntusche. Dann trägt sie blauen Lidschatten auf ihre Augenlider auf. Für ihre Lippen wählt sie einen dunkelroten Lippenstift. Dann kommt noch etwas Parfüm hinters Ohr, und sie ist fertig. — „Wie gefall' ich dir jetzt?"

1

2

39 Welche Kosmetikartikel benutzt Babsie? Hier sind . . . ⊗

eine Compact-Kassette mit Rouge für ihre Wangen

ein Augenbrauenstift

schwarze Wimperntusche für lange Augenwimpern

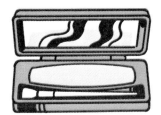

blauer Lidschatten für die Augenlider

roter Lippenstift für die Lippen

Lektion 31   Mach Dich schön!   107

40 Babsie manikürt sich die Hände. ✖

Zuerst wäscht sie sich die Hände mit warmem Wasser. Dann reinigt sie ihre Fingernägel und schneidet sie kürzer. Danach feilt sie die Nägel. Dann lackiert sie ihre Nägel noch mit einem dunkelroten Nagellack. Babsie hat trockene Hände. Sie reibt sie deshalb mit einer guten, fetthaltigen Handcreme ein.

41 Was braucht Babsie, wenn sie sich die Hände manikürt? ✖

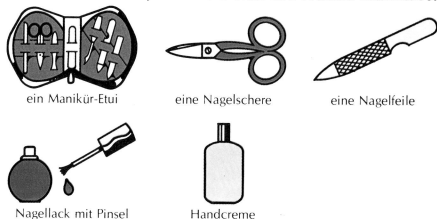

ein Manikür-Etui   eine Nagelschere   eine Nagelfeile

Nagellack mit Pinsel   Handcreme

42 Fragt eure Klassenkameradinnen!

1. Beschreibe, wie sich Babsie schminkt! (Wangen, Augenbrauen, Wimpern, Augenlider, Lippen)

2. Erzähle, wie du dich schminkst!
3. Welche Kosmetikartikel hast du?
4. Erzähle, wie du dich manikürst!

43 MÜNDLICHE ÜBUNG ✖

44   ADJECTIVES NOT PRECEDED BY A DETERMINER

Lest die Beispiele und beantwortet die folgenden Fragen! ✖

Dieses Wasser erfrischt.   **Kaltes** Wasser erfrischt.
Ich brauche **diesen** Lippenstift.   Ich brauche **roten** Lippenstift.

In each pair of sentences, compare the form of the **dieser**-word in the left-hand sentence with the form of the adjective that replaces it in the right-hand sentence. Is the ending of the adjective in the right-hand sentence different from the ending of the **dieser**-word in the left-hand sentence?

45 Lest die folgende Zusammenfassung!

1. When the adjective is used before a noun and not preceded by a determiner, the adjective has the ending a **dieser**-word would have in its place.

   Dieses Wasser erfrischt.   **Kaltes** Wasser erfrischt.
   Ich brauche **diesen** Lippenstift.   Ich brauche **roten** Lippenstift.

2. When there are two or more such adjectives, they both have the same ending.

   Babsie hat **langes, welliges** Haar.

3. The following is a review of the endings of **dieser** and a summary of adjective endings not preceded by a determiner.

	masculine	feminine	neuter	plural
Nominative	**dieser** Lippenstift	**diese** Tusche	**dieses** Haar	**diese** Augen
	roter Lippenstift	**blaue** Tusche	**welliges** Haar	**grosse** Augen
Accusative	**diesen** Lippenstift	**diese** Tusche	**dieses** Haar	**diese** Augen
	roten Lippenstift	**blaue** Tusche	**welliges** Haar	**grosse** Augen
Dative	**diesem** Lippenstift	**dieser** Tusche	**diesem** Haar	**diesen** Augen
	rotem Lippenstift	**blauer** Tusche	**welligem** Haar	**grossen** Augen

46 Wofür sind diese Kosmetikartikel? ☺

Dieser rote Lippenstift?   Roter Lippenstift ist für die Lippen.
dieses helle Rouge? / diese schwarze Tusche? / dieser blaue Lidschatten? /
diese gute Handcreme? / dieser rote Nagellack?

47 Womit schminkt sich Babsie? ☺

Womit schminkt sie sich die Lippen?   Mit rotem Lippenstift.
die Wimpern? / die Augen? / die Wangen?

48 Jetzt beschreibt ihr Babsie. Wie sieht sie aus? ☺

Ihre Augen sind blau.   Sie hat blaue Augen.
Ihre Wimpern sind lang.
Ihr Haar ist lang und blond.
Ihre Haut ist schön.

49 HÖRÜBUNG ☺

Wie heisst das Wort am Ende des Satzes?

1. _____   3. _____   5. _____   7. _____   9. _____
2. _____   4. _____   6. _____   8. _____   10. _____

50 Jetzt beschreibt ihr eure Klassenkameraden! ⊗

Jeder hat andres Haar:

schön

blond   braun   schwarz   rot

dicht – dünn   kurz – lang   glatt – lockig, wellig

natürlich – gefärbt   weich – spröde

Jeder hat andre Haut:

weich   glatt   trocken

spröde   hell   dunkel

51 RATESPIEL: Wer ist das? ⊗

Sie hat schwarzes Haar. Sie hat blaue Augen. – Die Anita? – Nein!
Sie hat kurzes, lockiges Haar. – Die Danny? – Ja!

52 SCHRIFTLICHE ÜBUNG

Schreibt die folgenden Stücke ab und setzt die richtigen Endungen ein!

1. Peter nimmt gewöhnlich ein warm_____ Bad oder eine kalt_____ Dusche, bevor er in die Tanzstunde geht. Aber heute ist er ein richtig_____ Bademuffel. Er wäscht sich nur, einmal kalt, einmal warm. Warm_____ Wasser reinigt, kalt_____ Wasser erfrischt. Dann putzt er sich die Zähne. Er hat schön_____ weiss_____ Zähne. Er füllt das Zahnputzglas mit warm_____ Wasser und gurgelt.
2. Babsie hat schön_____ Haar. Sie wäscht es alle zwei Tage mit warm_____ Wasser und gut_____ Shampoo. Sie trocknet ihr Haar mit einem Haartrockner, aber ohne lang_____, heiss_____ Trocknen. Heiss_____ Trocknen macht das Haar spröde. Dann schminkt sie sich. Sie benutzt hell_____ Rouge, blau_____ Lidschatten, schwarz_____ Wimperntusche und rot_____ Lippenstift. Babsie hat trocken_____ Hände, und sie reibt sie mit gut_____, fetthaltig_____ Handcreme ein.

53 KONVERSATIONSÜBUNGEN

a. Du bist ein Junge. Was tust du alles, bevor du ausgehst? Erzähle!
1. baden / duschen / Katzenwäsche
2. Haar waschen / trocknen / kämmen / Haarwasser
3. Zähneputzen / gurgeln / Mundwasser
4. rasieren / After-Shave Lotion
5. Fingernägel reinigen

b. Du bist ein Mädchen. Was tust du alles, bevor du ausgehst? Erzähle!
1. waschen / baden / duschen
2. Haar waschen / Haartrockner / frisieren / Lockenwickler / Haarspray
3. Zähneputzen
4. schminken: Wangen / Augen
5. maniküren: Nägel / Nagellack

54 SCHRIFTLICHE ÜBUNG

Schreib einen Aufsatz mit dem Thema: Was ich alles tue, bevor ich ausgehe.

55 Beim Friseur

KUNDE	Tag!
FRISEUR	Guten Tag! Wie geht's?
KUNDE	Danke. So la la.
FRISEUR	Einen Haarschnitt?
KUNDE	Ja, bitte.
FRISEUR	Wie immer? Façon?
KUNDE	Bitte!
FRISEUR	Etwas kürzer an den Seiten?
KUNDE	Ein bisschen.
FRISEUR	Recht so?
KUNDE	Ja, gut.
FRISEUR	Anfeuchten?
KUNDE	Nein, danke.
FRISEUR	Sieben zwanzig, bitte.
KUNDE	Stimmt.
FRISEUR	Vielen Dank. Auf Wiederseh'n!

This dialog shows how few words people sometimes use to communicate. We seldom say: Ich wünsche Ihnen einen guten Tag, but that is what we mean when we say guten Tag! or Tag! There are several examples of abbreviated speech in this dialog. For each one you find, write out the complete thought that is meant by the short expression.

56 Ihr dürft nicht alles wörtlich nehmen!

Nenne die Redewendungen, die in den Bildern dargestellt sind! Was bedeuten diese Redewendungen eigentlich? (Siehe ganz unten!)

Geh immer der Nase nach!   Sie hat ihm den Kopf verdreht.
Halt den Mund!   Ich bin ganz Ohr.
Er hat ein Auge auf sie geworfen. Die Zuhörer hingen an seinen Lippen.

Sie hörten ganz genau zu.   Geh immer geradeaus!
Er ist verliebt in sie.   Sei still!
Ich höre aufmerksam zu.   Er hat sie gern.

WORTSCHATZ

1–20

die **After-Shave Lotion, –s** after-shave lotion
der **Atem** breath
das **Bad, ⸚er** bath
der **Bademuffel, –** person who does not like to take a bath
der **Bart, ⸚e** beard
das **Deodorant, –s** deodorant
die **Dusche, –n** shower
der **Fingernagel, ⸚** fingernail
die **Haarbürste, –n** hairbrush
der **Haartrockner, –** hair dryer
das **Haarwasser** hair tonic
die **Haut, ⸚e** skin
die **Katzenwäsche** washing quickly at the sink
der **Körpergeruch, ⸚e** body odor
der **Liegestütz, –e** push-up
das **Mundwasser** mouthwash
die **Nagelbürste, –n** nailbrush
der **Rasierapparat, –e** shaver
die **Rasierklinge, –n** razor blade
das **Rasierwasser** shaving lotion
die **Seife, –n** soap
das **Shampoo, –s** shampoo

die **Tanzstunde, –n** (ballroom) dancing class
die **Wanne, –n** bathtub
der **Waschlappen, –** washcloth
der **Zahn, ⸚e** tooth
die **Zahnbürste, –n** toothbrush
die **Zahnpasta, –sten** toothpaste
das **Zahnputzglas, ⸚er** bathroom cup, water glass

(s.) **baden** to bathe, take a bath
beseitigen to do away with
desinfizieren to disinfect
(s.) **duschen** to shower, take a shower
erfrischen to refresh
s. **fertigmachen** sep to get ready
gebrauchen (zu) to use (for)
glätten to smooth
gurgeln to gargle
(s.) **rasieren** to shave (o.s.)
(s.) **reinigen** to clean (o.s.)
schonen to protect
(s.) **trocknen** to dry (o.s.)

riechen (roch, hat gerochen) to smell
weggehen (ging weg, ist weggegangen) to go out

elektrisch electric
faul lazy
frisch fresh
hundemüde dead tired
lästig annoying, unpleasant

bei mir dauert's nicht lange it doesn't take me long
beim Zähneputzen (in the process of, while) brushing one's teeth
dass du dich ja rasierst! be sure you shave!
sich die Zähne putzen to brush one's teeth
ich muss weg I have to go out
na und? so what?
unter die Dusche gehen to take a shower
zum Rasieren for shaving

21–37

die **Dauerwelle, –n** permanent wave
der **Friseur, –e** hairdresser
der **Frisierstab, ⸚e** curling iron
das **Haarspray, –s** hair spray
der **Lockenwickler, –** curler

eindrehen sep to roll up (hair)
färben to tint, dye
(s.) **frisieren** to do, fix one's hair
pflegen to take care of

nachhelfen D (hilft nach, half nach, hat nachgeholfen) sep to help along

gefärbt colored, dyed
spröde coarse, brittle
unnatürlich unnatural
wellig wavy
womit? with what?

ab und zu now and then
alle zwei Tage every two days
von Natur aus naturally
zum Friseur gehen to go to the hairdresser

38–54

die **Augenbraue, –n** eyebrow
der **Augenbrauenstift, –e** eyebrow pencil
das **Augenlid, –er** eyelid
die **Augenwimper, –n** eyelash
die **Compact-Kassette, –n** compact
die **Handcreme, –s** hand cream
das **Kompliment, –e** compliment
der **Kosmetikartikel, –** cosmetic article
der **Lidschatten, –** eye shadow
der **Lippenstift, –e** lipstick
das **Make-up** make-up
das **Maniikür-Etui, –s** manicure set
die **Nagelfeile, –n** nail file
der **Nagellack** nail polish
die **Nagelschere, –n** nail scissors
das **Ohr, –en** ear
das **Parfüm, –s** perfume
der **Pinsel, –** (small) brush
das **Rouge** rouge
das **Schminken** making up
die **Wange, –n** cheek
die **Wimperntusche, –n** mascara

auslachen sep to laugh at, make fun of
feilen to file
lackieren to polish, paint
(s.) **maniküren** to manicure
(s.) **schminken** to put on make-up
verlängern to lengthen

auftragen auf A (trägt auf trug auf, hat aufgetragen) sep to put on, apply
nachziehen (zog nach, hat nachgezogen) sep to trace
schlagen (schlägt, schlug, hat geschlagen) to hit
verstehen von (verstand, hat verstanden) to understand, know about

danach after that
darin in it, in that
dicht thick
dünn thin
fetthaltig containing fats and oils
geschminkt made-up
glatt smooth
trocken dry
wieso? why? how come?

lass mich in Ruh'! leave me alone!
überhaupt nichts nothing at all

55–56

Façon (a style of haircut)
der **Haarschnitt, –e** haircut
die **Redewendung, –en** expression, idiom
der **Zuhörer, –** listener

anfeuchten sep to dampen
verdrehen to turn

nachgehen D (ging nach, ist nachgegangen) sep to follow

aufmerksam attentive(ly)
dargestellt represented
wörtlich literal(ly)

beim Friseur at the barber's
recht so? okay like this?
so la la so-so

32

Ausgehen und Tanzen

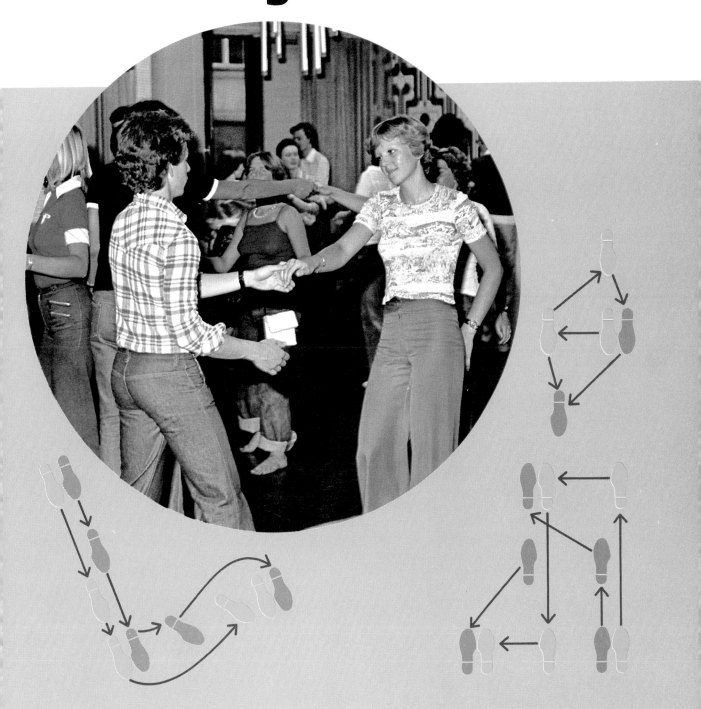

1 Die Tanzschule Wolfgang Steuer ⊙

Tanzen wird wieder populär. Jung und alt besucht Tanzkurse. Man will die Standardtänze lernen, den Walzer, den Tango, den Foxtrott, die Rumba und viele andere.

Die Tanzkurse bei Steuer sind gut belegt°. Diese Tanzschule hat einen guten Ruf°, und die Jungen und Mädchen kommen gern hierher. Wolfgang Steuer und seine Frau Brigitte waren 1975 das Prinzenpaar im Münchner Fasching[1]. Sie wurden damals in der ganzen Stadt bekannt, und seitdem geht das Geschäft° besonders gut.

Was für Kurse bieten die Steuers? Es gibt Grundkurse°, Kurse für Fortgeschrittene° und Sonderkurse°.

gut belegt: well attended
der Ruf: reputation

das Geschäft: business
Grund-: basic
Fortgeschrittene: advanced students
Sonder-: special

Grundkurse (Abend)

Berufstätige	Fr	24. 9.	19.00	10×	90.—
und	Do	7. 10.	18.30	10×	90.—
Studenten	Mo	11. 10.	19.00	10×	90.—
Ehepaare u.	Di	28. 9.	20.45	10×	170.-[1])
jg. Paare	Mo	4. 10.	20.45	10×	170.-[1])
ab 25 Jahre	Do	14. 10.	20.45	10×	170.-[1])

Fortschrittskurse

F I	Schüler	Di	21. 9.	17.30	10×	80.—
F I	Beruf./Stud.	Do	23. 9.	19.00	10×	90.—
F II	Schül. Beruf.	Di	21. 9.	19.00	10×	90.—
F III	Schül. Beruf.	Mo	20. 9.	20.15	8×	80.—
Goldstar	Schül. Beruf.	Mo	20. 9.	18.30	jeden Mo	80.-[2])
F I	Paare	Do	30. 9.	20.15	10×	170.-[1])
F II	Paare	Mi	6. 10.	20.45	10×	170.-[1])
Tanzkreis	Paare	Fr	17. 9.	21.00	jeden Fr	170.-[1])

Vieles spricht für uns

- Münchens Tanzschule im neuen Stil in 2 Stockwerken
- moderne, vollklimatisierte Räume
- Welttanzprogramm in erfolgreicher Unterrichtsmethode
- angenehme Unterrichtsdauer 10× 1½ Stunden
- maximale Übungsmöglichkeit
- festliche Abschlußbälle in großem Rahmen, als bleibendes Erlebnis, im Festsaal des Hotel Bayer. Hof
- Tanzschiffahrt auf dem Starnberger See
- Faschingsveranstaltungen
- TWS-Ralley
- Nikolausparty
- Silvesterparty
- Maitanz

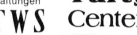

2 Vor der Tanzstunde ⊙

In der letzten Tanzstunde waren mehr Mädchen als Jungen. Das sollte dem Peter eigentlich recht sein°. Aber nein, das hat ihn gestört.

„Du, Christian, es wird Zeit, dass du mal vernünftig tanzen° lernst! Sei kein Spielverderber° und mach mit!"

Sieben oder acht Freunde hat Peter schon angerufen. Alle hatten eine andere Ausrede°. „Ich hab' kein Geld!" — „Ich hab' keine Zeit und muss zuviel pauken°." — „Mein Vater sagt, ich kann auch ohne Tanzkurs tanzen lernen. Das ist billiger."

Peter versucht, seinen Freund Christian zu überreden°. „Du wirst es nicht bereuen°, Christian. Da sind ein paar ganz nette Mädchen im Kurs. Ich hab' die Telefonnummer von einer. Und die

dem Peter ist das recht: that's okay with Peter
vernünftig tanzen: to dance properly
der Spielverderber: spoilsport
die Ausrede: excuse
pauken: to cram, study
überreden: to persuade
bereuen: to regret

---

[1] **Der Münchner Fasching** is celebrated with hundreds of masquerade balls during the period between January 7th and the beginning of Lent, six weeks before Easter. Along the Rhine this period is known as **Karneval.** For each **Fasching** or **Karneval** season, a prince and princess are selected to reign over the festivities.

hat 'ne hübsche Freundin. Dein Typ! Und wenn du willst, können wir uns mit denen vor dem Kurs verabreden°."

„Na gut! Wann treffen° wir uns? Und wo?"

„Treffen wir uns um sechs am Stachus¹. Im Garten vom Wienerwald²."

„Abgemacht°!"

s. verabreden mit: *to make a date with*
s. treffen: *to meet*

abgemacht: *agreed*

3 Peter und Christian warten auf ihre Damen. ⊗

CHRISTIAN   Wo bleiben die beiden bloss?
PETER   Der Kellner sieht uns schon böse an. Wir können die Plätze nicht länger freihalten!
CHRISTIAN   Die haben es sich anders überlegt.
PETER   Die kommen schon noch. Die eine lernt Friseuse, und die Läden machen erst um 6 Uhr zu.
CHRISTIAN   Und die Lehrlinge müssen dann immer erst aufräumen.
PETER   Ich möcht' kein Lehrling sein.
CHRISTIAN   Gehen wir! — Wir können uns dort drüben hinsetzen und auf sie warten.
PETER   Schon gut! Und ich kauf' mir jetzt die *Abendzeitung*³.

Die beiden Jungen unterhalten sich.

CHRISTIAN   Wie sehen unsre Damen aus?
PETER   Ja, wie sollen die schon aussehen? Hübsch sind sie. Und Heidi, die Friseuse, ist wirklich nett.
CHRISTIAN   Und die andre? Was tut die?
PETER   Weiss ich nicht. Die ist auch sehr nett. Ein bisschen schüchtern vielleicht.
CHRISTIAN   Du meinst, dann passt sie zu mir. Ich bin ja auch so schüchtern!
PETER   Mit der hab' ich erst ein paarmal getanzt. Ich hab' mit ihr geredet. Du, die kann so herrlich rot werden!
CHRISTIAN   Jetzt bin ich aber neugierig.
PETER   Da kommen sie ja!

¹ **Der Stachus,** more formally known as **der Karlsplatz,** is a square in Munich where major traffic arteries cross: subway and railroad underground; street cars, buses, and other vehicular traffic on the surface.
² **Der Wienerwald** is a chain of moderately-priced restaurants found all over Germany and in many cities abroad. One of the specialties is **Brathähnchen,** chicken roasted on a spit.
³ **Die Abendzeitung** is one of Bavaria's most widely read evening papers.

4 Peter stellt Christian vor.

PETER	Ja, guten Abend! Wie geht's?
MÄDCHEN	Guten Abend!
PETER	Das ist Christian. Ein Klassenkamerad von mir.
CHRISTIAN	Guten Abend!
PETER	Und das ist . . . äh . . . ja, so was! Jetzt hab' ich doch deinen Namen vergessen.
ELLI	Ich heisse Elisabeth. Sagt doch aber Elli zu mir. So nennen mich alle.
CHRISTIAN	Servus, Elli!
PETER	Und das ist Heidi.
HEIDI	Es tut mir leid, dass wir so spät kommen. Ich hatte heute im Geschäft viel zu tun.
PETER	Macht doch nichts!
CHRISTIAN	Dann trinken wir eben nach der Tanzstunde zusammen ein Cola. O.K.?

5 Beantwortet die Fragen!

1. Warum ruft Peter viele Freunde an?
2. Was hat er zu Christian gesagt?
3. Was für Ausreden haben die Freunde?
4. Wie überredet Peter den Christian?
5. Was antwortet Christian?
6. Wo treffen sich die beiden?
7. Warum können die Jungen die Plätze nicht länger freihalten?
8. Warum kommen die Mädchen vielleicht so spät?
9. Was will Christian tun?
10. Was möchte Christian alles wissen?
11. Was erzählt ihm Peter über die Mädchen?
12. Was passiert, als Peter den Christian vorstellt?
13. Was sagt Elisabeth zu den Jungen? Warum?
14. Warum sind die Mädchen so spät gekommen?
15. Was schlägt Christian vor?

6

Ballroom dancing has always been popular in Germany. Dance courses are well attended by young people from all educational and social backgrounds. Often a group of apprentices, or a group of university students, or a whole Gymnasium class will take Tanzstunde together.

Die Tanzschule Wolfgang Steuer offers many opportunities for dancing and socializing. In addition to the dance classes that provide formal instruction for beginners and advanced students, there are also special dance courses, parties, formal balls, tournaments, and competitions. For example, there are regular informal parties for practicing, dance parties for prospective students to get a look at the school, and every Wednesday there is a "Rock'n Roll-Club-Abend." Special activities include Christmas and New Year's dances, Fasching parties, a boat ride with dancing on Lake Starnberg, a big dance tournament, and even a disc jockey competition. One of the highlights of the Tanzschule is the Abschlussball, a festive, semi-formal ball held for students at the completion of each dance course.

7 Was tun andere Jungen und Mädchen in ihrer Freizeit?

1 Manche gehen ins Kino oder ins Theater.

2 Mehrere treiben Sport – im Sommer und im Winter.

3 Einige gehen Kaffeetrinken oder Eisessen.

4 Sie gehen spazieren oder bummeln durch die Stadt.

5 Viele amüsieren sich auf einer Party.

6 Andere machen einen Ausflug.

Fragt eure Klassenkameraden!

1. Was macht ihr in eurer Freizeit?
2. Du möchtest, dass einige Freunde mit dir (ins Kino) gehen. Was sagst du?
3. Was für Ausreden haben sie?
4. Wie überredest du deine Freunde?

9 Wie beschreiben wir andere Leute?

schüchtern – forsch

natürlich – eingebildet

höflich – frech

klug – dumm

witzig – langweilig

geschickt – ungeschickt

ordentlich – schlampig

bescheiden – anspruchsvoll

heiter – ernst

fleissig – faul

MÜNDLICHE ÜBUNG

11 RATESPIEL: Wer ist das?

Mit dem geh' ich oft ins Kino. – Der Paul! – Nein. Er ist bescheiden, nicht eingebildet. – Der Robert! – Nein. Mit dem fahr' ich am Samstag zum Schilaufen. – Der Peter! – Ja!

12 THE DEFINITE ARTICLE AS A DEMONSTRATIVE PRONOUN

Lest die Beispiele und beantwortet die folgenden Fragen! ⊗

Die Mädchen kommen nicht.   **Die** haben es sich anders überlegt.
Which word in the second sentence refers to **die Mädchen?** What does this word mean?

Hast du **mit der Dame** viel getanzt?   **Mit der** hab' ich erst einmal getanzt.
Which word in the second sentence refers to **der Dame?** What does this word mean? What case is it in?

Wir treffen uns **mit den Mädchen.**   **Mit denen** trinken wir ein Cola.
Which word in the second sentence refers to **den Mädchen?** What does this word mean? What case is it in?

13 Lest die folgende Zusammenfassung!

1. Demonstrative pronouns are used like personal pronouns in a sentence, but they carry more emphasis. In English the demonstrative pronouns are "this," "these," "that," "those." In German the definite article is often used as a demonstrative pronoun, especially in conversation. Read the following sentences aloud, observing the shift in emphasis as indicated by the underscores.

Sie haben es sich anders überlegt.   Die haben es sich anders überlegt.
They changed their minds.   *Those (people) changed their minds.*
Mit ihr tanz' ich gern.   Mit der tanz' ich gern.
I like to dance with her.   *She is the one I like to dance with.*

2. The demonstrative pronouns are the same as the definite articles, with one exception: the demonstrative pronoun in the dative plural is **denen,** not **den.**

	masculine	feminine	neuter	plural
Nominative	**der**	**die**	**das**	**die**
Accusative	**den**	**die**	**das**	**die**
Dative	**dem**	**der**	**dem**	**denen**

14 Christian kennt überhaupt nichts. ⊗

Kennst du die Tanzschule?   Nein, die kenn' ich nicht.
Kennst du den Walzer?
Kennst du das Geschäft?
Kennst du die Stadt?
Kennst du den Tanzlehrer?
Kennst du die Telefonnummer?

15 Der Heidi gefällt alles. ⊗

Gefällt dir der Tanz?   Ja, der gefällt mir.
die Musik? / der Kurs? /
der Junge? / die Zeitung? /
der Platz?

16   Christian tut alles gern, was Peter gern tut. ⊗

In den Tanzkurs geh' ich gern.
Mit der Dame tanz' ich gern.
Auf die Friseuse wart' ich gern.
Mit den Mädchen geh' ich gern aus.
Für die Leute halt' ich gern die Plätze frei.

In den geh' ich auch gern.

17   Was erzählt uns die Elli alles? ⊗

Mit Christian geht sie tanzen.
Mit Peter und Heidi geht sie ins Kino.
Auf Gretl wartet sie nach der Arbeit.
Bei Hans ist heute eine Party.
Von Hans hat sie die Einladung bekommen.
Zu den Bekannten fährt sie am Abend.

Mit dem geh' ich tanzen.

18   SCHRIFTLICHE ÜBUNGEN

Schreibt die Antworten für Übungen 14 bis 17!

19   In der Tanzstunde ⊗

,,Auffordern°, meine Herren!'' ruft Wolfgang Steuer den Jungen zu, und 25 Ober-
schüler° und Lehrlinge rennen kreuz und
quer° über die Tanzfläche° und suchen sich
eine Tanzdame. Christian rennt den Peter
fast um°. Er steuert auf Elli zu°. ,,Darf ich
bitten?°''

,,Da sitzen noch Damen'', ruft Herr Steuer
ins Mikrofon. ,,Bitte auffordern! — Wir üben
jetzt noch einmal den langsamen Walzer.
Erinnern Sie sich noch daran°, meine Damen
und Herren? Letzten Dienstag ging es doch
ganz gut. Wir zeigen Ihnen jetzt noch einmal die Grundschritte. Für den Herrn: rechter Fuss vorwärts, linker Fuss seitwärts,
rechter Fuss schliessen. Dann linker Fuss
rückwärts, rechter Fuss seitwärts und linker
Fuss schliessen. So, und jetzt zeigen wir es
Ihnen noch einmal: eins, zwei vor und drei
zur Seite, zurück vier, fünf zur Seite und
sechs schliessen. Und jetzt mit Musik. Schön
langsam, ja?

LEXIKON: auffordern: *to ask to dance;* der Oberschüler: *secondary school student;* kreuz und quer: *every which way;*
die Tanzfläche: *dance floor;* umrennen: *to knock down;* zusteuern auf: *to head in the direction of;* darf ich bitten?:
may I have this dance?; s. erinnern an: *to remember*

,,Gut! Aber auf Haltung achten°, meine Herren! Ja, so sieht es besser aus. Die Herren müssen führen. Es wird immer besser. — So, und jetzt wechseln° wir den Partner. Achtung! Jetzt . . . und eins, zwei, drei, vier, fünf und sechs.

,,So, und jetzt lernen wir noch etwas andres hinzu: den Cha-Cha-Cha. Das ist der Grundschritt. Hören Sie gut zu! Die Musik ist im Viervierteltakt. In diesem Zeitraum müssen Sie aber fünf Schritte tanzen, zwei langsame: Schritt, Schritt und dann noch drei schnelle: Cha-Cha-Cha. Also, versuchen wir's! Für den Herrn: links vorwärts und rechts auf dem Platz etwas zurück und drehen, und jetzt den Cha-Cha-Cha; links zurück und drehen, schliessen, rechts zurück und drehen.

,,Ja, kapiert°? Prima! Probieren wir's mal! Ja, eins, zwei Cha-Cha-Cha. Ja, so ist's gut. Und jetzt mit Musik! Aber die Damen fordern jetzt auf. — Sind wir wieder so weit? Wo bleibt denn die Musik? Und eins, zwei, Cha-Cha-Cha, vier, fünf, Cha-Cha-Cha, und eins, zwei . . .

LEXIKON: auf Haltung achten: *watch your posture;* wechseln: *to change;* kapiert?: *got it?*

SCHRIFTLICHE ÜBUNG

Beschreibe einen Tanz, den du gern hast oder selbst gern tanzt. Es gibt viele Bücher, in denen die einzelnen Tänze gut erklärt sind!

KONVERSATIONSÜBUNGEN

a. Beschreibe die Tanzschritte für einen Tanz, den langsamen Walzer oder den Cha-Cha-Cha!
b. Erkläre deinen Klassenkameraden die Tanzschritte für einen anderen Tanz!

22 Peter ist ein Fisch. ⊗

(In der Tanzpause)

ELLI   Du, Peter, lass mal sehen! — Du bist ein Fisch?

PETER   Ja. Die Fische sind die besten Tänzer.

ELLI   Wer hat dir denn das gesagt?

PETER   Der Floh in meinem Ohr.

ELLI   Das stimmt so ungefähr. Fische sind sportliche Menschen. Sie reisen gern.

		ein-Words as Determiners	ein-Words as Pronouns
Nom.	masculine	**Mein Partner** heisst Peter.	**Meiner** heisst Christian.
	feminine	**Meine Partnerin** heisst Elli.	**Meine** heisst Heidi.
	neuter	**Mein Horoskop** ist gut.	**Ihrs** ist schlecht.
	plural	**Seine Platten** gefallen mir.	**Ihre** gefallen mir besser.
Acc.	masculine	Du fragst **deinen Vater.**	Und ich trag' **meinen.**
	feminine	Kaufst du **eine Abendzeitung?**	Ja, ich kauf' auch **eine.**
	neuter	Hast du **ihr Horoskop** gelesen?	Ich hab' **seins** gelesen.
	plural	Hast du **Tanzplatten?**	Nein, ich habe **keine.**
Dat.	masculine	**Meinem Partner** gefällt der Walzer.	**Meinem** gefällt der Tango besser.
	feminine	Hörst du oft von **deiner Kusine?**	Von **meiner** hör' ich selten.
	neuter	Folgst du **deinem Horoskop?**	Nein, ich folge **keinem.**
	plural	Mit **ihren Freunden** streit' ich.	Aber mit **seinen** hab' ich Spass.

Peter antwortet, und du antwortest für Christian.

Peter, wo wartet deine <u>Tanzpartnerin</u>?　　　　Sie wartet am Stachus.
Und wo wartet <u>deine</u>, Christian?　　　　Meine wartet auch am Stachus.
Peter, wie ist dein <u>Tanzkurs</u>?　　　　Er ist toll.
Und wie ist <u>deiner</u>, Christian?
Peter, wie ist dein <u>Horoskop</u>?　　　　Es ist sehr schlecht.
Und wie ist <u>deins</u>, Christian?
Peter, kenne ich deinen <u>Tanzlehrer</u>?　　　　Nein, du kennst ihn nicht.
Und kenne ich <u>deinen</u>, Christian?

Heidi antwortet „nein".

Kennst du <u>ihren</u> Tanzpartner?　　　　Nein, ihren kenn' ich nicht.
Gehst du in <u>seinen</u> Kurs?　　　　Nein, in seinen geh' ich nicht.
Hast du <u>ihre</u> Telefonnumer?
Hältst du <u>seinen</u> Platz frei?
Liest du <u>seine</u> Zeitung?
Möchtest du <u>ihr</u> Geld?

Christian antwortet auch „nein".

Christian! Ist das <u>dein</u> Geld?　　　　Meins? Nein.
Christian! Ist das <u>deine</u> Zeitung?
Christian! Ist das <u>dein</u> Typ?
Christian! Ist das <u>dein</u> Cola?
Christian! Ist das <u>dein</u> Lehrer?
Christian! Ist das <u>deine</u> Platte?

Wem gehört das alles?

Das ist nicht <u>mein</u> Horoskop.　　　　Das ist deins!
<u>mein</u> Platz / <u>meine</u> Telefonnummer /
<u>meine</u> Party / <u>mein</u> Tanz
<u>mein</u> Rad / <u>meine</u> Zeitung

SCHRIFTLICHE ÜBUNGEN

Schreibt die Antworten für Übungen 29 bis 32!

HÖRÜBUNG ⊗

Welches Wort gebraucht ihr in eurer Antwort?

er, sie, es — der, die, das — meiner, meine, meins

0. _meiner_   1. _____   3. _____   5. _____   7. _____   9. _____
2. _____   4. _____   6. _____   8. _____   10. _____

35 Nach der Tanzstunde ⊗

Nach der Tanzstunde gehen Peter und Christian mit ihren beiden Damen in den Wienerwald. Sie gehen unten in den „Bayern Keller" und bestellen sich etwas zu essen. Das Tanzen hat hungrig gemacht.

PETER Du, Heidi, soll ich dich nach Hause bringen?

HEIDI Das brauchst du nicht, Peter. Wir fahren zusammen mit der Strassenbahn, und wir haben's wirklich nicht weit von der Haltestelle.

PETER Mit welcher Linie fahrt ihr?

HEIDI Mit der Acht. — Und mit welcher fährst du?

PETER Ich fahr' mit der U-Bahn. Der Christian auch.

ELLI Du, Heidi, wir müssen überhaupt gehen.

CHRISTIAN Was, so früh?

ELLI Ich muss um elf Uhr zu Hause sein. Sonst gibt's Ärger.

PETER Na gut. Dann geh'n wir auch. Wir bringen euch aber zur Strassenbahn.

Beantwortet die Fragen!

1. Wohin gehen die vier nach der Tanzstunde? Warum?
2. Wie fahren Heidi und Elli nach Hause? Und die beiden Jungen?
3. Warum sagt Elli: „Wir müssen überhaupt gehen."?
4. Stört das den Christian? Was sagt er?

Frag deine Klassenkameraden!

1. Was machst du nach (dem Kino)?
2. Wie kommst du nach Hause?
3. Wann musst du zu Hause sein, wenn du ausgehst? Warum?

38 Was ist mit Peter und Babsie los?

Ihr werdet euch vielleicht schon gewundert haben, wa. m Peter nicht mit Babsie zum Tanz-kurs geht. Nun, Peter geht nicht mehr mit Babsie; sie h. 'en Schluss gemacht. Peter und Christian unterhalten sich darüber, als sie zusammen nach Ha. se fahren.

CHRISTIAN He, sag mal, wie lange warst du denn mit der Babsie befreundet?

PETER Ich bin ein ganzes Jahr mit ihr gegangen.

CHRISTIAN Und wer läuft ihr jetzt nach?

PETER Der Holzer. Ich weiss nicht, ob du den kennst.

CHRISTIAN Ich kenne zwei Holzer. Ich weiss nicht, welchen du meinst.

PETER Der geht, glaub' ich, ins Gymnasium am Elisabethplatz.

CHRISTIAN Ja, den kenn' ich. – Soso. Die Babsie hat einen anderen!

PETER Du, jetzt zu einem andern Thema. Mein Taschengeld ist alle. Ich bin pleite. Kann ich mir von dir fünf Mark borgen? Du kriegst sie am Samstag wieder.

CHRISTIAN Du hast Glück. Ich hab' heute Taschengeld für zwei Wochen bekommen. Hier, ich leih' dir einen Zehner.

1

Beantwortet die Fragen!

1. Warum geht Peter nicht mit Babsie in den Tanzkurs?
2. Wie lange ist er mit Babsie gegangen?
3. Mit wem geht Babsie jetzt?
4. Warum wechselt Peter das Thema?
5. Was will er von Christian borgen?
6. Warum kann Christian dem Peter zehn Mark leihen?

Fragt eure Klassenkameraden!

1. Mit wem bist du befreundet?
2. Wie lange kennst du ihn (sie) schon?
3. Wieviel Taschengeld kriegst du?
4. Womit verdienst du dein Taschengeld?
5. Was machst du damit?
6. Was machst du, wenn du pleite bist?
7. Und wenn du Geld hast und dein Freund pleite ist?

MÜNDLICHE ÜBUNG

42 welcher? AND was für ein? USED AS PRONOUNS

1. **Welcher** is used in questions about a definite person or thing. It can be used with or without a noun. In an answer to a question with **welcher,** the definite article or a **dieser**-word is usually used before the noun.

welcher *as Determiner*		welcher *as Pronoun*
Welchen Tanzschüler kennst du?	Den Peter.	Und **welchen** kennst du?
Mit welcher Linie fährst du?	Mit der Linie 8.	Und **mit welcher** fährst du?

2. **Was für ein** is used in questions about categories of persons or things.
    Was für eine Tanzschule ist das?   *What kind of dancing school is that?*

   In answer to questions with **was für ein,** the indefinite article is usually used.
    Das ist **eine sehr gute Tanzschule.**   *It's a very good dancing school.*

   When **was für ein** is used as a pronoun, the **ein**-form must show gender.
    Ich habe **ein gutes Horoskop.**   **Was für eins** hast du?
    Sie hat **einen jungen Tanzlehrer.**   **Was für einen** hast du?

   In the plural, **was für welche** is used.
    Ich lerne **moderne Tänze.**   **Was für welche** lernst du?

   This chart summarizes **was für ein** as a determiner (green) and as a pronoun (orange).

	masculine	feminine	neuter	plural
Nom.	Was für ein . . .	Was für eine . . .	Was für ein . . .	Was für . . .?
	Was für einer?	**Was für eine?**	**Was für eins?**	**Was für welche?**
Acc.	Was für einen . . .?	Was für eine . . .?	Was für ein . . .?	Was für . . .?
	Was für einen?	**Was für eine?**	**Was für eins?**	**Was für welche?**
Dat.	Mit was für einem . . .?	Mit was für einer . . .?	Mit was für einem . . .?	Mit was für . . .?
	Mit was für einem?	**Mit was für einer?**	**Mit was für einem?**	**Mit was für welchen?**

43 Peter sagt, was er tut, und er fragt Christian.

Ich geh' in den Grundkurs.
Ich kenn' diesen Kellner.
Ich kauf' die Abendzeitung.
Ich geh' in dieses Lokal.
Ich warte vor diesem Laden.

In welchen gehst du?
Welchen . . .

44 Wir möchten etwas über Elli wissen, und wir fragen.

Sie macht einen guten Tanzkurs mit.
Sie hat eine junge Tanzlehrerin.
Sie nimmt einen Fortschrittskurs.
Sie hat ein schlechtes Horoskop.
Sie hat gute Pläne.

Was für einen macht sie mit?
Was für eine hat sie?

Christian fragt seinen Freund Peter.

Ich kenne die Tanzschule Steuer.
Ich mache einen Grundkurs mit.
Ich habe den Sonderkurs lieber.
Ich lerne moderne Tänze.
Ich mag diesen Tanz nicht.
Ich habe eine gute Ausrede.
Ich will in dieses Lokal gehen.
Ich bestelle ein kaltes Getränk.

Und welche kennst du?
Und was für einen machst du mit?

SCHRIFTLICHE ÜBUNGEN

a. Schreibt die Antworten für Übungen 43, 44 und 45!
b. Schreibe einen Aufsatz mit dem Titel: Peter und seine Tanzstunde. Der Aufsatz soll folgende Fragen beantworten: 1. In welche Tanzschule geht Peter? Warum? 2. Warum will er Christian für den Tanzkurs gewinnen? 3. Wie überredet er seinen Freund? 4. Wo warten Peter und Christian auf ihre Damen? 5. Wie stellt Peter den Christian vor? 6. Worüber sprechen sie in der Tanzpause? 7. Was tun sie nach der Tanzstunde? 8. Wie kommen die beiden Mädchen nach Hause?

47 Ein „Ausgeh-Vokabular"

Sie hat mit ihm Schluss gemacht.
Es tut mir leid, aber ich bin schon verabredet.
Er war mit ihr lange befreundet.
Gehst du heute abend aus?
Darf ich bitten?
Hast du morgen etwas vor?
Er hat wieder eine Ausrede.
Ich bin ein ganzes Jahr mit ihm gegangen.
Er hat nur Fussball im Kopf!
GERNE!
Abgemacht!
Mit wem geht sie jetzt?
Ein fescher Junge!
Wo treffen wir uns?
Wir können uns mit denen verabreden.
Ich hab's mir anders überlegt.
Er sieht gut aus!
Dein Typ!
Hast du Lust, ins Kino zu gehen?

48

WORTSCHATZ

1–18

die Abendzeitung (see fn p. 115)
die Ausrede, −n excuse
die Dame, −n date, partner
der Foxtrott fox trot
die Friseuse, −n hairdresser
das Geschäft, −e business; work
der Kellner, − waiter
das Kino, −s movies, movie theater

der Kurs, −e course
der Lausbub, −en (den −en) rascal
der Lehrling, −e apprentice
der Ruf reputation
die Rumba rumba
der Spielverderber, − spoilsport
der Standardtanz, ∸e standard dance

der Tango tango
der Tanz, ∸e dance
der Tanzkurs, −e dance course
die Tanzschule, −n dancing school
die Telefonnummer, −n telephone number
der Typ, −en type
der Walzer, − waltz

s. **amüsieren** *to have fun*
bereuen *to regret*
bummeln (ist gebummelt) *to stroll, walk leisurely*
s. **hinsetzen** sep *to sit down*
pauken *to cram, study (colloquial)*
s. **überlegen** *to think over*
überreden *to persuade*
s. **verabreden mit** *to make a date with*

ausgehen (ging aus, ist ausgegangen) sep *to go out*
freihalten (hält frei, hielt frei, hat freigehalten) sep *to save, keep open*
s. **treffen** (trifft sich, traf sich, hat sich getroffen) *to meet*
s. **unterhalten (mit)** (unterhält sich, unterhielt sich, hat sich unterhalten) *to converse (with)*

Fortschritts- *advanced*
Grund- *basic*
Sonder- *special*

anspruchsvoll *demanding*
belegt *filled*
bescheiden *modest*
böse *mad, angry*
dumm *dumb*
eingebildet *conceited*
ernst *serious*
frech *fresh*
forsch *outspoken, energetic*
geschickt *skillful, handy*
heiter *cheerful*
höflich *polite*
klug *smart*
ordentlich *neat, orderly*
schlampig *sloppy*
schüchtern *shy*
ungeschickt *clumsy*
witzig *witty, funny*

also *okay then*
einer *one (of them)*
erst *not until*
seitdem *since then*

abgemacht! *agreed!*
auf einer Party *at a party*

da sind *there are*
dem Peter ist das recht *that's okay with Peter*
die andre *the other one*
die kommen schon noch *don't worry, they'll come*
ein paarmal *a few times*
Eisessen gehen *to go for ice cream*
er sieht uns böse an *he's giving us a dirty look*
es wird Zeit *it's time*
etwas/nichts dagegen haben *to have something/nothing against it*
Friseuse lernen *to train to become a hairdresser*
im Geschäft *at work*
ins Kino gehen *to go to the movies*
ja, so was! *well, can you beat that!*
Kaffeetrinken gehen *to go for a cup of coffee*
mit denen *with them*
na gut! *well then, okay*
sie haben es sich anders überlegt *they changed their minds*
schon gut! *okay!*
Sport treiben (trieb, hat getrieben) *to go in for sports*
vernünftig tanzen lernen *to learn to dance properly*
wo bleiben sie bloss? *where can they be?*

19–34   die **Bekanntschaft, −en** *acquaintance*
der **Cha-cha-cha** *cha-cha-cha*
die **Dame, −n** *lady*
die **Energie** *energy*
der **Fehler, −** *mistake, shortcoming*
der **Floh, ⁼e** *flea*
die **Gesundheit** *health*
der **Grundschritt, −e** *basic step*
die **Haltung** *position, posture*
der **Herr, −en** (den − n) *gentleman*
das **Horoskop, −e** *horoscope*
das **Mikrofon, − e** *microphone*
der **Mut** *courage*
das **Nikotin** *nicotine*
der **Oberschüler, −** *secondary school student*
der **Partner, −** *partner*
der **Quatsch** *nonsense*
der **Stern, −e** *star*
die **Sternkunde** *astrology*
das **Sternzeichen, −** *astrological sign*
der **Tänzer, −** *dancer*
die **Tanzfläche, −n** *dance floor*
das **Taschengeld** *allowance*
der **Viervierteltakt** *4/4 time*
der **Zeitraum** *time span*

achten auf A *to pay attention to*
auffordern sep *to ask (to dance)*
s. **erinnern an** A *to remember*
glauben an A *to believe in*
kapieren *to understand (colloquial)*
s. **kaputtlachen** sep *to laugh o.s. sick*
leben *to live*
probieren *to try*
überraschen *to surprise*
umrennen (rannte um, hat umgerannt) sep *to knock down*
s. **verändern** *to change, be changed*
wechseln *to change, exchange*
zusteuern auf A sep *to head in the direction of*

hergeben (gab her, hat hergegeben) sep *to give (away), hand over*
zurufen D (rief zu, hat zugerufen) (sep) *to call to*

finanziell *financial*
link- *left*
meins, deins, usw. *mine, yours, etc.*

recht- *right*
regelmässig *regular(ly)*
rückwärts *backwards*
sagenhaft *incredible, fabulous*
seitwärts *sideways*
ungefähr *about, approximately*
unzufrieden *dissatisfied*
vernünftig *reasonable, sensible; reasonably, sensibly*
vor *forward*
vorwärts *forward*

auf dem Platz *in place*
darf ich bitten? *may I have this dance?*
etwas hinzulernen *to learn s.th. in addition to what you already know*
gib mal eben her! *give it to me a minute, will you?*
in Erfüllung gehen *to be fulfilled*
kapiert? *got it?; understand?*
kreuz und quer *every which way*
meine Herren *gentlemen*
viel Neues kommt auf dich zu *many new things are coming your way*

35–47   der **Ärger** *trouble*
die **Haltestelle, −n** *(bus, streetcar) stop*
die **Linie, −n** *line*
das **Thema, −men** *subject, topic*
der **Zehner, −** *10-Mark bill*

s. **borgen** *to borrow*
wiederkriegen sep *to get back*
s. **wundern** *to wonder*

leihen (lieh, hat geliehen) *to lend*
nachlaufen D (läuft nach, lief nach, ist nachgelaufen) sep *to run after, chase*

hungrig *hungry*
sonst *otherwise*
überhaupt *really, in any case*

alle sein *to be all gone, used up*
befreundet sein mit *to be going with; to be friends with*
ein fescher Junge! *a sharp guy!*
er sieht gut aus! *he's good-looking*
es gibt Ärger *there'll be trouble*
pleite sein *to be broke*
Schluss machen *to break up*
soso! *well, what do you know!*

Die Romantische Strasse

The "Romantic Road" is a beautiful, scenic route that leads from the Alps to the city of Würzburg on the river Main. This is the ancient "Via Claudia," built by the Romans. Along this road are old imperial cities, practically unchanged medieval villages and fortifications, castles, and beautiful examples of architecture in many styles.

The "Romantische Strasse" is only one of many specially designated scenic routes in Germany, such as the "Weinstrasse" and the "Burgenstrasse."

Main

Würzburg

Tauber

Rothenburg

Dinkelsbühl

Nördlingen

Harburg

Donauwörth

Donau

Donau

Augsburg

Lech

Landsberg

Kaufbeuren

Steingaden

„Die Wies"

Füssen   Schwangau

Plate 9

The lovely town of Füssen on the river Lech is only 500 meters away from the Austrian border. This town, once a summer residence of the bishops of Augsburg, is a popular health spa and a center for winter sports.

The castle Neuschwanstein is one of the three romantic castles built by King Ludwig II of Bavaria. Built between 1869 and 1886 in a neo-Gothic style, it is modeled after medieval Wartburg castle. The castle is decorated in the romantic style with themes from German mythology, made popular by the operas of Wagner.

Plate 10

On a mountain directly across from Neuschwanstein is the castle Hohenschwangau, built in neo-Gothic style between 1832 and 1837 by Ludwig's father, Maximilian II of Bavaria. It is built on the site of the ancestral home of the Hohenstaufen, medieval rulers of Germany and Italy.

Ludwig II grew up in this castle, and his romantic nature was deeply influenced by the history and legends surrounding it, such as the story of Lohengrin, the Swan Prince, who is said to have originated here.

Plate 11

"Die Wies," a spectacular rococo church, was built in a beautiful setting, surrounded by green meadows at the foothills of the Alps.

Kaufbeuren is a medieval town with beautiful, well-preserved buildings.

St. Martin, a 15th-century church.

Landsberg, a medieval town, was founded by Henry the Lion, Duke of Bavaria, in the 12th century. In early times the town was an important center of commerce.

Baroque-style houses, the Marienbrunnen (1783), and the Schmalzturm make this market square one of the most beautiful and harmonious sites. The Schmalzturm ("lard tower"), an early Gothic structure, was part of the inner ring of fortifications. It is so named because farmers sold their products in this tower.

Plate 12

The Dom, begun in 807, incorporates many architectural styles, but its predominant style is Romanesque.

One of the oldest German cities, Augsburg was founded by Augustus in 15 B.C. and was named Augusta Vindilicorum in his honor. In the 15th and 16th centuries the city was a major commercial, banking, and cultural center. Its architectural treasures were heavily damaged in World War II, but have been largely restored.

Elias Holl, one of the greatest German architects, built this Rathaus between 1615 and 1620. It is one of the largest and most beautiful city halls in central Europe.

The richest merchant family in Augsburg was that of the Fuggers, who held a virtual monopoly in the mining and trading of silver, copper, and mercury. They owned their own merchant fleets and palaces throughout Europe, and financed the wars of many emperors.

In 1519 the Fuggers established the first social-housing complex in history. The rent was 1 Gulden per year. To this day, people who live in the Fuggerei pay only DM 1,71 a year. (They also pay for utilities.) The only stipulations for tenants were and still are that they have a good reputation, and that they be poor, married, Catholic, and born in Augsburg.

The gates to this complex close, as they always have, at 10 P.M. After that hour, one can enter through the Ochsentor by paying 10 Pfennig.

The Katholische Stadtpfarrkirche in Donauwörth was built between 1444 and 1467. It contains precious Gothic wall paintings. Its tower houses the "Pummerin," one of the largest bells in Bavaria, weighing nearly seven tons.

Harburg Castle dates back to the year 800, but it was rebuilt and enlarged many times between the 12th and the 16th centuries.

Nördlingen, still surrounded by city walls built in the 14th century, is accessible only through its five city gates.

Dinkelsbühl is a thousand-year-old city surrounded by a wall with many towers. It lies at the intersection of the once vital North-South and East-West merchant trade routes. The "Deutsches Haus," built around 1600, richly carved and painted, is one of the most beautiful half-timbered houses in Franken. Today it is a hotel and a restaurant.

Rothenburg on the Tauber was founded in the 11th century. It was saved from destruction during the second World War and is now considered the ideal medieval German fairytale village.

The so-called Plönlein ("little place"), with the Kobolzeller Tor, is a famous Rothenburg landmark.

The Rathaus has a Gothic section with its steeple (1240), and a Renaissance addition.

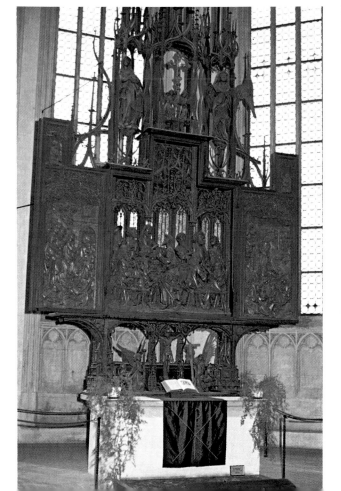

One of the many attractions of Rothenburg is the Heiligblutaltar (Altar of the Holy Blood) in the St. Jakob church. The altarpiece was carved from wood by Tilman Riemenschneider between 1500 and 1504.

Plate 15

The "Romantic Road" culminates at Würzburg, one of Europe's most splendid baroque and rococo cities.

The medieval fortress Marienberg was the seat of the prince-bishops until the 18th century. Today, part of the fortress houses a priceless art collection, with many works by Riemenschneider.

The new episcopal residence, die Residenz (1720–1744), is considered one of the most magnificent works of baroque architecture. It is the work of the leading baroque architect, Balthasar Neumann (1687–1753).

The "Haus zum Falken" is one of Germany's loveliest examples of the rococo. Heavily damaged during the second World War, this building was later restored to its original beauty. It houses a museum today.

oben links: Festung Marienberg
oben rechts: Die Residenz
unten links: Haus zum Falken

Plate 16

33
Unsere Gesundheit

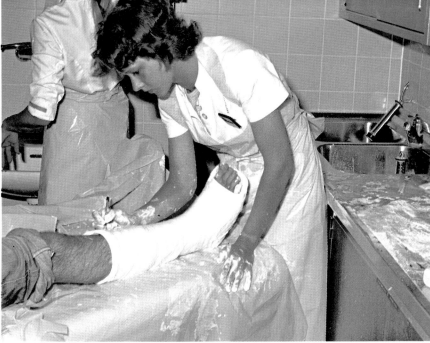

1 Annegret hat sich erkältet. ⊗

ANNEGRET Mutti, mir ist nicht gut. Mein Hals tut furchtbar weh. Ich kann kaum schlucken.

MUTTER Du hast Fieber, mein Kind. Deine Stirn ist ganz schön heiss. Leg dich mal lieber wieder hin!

ANNEGRET Ich hab' aber heute eine Klassenarbeit.

MUTTER Wenn du in die Schule gehst, steckst du bloss die andern Schüler an.

ANNEGRET Das stimmt.

MUTTER Ich hol' das Fieberthermometer und mess' mal, wie hoch dein Fieber ist.

ANNEGRET Ob es vielleicht wieder meine Mandeln sind?

MUTTER Siehst du, 38,9. Das ist ziemlich hoch. Ich ruf' mal lieber Dr. Meier an.

Dr. Meier kann erst am Abend einen Hausbesuch machen. Er hat schon viele Patienten in seiner Praxis, und er kann nicht weg. Dr. Meier schlägt vor, dass Frau Tauber mit Annegret kurz vor zwölf in seine Praxis kommt. Er wird Annegret dann sofort untersuchen.

2 Annegret ist krank. Ihre Mutter schreibt eine Entschuldigung. ⊗

Sie gibt die Entschuldigung einem Klassenkameraden mit.

> *den 17.2.*
>
> *Liebe Frau Pösel!*
>
> *Entschuldigen Sie bitte, daß meine Tochter Annegret nicht zur Schule kommen kann. Sie hat hohes Fieber und klagt über Halsschmerzen.*
>
> *Mit freundlichen Grüßen*
>
> *Ursula Tauber*

3 Beim Arzt

DR. MEIER Na, wo tut's denn weh, Annegret?

ANNEGRET Im Hals. Ich kann jetzt kaum schlucken.

DR. MEIER So, der Hals tut dir weh. Dann mach mal schön den Mund auf!

ANNEGRET Aaaaaaa . . .!

DR. MEIER Die Mandeln sind diesmal nicht geschwollen. Du hast aber eine schwere Halsentzündung. Du musst schön im Bett bleiben, bis das Fieber weg ist. Frau Tauber, ich verschreibe ihr eine gute Medizin. — So, hier ist das Rezept. In drei, vier Tagen bist du wieder auf den Beinen, Annegret.

ANNEGRET Danke, Herr Doktor[1].

FRAU TAUBER Den Krankenschein[2] bring' ich Ihnen morgen.

DR. MEIER Schon gut, Frau Tauber.

Annegret fühlt sich nicht wohl.

Beantwortet die Fragen!

1. Warum kann Annegret nicht zur Schule gehen? Was sagt sie?
2. Was antwortet ihre Mutter?
3. Warum soll Annegret lieber nicht in die Schule gehen?
4. Was holt die Mutter? Warum?
5. Warum ruft die Mutter Dr. Meier an?
6. Warum kann der Doktor erst am Abend einen Hausbesuch machen?
7. Was schlägt Dr. Meier vor?
8. Wie erfährt die Klassenlehrerin, dass Annegret krank ist?
9. Was muss Annegret tun, als der Arzt sie untersucht?
10. Was sagt Dr. Meier alles?

Frag deine Klassenkameraden!

1. Was tust du, wenn du Fieber hast?
2. Warum gehst du dann nicht zur Schule?
3. Wann gehst du zum Doktor?
4. Was sagst du zum Doktor, wenn dir der Hals (der Kopf, usw.) weh tut?
5. Was tut der Doktor, damit die Halsentzündung wieder besser wird?
6. Was gibt er dir mit? Wem bringst du es?
7. Hast du deine Mandeln noch?

[1] People are often addressed as **Herr** or **Frau** and their title or profession: **Frau Doktor, Herr Lehrer,** etc.

[2] All employees in Germany who earn up to a certain salary are required to have medical and dental insurance. Insurance payments are deducted from each paycheck. The insurance company provides **Krankenscheine,** *medical slips,* and **Zahnscheine,** *dental slips,* which the employee or one of his or her family submits when visiting the doctor or dentist. The doctor or dentist sends the slips to the insurance company and receives payment.

6 MÜNDLICHE ÜBUNG ⊗

7 Annegret fühlt sich krank. Ihr ist nicht gut. ⊗

Annegret fühlt sich krank.   Ihr ist nicht gut.
Klaus fühlt sich auch krank.
Wir fühlen uns auch krank.
Die Kinder fühlen sich auch krank.
Ich fühle mich auch krank.

8 Was tut dir alles weh? ⊗

dein Hals?   Ja, mir tut der Hals weh.
dein Kopf? / deine Mandeln? / dein Mund? / deine Beine?

9 Tut euch allen etwas weh?

Was tut dem (Robert) weh?   Dem (Robert) tut . . .
Und der (Barbara)?

10 SCHRIFTLICHE ÜBUNGEN

a. Schreibt die Antworten für Übungen 7 und 8!
b. Schreibt einen Aufsatz mit dem Thema: Annegret hatte sich erkältet. Lest die Seiten 130 und 131 noch einmal und fangt so an: ,,Annegret fühlte sich nicht wohl. Ihr Hals tat weh . . .''

11 SPECIAL USES OF THE WORD schön

1. You have been using the word **schön** as an adjective, meaning *pretty, beautiful.*
                    Das ist eine schöne Briefmarke.

2. The word **schön** can also be used with other adjectives. When used this way it functions like an adverb, meaning about the same thing as **ganz,** *very, quite,* and suggesting an attitude of appreciation or approval.
                         Deine Hände sind schön warm.
                    Your hands are very (nice and) warm.

3. When the phrase **ganz schön** is used with an adjective, concern is expressed.
                         Deine Stirn ist ganz schön heiss.
               Your forehead is really pretty hot (and it shouldn't be).

4. The word **schön** can also be used with verbs. It then suggests that something is being done, or should be done, according to expectations.
                         Du musst schön im Bett bleiben.
          You must stay in bed (the way you're supposed to when you're sick).
                         Mach mal schön den Mund auf!
  Open your mouth nice and wide (the way you always do when the doctor asks you to).

Wie sieht Annegret aus?

Hat Annegret lockige Haare?   Ja, ihre Haare sind schön lockig.
Hat sie weisse Zähne?
Hat sie rote Wangen?
Hat sie blaue Augen?
Hat sie lange Wimpern?

Dr. Meier macht sich Sorgen. Was sagt er?

Annegrets Stirn ist ganz heiss.   Deine Stirn ist ganz schön heiss.
Ihr Fieber ist ziemlich hoch.
Ihr Hals ist sehr rot.
Ihre Mandeln sind ganz geschwollen.

Was Annegret alles tun soll. Was sagt Dr. Meier?

Sie soll den Mund aufmachen.   Mach mal schön den Mund auf!
Sie soll sich hinlegen.
Sie soll im Bett bleiben.
Sie soll die Medizin nehmen.

15   A SPECIAL USE OF ob

1. You have been using **ob**-clauses in sentences that imply a question, such as:
   Ich weiss nicht, ob sie krank ist.   I don't know if she's sick.
   Ich möchte wissen, ob sie krank ist.   I'd like to know if she's sick.

2. Sometimes the first part of such a sentence is omitted, and the **ob**-clause becomes a question by itself. When used this way, the group of words beginning with **ob** is still a dependent clause, with the inflected verb in last position.

> **Ob sie krank ist?**   *Is she sick (I wonder)?*

Annegret glaubt, sie ist krank.

Habe ich mich erkältet?   Ob ich mich erkältet habe?
Habe ich hohes Fieber?
Sind es meine Mandeln?
Soll ich den Arzt anrufen?
Wird er mir etwas verschreiben?
Muss ich im Bett bleiben?

SCHRIFTLICHE ÜBUNGEN

Schreibt die Antworten für Übungen 12, 13, 14 und 16!

18 In der Apotheke ⊗

APOTHEKER Guten Tag, Frau Tauber!
FRAU TAUBER Guten Tag, Herr von Lehmann!
APOTHEKER Womit kann ich dienen?
FRAU TAUBER Ich hab' hier ein Rezept für meine Tochter.
APOTHEKER Dr. Meier hat ihr etwas Gutes gegen Halsentzündung verschrieben. Moment, bitte!

Herr von Lehmann geht nach hinten. Nach zwei Minuten kommt er wieder. Er hat eine kleine, braune Flasche in der Hand und gibt sie ihr.

Frau Tauber in der Apotheke

APOTHEKER Dreimal täglich einen Esslöffel, wie es auf dem Etikett steht. — Und darf es noch etwas sein?
FRAU TAUBER Weil ich grad' hier bin, können Sie mir eine Schachtel Kopfschmerztabletten geben?
APOTHEKER Diese empfehle ich sehr.
FRAU TAUBER Gut, danke.

Der Chef mit seinen Apothekern

19 Beantwortet die Fragen!

1. Was gibt Frau Tauber dem Apotheker?
2. Was sagt der Apotheker über die Medizin?
3. Worin ist die Medizin?
4. Was steht auf dem Etikett?
5. Was kauft Frau Tauber noch?

20 Was haben wir alles in unserer Hausapotheke? ⊗

Hustensaft: Er ist gegen Husten.
Borwasser: Es reinigt die Augen.
Jodtinktur: Sie reinigt Wunden.
Heftpflaster: Zum Draufkleben, wenn du dich geschnitten hast.
Brandsalbe: Zum Einschmieren, wenn du dich verbrannt hast.
Schmerztabletten: Du nimmst sie, wenn du Schmerzen hast.
Halstabletten: Du nimmst sie, wenn du eine Halsentzündung hast.

21 Wozu brauchen wir diese Medikamente? ⊗

1. Wer Husten hat, soll . . .
2. Wer die Augen reinigen will, soll . . . usw.

Und wozu nehmen wir . . .?

Wozu nehmen wir Hustensaft?
Wann nehmen wir Borwasser?
Jodtinktur? / Heftpflaster? /
Brandsalbe? / Schmerztabletten? /
Halstabletten?

Gegen den Husten.
Wenn wir etwas im Auge haben.

MÜNDLICHE ÜBUNG

24   ORDER OF OBJECTS

1. In sentences containing both direct and indirect objects, the direct object noun phrase usually follows the indirect object noun phrase or pronoun.

Frau Tauber schreibt	**der Lehrerin** **ihr**	eine Entschuldigung.
Dr. Meier gibt	**dem Patienten** **ihm**	das Rezept.

2. When both the direct and the indirect objects are noun phrases, this order may be reversed for emphasis.

Dr. Meier gibt	**das Rezept**	dem Patienten (nicht der Mutter).

3. When the direct object is a pronoun, the usual order is direct object followed by indirect object.

Dr. Meier gibt	**es**	dem Patienten. **ihm.**
Frau Tauber schreibt	**sie**	der Lehrerin. **ihr.**

Exception: The direct object pronoun **es** can follow the indirect object pronouns **dir** and **mir**. When this happens, the **e-** of **es** is dropped and indicated in writing by an apostrophe.

Er gibt **es mir.** — Er gibt **mir's.**
Ich sag' **es dir** nicht. — Ich sag' **dir's** nicht.

Annegret fragt, und ihre Mutter antwortet.

Wer holt mir das Fieberthermometer?
Wer kauft mir die Medizin?
Wer gibt mir den Krankenschein?
Wer bringt mir das Rezept mit?
Wer holt mir die Tabletten?

Ich hol' es dir.

26 Was Annegret alles möchte: ⊗

Sie möchte die Medizin.   Gib sie mir, bitte!
Sie möchte das Rezept.
Sie möchte den Hustensaft.
Sie möchte die Schmerztabletten.
Sie möchte das Borwasser.

27 Herr Tauber fragt seine Frau. ⊗

Wann gibst du dem Apotheker das Rezept?   Ich geb' es ihm morgen.
Wann kaufst du der Annegret den Husten-
saft?
Wann bringst du dem Doktor den Kranken-
schein?
Wann zeigst du dem Doktor die Tabletten?
Wann holst du der Annegret das Thermo-
meter?

28 Was unsere Patientin alles möchte: ⊗

Sie möchte den Hustensaft.   Gib ihn ihr doch!
Sie möchte das Heftpflaster.
Sie möchte die Halstabletten.
Sie möchte die Medizin.
Sie möchte den Tee.

29 SCHRIFTLICHE ÜBUNGEN

a. Schreibt die Antworten für Übungen 25, 26, 27 und 28!

b. Schreibt folgende Sätze noch einmal wie im Beispiel!

Beispiel: Der Arzt gibt der Frau *das Rezept.*   *Der Arzt gibt es der Frau.*

1. Dr. Meier verschreibt dem Mädchen *eine gute Medizin.*
2. Der Apotheker holt der Frau *eine braune Flasche.*
3. Der Apotheker gibt dem Kunden *den Hustensaft.*
4. Der Arzt zeigt der Patientin *das Fieberthermometer.*
5. Der Arzt bringt den Patienten *die Rezepte.*
6. Die Mutter kauft dem Kind *die Tabletten.*

c. *Rewrite each of the following sentences, using a pronoun for the noun phrase in italics. When you use a pronoun, the word order also changes.*

1. Ich ruf' mal lieber *Dr. Meier* an.
2. Du steckst bloss *die anderen Schüler* an.
3. Sie holt jetzt *das Fieberthermometer.*
4. Sie schreibt noch schnell *die Entschuldigung.*
5. Dann mach mal schön *den Mund* auf!
6. Ich bring' Ihnen *den Krankenschein* morgen.

30 EXPRESSIONS OF TIME AND PLACE

1. When both a time expression and an expression of place are used in a sentence, the time expression comes first.

	Time	Place	
Annegret soll	kurz vor zwölf	in seiner Praxis	sein.

2. A single time expression is usually placed before other nonsubject elements.

	Time		
Dr. Meier kann	erst am Abend	einen Hausbesuch	machen.

A single place expression is usually placed after other nonsubject elements.

	Place
Er hat viele Patienten	in seiner Praxis.

3. Single time or place expressions may, however, occupy different positions in the sentence, depending on how much emphasis they are being given. They are given the most emphasis when they are in first position:

Erst am Abend kann Dr. Meier einen Hausbesuch machen.
In seiner Praxis hat er viele Patienten.

A single time expression has moderate emphasis when it is placed late in the sentence:
Dr. Meier kann einen Hausbesuch **erst am Abend** machen.

A single place expression has moderate emphasis when it is placed early in the sentence:
Er hat **in seiner Praxis** viele Patienten.

31 SCHRIFTLICHE ÜBUNG

Schreibt Sätze mit folgenden Satzteilen!
1. Frau Tauber / Medizin / Apotheke / holen   2. Annegret / Dr. Meier / um 12 Uhr / gehen   3. Dr. Meier / viele Patienten / immer / haben   4. Annegret / Bett / zwei Tage / bleiben müssen   5. sie / eine Klassenarbeit / heute / haben   6. ihre Mutter / morgen / Krankenschein / Arzt / bringen   7. Herr von Lehmann / braune Flasche / nach fünf Minuten / wiederkommen   8. Frau Tauber / Schmerztabletten / Hausapotheke / stellen

32 SPIEL: Verrückte Sätze

Take out a piece of paper. Then choose a moderator. The moderator comes to the front of the class, thinks of a sample sentence, and writes his or her sentence and the cue words (wer? wem? wann? wo? was?) on the board. The order of the cue words will vary according to the sample sentence. On your piece of paper, write something for the first cue word. Then fold the paper and pass it to the person behind you. On the folded paper passed to you, write something for the next cue word, fold the paper again, and pass it. After this has been done for all cue words, the moderator collects the papers and reads the sentences to the class.

33 Was fehlt den Kindern?

Hans hat Kopfschmerzen.

Ilse hat Ohrenschmerzen.

Kurt hat Bauchschmerzen.

34 Unsere Freunde erzählen von ihren Unfällen und Krankheiten. ☺

1

Andrea: Vor drei Jahren musste ich zu einer Operation ins Krankenhaus. Ich hatte heftige° Bauchschmerzen, und die Schmerzen wurden immer schlimmer. Meine Mutter rief den Arzt an, und der kam sofort. Er untersuchte mich und sagte: „Du musst ins Krankenhaus. Du hast Blinddarmentzündung°." Vier Stunden später war der Blinddarm raus.

2

Peter: So, jetzt bitte nicht lachen! Ich hab' mir beim Tanzen den Knöchel° gebrochen! Ich dachte zuerst, ich hab' mir den Fuss nur verstaucht°. Aber am nächsten Morgen hab' ich nicht aufstehen können. Mein Vater hat mich zum Arzt fahren müssen. So was Blödes! Jetzt hab' ich ein Gipsbein° und kann nicht zum Baden gehen.

3

Alois: Wenn ich schwer erkältet bin und Husten und Schnupfen° habe, muss ich immer eine Schwitzkur machen. Dann gibt mir die Mutter heissen Tee mit Honig zu trinken, und ich nehm' Hustensaft ein°. Die Erkältung ist dann in ein paar Tagen wieder weg.

LEXIKON: heftig: *severe;* die Blinddarmentzündung: *appendicitis;* der Knöchel: *ankle;* verstauchen: *to sprain;* das Gipsbein: *cast;* der Schnupfen: *sniffles;* einnehmen: *to take (medicine)*

Babsie: Ich bin einmal vom Rad gefallen und hab' mich verletzt°. Ich war vielleicht sieben oder acht. Ich hatte eine Wunde am Knie und den linken Arm gebrochen. Mein Vater brachte mich zum Arzt. Der Arzt hat den Arm in Gips gelegt und die Kniewunde gereinigt. Ich sah vielleicht lustig aus! Jeder hat gefragt, was mir passiert ist. Die Narbe° am Knie hab' ich immer noch.

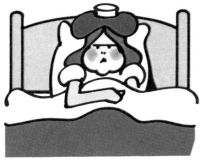

Marianne: Als ich jünger war, hatte ich fast jeden Winter die Grippe. Ich war überhaupt° sehr oft krank. Ich glaube, dass ich fast alle Kinderkrankheiten gehabt habe – die Masern°, den Mumps, sogar den Keuchhusten°. Aber im Krankenhaus war ich, Gott sei dank, noch nie. Heute werde ich kaum mehr krank.

Annegret: Ich hab' im Februar eine schwere Halsentzündung gehabt. Ich hab' kaum schlucken können. Drei Tage lang hab' ich im Bett bleiben müssen, weil ich hohes Fieber hatte. Ich hab' bittere Medizin schlucken müssen. Aber die hat geholfen. Erst nach einer Woche hab' ich wieder in die Schule gehen können.

LEXIKON: s. verletzen: *to injure o.s.;* die Narbe: *scar;* überhaupt: *in general;* die Masern (pl.): *measles;* der Keuchhusten: *whooping cough*

Beantwortet die Fragen!

1. Erzählt, was mit den einzelnen Schülern los war!
2. Wie erzählt Andrea ihre Geschichte? und Annegret? Hört ihr den Unterschied?

MÜNDLICHE ÜBUNG ⊙

Was ist mit unseren Freunden alles passiert? ⊙

Andrea hatte heftige Bauchschmerzen.   Der Andrea hat der Bauch weh getan.
Jörg hatte heftige Kopfschmerzen.
Inge hatte heftige Zahnschmerzen.
Die Kinder hatten heftige Ohrenschmerzen.

38 ### Was ist dem Peter und der Babsie passiert?

1. Was hat sich Peter beim Tanzen gebrochen?
2. Was hat sich Babsie beim Radfahren gebrochen?
3. Was hat sich (Robert) beim Laufen verstaucht?

39 ### Fragt eure Klassenkameraden!

1. Was hat dir weh getan?
2. Was ist dir einmal passiert?

3. Was hat du dir einmal gebrochen?
4. Was hast du dir einmal verstaucht?

40
THE CONVERSATIONAL PAST OF MODALS

Lest die Beispiele und beantwortet die folgenden Fragen!

Ich **kann** nicht **schlucken.**   Ich **hab'** nicht **schlucken können.**

What time is expressed in the first sentence? in the second? Name the verb that functions as a past participle. What form does it have? What is it preceded by?

Sie **muss** im Bett **bleiben.**   Sie **hat** gestern im Bett **bleiben müssen.**

What time is expressed in the first sentence? in the second? Name the verb that functions as a past participle. What form does it have? What is it preceded by?

Sie **hat** nicht **schlucken können.**

Sie hat gesagt, dass sie nicht **hat schlucken können.**

Name the three verbs in the first sentence. What is the position of the inflected verb? Name the three verbs in the **dass**-clause. In what position is the inflected verb? Is it in last position, as it usually is in a **dass**-clause?

Sie **hat** es nicht **gekonnt.**

Name the past participle in this sentence. Is there another infinitive in this sentence? Why do you think the past participle has the regular **ge**-form in this sentence?

41 ### Lest die folgende Zusammenfassung!

1. The modal verbs have a past participle which is identical with the infinitive. This form is used whenever there is another infinitive in the sentence. A sequence such as **schlucken können, bleiben müssen,** etc., is often called a double infinitive.

Sie **hat** nicht	schlucken können.
Sie **hat** im Bett	bleiben müssen.

2. If no infinitive precedes the modal, its past participle has the regular **ge**-form.

Ich **habe** das nicht **gekonnt.**   *I wasn't able to do that.*

The **ge**-forms of the modal past participles are:

dürfen	**gedurft**	mögen	**gemocht**	sollen	**gesollt**
können	**gekonnt**	müssen	**gemusst**	wollen	**gewollt**

3. The conversational past of modals is always formed with **haben. Haben** appears in verb-second position in main clauses. However, when the double infinitive is used in a dependent clause, such as a **dass**-clause, **haben** is not in last position, as it would normally be. Instead, it precedes the double infinitive.

| Sie | hat | nicht in die Schule **gehen können.** |
| Sie | hat | im Bett **bleiben müssen.** |

| Ich habe gehört, dass sie nicht | hat | in die Schule **gehen können.** |
| Ich habe gehört, dass sie im Bett | hat | **bleiben müssen.** |

4. In spoken German the narrative past tense of the modals is usually preferred, especially in dependent clauses, to avoid the accumulation of so many verbs at the end.

Double Infinitive	*Narrative Past*
Sie **hat** nicht **schlucken können.** Ich habe gehört, dass sie im Bett **hat bleiben müssen.**	Sie **konnte** nicht **schlucken.** Ich habe gehört, dass sie im Bett **bleiben musste.**

42 **Annegret antwortet.** ☺

Konntest du in die Schule gehen?

Nein, ich hab' nicht in die Schule gehen können.

Musstest du beim Arzt bleiben?
Wolltest du ins Krankenhaus gehen?
Durftest du nach Hause fahren?
Solltest du die Apotheke anrufen?

43 **Zuerst spricht Peter, dann Annegret.** ☺

Ich muss zum Arzt gehen.

P: Ich musste auch zum Arzt gehen.
A: Ich hab' auch zum Arzt gehen müssen.

Er will mich untersuchen.
Er kann bei mir nichts finden.
Ich soll Tabletten nehmen.
Ich darf in die Schule gehen.
Ich mag nicht zu Hause bleiben.

44 **Was sagt Alois?** ☺

Ich hab' im Bett bleiben müssen.
Ich hab' eine Schwitzkur machen sollen.
Ich hab' keine Tabletten schlucken dürfen.
Ich hab' keinen Tee trinken mögen.
Ich hab' in die Schule gehen wollen.
Ich hab' nach ein paar Tagen wieder aufstehen können.

Er sagt, dass er im Bett bleiben musste.

SCHRIFTLICHE ÜBUNGEN

a. Schreibt die Antworten für Übungen 42, 43 und 44!

b. *Rewrite each of the following questions in the conversational and in the narrative past.*
1. Kann er sie zum Arzt bringen? Kann er das?
2. Willst du eine Schwitzkur machen? Willst du das?
3. Musst du Tee mit Honig trinken? Musst du das?
4. Magst du den Hustensaft einnehmen? Magst du ihn?
5. Darfst du zu Hause bleiben? Darfst du das?

KONVERSATIONSÜBUNG

Unterhaltet euch über eure Krankheiten!
1. Bist du auch schon mal krank gewesen? Was hast du gehabt? Erzähle von deiner Krankheit!
2. Bist du schon einmal im Krankenhaus gewesen? Erzähle davon!
3. Bei einer Erkältung musst du nicht ins Krankenhaus. Wann musst du ins Krankenhaus?
4. Was nimmst du gegen Kopfschmerzen? Was machst du, wenn du Grippe hast?
5. Hast du dir schon einmal den Arm gebrochen? das Bein? den Finger? Wie ist das passiert?

SCHRIFTLICHE ÜBUNG

Schreibe einen Aufsatz mit dem Thema: Ich war krank.

HÖRÜBUNG ⊗

	0	1	2	3	4	5	6	7	8	9	10
Present											
Conversational Past	✓										

49 Christian geht zum Zahnarzt. ⊗

Christian geht zum Zahnarzt, zu Dr. Winsauer.

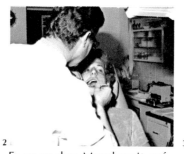

Er muss den Mund weit aufmachen.

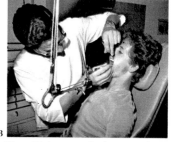

Der Zahnarzt bohrt in dem Zahn und plombiert ihn.

Christian hat Zahnschmerzen. Ein Backenzahn° auf der linken Seite tut ihm weh. Er geht gleich zum Zahnarzt, zu Dr. Winsauer.

Christian muss den Mund weit aufmachen. Dr. Winsauer sieht alle Zähne nach. „Christian, es ist der Weisheitszahn°. Er hat ein grosses Loch°. Ich sollte ihn eigentlich ziehen°. Aber versuchen wir's mal, ob wir den Zahn noch retten können.''

der Backenzahn: *molar*

der Weisheitszahn: *wisdom tooth*
das Loch: *cavity*
ziehen: *to pull*

Christian ist froh. Dr. Winsauer bohrt in dem Zahn. „Aua!" stöhnt° Christian.

stöhnen: *to groan*

„Ich bin gleich fertig mit dem Bohren. — So, jetzt spül mal den Mund gut aus°!"

ausspülen: *to rinse out*
plombieren: *to fill*

Dr. Winsauer plombiert° den Zahn. „Du darfst bis zum Abendbrot nichts essen", warnt ihn Dr. Winsauer.

„Ich soll Ihnen sagen, dass mein Vater den Krankenschein morgen oder übermorgen vorbeibringt."

„Geht in Ordnung, Christian. Grüss schön zu Hause!"

50 Gesunde Zähne sind wichtig! ⊙

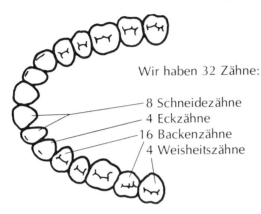

Wir haben 32 Zähne:

— 8 Schneidezähne
— 4 Eckzähne
— 16 Backenzähne
— 4 Weisheitszähne

Deshalb:
1. Putz dir nach dem Essen die Zähne!
2. Geh regelmässig zum Zahnarzt!
3. Iss wenig Süssigkeiten!

51 Fragt eure Klassenkameraden!

1. Was machst du, wenn du Zahnschmerzen hast?
2. Welche Zähne haben dir schon weh getan?
3. Hat dir der Zahnarzt schon einmal einen Zahn gezogen?

4. Was macht der Zahnarzt gewöhnlich, wenn dir ein Zahn weh tut?
5. Was hast du nicht gern beim Zahnarzt?
6. Wie pflegst du deine Zähne? Was sollst du alles tun?

52 Ein kleines Krankheitsvokabular ⊙

Ist dir nicht gut?

Ich hab' mir (den Fuss) verstaucht.

Ich hab' mir (den Finger) gebrochen.

Sie klagt über (Ohren)schmerzen.

Wie ist das passiert?

Mir ist schlecht!

Aua!

Was tut dir weh?

Sie hat (den Arm) in Gips.

Fühlst du dich nicht wohl?

Ich habe furchtbare Kopfschmerzen!

Du steckst die andern bloss an.

Es tut weh!

WORTSCHATZ

1–17
der **Arzt, ⁼e** *doctor*
der **Doktor, Doktoren** *doctor*
die **Entschuldigung, –en** *excuse*
die **Entzündung, –en** *infection*
das **Fieber** *fever*
das **Fieberthermometer, –** *thermometer (for measuring body temperature)*
die **Gesundheit** *health*
die **Halsschmerzen** (pl) *sore throat*
die **Halsentzündung, –en** *throat infection*
der **Hausbesuch, –e** *house call*
der **Krankenschein, –e** (see fn p. 131)
die **Mandeln** (pl) *tonsils*
die **Medizin** *medicine*
der **Patient, –en** (den –en) *patient*
die **Praxis** *doctor's office*
das **Rezept, –e** *prescription*
der **Schmerz, –en** *pain*

anstecken sep *to infect, pass along (an illness)*
entschuldigen *to excuse*
s. **erkälten** *to catch cold*
s. **hinlegen** sep *to lie down*
klagen über A *to complain about*
schlucken *to swallow*
untersuchen *to examine*
s. **(wohl) fühlen** *to feel (well)*

mitgeben (gibt mit, gab mit, hat mitgegeben) sep *to give, send along with*
verschreiben (verschrieb, hat verschrieben) *to prescribe*
weh tun D (tat weh, hat weh getan) *to hurt*

furchtbar *terrible, awful*
geschwollen *swollen*
krank *sick*
schwer *bad, severe*

weg *gone*
wohl *well*

auf den Beinen *on your feet*
beim Arzt *at the doctor's*
das Fieber messen (misst, mass, hat gemessen) *to take one's temperature*
er kann nicht weg *he can't get away*
es tut mir weh *it hurts me*
ganz schön heiss *quite hot; really pretty hot*
Herr Doktor *Doctor*
in die Praxis kommen *to come to the doctor's office*
mir ist nicht gut *I don't feel well*
mit freundlichen Grüssen *sincerely; very truly yours*
ob es vielleicht wieder meine Mandeln sind? *I wonder if it's my tonsils again?*
schon gut *that's fine*

18–32
die **Apotheke, –n** *pharmacy*
das **Borwasser** *boric acid*
die **Brandsalbe, –n** *burn ointment*
der **Chef, –s** *boss*
der **Esslöffel, –** *tablespoon*
das **Etikett, –e** *label*
die **Halstablette, –n** *throat lozenge*
die **Hausapotheke, –n** *portable medicine chest*
das **Heftpflaster, –** *Band-Aid*
der **Husten** *cough*
der **Hustensaft, ⁼e** *cough syrup*

die **Jodtinktur** *iodine*
die **Kopfschmerzen** (pl) *headache*
die **Kopfschmerztablette, –n** *headache pill*
die **Medikament, –e** *medication*
die **Schachtel, –n** *box*
die **Schmerztablette, –n** *analgesic*
die **Tablette, –n** *tablet, pill*
die **Wunde, –n** *wound*

empfehlen (empfiehlt, empfahl, hat empfohlen) *to recommend*

täglich *daily*

er gibt sie ihr *he gives it to her*
etwas (Gutes) gegen *something (good) for*
weil ich grad hier bin *as long as I'm here*
wie es auf dem Etikett steht *as it says on the label*
womit kann ich dienen? *may I help you?*

33–48
die **Bauchschmerzen** (pl) *stomachache*
der **Blinddarm** *appendix*
die **Blinddarmentzündung** *appendicitis*
die **Erkältung, –en** *cold*
der **Gips** *plaster (cast)*
das **Gipsbein, –e** *leg cast*
die **Grippe** *flu*
der **Honig** *honey*
der **Keuchhusten** *whooping cough*
die **Kinderkrankheit, –en** *childhood disease*
das **Knie, –** *knee*
die **Kniewunde, –n** *knee injury*
der **Knöchel, –** *ankle*
das **Krankenhaus, ⁼er** *hospital*
die **Krankheit, –en** *sickness*
die **Masern** (pl) *measles*
der **Mumps** *mumps*
die **Narbe, –n** *scar*

die **Ohrenschmerzen** (pl) *earache*
die **Operation, –en** *operation*
der **Schnupfen** *head cold*
die **Schwitzkur, –en** *sweat cure*

erzählen von *to tell about*
s. **verletzen** *to injure o.s.*
verstauchen *to sprain*

brechen (bricht, brach, hat gebrochen) *to break*
einnehmen (nimmt ein, nahm ein, hat eingenommen) sep *to take (medicine)*

bitter *bitter*
heftig *severe, bad*
raus *out*
schlimm *bad*
überhaupt *in general*

Gott sei Dank! *thank God!*
immer noch *still*
ich sah vielleicht lustig aus! *boy, did I ever look funny!*
in Gips legen *to put in a cast*
sich (den Fuss) verstauchen *to sprain one's (foot)*
sich (den Knöchel) brechen *to break one's (ankle)*
so was Blödes! *how stupid!*
vom Rad fallen (fällt, fiel, ist gefallen) *to fall off a bike*
was fehlt den Kindern? *what's the matter with the children? (what sickness do they have?)*
was ist dir passiert? *what happened to you?*
wenn ich schwer erkältet bin *when I have a bad cold*

49–52
das **Abendbrot** *supper*
der **Backenzahn, ⁼e** *molar*
das **Bohren** *drilling*
der **Eckzahn, ⁼e** *eyetooth*
das **Loch, ⁼er** *cavity*
der **Schneidezahn, ⁼e** *incisor*
die **Süssigkeit, –en** *candy, sweets*
der **Weisheitszahn, ⁼e** *wisdom tooth*
der **Zahnarzt, ⁼e** *dentist*
die **Zahnschmerzen** (pl) *toothache*

ausspülen sep *to rinse out*
bohren *to drill*
plombieren *to fill (a cavity)*
stöhnen *to groan*
vorbeibringen (brachte vorbei, hat vorbeigebracht) sep *to bring by, drop off*
warnen *to warn*

ziehen (zog, hat gezogen) *to pull*

aua! *ouch!*
geht in Ordnung! *that's fine*
grüss schön zu Hause! *give my regards to your parents*

34

Wintersport

1 Bei unseren Freunden in St. Jakob ✪

Der Schneesturm ist vorbei. In den letzten drei Tagen ist in den Alpen über ein Meter Schnee gefallen. Aber heute scheint die Sonne wieder in St. Jakob im Pillerseetal.

1

Die Schneepflüge räumen die Strassen für den Verkehr. Und die Schneewalzen präparieren die Hänge für die Schifahrer.

Ein kleiner Schihase. Vielleicht ein künftiges Schi-Ass bei einer Olympiade?

2

Unsere Freunde, Alois und Franzl, haben es nicht weit zum Schihang. Sie laufen auf ihren eigenen Wiesen Schi.

3

2 Was für einen Wintersport treiben andere Jugendliche? ⊗

1 Gabi und Elke laufen Schlittschuh.

2 Andreas fährt Schlitten; er
rodelt.

3 Die Jungen spielen
Eishockey.

Fragt eure Klassenkameraden!

1. Wieviel Schnee fällt hier im Winter?
2. Wozu braucht man Schneepflüge und Schneewalzen?
3. Was für einen Wintersport treibst du?
4. Kennst du die Namen von einigen guten amerikanischen Schiläufern?
5. Wo kann man in den USA Schi laufen? Wie kommt man dorthin?

4 Unsere Schiausrüstung ⊗

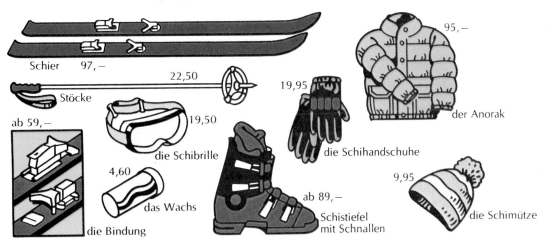

Schier   97,—

22,50

Stöcke

19,95

95,—

der Anorak

ab 59,—

19,50

die Schibrille

die Schihandschuhe

4,60

das Wachs

9,95

ab 89,—

die Schimütze

die Bindung

Schistiefel
mit Schnallen

5 Was können unsere Sportler noch gebrauchen? ⊗

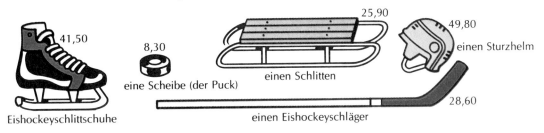

41,50

25,90

49,80

einen Sturzhelm

8,30

eine Scheibe (der Puck)

einen Schlitten

28,60

Eishockeyschlittschuhe

einen Eishockeyschläger

6 Aus was für Material ist unsere Schiausrüstung? ☺

Die Schier sind	aus Metall (Leichtmetall).
Die Schistöcke sind	aus Aluminium.
Die Schistiefel sind	aus Leder oder aus Plastik.
Der Anorak ist	aus Nylon.
Der Sturzhelm ist	aus Kunststoff (Plastik).
Die Schimütze ist	aus Wolle.
Der Hockeyschläger ist	aus Holz oder aus Kunststoff.
Der Puck ist	aus Gummi (Hartgummi).

7 Fragt eure Klassenkameraden!

1. Was braucht man alles für eine Schiausrüstung?
2. Wieviel kostet eine Schiausrüstung?
3. Was braucht man zum Rodeln?

4. Was braucht man zum Hockeyspielen?
5. Aus was für Material sind Schistiefel? Schier? Stöcke? eine Schimütze? ein Anorak?

8 MÜNDLICHE ÜBUNG ☺

9 RATESPIEL: Woran denke ich? ☺

„Ist es lang oder kurz?" — „Lang." — „Ist es dick oder dünn?" — „Dünn." — „Ist es aus Holz oder aus Metall?" — „Aus Metall." — „Ein Schistock." — „Richtig! Jetzt darfst *du* an etwas denken, und *ich* rate."

10 Wie teuer waren deine Schier? ☺

— Tolle Schier!
— Ja, aber mit denen kann ich noch nicht gut fahren. Mir waren meine alten Schier lieber.
— Was hast du denn damit gemacht?
— Die hab' ich meinem Bruder gegeben.
— Wieviel hast du für diese Schier gezahlt?
— Ich glaub', mein Vater hat im Sportgeschäft neunzig Mark dafür bezahlt.
— Nicht schlecht! Für die hab' ich hundertzwanzig Mark ausgegeben. Die sind aus Metall.

11 da-COMPOUNDS; der AND dieser-WORDS AS PRONOUNS

Lest die Beispiele und beantwortet die folgenden Fragen! ☺

Wieviel hast du **für diese Schuhe** ausgegeben?
Ich hab' 85 Mark **dafür** ausgegeben.
Which word in the answer refers to **diese Schuhe** in the question?

Wieviel hast du **für diese** Schuhe ausgegeben?

Für die hab' ich 85 Mark ausgegeben.

Which word in the answer refers to **diese Schuhe** in the question? Why do you think **für die** is used instead of **dafür?**

12   Lest die folgende Zusammenfassung!

1. In Unit 31 you learned that when the object of a preposition is a thing rather than a person, the prefix **da-** (**dar-** before a vowel) is used with the preposition instead of a personal pronoun.

   Ich gebe 85 Mark **für diese** Schuhe aus.   Und ich gebe nur 60 Mark **dafür** aus.

2. In Unit 32 you learned that demonstrative pronouns give extra emphasis (stress) to the person or thing they refer to.

   Für diese Schuhe hab' ich 85 Mark ausgegeben.

   Für die (diese) hab' ich auch 85 Mark ausgegeben.

   Auf deinen Bruder wart' ich nicht mehr.

   Nein, **auf den** wart' ich auch nicht.

3. When the object of the preposition is a thing, it may be referred to with a **da**-compound or a demonstrative pronoun. **Da**-compounds are used when no particular stress is intended.

   normal stress: Ich hab' 35 Mark **dafür** ausgegeben. (dafür: für die Schuhe)

   more emphasis: **Für die** hab' ich 35 Mark ausgegeben. (für die: für diese Schuhe,

   nicht ein anderes Paar)

13   Wieviel gibst du aus? ⊗

Wieviel gibst du für diese <u>Schier</u> aus?   Dafür geb' ich 120 Mark aus.

Und für <u>diese</u> Schier?   Für die geb' ich . . .

für diesen <u>Schlitten</u>? / für <u>diesen</u> Schlitten? /

für das <u>Wachs</u>? / für <u>dieses</u> Wachs?

14   Was soll ich denn damit? ⊗

Kaufst du diese <u>Schistiefel</u>?   Was soll ich denn damit?

Kaufst du <u>diese</u> Schistiefel?   Was soll ich denn mit denen?

diesen <u>Hockeyschläger</u>? / <u>diesen</u> Hockeyschläger? /

diese <u>Schibrille</u>? / <u>diese</u> Schibrille?

15   Was hast du für den bezahlt? ⊗

Was hast du für <u>den</u> Sturzhelm bezahlt?   Ich weiss nicht, wieviel ich für den bezahlt
                                                    habe.

für <u>die</u> Bindung? / für <u>den</u> Anorak? / für <u>den</u> Hockeyschläger? /

für <u>die</u> Stöcke? / für <u>den</u> Puck? / für <u>die</u> Schier?

16   SCHRIFTLICHE ÜBUNGEN

Schreibt die Antworten für Übungen 13, 14 und 15!

17 Auf zum Schilager° nach Westendorf! ⊗

Jeden Winter fahren die Klassen von der neunten aufwärts für eine Woche in die Berge zum Schilaufen. Oberstudienrat[1] Schaaff, Sportlehrer am Gymnasium in Starnberg, ist gerade dabei, alle Einzelheiten° mit den Schülern zu besprechen. „Ich les' euch jetzt vor, was ihr alles mitbringen müsst. Ich empfehle euch, alles aufzuschreiben, damit ihr nichts vergesst! Also: wollene Strumpfhosen, Socken, einen Schipullover, eine Schibrille und
10 Handschuhe. Keiner darf ohne Handschuhe Schi fahren. Handschuhtragen[2] ist Pflicht°!"

Drei Tage später, früh um 7.30 Uhr, versammeln sich° die Jungen und Mädchen vor dem Bahnhof. Sie warten hier auf ihren Sonderbus. Der bringt
15 sie nach Westendorf in Tirol. Bald sind sie auf dem Weg. Der Bus fährt mit 90 km/Std.[3] auf der Autobahn. Ralph spielt auf seiner Gitarre, Hans-Peter, Marzi und Klaus spielen Karten. Einige Schüler sehen aus den Fenstern, um die verschnei-
20 ten Alpen zu bewundern. An der Grenze in Kufstein weht die österreichische Fahne. Der Bus hält für die Passkontrolle. Eine knappe Stunde später sind sie an ihrem Ziel, in einem kleinen Tiroler Dorf: in Westendorf.

25 „Ich bitte euch, einmal herzuhören!" ruft Herr Schaaff. „Ich hatte euch gesagt, dass jeder ein Foto für den Schipass[4] braucht. Wir parken jetzt gegenüber von dem Laden, wo ihr die Fotos bekommt. Ihr könnt hier auch Geld wechseln, wenn
30 ihr Schilling braucht. Dort drüben ist eine Bank. Ihr könnt aber die 7-Tage Karte am Lift auch mit D-Mark kaufen. Und jetzt noch etwas Wichtiges: ich beabsichtige°, noch vor ein Uhr auf unserer Hütte zu sein. Versucht bitte, so schnell wie
35 möglich°, bis spätestens aber um elf Uhr, wieder am Bus zu sein. Ich habe keine Lust, auf euch zu warten. Seid pünktlich!"

Die Schüler stürmen in den Fotoladen, denn jeder will der erste sein. Armer Fotograf! Das

LEXIKON: das Schilager: *ski lodge;* die Einzelheit: *detail;* Pflicht sein: *to be mandatory;* s. versammeln: *to gather;* beabsichtigen: *to intend;* möglich *possible*

[1] Secondary-school teachers in Germany have titles: **Studienreferendar, Studienassessor, Studienrat, Oberstudienrat, Studiendirektor,** and **Oberstudiendirektor.**

[2] The steel edges of skis can cause severe cuts. Therefore it is important to wear ski gloves.

[3] Lies: mit neunzig Stundenkilometern.

[4] **Der Schipass** entitles vacationers to special discounts in the ski area. To qualify, you must stay in the village for a certain number of days.

40 Fotografieren geht schnell, doch bleibt für den letzten kaum Zeit, sich ein wenig im Dorf umzusehen.

Alle sind pünktlich um 11 Uhr wieder am Bus, und Herr Schaaff freut sich darüber. Jetzt ist es
45 nur ein kurzes Stück bis zur Liftstation. Hier laden° sie ihr Gepäck und ihre Schier aus dem Bus. Dann muss sich jeder an der Kasse anstellen, um sich seine Liftkarte zu kaufen.

Ein Kleinbus bringt das Gepäck zum Berggast-
50 hof, und wer sich nicht traut°, mit dem Lift zu fahren, darf mitfahren. Eva ist gerade dabei, ihre Schier anzuschnallen. Aber sie kommt nicht in die Bindung. Sie hat so viel Schnee an den Schuhen. „Kann mir jemand helfen?"
55 Der Kontrolleur am Schilift schaut jedem auf den Schipass. Er hilft jedem Schüler in den Sessel, und bald schweben 32 Mädchen und Jungen durch die stille Bergwelt, immer höher den Hang hinauf, zur ersten Station. Von hier aus ist es nur
60 ein kurzes Stück zum Maierhof.

Frau Maier, die Wirtin, begrüsst ihre jungen Gäste herzlich. Sie zeigt ihnen die Zimmer und sagt ihnen, wann sie zum Essen da sein müssen.

„Beeilt euch jetzt mit dem Mittagessen, Kinder!"
65 ruft Marzi. „Der Herr Schaaff beabsichtigt, den Anfängern gleich nach dem Essen das Schifahren beizubringen°. Die andern können mit mir fahren oder mit der Eva."

LEXIKON: laden: *to load;* s. trauen: *to dare;* beibringen: *to teach*

Beantwortet die Fragen!

1. Was tun viele deutsche Schulklassen im Winter?
2. Was macht Oberstudienrat Schaaff gerade?
3. Was sollen die Schüler alles mitbringen?
4. Wann und wo warten die Schüler auf den Bus?
5. Beschreibt die Busfahrt nach Westendorf!
6. Was müssen die Schüler in Westendorf zuerst tun? Warum?
7. Warum sollen sie bis spätestens um 11 Uhr wieder am Bus sein?
8. Was machen die Schüler alles an der Liftstation?
9. Warum erscheint der Kleinbus?
10. Was macht der Kontrolleur?
11. Wer ist Frau Maier? Was macht sie, als die Schüler ankommen?
12. Was sagt Marzi zu seinen Klassenkameraden?

MÜNDLICHE ÜBUNG

20   INFINITIVE CONSTRUCTION WITH zu

Lest die Beispiele und beantwortet die folgenden Fragen! ⊗

> Herr Schaaff **möchte sprechen.**
> Herr Schaaff **beabsichtigt zu sprechen.**

How does the infinitive construction in the second sentence differ from the infinitive construction in the first sentence?

> Herr Schaaff **möchte alles besprechen.**
> Herr Schaaff **beabsichtigt, alles zu besprechen.**

How does the infinitive construction in the second sentence differ from the infinitive construction in the first sentence? How does the punctuation differ in the second sentence?

> Die Schüler **sollen alles aufschreiben.**
> Die Schüler **versuchen, alles aufzuschreiben.**

What type of verb is **aufschreiben?** Where is **zu** placed in the infinitive of this type of verb?

> Ich bitte euch, **dass ihr mir zuhört.**
> Ich bitte euch, **mir zuzuhören.**

Name the **dass**-clause. Name the infinitive phrase. Do these two convey the same meaning?

> Sie schauen aus den Fenstern, **um die Alpen zu bewundern.**

Name the infinitive phrase. Name the word that introduces this phase. Name the infinitive. What does **um . . . zu bewundern** mean?

21   Lest die folgende Zusammenfassung!

The infinitive in English may be used with or without the word "to." We say "I can go," "I must go," but also "I want to go," "I'm trying to sleep." Similarly, the infinitive in German may be used with or without **zu.** The use of **zu** before an infinitive in a German sentence does not always correspond to the use of "to" before the infinitive in English.

1. The infinitive is used without **zu** following the modals. Most other verbs that take an infinitive require the use of **zu.**

Infinitive without **zu**	Infinitive with **zu**
Herr Schaaff **möchte sprechen.** Wir **wollen nicht warten.**	Herr Schaaff **versucht zu sprechen.** Wir **haben keine Lust zu warten.**

2. A phrase consisting of **zu** plus an infinitive is called an infinitive phrase. Such a phrase sometimes contains other elements—for example, an object or an expression of time or place. In that case, the entire infinitive phrase must be separated from the main clause by a comma. In the sentences that follow, note that the infinitive construction can refer either to present or to future time.

		Infinitive Phrase
Present	Wir haben keine Lust	**zu warten.**
Present	Herr Schaaff ist dabei,	**alles zu besprechen.**
Future	Ich beabsichtige,	**um 1 Uhr auf dem Berg zu sein.**

3. When the infinitive has a separable prefix, **zu** is placed between the prefix and the verb, and the infinitive is written as a single word.

Die Schüler versuchen,	alles aufzuschreiben.
Sie haben kaum Zeit,	sich im Dorf umzusehen.

hardly

4. The infinitive phrase may be used instead of a **dass**-clause, when:
   a. subject of the main clause and subject of the **dass**-clause refer to the same person.

dass-*Clause*	Herr Schaaff hofft,	dass er um ein Uhr auf dem Berg ist.
Infinitive Phrase	Herr Schaaff hofft,	um ein Uhr auf dem Berg zu sein.

   b. object of the main clause and subject of the **dass**-clause refer to the same person.

dass-*Clause*	Ich bitte euch,	dass ihr mir zuhört.
Infinitive Phrase	Ich bitte euch,	mir zuzuhören.

Not every infinitive phrase can be expressed as a **dass**-clause. Infinitive phrases must follow certain expressions, such as: **Er ist dabei . . .; Ich habe keine Lust . . . .**

5. The word **um** is used with infinitive phrases to mean "in order to."

Sie schauen aus den Fenstern,	um die Alpen zu sehen.

22 Was die Schüler alles vorhaben! ⊗

Sie möchten rodeln.   Sie haben vor zu rodeln.
fotografieren / Eishockey spielen / Schi fahren / Schlittschuh laufen

23 Wozu haben die Schüler keine Lust? ⊗

Sie wollen nicht weiterfahren.   Sie haben keine Lust weiterzufahren.
zuschauen / herhören / sich anstellen / zurückfahren

24 Was macht der Marzi? ⊗

Er wechselt Geld.   Er ist dabei, Geld zu wechseln.
Er fährt den Hang hinauf. / Er begrüsst die Wirtin. / Er bringt allen das Schifahren bei.

25 He, Marzi! Was machst du? – Was sagt Marzi? ⊗

Er sieht sich im Dorf um.   Ich bin dabei, mich im Dorf umzusehen.
Er schnallt sich die Schier an.   Ich bin dabei, mir die Schier anzuschnallen.
Er stellt sich an der Kasse an.
Er kauft sich einen Schipass.
Er ruht sich in der Hütte aus.
Er holt sich etwas zu essen.

26 Herr Schaaff bittet seine Schüler.

Ich bitte euch, dass ihr einmal herhört.
Ich bitte euch, dass ihr alles mitbringt.
Ich bitte euch, dass ihr pünktlich seid.
Ich bitte euch, dass ihr etwas Geld wechselt.
Ich bitte euch, dass ihr mit Eva fahrt.

Ich bitte euch, einmal herzuhören.

27 Was tut Eva alles? Was sagt sie?

Sie geht auf die Bank. Sie will Geld wechseln.
Sie geht an die Kasse. Sie will sich einen Schipass kaufen.
Sie fährt zum Schilift. Sie will sich anstellen.
Sie geht in den Gasthof. Sie will zu Mittag essen.
Sie setzt sich die Brille auf. Sie will die Speisekarte lesen.

Ich geh' auf die Bank, um Geld zu wechseln.

28 HÖRÜBUNG

Wie heisst der Infinitiv am Ende?

0. *zu besprechen*
1. _____ 3. _____ 5. _____ 7. _____ 9. _____
2. _____ 4. _____ 6. _____ 8. _____ 10. _____

29 SCHRIFTLICHE ÜBUNGEN

a. Lest die Geschichte auf S. 150 noch einmal, und schreibt alle Infinitivsätze in euer Heft!
b. Schreibt die Antworten für Übungen 22 bis 27!
c. Schreibt Infinitivsätze wie im Beispiel!

Beispiel: Er schnallt sich die Schier an. (gerade dabei sein)
Er ist gerade dabei, sich die Schier anzuschnallen.

1. Ich wechsle mir Geld im Dorf. (keine Lust haben)
2. Er bringt ihnen das Schifahren bei. (beginnen)
3. Ulrike reibt sich mit Sonnencreme ein. (vorhaben)
4. Er fährt den Hang allein hinunter. (sich nicht trauen)
5. Du hörst dem Marzi und der Eva zu. (ich / dich bitten)
6. Wir fahren erst nächste Woche zurück. (beabsichtigen)

30 Fragt eure Klassenkameraden!

1. Was beabsichtigst du, nächsten Winter zu tun?
2. Ich möchte mir eine Schiausrüstung kaufen. Was empfiehlst du?
3. Ich weiss nicht, wohin ich fahren soll. Was schlägst du vor? Warum?

31 Am Hang

1

Der Maierhof steht mitten in einem herrlichen Schigelände.

2

Die Anfängergruppe übt den Schneepflug. „Ursel, du kannst jetzt versuchen, einen Bogen zu fahren."

3

4

Eva schiesst elegant den Steilhang hinunter. Sie hat einen guten Fahrstil.

5

„Was ist los, Herr Schaaff? So eine leichte Abfahrt! Sie müssen den Talschi belasten!"

6

„Den hat's erwischt! Armer Herr Schaaff!"

7

Der Slalom macht mehr Spass. Es ist eine schwerere Abfahrt. Flori wedelt schräg durch die Tore.

8

Der Schnee ist heute nass. Er klebt. Ralph muss seine Schier wachsen.

9

Fragt eure Klassenkameraden!

1. Wie fährst du den Hang hinunter?
2. Was macht dir am meisten Spass?
3. Welchen Schi musst du belasten, wenn du schräg den Berg hinunterfährst?

33 Die Hüttenabende ⊗

Nass und müde sind die Schüler vom Slalomhang zurückgekehrt. Sie sitzen in der gemütlichen Gaststube herum und besprechen noch einmal den Slalomlauf. Keiner hatte erwartet, dass der
5 Flori die beste Zeit fahren würde.

„Wer will jetzt eine Jause¹ essen?" fragt Marzi. „Hört mal, wie er angibt°", erwidert Eva. „Er hat wieder ein neues Wort gelernt, und jetzt denkt er schon, er ist ein richtiger Österreicher." Alle
10 lachen. Aber eine Jause ist keine schlechte Idee. Der Slalomlauf hat Hunger gemacht.

Herr Schaaff kommt jetzt auch in die Gaststube. „Habt ihr gehört, wer den Abfahrtslauf in Val d'Isere² gewonnen hat?" — „Bestimmt wieder ein
15 Franzose. Die sind heuer gut." — „Nein, ein anderer. Ratet mal!" — „Der Italiener, na, wie heisst er denn? Der Thoeni." — „Nein, und der ist heuer gar nicht so gut." — „Dann war's eben wieder der Klammer." — „Quatsch! Der hat doch bei diesem
20 Rennen überhaupt nicht mitgemacht." — „Dann war's ein Schweizer, der Russi." — „Ja, aber nur zwei Hundertstel Sekunden vor dem Fischer."

Am Abend ist Siegerehrung°. Alle ehren den Flori, den Sieger im Slalom. Er muss sich auf einen
25 Stuhl stellen, und als ersten Preis bekommt er eine bunte Schimütze. Dann machen die Jungen und Mädchen noch ein paar Gesellschaftsspiele°, und später tanzt die Bina in ihrem USA-Hemd allen etwas vor.

30 Um halb zehn gehen alle zu Bett. Sie haben morgen wieder viel vor, und sie wollen ausgeruht sein. Nur der Marzi will noch nicht schlafen. Er hat noch zu viele Witze° auf Lager°. Die müssen seine Spezis³ noch unbedingt hören. „Jetzt erzähl'
35 ich euch noch einen ganz blöden Witz. Der Lehrer sagt: Du, Meier, du hast dieselben vierzehn Fehler° im Englischdiktat wie dein Nachbar. Kannst du das erklären? — Wir haben denselben Englischlehrer!"

40 „Au! Das tut weh! Deine dummen Witze werden immer blöder, Marzi. Gute Nacht!"

LEXIKON: angeben: *to brag;* die Siegerehrung: *honoring the winner;* das Gesellschaftsspiel: *party game;* der Witz: *joke;* auf Lager haben: *to have a supply of;* der Fehler: *mistake*

¹ **Die Jause** is Austrian for a snack — either coffee and cake or something like bread, cheese, and cold cuts.
² *Val d'Isere* is a famous French ski resort in the Alps.
³ **Der Spezi,** short for **Spezialfreund,** is southern German and Austrian for *best friend.*

34 Beantwortet die Fragen!

1. Was machen die Schüler nach dem Slalomlauf?
2. Was hatte niemand erwartet?
3. Was meint Eva über Marzi? Warum?
4. Was lässt Herr Schaaff die Schüler raten?
5. Wie ehren die Klassenkameraden den Flori am Abend?
6. Was tun sie nach der Siegerehrung?
7. Warum können Marzis Freunde nicht schlafen?

35 MÜNDLICHE ÜBUNG ☉

36 KONVERSATIONSÜBUNG

Unterhaltet euch in der Klasse über den Wintersport, und fragt eure Klassenkameraden:

1. was für einen Wintersport sie treiben
2. wo sie (Schi laufen)
3. wie sie dorthin kommen
4. wie lange sie bleiben
5. wie gut sie sind, oder ob sie Unterricht nehmen
6. ob sie ihre eigene Ausrüstung haben, oder ob sie sich etwas leihen müssen, und wieviel das kostet
7. was zur Ausrüstung gehört
8. aus welchem Material sie ist
9. wo sie alles gekauft haben, und wie teuer alles war
10. ob sie sich Wintersportprogramme im Fernsehen ansehen, und was sie am liebsten sehen
11. welche bekannten Wintersportler sie kennen
12. welche Länder besonders gut im Wintersport sind

37 SCHRIFTLICHE ÜBUNG

Wählt ein Thema und schreibt einen Aufsatz!

1. Unser Schiausflug
2. Meine neue Schiausrüstung
3. Ich treibe gern (nicht gern) Wintersport.
4. Wenn ich Geld hätte, würde ich mir eine neue Schiausrüstung kaufen.

38 Nationalitäten ☉

das Land	der Mann	die Frau	das Land	der Mann	die Frau
Belgien	der Belgier	die Belgierin	Luxemburg	der Luxemburger	die Luxemburgerin
Dänemark	der Däne	die Dänin	Niederlande	der Niederländer	die Niederländerin
Deutschland	der Deutsche	die Deutsche		der Holländer	die Holländerin
	ein Deutscher	eine Deutsche	Norwegen	der Norweger	die Norwegerin
England	der Engländer	die Engländerin	Österreich	der Österreicher	die Österreicherin
Finnland	der Finne	die Finnin	Portugal	der Portugiese	die Portugiesin
Frankreich	der Franzose	die Französin	Schweden	der Schwede	die Schwedin
Italien	der Italiener	die Italienerin	Schweiz	der Schweizer	die Schweizerin
Liechtenstein	der Liechten-steiner	die Liechten-steinerin	Spanien	der Spanier	die Spanierin

NOTE that **der/die** and **ein/eine** can be used interchangeably before nouns referring to people by their nationality: **der (ein) Franzose, die (eine) Schwedin.** An exception is **der Deutsche, ein Deutscher.** Plural forms follow regular patterns and must be learned for each noun; **der Schwede, −n; die Französin, −nen;** etc.

39 Flaggen von verschiedenen europäischen Ländern

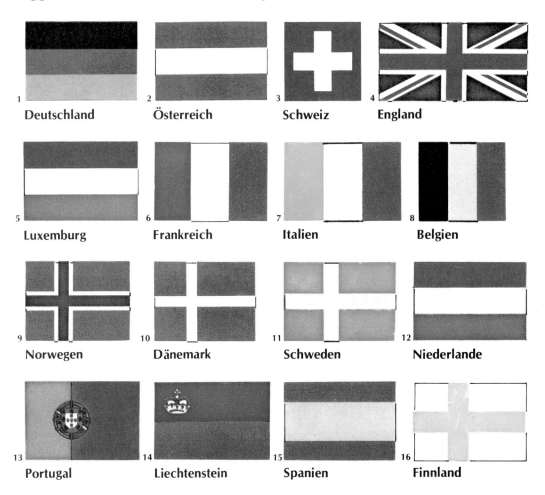

1 Deutschland	2 Österreich	3 Schweiz	4 England
5 Luxemburg	6 Frankreich	7 Italien	8 Belgien
9 Norwegen	10 Dänemark	11 Schweden	12 Niederlande
13 Portugal	14 Liechtenstein	15 Spanien	16 Finnland

40 Ein Flaggen-Spiel ⊗

1. Welches Land hat den Abfahrtslauf gewonnen?
   Nummer 5 / Nummer 9 / Nummer 14, usw.   Luxemburg.

2. Wer hat den Slalom für Herren gewonnen?
   Nummer 3 / Nummer 7 / Nummer 16, usw.   Ein Schweizer.

3. Wer hat den Slalom für Damen gewonnen?
   Nummer 1 / Nummer 11 / Nummer 15, usw.   Eine Deutsche.

4. Wer hatte die besten Zeiten bei den Herren?
   Nummer 9 / Nummer 4, usw.   Der Norweger.

5. Wer hatte die besten Zeiten bei den Damen?
   Nummer 16 / Nummer 1, usw.   Die Finnin.

6. Was für Farben haben die Flaggen?
   Die deutsche Flagge?   schwarz-rot-gold

7. Welche Fahne weht jetzt?
   Ein Österreicher hat gewonnen.   Die österreichische Fahne weht.
   Die rot-weiss-rote Fahne weht.

41 Der neue Sport: Grasschilaufen

Berlin hatte im letzten Sommer zehn Grasschi-Rennen. Neben den Berliner Meisterschaften° war das grösste Ereignis wieder der Berlin-Cup. Über 150 Läufer aus Berlin, der Bundesrepublik und aus Frankreich nahmen daran teil°. Den Cup gewann Elke Koch vom Grasschi-Club Bischofsgrün.

1

2

Das Grasschi Team Berlin versammelt sich zum Slalomlauf auf dem Teufelsberg.

3

Die Grasschier rollen auf Ketten°, wie Panzer°.

4

Katrin zieht ihre Schistiefel an.

5

Am Start

6

Der Slalomhang am Teufelsberg

7

In Schussfahrt°, den grünen Hang hinunter

LEXIKON: die Meisterschaft: *championship;* teilnehmen an: *to participate in;* die Ketten (pl): *treads;* der Panzer: *tank;* die Schussfahrt: *straight downhill run at full speed*

WORTSCHATZ

1–16

das **Aluminium** *aluminum*
der **Anorak, –s** *parka*
die **Bindung, –en** *binding*
das **Eishockey** *ice hockey*
der **Eishockeyschläger, –** *ice-hockey stick*
der **Gummi** *rubber*
der **Hang, ⸚e** *slope*
der **Hartgummi** *hard rubber*
der **Jugendliche, –n** (den – n) *young person*
der **Kunststoff, –e** *synthetic material*
das **Leder** *leather*
das **Leichtmetall, –e** *lightweight metal*
das **Material, –ien** *material*
das **Metall, –e** *metal*
das **Nylon** *nylon*
die **Olympiade** *Olympics*

das **Plastik, –s** *plastic*
der **Puck, –s** *puck*
die **Scheibe, –n** *puck*
der **Schi, –er** *ski*
das **Schi-Ass** *ski ace*
die **Schiausrüstung, –en** *ski outfit and equipment*
die **Schibrille, –n** *ski goggles*
der **Schifahrer, –** *skier*
der **Schihang, ⸚e** *ski slope*
die **Schimütze, –n** *ski hat, cap*
der **Schistiefel, –** *ski boot*
der **Schlitten, –** *sled*
der **Schlittschuh, –e** *ice skate*
die **Schnalle, –n** *buckle*
der **Schneepflug, ⸚e** *snowplow*
die **Schneewalze, – n** *machine for packing snow on ski slopes*
das **Sportgeschäft, –e** *sporting-goods store*

der **Sportler, –** *athlete*
der **Stock, ⸚e** *(ski) pole*
der **Sturzhelm, –e** *helmet*
das **Wachs** *wax*
der **Wintersport** *winter sport*
die **Wolle** *wool*

präparieren *to prepare*
räumen *to clear*
rodeln *to go sledding*

künftig *future*

aus Metall *(made) out of metal*
mir waren meine alten Schier lieber *I preferred my old skis*
Schlitten fahren *to go sledding*
Schlittschuh laufen *to ice-skate*
sie haben es nicht weit *they don't have far to go*

17–30

die **Bank, –en** *bank*
der **Berggasthof, ⸚e** *mountain inn*
die **Bergwelt** *mountain world*
die **D-Mark (Deutsche Mark)** *German mark*
die **Einzelheit, –en** *detail*
der **Fotoladen, ⸚** *camera store*
die **Hütte, –n** *cabin, lodge*
die **Karte, –n** *ticket*
der **Kleinbus, –se** *mini-bus*
der **Lift, –s** *ski lift*
die **Liftkarte, –n** *lift ticket*
die **Liftstation, –en** *lift station*
der **Oberstudienrat, ⸚e** *(see fn p. 150)*
das **Schilager, –** *ski lodge*
der **Schilling, –** *shilling (Austrian monetary unit)*
der **Schipass, ⸚e** *(see fn p. 150)*
der **Schipullover, –** *ski sweater*
der **Sessel, –** *seat (of chair lift)*
der **Sonderbus, –se** *charter bus*
die **Station, –en** *station*
die **Strumpfhosen** (pl) *tights*
die **Wirtin, –nen** *innkeeper*

anschnallen sep *to fasten*
s. **anstellen** sep *to stand in line*
beabsichtigen *to intend*
beibringen (brachte bei, hat beigebracht) sep *to teach*
s. **freuen über** A *to be happy about*
schweben *to float (in the air)*
stürmen *to storm*
s. **trauen** *to dare, have confidence*
s. **versammeln** *to gather*
wehen *to fly, wave*

laden (lädt, lud, hat geladen) *to load*
s. **umsehen** (sieht sich um, sah sich um, hat sich umgesehen) sep *to look around*
vorlesen (liest vor, las vor, hat vorgelesen) sep *to read aloud*

bis *by*
entlang *along*

gegenüber (von) *across (from)*
keiner *no one*
möglich *possible*
spätestens *at the latest*
still *still, quiet*
verschneit *snow-covered*

auf zum Schilager! *off we go to the ski lodge!*
bis spätestens um 11 Uhr *by 11 o'clock at the latest*
der Bus fährt mit 90 km/Std. *the bus is going 90 km an hour*
ein kurzes Stück *a short way*
eine knappe Stunde *barely an hour*
er ist gerade dabei *he is just now (doing . . .)*
er schaut jedem auf den Schipass *he looks at everyone's lift ticket*
Geld wechseln *to exchange money (from one currency to another)*
Handschuhtragen ist Pflicht *wearing gloves is mandatory*
Schi fahren *to ski*

31–40

die **Abfahrt, – en** *descent*
der **Abfahrtslauf, ⸚e** *downhill race*
die **Anfängergruppe, –n** *group of beginners*
der **Bogen, –** *turn*
das **Englischdiktat, –e** *English dictation*
der **Fahrstil, – e** *(skiing) style*
die **Flagge, –n** *flag*
der **Franzose, –n** (den – n) *Frenchman*
die **Gaststube, –n** *main room (of a restaurant or lodge)*
das **Gesellschaftsspiel, –e** *party game*
der **Hüttenabend, – e** *evening of activities at a lodge*
der **Italiener, –** *Italian*
die **Jause, – n** *(see fn p. 156)*
das **Rennen, –** *race*
das **Schigelände, –** *ski area*
der **Schweizer, –** *Swiss*
der **Sieger, –** *winner, victor*

die **Siegerehrung, – en** *honoring the winner*
der **Slalom, – s** *slalom race, course*
der **Slalomlauf, ⸚e** *slalom (race)*
der **Spezi, – s** (Spezialfreund) *best friend*
der **Steilhang, ⸚e** *steep slope*
das **Tor, – e** *slalom gate*
der **Witz, –e** *joke*

ehren *to honor*
wachsen *to wax*
wedeln *to wedel*
zurückkehren sep *to go back*

angeben (gibt an, gab an, hat angegeben) sep *to brag*
hinunterschiessen (schoss hinunter, ist hinuntergeschossen) sep *to shoot down (a slope)*

ausgeruht *rested*
denselben (dieselben) *the same*
dumm *dumb*
elegant *elegant*
gemütlich *cozy, warm*
mitten (in) *in the middle of*
schräg *diagonal(ly)*

am Hang *on the slope*
auf Lager haben *to have a supply*
den hat's erwischt! *he got it!; he caught it!*
den Talschi belasten *to put weight on the downhill ski*
einen Bogen fahren *to make a turn*
es hat Hunger gemacht *it made (us) hungry*
etwas vortanzen *to perform a dance*
na *well*
überhaupt nicht *not even, not at all*
zwei Hundertstel *two hundredths*

35

Wassersport

1 Segelunterricht für die Zehnjährigen ⊗

Was für die Bayern die Berge sind, sind für die Schleswig-Holsteiner die Seen und das Meer.

Unsere jungen Freunde aus der vierten Hauptschulklasse in Kiel haben einmal in der Woche Segelunterricht. Gut ausgerüstet mit ihren gelben Öljacken warten sie hier in Schilksee auf ihren Segellehrer.

Vor dem Unterricht gibt der Lehrer jedem einen Zettel. Es ist eine kleine Prüfung. Jeder soll zeigen, was er sich vom letzten Mal noch gemerkt hat. „So, hat noch jemand eine Frage?"

Dann verteilt der Lehrer die Schwimmwesten. Keiner darf ohne Schwimmweste ins Boot. Jeder muss sich seine Weste selbst anziehen. „Kann mir einer helfen? Ich krieg' den Knoten nicht mehr auf."

Die kleinen Einmannjollen liegen am Strand. Die Kinder setzen den Mast ein und befestigen das Segel. Niemand hilft ihnen heute. Wenn man segeln will, muss man alles allein können.

Der Lehrer zieht das Segelboot den Steg entlang.

Der kleine Henning setzt das Schwert ein.

Dann setzt er das Ruder mit der Pinne ein.

—He, Henning! Wo segelst du denn hin? Hast du vergessen, wo der Wind herkommt? So wirst du die Boje
nie erreichen!
—Ja, du musst wenden!
—Du musst mit dem Wind segeln. Du kannst doch noch
nicht kreuzen.

2 Was für einen Wassersport treibt ihr?

Heidi rudert gern.

Die beiden fahren Tretboot.

Windsurfing ist ein neuer
Sport.

Gabriele fährt Kajak.

Klaus fährt Paddelboot.

Für müde Wassersportler:
eine Flossfahrt auf der Isar.

Fragt eure Mitschüler!

1. Was für einen Wassersport treibst du?
2. Was für ein Boot habt ihr oder hat ein
   Bekannter von euch?

3. Was gehört zu einem Segelboot?
4. Was trägt man alles, wenn man segelt?
   Beschreibt die Ausrüstung!

MÜNDLICHE ÜBUNG

5

*Sports are mandatory in German schools. Sports programs usually include gymnastics, track
and field sports, handball, volleyball, etc. When facilities and teachers are available, schools
may offer their students the opportunity to take sports such as sailing, sculling, skiing, and
swimming.*

*Schilksee, a little village belonging to the city of Kiel, is located directly on the Ostsee. The
Olympic Sailing Competitions were held here in 1972. It is also the site of the famous Kieler
Woche, the annual international sailing regatta, which every year attracts sailboats from all
over the world. Students from Kiel use the facilities at Schilksee.*

6   woher AND wohin

In general, **her** indicates motion toward the speaker, while **hin** indicates motion away from the speaker. **Hin** and **her** are used with **wo** in questions concerning motion or direction.

1. There are two ways of asking "**woher**-questions." You may begin with **woher,** or you may start with **wo** and use **her** as a separable prefix at the end.

Woher	kommst du?	
Wo	kommst du	**her?**

2. Similarly, there are two ways of asking "**wohin**-questions."

Wohin	segelt ihr?	
Wo	segelt ihr	**hin?**

3. **Wohin** and **woher** can also be split in clauses. **Hin** and **her** are then considered verb prefixes. They combine with the verb and are written as one word.

Weisst du,	**woher**	er	**kommt?**
Weisst du,	**wo**	er	**herkommt?**

7   Der Lehrer fragt den kleinen Henning. ⊗

Henning segelt in die falsche Richtung.   Henning, wo segelst du denn hin?
Er kommt aus der falschen Richtung.
Er sieht in die falsche Richtung.
Er läuft in die falsche Richtung.
Er will in die falsche Richtung.

8   Jetzt fragt er Uschi. ⊗

Uschi segelt falsch.   Wo willst du denn hinsegeln?
Sie fährt falsch.
Sie geht in die falsche Richtung.
Sie schwimmt in die falsche Richtung.

9   Henning weiss heute gar nichts. ⊗

Wo kommt der Wind her?   Ich weiss nicht, wo der Wind herkommt.
Wo ziehen die Wolken hin?
Wo segeln die Kinder hin?
Wo kommen die Wolken her?

10   SCHRIFTLICHE ÜBUNGEN

Schreibt die Antworten für Übungen 7, 8 und 9!

INDEFINITE PERSONAL PRONOUNS
man, einer, keiner, jeder, jemand, niemand, wer

1. Some of the more common indefinite pronouns are:

man	*one, they, people*	**jemand**	*somebody*
einer	*somebody*	**niemand**	*nobody*
keiner	*nobody*	**wer**	*whoever*
jeder	*everybody*		

2. These indefinite pronouns are commonly used in the following forms:

Nominative	man, einer	keiner	jeder	jemand	niemand	wer
Accusative	einen	keinen	jeden	jemand	niemand	wen
Dative	einem	keinem	jedem	jemand	niemand	wem

3. The form **einer** is more specific than the very general impersonal pronoun **man. Man** is often used where English uses "you," meaning not the person addressed, but people in general.

Kann mir **einer** (von euch) helfen?   *Can somebody (one of you) help me?*
Wenn **man** segeln will, . . .   *If you want to sail, . . .*

4. The form **man** is used only in the nominative case. In the accusative case **einen** must be used; in the dative, **einem.**

Das stört **einen** nicht.   *That doesn't bother anybody.*
Das tut **einem** weh!   *That hurts!*

5. **Einer** and **jemand** can often be used interchangeably, as can **keiner** and **niemand.**

Kann mir **einer (jemand)** helfen?
Keiner (niemand) darf ohne Schwimmweste ins Boot.

Was kann Uschi auch sagen? ⊗

Kann mir jemand helfen?   Kann mir einer helfen?
Kann mir jemand den Knoten aufmachen?
Kann mir jemand den Mast einsetzen?
Kann mir jemand das Segel befestigen?
Kann mir jemand das Boot bringen?

Was kann der Segellehrer noch sagen? ⊗

Niemand darf ohne Öljacke kommen.   Keiner darf ohne Öljacke kommen.
Niemand darf ohne Prüfung segeln.
Niemand darf ohne Schwimmweste ins Boot.
Niemand darf ohne mich auf den Steg gehen.
Niemand darf ohne mich ins Boot steigen.

SCHRIFTLICHE ÜBUNGEN

a. Schreibt die Antworten für Übungen 12 and 13!

b. Setzt eine Form von „jeder" ein!

1. Er fragt _____.
2. Wir antworten _____.
3. Ich unterrichte _____.
4. Sie hilft _____.
5. Wir sehen _____.

6. Er dankt _____.
7. Wir denken an _____.
8. Sie interessiert sich für _____.
9. Er knipst _____.
10. Wir gewöhnen uns an _____.

15 Was hat Rudern mit Latein zu tun?

Herr Wüstenberg ist Studienassessor am Mädchengymnasium in Kiel. Er unterrichtet Latein und Sport. Und einmal in der Woche, am Donnerstag, gibt er den Mädchen von der Untertertia Unterricht im Rudern.

LEHRER Aber Sabine! Was heisst denn *cae-dere* auf deutsch?

SABINE Hm . . . ich weiss es nicht. Ich hab's vergessen.

LEHRER Nun, wer weiss es? Niemand? Aber wir haben doch dieses Verb schon gehabt. Kinder, was ist denn los? Ich bin ganz enttäuscht. Habt ihr denn kein Gefühl für Latein? Woran liegt das?

SABINE Latein ist schwer, Herr Wüstenberg.

LEHRER Ach, komm! Ihr seid einfach ein bisschen faul und lernt eure Vokabeln nicht.

1

2

SABINE Ich kann nichts dafür, dass ich kein Talent für Sprachen habe.

LEHRER Das ist nun auch wieder nicht wahr. Ihr seid nur nicht bereit, genügend Zeit für dieses Fach zu opfern. Ihr beschäftigt euch zu viel mit anderen Dingen.

ANKE Mit Rudern, zum Beispiel.

LEHRER Kann sein. Ich bin überhaupt dafür, dass wir heute nachmittag nicht rudern, sondern eine Nachhilfestunde in Latein haben.

SCHÜLER Ach, nein! – Bitte nicht!

SIGRID Ich hab' mich schon die ganze Woche auf heute nachmittag gefreut.

ANKE Ach, Herr Wüstenberg, wir sind mit Ihrem Vorschlag gar nicht einverstanden. Bitte!

LEHRER	Na, gut. Ich hab' nur Spass ge-macht. Aber jetzt im Ernst. Das Wetter ist heute nicht gut. Viel-leicht sollten wir unser Training doch auf einen anderen Tag ver-schieben.
SIGRID	Nein, bitte nicht. Wir ziehen uns warm an und bringen unser Regen-zeug mit.
LEHRER	Ihr könnt doch euern Lehrer wahn-sinnig gut überreden. Dann treffen wir uns also, wie immer, vor dem Bootshaus. Nun aber zurück zum Latein! *Caedere:* „schneiden" — stimmt das, Sabine?
SABINE	Ja, das stimmt, Herr Wüstenberg.

Beantwortet die Fragen!

1. Was ist Herr Wüstenberg, und was unter-richtet er?
2. Was hat Sabine vergessen?
3. Warum sollte sie wissen, was dieses Verb auf deutsch heisst?
4. Was antwortet Herr Wüstenberg?
5. Was für eine Ausrede hat Sabine?
6. Woran liegt es, dass die Mädchen nicht alles so gut wissen?
7. Wofür kann Sabine nichts?

8. Wozu sind die Mädchen nicht bereit? Warum nicht?
9. Womit beschäftigen sie sich?
10. Was schlägt Herr Wüstenberg vor?
11. Worauf hat sich Sigrid gefreut?
12. Womit sind die Mädchen nicht ein-verstanden?
13. Warum hat Herr Wüstenberg diesen Vorschlag gemacht? Was meint er?
14. Wo wollen sie sich treffen?

Fragt eure Klassenkameraden!

1. Was für eine Ausrede gebrauchst du, wenn du im Deutschunterricht etwas nicht weisst?
2. Warum lernst du eine Sprache?

3. Was muss man tun, um eine Sprache zu lernen?
4. Bekommst du in einem Fach Nach-hilfeunterricht? Warum? Warum nicht?

MÜNDLICHE ÜBUNG

19 Klassenwitze

Der Lehrer fragt: „Wer kann mir sagen, was die alten Römer besser hatten als wir?" Katrin hebt die Hand: „Sie brauchten kein Latein zu lernen."

Vater zum Lateinlehrer: „Herr Studienrat, warum haben Sie meinem Klaus in Latein eine Sechs gegeben?" Lateinlehrer, lächelnd: „Eine schlechtere Note gibt es leider nicht."

Lateinlehrer: „Ich hab' geträumt, dass ich Cicero einen Fünfer in Latein gegeben hab'!"

Der Lehrer stöhnt: „Christoph, seit dreissig Jahren bin ich jetzt Lehrer. Rate mal, welche Wörter ich wohl am meisten von den Schülern gehört habe!" — „Ich weiss es nicht." — „Richtig!"

20 FORMING QUESTIONS USING PREPOSITIONAL PHRASES

1. In German there are many verbs that are used with prepositions: **warten auf, s. interessieren für,** etc. There are two ways to form questions with such verb phrases.
   a. If the expected answer refers to a person, the preposition is used together with **wen** or **wem,** depending on what case normally follows the preposition.

Verb Phrase	Preposition + Interrogative	Expected Answer: a Person
warten auf A	**Auf wen** wartest du?	Auf meinen Bruder.
sprechen von D	**Von wem** sprechen Sie?	Von ihrem Lehrer.

   b. If the expected answer refers to a thing, a **wo**-compound is used.

Verb Phrase	wo-Compound	Expected Answer: a Thing
warten auf A	**Worauf** wartest du?	Aufs Boot.
sprechen von D	**Wovon** sprechen Sie?	Vom Rudern.

2. In colloquial German, the word **was** is frequently used after the preposition (for example, **auf was),** instead of the **wo**-compound (for example, **worauf).** Note that the form of **was** is the same, whether the preposition is followed by the accusative or the dative case.
   > **Auf was** wartest du? Aufs Boot.
   > **Von was** sprechen Sie? Vom Rudern.

3. In a clause, either the **wo**-compound or the preposition with **was** can be used.
   > Ich weiss nicht, **worauf** ihr noch wartet.
   > Ich weiss nicht, **auf was** ihr noch wartet.

4. The following tables list idiomatic expressions in which familiar verbs are followed by certain prepositions to express a particular meaning. In learning the expressions on this list, be sure to learn which case follows each preposition.
   a. Verbs with a preposition followed by the accusative case:
   > Beispiel: Die Schüler erinnern sich gern an den Ausflug.

denken an *to think of*	warten auf *to wait for*
s. erinnern an *to remember*	zeigen auf *to point to*
s. gewöhnen an *to get used to*	zusteuern auf *to head in the direction of*
glauben an *to believe in*	danken für *to thank for*
schicken an *to send to*	s. interessieren für *to be interested in*
schreiben an *to write to*	sorgen für *to care for, take care of*
vermieten an *to rent to*	diskutieren über *to discuss*
achten auf *to pay attention to*	s. freuen über *to be happy about*
s. einigen auf *to agree on*	klagen über *to complain about*
s. freuen auf *to look forward to*	reden über *to talk about*
schauen auf *to look at*	s. unterhalten über *to talk, converse about*
sehen auf *to look at*	bitten um *to ask for*
verschieben auf *to postpone until*	kämpfen um *to fight for*

b. Verbs with a preposition followed by the dative case:

Beispiel: Sie beschäftigen sich mit ihrem Ruderboot.

liegen an *to depend on*	erzählen von *to tell about*
anfangen mit *to start with*	halten von *to have an opinion about*
s. beschäftigen mit *to busy o.s. with*	s. verabschieden von *to say good-by to*
sprechen mit *to talk with*	verstehen von *to know about*
s. treffen mit *to meet with*	gebrauchen zu *to use for*
s. verabreden mit *to make a date with*	passen zu *to go with, fit*

21 Herr Wüstenberg kennt seine Schülerinnen, aber er fragt: ⊗

Er weiss, dass sie . . .
   an den Segelunterricht denken.   Woran denkt ihr?
   auf gutes Wetter warten.
   über den Regen klagen.
   über das Training reden.
   vom Nachhilfeunterricht nichts halten.

22 Susanne kennt ihre Klassenkameradinnen, aber sie fragt: ⊗

Sie weiss, dass sie sich . . .
   mit anderen Dingen beschäftigen.   Mit was beschäftigt ihr euch?
   für Wassersport interessieren.
   auf den Ruderunterricht freuen.
   an letzten Donnerstag erinnern.
   über das schlechte Wetter unterhalten.

23 Sabine hat Anke nicht verstanden, und sie fragt sie. ⊗

Ich halte nichts vom Rudern.   Wovon hältst du nichts?
Ich halte nichts von seinem Freund.   Von wem hältst du nichts?
Ich achte auf die Zeit.
Ich achte auf meine Schwester.
Ich warte auf mein Segelboot.
Ich warte auf meine Freundin.
Ich beschäftige mich mit anderen Dingen.
Ich beschäftige mich mit den Segelschülern.

24 Herr Wüstenberg fragt seine Schülerinnen, und sie antworten. ⊗

Worüber diskutiert ihr?   Wir können Ihnen nicht sagen, worüber
                                  wir diskutieren.

Wofür interessiert ihr euch?
Woran liegt das?
Wovon sprecht ihr?
Womit fangt ihr an?
Worauf habt ihr euch geeinigt?

SCHRIFTLICHE ÜBUNGEN

a. Schreibt die Antworten für Übungen 21, 22, 23, und 24!

b. Schreibt die folgenden Sätze mit den richtigen Präpositionen! *(The blanks marked with an asterisk (*) require the use of a contraction, such as am, ans, etc.)*

1. Die Stadt Kiel vermietet das Bootshaus _____ die Schüler. Die Schüler bitten Herrn Wüstenberg _____ eine Nachhilfestunde im Rudern. Herr Wüstenberg sorgt _____ seine Untertertia. Die Mädchen verstehen nichts _____ * Rudern. Langsam gewöhnen sie sich _____ * Ruderboot. Sie achten _____ den Verkehr im Wasser. Nächste Woche möchte er den Unterricht _____ einen anderen Tag verschieben.

2. Rolf wohnt in Hannover, und er versteht gar nichts _____ * Wassersport. Er schreibt _____ seinen Freund Henning in Kiel, dass er sich _____ * Segeln interessiert. Henning redet _____ seinem Segellehrer und lädt seinen Freund ein. Rolf verabschiedet sich _____ seinen Eltern und fährt nach Kiel. Beim Segelunterricht erklärt ihm Henning: „Es liegt _____ * Wind, wie schnell man segeln kann." Rolf zeigt _____ das Schwert. „Gebraucht man das _____ * Rudern?" Er sieht auch _____ die Boje: „Wozu ist die Boje da?" Henning fängt _____ dem Mast an und erklärt ihm alles. Rolf dankt seinem Freund _____ die Erklärung. Er schickt einen Brief _____ seine Eltern: „Ich freue mich _____ meine erste Segelfahrt!"

HÖRÜBUNG ⊗

Complete each sentence with a prepositional phrase or a wo-compound.

0. *worüber*	1. _____	3. _____	5. _____	7. _____
0. *über wen*	2. _____	4. _____	6. _____	8. _____

27 Schüler-Segelklub Kiel ⊗

Die Schüler in Kiel haben es gut. Sie haben ihr eigenes Bootshaus. Die verschiedenen Klassen kommen mit ihren Lehrern hierher, um Rudern zu lernen.

Wer rudern will, muss das Boot selbst wässern. Sabine, Sigrid, Susanne und Herr Wüstenberg tragen den Vierer zum Wasser.

Die Rollsitze sind im Schiff. Susanne und Sabine halten es fest. „Wer bringt die Ruder?" „Wir üben jetzt das Einsteigen", sagt Herr Wüstenberg.

„Den linken Fuss in die Mitte vom Schiff, ja? Und dann mit dem rechten Bein abstossen. Also: Eintreten! – Abstossen! – Los!"

„So, jetzt fahrt ihr eine Wende. Die Blätter bitte auf gleicher Höhe halten!" Herr Wüstenberg gibt Anweisungen durch ein Sprachrohr. „Zurückkommen! Mannschaftswechsel!"

Schwarze Regenwolken ziehen über den Hafen, und der Vierer kehrt zum Schwimmsteg zurück. Schade!

Es hat sich kaum gelohnt, das Boot zu wässern. Sie nehmen es aus dem Wasser und tragen es zum Bootshaus zurück.

Sie drehen das Boot um und legen es auf Blöcke. Sigrid spült es mit Süsswasser ab. Salzwasser frisst den Lack.

Dann wischen es die Mädchen mit Tüchern ab und tragen es ins Bootshaus.

28 Beantwortet die Fragen!

1. Warum haben es die Kieler Schüler gut?
2. Wie wässern die Mädchen das Boot?
3. Was üben sie zuerst?
4. Was ruft der Lehrer beim Einsteigen?
5. Was tun die Mädchen zuerst?
6. Wie gibt der Lehrer die Anweisungen?
7. Warum müssen die Mädchen zum Schwimmsteg zurückkehren?
8. Was müssen sie jetzt alles tun, bevor sie das Boot ins Bootshaus bringen?

29 MÜNDLICHE ÜBUNG ☺

30 CERTAIN PHRASES WITH da-COMPOUNDS

Da-compounds are often used in certain set phrases.

> **Ich kann nichts dafür,** dass ich kein Gefühl für Sprachen habe.
> **Ich bin dafür,** dass wir heute nicht rudern.

31 Sabine, was ist denn? ☺

Du kennst dieses Verb nicht?

Ich kann nichts dafür, dass ich dieses Verb nicht kenne.

Du hast kein Gefühl für Sprachen?
Du hast keine Zeit zum Lernen?
Du brauchst eine Nachhilfestunde?
Du magst diesen Vorschlag nicht?

32 Sigrid sagt etwas, und Anke ist auch dafür. ☺

Ich bin fürs Rudern.
Ich bin fürs Segeln.
Ich bin fürs Lernen.
Ich bin fürs Nichtstun.

Ich bin auch dafür, dass wir rudern.

33 SCHRIFTLICHE ÜBUNGEN

Schreibt die Antworten für Übungen 31 und 32!

34 KONVERSATIONSÜBUNG

Unterhaltet euch über Boote!
1. Hast du ein Boot, oder kennst du jemand mit einem Boot?
2. Was für ein Boot? ein Segel-, Ruder-, Motorboot?
3. Wo liegt das Boot, oder wie bringst du das Boot zum Wasser?
4. Wo benutzt du das Boot? Wie kommst du dorthin?
5. Was musst du alles tun, bevor du segeln oder rudern kannst?
   (Mast, Segel, Schwert, Ruder, Pinne, Schwimmweste, usw.)
6. Was machst du, wenn du mit dem Segeln oder Rudern fertig bist?

35 SCHRIFTLICHE ÜBUNG

Wählt ein Thema und schreibt einen Aufsatz!
1. Ich gehe segeln.
2. Ich gehe rudern.
3. Unser Boot.
4. Ich hätte gern ein Boot.

36 Lieder für die Schiffsfahrt

Eine Seefahrt, die ist lustig

Ein - ne See-fahrt, die ist lu - stig, ei - ne See-fahrt, die ist schön, denn da

kann man frem - de Län - der und noch man - ches and - re sehn. Hol - la - hi, ho - la -

ho, hol - la hi - a, hi - a, hi - a hol - la hi - a hol - la - ho, hol - la -

hi, hol - la - ho, hol - la hi - a hi - a hi - a, hol - la - ho.

Wenn die bunten Fahnen wehen

Wenn die bun - ten Fah - nen we - hen, geht die Fahrt wohl

ü - bers Meer. Wolln wir fer - ne Lan - de se - hen, fällt der

Ab - schied uns nicht schwer. Leuch - tet die Son - ne, zieh - hen die

Wol - ken, klin - gen die Lie - der weit ü - bers Meer.

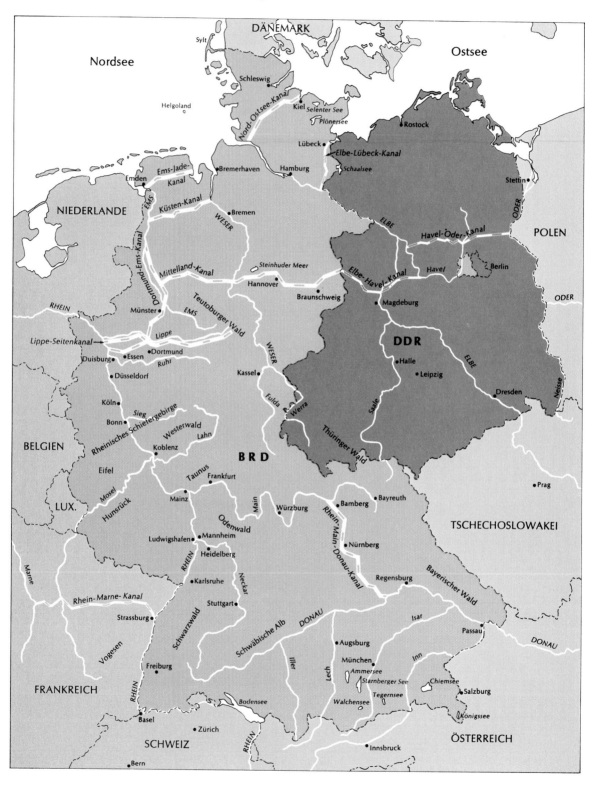

38 Flüsse, Kanäle und Seen

Flüsse mit Nebenflüssen		
der **Rhein**	1 320 km (865)[1]	
der Neckar	367	
der Main	524	
die Lahn	245	
die Mosel	545	(242)
die Sieg	130	
die Ruhr	235	
die Lippe	237	
die **Ems**	371	
die **Weser**	440	
die Werra	293	
die Fulda	218	
die **Elbe**	1 144	(748)
die Saale	427	
die Havel	337	
die **Oder**	912	(169)
die Neisse	256	(188)
die **Donau**	2 850	(647)
die Iller	147	
der Lech	263	(167)
die Isar	295	(263)
der Inn	510	(218)

Die grössten Kanäle	
der Mittelland-Kanal	357 km
Dortmund-Ems-Kanal	269
Rhein-Main-Donau-Kanal[2]	etwa 250
Lippe-Seitenkanal	106
Nord-Ostsee-Kanal	99
Ems-Jade-Kanal	70
Küsten-Kanal	71

Die grössten Seen[3]	
der Bodensee	539 km² (305)
der Chiemsee	80
der Starnberger See	57
der Ammersee	48
das Steinhuder Meer	30
der Plönersee	29
der Schaalsee	23
der Selenter See	22
der Walchensee	16
der Tegernsee	9
der Königssee	5

Wer kennt sich gut in Deutschland aus?

1. Wie heissen die grössten Flüsse?
2. Wie heissen die Nebenflüsse von der (vom) . . . ?
3. Wo ist die (der) . . . ?
4. Welche Städte liegen an der (am) . . . ?
5. Wie heissen die Hafenstädte? Wo liegen sie?
6. Wie heissen die rechten (linken) Nebenflüsse von der (vom) . . . ?
7. Wie lang ist die (der) . . . ?
8. Wo entspringt die (der) . . . ?
9. In welche Richtung fliesst die (der) . . . ?
10. Wohin fliesst die (der) . . . ?
11. Wie heissen die Kanäle?
12. Wie lang ist der . . . ?
13. Welche Flüsse verbindet der . . . ?
14. Du möchtest mit dem Boot von Kassel nach Frankfurt fahren. Wie fährst du?
15. Wie heissen die grossen Seen?
16. Wieviel Quadratmeter hat der . . . ?
17. Wo liegt der . . . ?

[1] The numbers in parentheses indicate length (or area) in Germany.
[2] The **Rhein-Main-Donau-Kanal**, to be completed by 1985, will allow navigation between the North Sea and the Black Sea.
[3] Measurements for lakes are given in km² (**Quadratkilometer,** *square kilometers*).

1–14

der **Bayer**, –n	*Bavarian*
die **Boje**, –n	*buoy*
das **Boot**, –e	*boat*
die **Einmannjolle**, –n	*small boat for one person*
die **Flossfahrt**, –en	*ride on a raft*
die **Hauptschulklasse**, –n	*elementary school class*
die **Isar**	*Isar River*
der **Kajak**, –s	*kayak*
der **Knoten**, –	*knot*
der **Mast**, –en	*mast*
das **Meer**, –e	*sea*
die **Öljacke**, –n	*slicker*
das **Paddelboot**, –e	*paddle boat*
die **Pinne**, –n	*tiller*
die **Prüfung**, –en	*test*
das **Ruder**, –	*rudder*
Schilksee	(see note p. 163)
Schleswig-Holstein	(a state in northern Germany)

das **Schwert**, –er	*centerboard*
die **Schwimmweste**, –n	*life jacket*
das **Segel**, –	*sail*
das **Segelboot**, –e	*sailboat*
der **Segellehrer**, –	*sailing instructor*
der **Segelunterricht**	*sailing instruction, lesson*
der **Steg**, –e	*pier*
das **Tretboot**, –e	*pedalo*
der **Wassersport**	*water sport*
der **Wassersportler**, –	*athlete (in water sports)*
die **Weste**, –n	*vest, jacket*
das **Windsurfing**	*wind-surfing*
der **Zehnjährige**, –n (den – n)	*10-year-old (child)*
der **Zettel**, –	*small piece of paper*

befestigen	*to fasten, secure*
einsetzen sep	*to put in*
kreuzen	*to tack*
kriegen	*to get*
s. **merken**	*to remember*
rudern	*to row*
segeln	*to sail*
verteilen	*to distribute*
wenden	*to turn; to come about*

auf	*open*
ausgerüstet	*outfitted, equipped*
her	*here (motion toward speaker)*
hin	*there (motion away from speaker)*

he!	*hey!*
ich krieg' den Knoten nicht mehr auf	*I can't get the knot out*
Boot fahren	*to go boating*
noch jemand	*anyone else*

15–26

das **Beispiel**, –e	*example*
das **Bootshaus**, ⸚er	*boathouse*
das **Gefühl**, –e	*feeling*
das **Latein**	*Latin*
das **Mädchengymnasium**, – gymnasien	*secondary school for girls*
die **Nachhilfestunde**, –n	*extra help after school*
das **Regenzeug**	*raingear*
das **Rudern**	*rowing*
die **Sprache**, –n	*language*
der **Studienassessor**, –en	(see fn p. 150)
das **Talent**, –e	*talent*
das **Training**	*practice*
die **Untertertia**	*8th grade (at a Gymnasium)*
das **Verb**, –en	*verb*
die **Vokabel**, –n	*vocabulary word*
der **Vorschlag**, ⸚e	*suggestion*

opfern	*to sacrifice*
liegen an A (lag, hat gelegen)	*to depend on, be caused by*
verschieben auf A (verschob, hat verschoben)	*to postpone until*

bereit	*ready*
enttäuscht	*disappointed*
genügend	*enough*
sondern	*but, on the contrary*

ach, komm!	*oh, come on!*
bereit sein zu	*to be prepared to*
bitte nicht!	*please don't!*
ich hab' nur Spass gemacht	*I was only kidding*
ich kann nichts dafür	*I can't help it*
ich weiss es nicht	*I don't know*
im Ernst	*seriously*
kann sein	*could be, may be*
wahnsinnig gut	*awfully well*
woran liegt das?	*what's the reason for that?*
zu tun haben mit	*to have to do with*
zum Beispiel	*for example*

27–35

das **Blatt**, ⸚er	*blade (of an oar)*
der **Block**, ⸚e	*sawhorse*
das **Einsteigen**	*climbing aboard*
der **Hafen**, ⸚	*harbor*
die **Höhe**	*height, level*
der **Lack**	*lacquer finish*
die **Mannschaft**, –en	*team, crew*
der **Mannschaftswechsel**	*crew change*
die **Regenwolke**, –n	*raincloud*
der **Rollsitz**, –e	*sliding seat*
das **Ruder**, –	*oar*
das **Salzwasser**	*salt water*
der **Schwimmsteg**, –e	*floating pier*
der **Segelklub**, –s	*sailing club*
das **Sprachrohr**, –e	*megaphone*
das **Süsswasser**	*fresh water*

das **Tuch**, ⸚er	*rag*
der **Vierer**, –	*four-seater (boat)*
die **Wende**, –n	*turn*
abspülen sep	*to rinse off*
abwischen sep	*to wipe off*
zurückkehren sep	*to return*
abstossen (stösst ab, stiess ab, hat abgestossen) sep	*to push off*
eintreten (tritt ein, trat ein, ist eingetreten) sep	*to step into*
fressen (frisst, frass, hat gefressen)	*to eat away*

gleich-	*same*
auf gleicher Höhe	*at the same level*
das Boot wässern	*to put the boat in the water*
die Wolken ziehen	*the clouds are moving*
eine Wende fahren	*to come about (in boating)*
im Schiff	*amidships*
in die Mitte vom Schiff	*into the middle of the boat, amidships*
ja?	*OK?, right?*
Zugang verboten	*no admittance*

37–39

das **Gewässer**, –	*body of water*
der **Kanal**, Kanäle	*canal*
der **Nebenfluss**, ⸚e	*tributary*
der **Quadratmeter**, –	*square meter*
der **Wasserweg**, –e	*waterway*

entspringen (entsprang, ist entsprungen)	*to rise, originate*
fliessen (floss, ist geflossen)	*to flow*
verbinden (verband, hat verbunden)	*to connect*

36

Hinein ins Vergnügen!

1   Auf dem Rummelplatz ☺

„Hereinspaziert, meine Damen und Herren!" brüllt der Ausrufer hinter seinem Sprachrohr. „Sie sehen Oskar, den Kraftmenschen, den stärksten Mann der Welt.
5 Und den einmaligen neuen Houdini, Ahmet, den Entfesslungskünstler aus der Türkei. Kommen Sie herein! Die Vorstellung beginnt in zehn Minuten."

In Scharen strömen die Menschen auf
10 den Rummelplatz: jung und alt, Väter und Mütter mit Kindern fest an der Hand, ganze Schulklassen, Studentengruppen, Arbeiter, Angestellte, Geschäftsleute. Der Rummelplatz ist für alle da, und einen Rummelplatz gibt es überall. In manchen Orten hat man 15 einen anderen Namen dafür: Jahrmarkt, Volksfest, Kirmes, Messe oder Dult. Ganz gleich was man dazu sagt: der Rummelplatz ist ein Vergnügen. Man freut sich lange vorher darauf, und man spart dafür, denn 20 jedes Vergnügen kostet auch Geld.

2   Das Münchner Oktoberfest ☺

Das Oktoberfest ist das grösste Volksfest Europas. Es findet jedes Jahr in der letzten Septemberwoche und in der ersten Oktoberwoche statt. Sechzehn Tage voller Spass
5 und Vergnügen!

Wenn es das Oktoberfest nicht geben würde, wäre das Leben für viele Münchner nur halb so schön. „Is dös a Gaudi!" sagen sie, und das Vergnügen ist nicht nur für sie al-
10 lein. Millionen von Besuchern aus ganz Deutschland und aus anderen Ländern kommen jedes Jahr hierher, und gemeinsam stellen sie Jahr für Jahr neue Rekorde auf. Im letzten Jahr tranken sie fünf Millionen Mass Bier, assen eine halbe Million „Brathendl", 15 über 600 Tausend „Schweinswürstl" und verzehrten Dutzende von Ochsen.[1]

Und wie sie sich amüsieren! Sie fahren mit der Achterbahn, der Berg- und Talbahn und mit den vielen Karussells. Bei den Ka- 20 russells ist die Musik am lautesten. Es klingelt und bimmelt, und von drüben, von der Rutschbahn, hört man die Leute am lautesten schreien. Man kann sein eigenes Wort kaum verstehen. Überall ein toller Lärm! 25

Das Fest beginnt immer mit dem traditionellen Festzug. Tausende stehen auf den Bürgersteigen: Musikkapellen und Trachtengruppen ziehen vorbei, auf die Festwiese zu.

Einen Höhepunkt bieten jedes Jahr die Münchner Brauereien mit ihren festlich geschmückten Bierwagen und den stolzen, kräftigen Pferden.

1

2

3 Zwei Mass Bier, bitte!

4 Das Zelt vom Löwenbräu

5 Hier finden 6 000 Leute Platz.

Der Hansi ist mit der Pia da. „Wenn du Lust hättest, könnten wir mal mit dem Rotor fahren. Oder würdest du lieber mit der Achterbahn fahren?"

6 „Ich könnte die Brezel ganz alleine aufessen. So einen Hunger hab' ich!"

7 „Hansi, wenn du besser zielen würdest, müsstest du bald mal etwas treffen!"

PIA   Wenn ich dürfte, würd' ich den ganzen Abend hierbleiben.

HANSI   Könntest du nicht deine Eltern anrufen? Es wäre schön, wenn du noch länger bleiben könntest.

PIA   Nee, das geht nicht. Wir kriegen heute abend Besuch. Ein Onkel aus Köln. Der will auch aufs Oktoberfest. – Du, ich hab' eine Idee! Es wäre lieb von dir, wenn du uns begleiten könntest.

HANSI   Ja, freilich. Sag mir aber bald an welchem Tag. – Aber jetzt kaufen wir uns erst ein Los. Wenn ich doch nur zwanzig Mark gewinnen würde! Dann könnten wir noch einmal herkommen. Aber allein!

8

9

[1] Beer at the **Oktoberfest** is served in a large stein called a **Masskrug**, which holds one liter, or a little more than a quart. When ordering, you request **eine Mass Bier.** Traditional **Oktoberfest** foods include **Schweinswürstl,** *linked pairs of pork sausages,* **Brathendl,** *roasted chickens,* and oxen roasted whole on a spit.

Lektion 36   Hinein ins Vergnügen!   179

3 *Folk festivals and fairs have always been an important part of life in European towns and cities. Throughout history, people looked forward to market days and holidays as a chance to gather in the town square, where they could eat, drink, watch musicians and clowns, buy knickknacks from peddlers, and enjoy the noise and excitement. The Jahrmarkt was an especially important fair in each region to which people came from miles around. In German towns and cities today, people still look forward to the festivals and take pride in making their local fair a success.*

The Munich Oktoberfest is probably Europe's largest and most famous folk festival. It was first held in 1810 as a wedding celebration for King Ludwig I of Bavaria. It was such a success that it became a yearly Volksfest. At the Oktoberfest each of the seven major Munich breweries has its own beer tent, which can hold up to 6,000 people. There are rides of all kinds and innumerable attractions, from a "flea circus" to a "lady with two heads." Hundreds of stands sell fried sausages, smoked fish, candied almonds, and fresh pretzels. Brass bands perform in the beer tents each day from noon until 11 PM, when the fair closes for the night.

4 ## Beantwortet die Fragen!

1. Was für Namen hat der Rummelplatz?
2. Was ist der Rummelplatz für die Leute? Wer geht alles hin?
3. Was schreien die Ausrufer?
4. Was ist das Münchner Oktoberfest, und wann findet es statt?
5. Was sagen die Münchner über dieses Fest?
6. Ist es nur ein Fest für die Münchner?
7. Was isst und trinkt man alles dort?

8. Womit beginnt das Fest?
9. Was ist der Höhepunkt im Festzug?
10. Was schlägt Hansi vor?
11. Ist Pia sehr hungrig? Was sagt sie?
12. Warum trifft der Hansi nichts?
13. Was würde Pia gern tun?
14. Was schlägt Hansi vor? Was sagt er?
15. Warum muss Pia nach Hause?
16. Was für eine Idee hat sie?
17. Was will Hansi erst noch tun? Warum?

5 ## MÜNDLICHE ÜBUNG ⊗

6 ## CONDITIONAL SENTENCES
Subjunctive Forms of Modals

Lest die Beispiele und beantwortet die folgenden Fragen! ⊗

Wenn ich **dürfte, würde** ich **hierbleiben.**

What is the meaning of the entire sentence? What time does this sentence refer to? Name the verb form in the condition. What other verb form does **dürfte** look like? How does it differ from that form?

Wenn du Lust **hättest, könnten** wir mit dem Rotor **fahren.**

What does this sentence mean? What time does it refer to? Name the verb form in the conclusion. What other verb form does **könnten** look like? How does it differ from that form?

Wenn ich aufs Oktoberfest **gehen könnte,** so **müsste** ich
mir viel Geld **mitnehmen.**

What does this sentence mean? What time does it refer to? Name the verb forms in both the condition and the conclusion. What other verb form does **könnte** look like? How does it differ from that form? How does **müsste** differ from **musste?**

7 Lest die folgende Zusammenfassung!

1. In Unit 23 of **Unsere Freunde** you learned to use conditional sentences, expressing real and unreal conditions, with **haben, sein,** and **werden.**

    Real: Wenn wir in den Bergen **sind, wandern** wir viel.

    Unreal: Wenn wir in den Bergen **wären, würden** wir viel **wandern.**

2. Like the subjunctive forms of **haben, sein,** and **werden (hätte, wäre, würde),** the subjunctive forms of the modals are based on past tense verb forms, and have the same endings. Except for **sollen** and **wollen,** all the modals take an umlaut in the subjunctive.

Infinitive:	dürfen	können	mögen	müssen	sollen	wollen
Past Tense Form:	durfte	konnte	mochte	musste	sollte	wollte
Subjunctive: ich	dürfte	könnte	möchte	müsste	sollte	wollte
du	dürftest	könntest	möchtest	müsstest	solltest	wolltest
er, sie, es	dürfte	könnte	möchte	müsste	sollte	wollte
wir	dürften	könnten	möchten	müssten	sollten	wollten
ihr	dürftet	könntet	möchtet	müsstet	solltet	wolltet
sie, Sie	dürften	könnten	möchten	müssten	sollten	wollten

3. The subjunctive forms of the modals are also used to express unreal conditions. Subjunctive forms may appear in the condition, in the conclusion, or in both.

    Real: Wenn ich **darf, bleibe** ich **hier.**
    If I may, I'll stay here.

    Unreal: Wenn ich **dürfte, würde** ich **hierbleiben.**
    If I could (were permitted to), I'd stay here.

4. Modals used in unreal conditional clauses often convey a feeling of uncertainty or doubt on the part of the speaker. Sometimes modals used in this way express a suggestion, wish, or desire, but they always imply that the speaker is not sure how things will turn out.

    Wenn du **dürftest,** so **würde** ich mit dir aufs Oktoberfest **gehen.**
    If you were allowed to, I'd go with you to the Oktoberfest.

    Wenn du **wolltest,** so **könnten** wir **wiederkommen.**
    If you wanted to, we could come back.

Was sagt Hansi zu Pia?

Hansi says a number of things to Pia before they go to the Oktoberfest and while they are there. He uses "real" conditional sentences. What would he say if he were less sure about all these things?

Wenn ich heute abend gehen kann, rufe ich dich an.

Wenn ich das Motorrad nehmen darf, hole ich dich ab.

Wenn du etwas essen magst, kaufe ich dir eine Brezel.

Wenn du länger bleiben kannst, setzen wir uns in ein Bierzelt.

Wenn ich heute abend gehen könnte, würde ich dich anrufen.

Was sagt Pia zu Hansi? ⊗

Sie möchte aufs Oktoberfest gehen, aber sie darf nicht.

Sie möchte mit dem Rotor fahren, aber sie kann nicht.

Sie könnte die Brezel aufessen, aber sie will nicht.

Sie möchte ein Bier trinken, aber sie darf nicht.

Sie möchte noch einmal herkommen, aber sie kann nicht.

Wenn ich dürfte, würde ich aufs Oktoberfest gehen.

Was schlägt Hansi alles vor? ⊗

Er möchte sich mit Pia den Festzug ansehen.

Er möchte sich mit ihr um 10 Uhr treffen.

Er möchte sich mit ihr ein Eis kaufen.

Er möchte sich mit ihr in ein Bierzelt setzen.

Wenn du Lust hättest, könnten wir uns den Festzug ansehen.

Und was schlägt nun Pia vor? ⊗

Pia is looking forward to the Oktoberfest. She talks about it, using "real" conditional sentences. What would she say if she wanted her statements to sound more like suggestions?

Wenn wir aufs Oktoberfest gehen wollen, müssen wir uns viel Geld mitnehmen.

Wenn wir den Wagen nehmen dürfen, können wir schneller hinkommen.

Wenn wir den Festzug sehen wollen, müssen wir früher fahren.

Wenn wir nicht zu früh nach Hause müssen, können wir auch etwas essen.

Wenn wir noch einmal kommen können, sollen wir meinen Onkel mitbringen.

Wenn wir aufs Oktoberfest gehen wollten, müssten wir uns viel Geld mitnehmen.

SCHRIFTLICHE ÜBUNGEN

a. Schreibt die Antworten für Übungen 8, 9, 10 und 11!

b. Schreibt Sätze nach folgendem Beispiel!

Beispiel: Er hat Zeit. Er kann seine Eltern anrufen.

Wenn er Zeit hätte, könnte er seine Eltern anrufen.

1. Sie hat keine Zeit. Sie muss mit dem Taxi fahren.
2. Wir sind krank. Wir dürfen nicht aufs Oktoberfest gehen.
3. Ich habe genug Geld. Ich kann mir ein Brathendl kaufen.
4. Du willst dich amüsieren. Du wirst mit der Rutschbahn fahren.
5. Er soll früh zu Hause sein. Er muss das Bierzelt schon jetzt verlassen.
6. Die Kinder können gut zielen. Sie werden bald mal etwas treffen.

13 EXPRESSING WISHES USING CONDITIONAL SENTENCES

Lest die Beispiele und beantwortet die folgenden Fragen! ⊗

Es wäre nett, wenn du mich **anrufen würdest.**

What does this sentence mean? What does it express? How is this idea introduced? What kind of sentence is it? Name the subjunctive form in the **wenn**-clause.

Es wäre lieb, wenn du mich aufs Oktoberfest **begleiten könntest.**

What does this sentence mean? What does it express? How is this idea introduced? What kind of sentence is it? Name the subjunctive form in the condition.

Wenn ich doch nur besser **zielen könnte!**

What does this **wenn**-clause mean? What does it express? Is it a complete conditional sentence? What part is missing? Name the subjunctive form used.

14 Lest die folgende Zusammenfassung!

1. As in English, conditional sentences can be used to express polite wishes. Often a phrase such as **es wäre nett (schön, lieb)** is used to introduce the whole sentence. Subjunctive forms are used in the **wenn**-clause (condition clause), as they are in unreal conditions.

> Es wäre nett, wenn du mich anrufen würdest.
> Es wäre lieb, wenn du mich aufs Oktoberfest begleiten könntest.

2. "If only . . ." wishes are expressed by using the **wenn**-clause alone, with the verb in the subjunctive. For emphasis, words like **nur, doch,** or **doch nur** are added.

> Wenn ich doch nur besser zielen könnte!
> Wenn sie mich doch nur anrufen würde!

Pia möchte, dass Hansi Folgendes tut. Was sagt sie? ⊗

Hansi soll sie anrufen.

Er soll sie abholen.
Er soll früher kommen.
Er soll sich beeilen.
Er soll ihr eine Brezel kaufen.
Er soll ihr etwas Geld leihen.

Es wäre nett, wenn du mich anrufen würdest (könntest)!

Hansi ist mit sich unzufrieden. Er ruft: ⊗

Er trifft nicht gut.
Er zielt nicht gut.
Er tanzt nicht gut.
Er fährt nicht gut.
Er spricht nicht gut Englisch.

Wenn ich nur besser treffen könnte!

17 SCHRIFTLICHE ÜBUNGEN

Schreibt die Antworten für Übungen 15 und 16!

18 HÖRÜBUNG ☺

	0	1	2	3	4	5	6	7	8	9	10
Real Conditional Sentence											
Unreal Conditional Sentence	✓										

19 Auf dem Rummelplatz in Geretsried ☺

,,Wie wär's mit einer Runde? Die Fahrchips bitte an der Kasse kaufen!''

1

Gabi und Elke fahren mit dem elektrischen Auto. Toll, wie sie flitzen und einander rammen! ,,Halt dich fest!''

2

Monika hat sich beim Roten Kreuz ein Los gekauft. Sie könnte fünf Mark gut gebrauchen. Aber — eine Niete! Schade!

3

,,Wie wär's mit Zuckerwatte? Oder hättest du Lust auf einen geräucherten Fisch? Sieht ja auch lecker aus!''

4

,,He, wie wär's mit einer Fahrt in der Spinne?'' — ,,Du willst wohl, dass mir wieder schlecht wird!''

5

„Wie wär's mit einem Wurf?"

6

7

„Pech gehabt! Danebengeworfen."

8

„Hättest du Lust, mit der Schiffsschaukel zu schaukeln?" — „Ich werde so leicht schwindlig!"

9

An der Schiessbude. Jeder Schuss ein Treffer! Monika hat geschossen. Sie ist ein Glückspilz: sechs Schuss, fünf Treffer!

10

Ihr Preis: ein süsses Häschen.

11

Jetzt versucht Gabi ihr Glück. „Wie wär's mit einem Teddybären?" Aber sie hält das Gewehr zu hoch. „Du hast das Schiessen gelernt, als das Treffen noch nicht Mode war!" Fünf Schuss gehen daneben!

12

Sie hat nur eine Plastikrose geschossen. Und Elke, der Pechvogel, hat gar nichts getroffen. Arme Elke! Monika tröstet sie. „Das macht nichts, Elke. Ich geb' dir das Häschen für deine kleine Schwester."

20 Fragt eure Klassenkameraden!

1. Womit fährst du, wenn du auf dem Rummelplatz bist?
2. Was möchtest du gern essen? Worauf hättest du Lust?
3. Bist du an der Schiessbude ein Pechvogel oder ein Glückspilz? Warum?
4. Fährst du gern mit den elektrischen Autos? Warum?
5. Hast du schon einmal Geld gewonnen? Erzähle, wann!
6. Was gefällt dir am besten auf dem Rummelplatz?

21 MÜNDLICHE ÜBUNG ⊛

22 USING SUBJUNCTIVE FORMS
To Express Polite Requests and to Make Suggestions

Subjunctive forms are used to express polite requests and to make suggestions.

Hättest du Lust auf ein Eis?	*Would you like an ice cream?*
Wie wär's mit Zuckerwatte?	*How about some cotton candy?*
Könnte ich ein Los haben?	*Could I have a raffle ticket?*
Möchtest du mit dem Karussell fahren?	*Would you like to go on the carousel?*

23 Worauf Monika wohl Lust hätte: ⊛

Will sie eine Brezel?
Will sie Zuckerwatte?
Will sie ein Brathendl?
Will sie einen geräucherten Fisch?
Will sie ein Cola?

Hättest du Lust auf eine Brezel?

Elke sagt, worauf sie Lust hätte.

Sie will mit der Schiffsschaukel schaukeln.

Ich hätte Lust, mit der Schiffsschaukel zu schaukeln.

Sie will mit der Achterbahn fahren.
Sie will mit der Spinne fahren.
Sie will einen Teddybären schiessen.
Sie will die Pyramide vom Brett werfen.

Wie wär's damit, Gabi?

Sie soll mit der Berg- und Talbahn fahren.

Wie wär's mit einer Fahrt mit der Berg- und Talbahn?

Sie soll mit der Spinne fahren.
Sie soll mit den elektrischen Autos fahren.
Sie soll mit dem Karussell fahren.
Sie soll mit der Schiffsschaukel fahren.

Monika fragt sehr höflich.

Sie will ein Los haben.

Könnte ich bitte ein Los haben?

Sie will ein Gewehr haben.
Sie will einen Fahrchip haben.
Sie will das blaue Häschen haben.
Sie will einen geräucherten Fisch haben.

SCHRIFTLICHE ÜBUNGEN

a. Schreibt die Antworten für Übungen 23, 24, 25 und 26!
b. Du bist mit Freunden auf dem Rummelplatz. Was seht und tut ihr alles? Was sagt ihr? Schreib einen Dialog! (Siehe Seiten 179, 184, 185 und 186!)

28   A SPECIAL USE OF THE WORD daneben

When the word **daneben,** *beside it,* is used as a separable prefix, it conveys the idea of missing something, of failing to hit the mark.

Ich habe danebengeworfen.   *I threw and missed.*

Elke, du Pechvogel! Alles geht daneben!

Sie schiesst und trifft nichts.

Du hast danebengeschossen.

Sie wirft und trifft nichts.
Sie rät, aber sie rät nicht richtig.
Sie schlägt den Nagel und trifft ihn nicht.

30 Auf geht's in den Fasching! ☺

Der Fasching ist kein Rummelplatz, aber im Fasching herrscht Rummelplatz-Atmosphäre. Der Fasching dauert ja auch viel länger, und man kann sich um so mehr amüsieren.

Der Fasching beginnt eigentlich schon am 11.11, um 11.11 Uhr. Zu dieser Zeit wählen die Faschingskomitees in den Dörfern und Städten ihr Prinzenpaar, den Faschingsprinzen und seine Prinzessin. Dieses Paar „regiert" vom 7. Januar, wenn die ersten Faschingsbälle beginnen, bis Aschermittwoch, wenn der Fasching zu Ende geht und die Fastenzeit beginnt.

2
Die Obertertianer vom Gymnasium in Starnberg bereiten sich auf den Starnberger Faschingsumzug vor. Einige sind zur Eva gekommen. Sie hat viele alte Sachen in einem grossen Karton.

„Und jetzt schmink' ich dich. Wie wär's mit falschen Zähnen oder Stoppeln im Gesicht?" – „Mach mir doch ein blaues Auge!" – „Toll!"

3
Sie hat auch eine Nähmaschine. „Als was wolltest du denn gehen, Ralph?" – „Ach, als ‚Garnichts'! Du könntest mir irgendein Kostüm nähen, ganz nach deiner Fantasie."

4

"Hallo, Ralph! Hallo, Marzi!" Wie zwei richtige Piraten sitzen sie auf dem geschmückten Wagen. Aus einem Lautsprecher ertönt Musik: Die Sonne scheint am Firmament, eviva, España! . . .

Eine Woche später fahren unsere Freunde nach München. Am Faschingsdienstag ist ein grosser Umzug. Keiner arbeitet. Ganz München ist auf der Strasse.

Alles ist geschmückt. Der Lärm ist ohrenbetäubend. Die Leute schunkeln und singen: Wir kommen alle, alle, alle in den Himmel, weil wir so brav sind . . .

"Gib mir auch Konfetti, Eva. Das werf' ich dem Flori auf den Kopf."

"Der sieht sowieso schon so lustig aus mit seinen Papierschlangen."

Lektion 36 Hinein ins Vergnügen! 189

31 *The carnival season, called* Karneval *along the Rhine and* Fasching *in southern Germany and Austria, is celebrated in Catholic areas during the weeks preceding Lent. In the cities of Cologne, Mainz, and Munich, the celebrations include elaborate parades and weeks of parties, dances, and formal costume balls. The final day of carnival is* Faschingsdienstag, Shrove Tuesday. *On this day businesses close at noon, and the streets are filled with revelers in the last celebration of the* Fasching *season.*

32

Beantwortet die Fragen!

1. Wann beginnt der Fasching, und wie lange dauert er?
2. Warum sind einige Schüler zur Eva gekommen?
3. Was soll Eva für Ralph tun?
4. Als was gehen Ralph und Marzi?
5. Wann fahren unsere Freunde nach München?
6. Was sieht und hört man alles auf der Strasse?

33 ## MÜNDLICHE ÜBUNG ⊗

34 ## KONVERSATIONSÜBUNG

Diskutiert, wie ihr euch für eine Kostümparty oder eine Faschingsparty vorbereitet!
1. Wer von euch gibt eine Faschingsparty?
2. Als was möchtest du am liebsten gehen? (als Superman? als Mexikaner? als Filmstar? als Indianer? als Mensch vom Mars? als Kleopatra? im Fantasiekostüm?)
3. Beschreibe dein Kostüm!
4. Woher bekommst du dein Kostüm? (Kaufst du es dir? Machst du es selbst? Tust du das alleine? Hilft dir jemand dabei?)
5. Wer sorgt für das Essen? fürs Trinken? für die Musik? (Wer bringt was? Wer kocht oder bäckt etwas? Wer wählt die Platten oder Cassetten aus?)
6. Was für Artikel könntet ihr noch für eure Party gebrauchen?

35 ## SCHRIFTLICHE ÜBUNG

Schreibt einen Aufsatz mit dem Thema: Unsere Kostümparty.

36 ## Lieder für den Fasching und für andere Feste ⊗

Wir kommen alle, alle, alle in den Himmel

Wir kommen alle, alle, alle in den Himmel,
Weil wir so brav sind,
Weil wir so brav sind!
Das sieht selbst der Petrus ein.
Er sagt, ich lass gern euch rein!
Ihr ward auf Erden schon die reinsten Engelein!

Du kannst nicht treu sein

Du kannst nicht treu sein.
Nein, nein, das kannst du nicht,
Wenn auch dein Mund mir wahre Liebe verspricht.
In deinem Herzen hast du für viele Platz.
Drum bist du auch nicht für mich der richt'ge Schatz.

Wer soll das bezahlen?

Wer soll das bezahlen, wer hat das bestellt?
Wer hat so viel Pinkepinke, wer hat so viel Geld?

37 Was ist auf diesem Schulfest alles los?

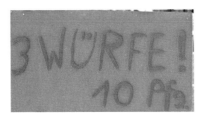

38 Was hören wir alles auf dem Rummelplatz?

Wie wär's mit Zuckerwatte?

Jeder Schuss ein Treffer! PECH GEHABT!

Du bist ein Glückspilz!   So einen Hunger hab' ich!

Hereinspaziert, meine Damen und Herren!

Zwei Mass Bier, bitte!

Drei Paar Schweinswürstl und ein Brathendl!

Fahren wir mal mit dem Rotor! Wie wär's mit einem Wurf?

HALT DICH FEST! Mir wird schwindlig! Mir wird schlecht!

1–18

die Achterbahn, –en (carnival ride)
der Angestellte, –n (den –n) white-collar worker
der Ausrufer, – carnival barker
die Berg- und Talbahn, –en roller coaster
der Besuch company, visitor
der Bierwagen, – beer wagon
das Brathendl, – roast chicken
die Brauerei, –en brewery
der Bürgersteig, –e sidewalk
die Dult, –en carnival, fair
das Dutzend dozen
der Entfesslungskünstler, – escape artist
die Festwiese, –n fairgrounds
die Geschäftsleute (pl) business people
der Jahrmarkt, ⸚e fair
das Karussell, –s carousel
die Kirmes, – carnival, fair
der Kraftmensch, –en muscle man
der Lärm noise
das Löwenbräu (a brewery in Munich)
die Mass (see fn p. 179)
die Messe, –n fair
die Musikkapelle, –n band
der Ochse, –n ox
das Oktoberfest (see note p. 180)
der Rotor (carnival ride)
der Rummelplatz, ⸚e amusement park

die Rutschbahn, –en (carnival ride)
das Schweinswürstl, – pork sausage
die Studentengruppe, –n student group
die Trachtengruppe, –n group dressed in traditional costumes
das Vergnügen pleasure, enjoyment
das Volksfest, –e folk festival
die Vorstellung, –en performance, show

begleiten to accompany
bimmeln to jingle
sparen für to save for
strömen auf A to stream to
verzehren to devour
zielen to aim

aufessen (isst auf, ass auf, hat aufgegessen) sep to eat up
schreien (schrie, hat geschrien) to scream
treffen (trifft, traf, hat getroffen) to hit

drüben over there
festlich festive(ly)
freilich sure, of course
gemeinsam together
herein- (prefix) in (motion toward the speaker)
hinein- (prefix) in (motion away from the speaker)

kräftig strong
lieb nice, good
traditionell traditional
überall everywhere
voller full of

an der Hand by the hand
auf etwas zu toward, in the direction of s.th.
aus ganz Deutschland from all over Germany
das geht nicht that's not possible
es wäre lieb von dir it would be nice of you
ganz gleich it doesn't matter
halb so schön half as nice
hereinspaziert! step right up!
hinein ins Vergnügen! join the fun!
in Scharen in droves
is dös a Gaudi! (Bavarian) what a blast!
Jahr für Jahr year after year
meine Damen und Herren! ladies and gentlemen!
Rekorde aufstellen to set records
sie sagen . . . dazu they call it . . .
wenn ich doch nur 20 Mark gewinnen würde! if only I would win 20 marks!
wenn ich dürfte, würde ich hierbleiben if I could, I'd stay here

19–29

der Fahrchip, –s token
das Gewehr, –e rifle
der Glückspilz, –e lucky duck
das Häschen, – bunny
der Pechvogel, ⸚ unlucky person
die Plastikrose, –n plastic rose
das Rote Kreuz the Red Cross
die Runde, –n round
die Schiessbude, –n shooting gallery
die Schiffsschaukel, –n (carnival ride)
der Schuss, ⸚e shot
die Spinne, –n (carnival ride)
der Treffer, – hit, bull's-eye
der Wurf, ⸚e throw
die Zuckerwatte cotton candy

flitzen to whisk, flit
rammen to ram
schaukeln to swing, sway

danebengehen (ging daneben, ist danebengegangen) sep to miss
danebenwerfen (wirft daneben, warf daneben, hat danebengeworfen) sep to throw and miss
s. festhalten (hält fest, hielt fest, hat festgehalten) sep to hold tight
schiessen (schoss, hat geschossen) to shoot

geräuchert smoked
schwindlig dizzy

hättest du Lust auf (ein Eis)? would you like (an ice cream)?
könnte ich . . . ? could I . . . ?
möchtest du . . . ? would you like . . . ?
wie wär's mit . . . ? how about . . . ?

du hast das Schiessen gelernt, als das Treffen noch nicht Mode war you learned to shoot before hitting the mark came into style
eine Niete! a blank!
gar nichts nothing at all
halt dich fest! hold on tight!
Pech gehabt! bad luck!

30–38

der Aschermittwoch Ash Wednesday
die Atmosphäre atmosphere
die Fantasie imagination
der Fasching (see fn p. 190)
der Faschingsdienstag Shrove Tuesday
der Faschingsprinz, –en (den –en) (see fn p. 114)
der Faschingsumzug, ⸚e Fasching parade
die Fastenzeit Lent
das Firmament heavens
der Karton, –s carton
das Konfetti confetti
der Lautsprecher, – loud-speaker
die Nähmaschine, –n sewing machine

der Obertertianer, – ninth grader (in a Gymnasium)
die Papierschlange, –n (crepe) paper streamer
der Pirat, –en (den –en) pirate
das Prinzenpaar, –e (see fn p. 114)
die Stoppeln (pl) stubble

ertönen to sound
herrschen to prevail, rule
regieren to reign, rule
schunkeln to link arms and sway to music
s. vorbereiten auf A to prepare for

brav good, well-behaved
falsch false
irgendein any
nach according to
ohrenbetäubend deafening

als „Garnichts" as anything you like
auf geht's! let's go!
ein blaues Auge a black eye
eviva España! long live Spain!
ganz nach deiner Fantasie leave it up to your imagination
hallo! hi!
um so mehr all the more
zu Ende gehen to be over
zu dieser Zeit at this time

DER NORDEN

The greater part of northern Germany is an expanse of lowlands with wind and water, changing clouds, and a sense that the sea is always near.

So sah Emil Nolde (1867–1956) den Norden.

▲ Schafweiden am Meer
▲ Strandkörbe schützen gegen den Wind.

Fischerhafen   In Kiel

Bathing beaches and the lonely dunes of the North Sea islands lure millions of tourists every summer. Tidy farms, colorful fishing villages, and red-brick buildings distinguish this area from the rest of Germany.

Aside from the fishing and dairy industries, the nursery industry thrives here. The nurseries around Wiesmoor in East Frisia are especially well known.

Plate 17

Manns Geburtshaus

Stadtverkehr vor dem Holstentor

LÜBECK, founded in 1143, became a prosperous port during the Middle Ages mainly through its trade in salt, which was shipped from here to all parts of the world. Thomas Mann (1875–1955), Germany's greatest modern writer, was born here. The city is the scene of Mann's most prominent work, *Buddenbrooks,* for which he received the Nobel Prize for Literature in 1929.

Lübeck is a manufacturing and trading center. A famous product of Lübeck is marzipan, a rich almond candy, which is shipped all over the world.

Das Rathaus (1230–1570)

Der Überseehafen

Flaggen der Reedereien

HAMBURG, "The Gateway to the World," is Germany's northern metropolis. Founded in 800, it acquired city status in 1215. The river Elbe, connecting Hamburg to the vast hinterland and to the North Sea, is the backbone of Hamburg's shipping economy. Hamburg has always been a cosmopolitan city, where many cultures cross. It has hundreds of foreign shipping agencies and more foreign consulates and trade missions than any other city except New York. Citizens of Hamburg have long had the reputation of being open-minded and culturally aware. In 1677 the rich merchants of Hamburg founded the first opera open to people from all walks of life. Today the Hamburger Oper and the Schauspielhaus rank among the best in the world. The University of Hamburg is one of the largest and most important universities in the Federal Republic.

Being so close to the sea, Hamburg restaurants and markets specialize in fish and seafood.

Gustav Gründgens als Mephisto in Goethes *Faust*

Die Michaeliskirche

Plate 19

BERLIN, established in the 1200's, was not a very important place during the first 400 years of its existence. It was Frederick the Great (1712–1786) who through his leadership and conquests made Prussia a world power and Berlin a center of the arts and sciences.

Under Bismarck (1815–1898), the founder of the German Reich, Berlin became the capital of Germany in 1871. Bismarck made the city into Germany's largest commercial center, and its population increased from 400,000 in 1871 to nearly 4,000,000 in 1920.

In the late 19th and early 20th centuries, Berlin was a center of music and the arts; and after World War I, in the "Golden Twenties," Berlin became the center of experimental theater, art, and literature.

Today West Berlin is Germany's leading center for the electrotechnical, metal, textile, and food-processing industries.

Bismarck-Denkmal

▼ Das Sternhaus

Berlin, die grösste deutsche Stadt

▼ Plastik von Calder vor der neuen Nationalgalerie und Matthäuskirche (1846)

Die Gedächtniskirche   Schloss Bellevue (1785–1786)

Das Brandenburger Tor steht in Ostberlin.

At the end of World War II, Berlin was divided, and many of her treasures lie in what is now East Berlin. For the purposes of daily living, most West Berliners are confined to the western part of the city, and can travel to and from the Federal Republic only along tightly controlled routes. Separated from the rest of Western Germany and surrounded by the Wall, West Berlin still remains a vital and beautiful city. It offers abundant parks, lakes, and forests, as well as a rich cultural tradition—museums, galleries, theaters, and sidewalk cafés.

Auf dem Kurfürstendamm

Auf der Pfaueninsel im Wannsee

Plate 21

Nordrhein-Westfalen

The most densely populated state contains the industrial heart of Germany, the Ruhrgebiet. Here many large manufacturing cities have virtually merged into one vast megalopolis, with coal mines, steel mills, and chemical factories.

This state is not only bursting with economic activity, but is also full of intellectual and cultural life. There are Ruhr Festivals in Recklingshausen,

Düsseldorf, one of Germany's fashion centers

Stahlwerk in Essen

the Ruhr University in Bochum, great theaters and the famous Academy of Art in Düsseldorf, and music festivals in Bonn, Beethoven's native city and capital of the Federal Republic.

East of the Ruhrgebiet is the beautiful agricultural area of Westfalen, whose people traditionally are strongly Catholic and politically conservative.

Fronleichnamsprozession, Paderborn

Rathaus, Schwalenberg

Plate 22

Hessen

This central state contains the Rhein-Main-Gebiet, the second-largest industrial megalopolis in the Federal Republic. The Rhein-Main-Flughafen in Frankfurt is Germany's busiest airport; and there are large industrial plants such as the Farbwerke Höchst, automobile factories, and many government offices.

Die Paulskirche, Tagungsort der Nationalversammlung

Der Römer, das Wahrzeichen Frankfurts

Hessen's largest city is Frankfurt. Many emperors were crowned in the Römer, now a treasured landmark. In the Paulskirche, now a national shrine, the first—unsuccessful—National Assembly convened in 1848.
In 1749, Germany's most famous writer and poet, Goethe, was born in Frankfurt. His birthplace, am Grossen Hirschgraben, is a museum today.

Johann Wolfgang von Goethe (1749–1832), grösster deutscher Denker und Dichter

Rheinland-Pfalz

Every year, millions of tourists come to see the castles, vineyards, and villages along the Rhein and Mosel rivers, famous in legend and folklore. About 70% of German wine is produced in this area, often called the "Land of Vineyards and Forests." Three of the oldest German cities—Trier, Koblenz, and Mainz—were founded by the Romans and lie in this state.

Mainz is the capital. Here, in 1450, Gutenberg perfected the printing press.

In 1521, in the cathedral at Worms, Martin Luther spoke his famous words, "Here I stand," to the Pope's representative.

Burg Pfalzgrafenstein am Rhein

Gutenberg (1394?–1468) in seiner Werkstatt

Das Gutenberg-Museum in Mainz

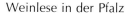

Weinlese in der Pfalz

Der romanische Dom (975–1239) in Mainz

Plate 24

37

PETERS SOMMERJOB: GELD FÜR DIE FAHRSCHULE

1 Peters Ferienjob

Peter hat grosses Glück gehabt. Er hat einen tollen Job gefunden. Er ist Verkäufer in einem amerikanischen Billig-Restaurant.

Im braunen Kittel mit dem Papierkäppi frisch auf dem Kopf steht er hinter dem Ladentisch und bedient die Kunden.

Peter als Verkäufer

Sie essen bei uns preiswert	
Hamburger	DM 1,40
Cheeseburger	DM 1,60
Viertel-Pfünder	DM 3,20
(Hamburger mit 125g Rindfleisch)	
1/4 Hühnchen	DM 2,35
Pommes frites	DM ,90
Pommes frites	DM 1,20
(Riesenportion)	
Äppel Pei	DM 1,20

. . . nun was trinken Sie?	
Kaltschale 0,3 l	DM 1,50
(mit Erdbeer-, Schoko-, Vanillegeschmack)	
Cola/Limonade 0,25 l	DM ,90
Cola/Limo gross 0,4 l	DM 1,45
Orangengetränk	DM ,90
Bier vom Fass	DM 1,40
Flaschenbier	DM 1,40
Kaffee/heisses Kakaogetränk	DM ,90
Ketchup 14g Beutel	DM ,10

„Diesen Job kann man schnell lernen", meint Peter. „Alle Läden sind Selbstbedienungsläden. Jede Filiale verkauft dasselbe, und die Auswahl ist nicht sehr gross: Hamburger, einfache und doppelte, Cheeseburger, dann gibt es auch Hühnchen und Pommes frites. Wir haben auch einen guten Äppel Pei! Zum Trinken verkaufen wir natürlich Bier, Kaffee, Cola und Limo. Alles in Pappbechern. Unser neuer Schlager ist eine Kaltschale. Das ist süsse Trinkcreme, gemixt. Und die schmeckt toll!

„Die Hamburger sind immer gleich: Hackfleisch, garniert mit einem Salatblatt, Gurke und einer Scheibe Zwiebel. Obendrauf kommt entweder Senf oder Ketchup – oder beides. Beim Cheeseburger kommt eine Scheibe Käse aufs Hackfleisch."

Beantwortet die Fragen!

1. Warum hat Peter grosses Glück gehabt?
2. Was tut Peter, und was trägt er bei der Arbeit?
3. Warum kann man diesen Job schnell lernen?
4. Was kann man in diesem Laden alles kaufen? Wie teuer ist alles?
5. Was kommt alles auf einen Hamburger?
6. Und was isst du gern auf deinem Hamburger?

MÜNDLICHE ÜBUNG

4 Eine bekannte Kundin ☺

BABSIE Ja, schau mal! Der Peter!

PETER Grüss dich, Babsie!

BABSIE Grüss dich! – Du siehst richtig fesch aus in deiner Uniform.

PETER Ja, wirklich?! – Wie geht's dir denn?

BABSIE Soso.

PETER Ich hab' dich schon lange nicht gesehen. Arbeitest du irgendwo?

BABSIE Nee. Ich suche irgendetwas. Aber jetzt nur noch _only_ für ein paar Wochen. Ich fahr' dann mit meinen Eltern in Urlaub.

PETER Es ist schlecht, für so kurze Zeit etwas zu finden.

BABSIE Ich hätte einen Job gehabt, aber der war draussen in Sendling.

PETER Warum hast du ihn nicht genommen?

BABSIE Es ist zu weit. Wenn ich ein Mofa gehabt hätte, hätte ich den Job schon genommen. Aber mit dem Bus und der Strassenbahn dauert es zu lange.

PETER Siehst du, da hab' ich's schön. Ich kann zur Arbeit laufen.

BABSIE Ich dachte, dass du im Wertkauf¹ arbeitest. Irgendjemand hat mir das gesagt.

PETER Da war ich nur eine Woche. Im Warenlager. Schlechter Verdienst. Wenn ich meinen Führerschein schon gehabt hätte, hätten sie mich als Fahrer eingestellt. Dann hätte ich mehr verdient.

BABSIE Machst du jetzt den Führerschein?

PETER Jaja, eisern! Der kostet eine Menge Geld. Deshalb schufte ich ja auch so viel. Ich mach' sogar Überstunden.

BABSIE Sag mal, wie hast du denn diesen Job bekommen? Durchs Arbeitsamt²?

PETER Ach, es hat doch gar keinen Zweck, aufs Arbeitsamt zu gehen. Die vermitteln nur längere Jobs, keine Ferienjobs. In der Zeitung stehen ab und zu Anzeigen, aber auf die bewirbt sich jeder. Ich bin einfach herumgelaufen und hab' überall gefragt, ob sie jemand gebrauchen können. – So, und was möchtest du jetzt haben? Da kommen Kunden.

BABSIE Gib mir einen Cheeseburger und etwas zu trinken. Ist die Kaltschale gut?

PETER Sagenhaft! Du musst sie unbedingt versuchen.

---

¹ **Wertkauf** is the name of a large discount department store in Munich.

² **Das Arbeitsamt,** _employment bureau,_ is run by the state government. It not only helps people find employment, but also pays unemployment benefits and provides free training for certain kinds of jobs.

BABSIE	Willst du mal kosten? — Was ich sagen wollte: bist du zu Utes Geburtstagsparty eingeladen?
PETER	Klar! Sie hat mich gestern abend angerufen. Kommst du auch?
BABSIE	Ja, natürlich!
PETER	Toll! Dann sehen wir uns also bei der Ute. Tschüs, Babsie!
BABSIE	Tschüs!

Beantwortet die Fragen!

1. Was für ein Kompliment macht Babsie dem Peter?
2. Was für einen Job sucht sie?
3. Warum hat sie den Job in Sendling nicht genommen?
4. Warum ist Peter nicht länger beim Wertkauf geblieben?
5. Als was hätte er mehr verdient?
6. Wozu braucht Peter so viel Geld?
7. Wie hat er diesen Job gefunden?
8. Warum hat es für Peter keinen Zweck, aufs Arbeitsamt zu gehen?
9. Was bestellt Babsie?
10. Wo werden sich Babsie und Peter wieder treffen?

6 Wo können sich unsere Freunde in den Ferien Geld verdienen? ⊛

Josef arbeitet als Strassen-arbeiter.

Eva hilft in einer Drogerie.

Ursula ist Verkäuferin in einem Spielzeugladen.

Eberhard arbeitet in einem Warenlager.

Jürgen verkauft Zeitungen.

Heidi ist in einem Büro beschäftigt.

Wolfgang mäht den Rasen im Olympiapark.

Irene ist diesen Sommer Kellnerin.

Gabi hilft in einem Reitstall.

7 Was machen sie mit dem Geld, das sie verdient haben?

Ich brauche Geld für den Urlaub.

1

Babsie

Ich brauche eine neue Schiausrüstung.

2

Hans-Peter

Ich mache den Führerschein.

3

Peter

Ich mache einen Segelkurs mit.

4

Monika

Ich möchte im Herbst einen Tanzkurs mitmachen, einen Kurs für Fortgeschrittene.

5

Elli

Ich will mir eine neue Stereoanlage kaufen.

6

Michael

Ich spare mein Geld. Ich möchte mir ein Mofa kaufen.

7

Hansi

Ich mache diesen Winter einen Schikurs in den Bergen, in Westendorf.

8

Eva

MÜNDLICHE ÜBUNG

KONVERSATIONSÜBUNG

Sucht ihr Arbeit? Diskutiert mit euren Klassenkameraden darüber!

1. Wie könnt ihr euch am besten einen Job suchen? (durchs Arbeitsamt? durch die Zeitung? durch Bekannte? selbst?)
2. Wo oder als was würdet ihr am liebsten arbeiten?
3. Was ist für euch beim Jobsuchen wichtig? (Entfernung? Verdienst? Arbeitsklima?)
4. Was macht ihr mit dem Geld, das ihr euch verdient habt?

SCHRIFTLICHE ÜBUNGEN

a. Beantwortet die Fragen von Übung 9 schriftlich!

b. Schreibt einen Aufsatz mit dem Thema: Mein Ferienjob. Der Aufsatz soll folgende Fragen beantworten: 1. Wo und als was hast du gearbeitet? 2. Wie hast du den Job bekommen? 3. Wie bist du zur Arbeit gekommen? 4. Wie hat dir die Arbeit gefallen? 5. Was hast du mit dem Verdienst gemacht?

11

Young Germans today enjoy a relatively high standard of living. Most boys and girls between 15 and 18 are in apprenticeship programs and earn their own money. They are financially better off than Gymnasium students like Babsie and Peter, who have to depend on an allowance from home and whatever they can earn in the summer. Few high school students have jobs during the school year, but many find summer jobs, especially in the service industries.

12

CONDITIONAL SENTENCES
Unreal Conditions Referring to the Past

Lest die Beispiele und beantwortet die folgenden Fragen! ☺

Wenn ich ein Mofa **gehabt hätte, hätte** ich den Job **genommen.**

What does this sentence mean? Does this sentence refer to the present or to the past? What kind of condition is expressed? What do the verb phrases in each clause consist of?

Wenn Babsie Zeit **gehabt hätte, wäre** sie länger **geblieben.**

What does this sentence mean? Does this sentence refer to the present or to the past? What kind of condition is expressed? What do the verb phrases in each clause consist of?

13 ## Lest die folgende Zusammenfassung!

In Unit 23 of **Unsere Freunde,** you learned about real and unreal conditions that refer to present time. In sentences containing unreal conditions that refer to past time, the subjunctive form of **haben** or **sein,** plus a past participle, are used in both the condition and the conclusion.

Condition	Conclusion
Wenn ich ein Mofa **gehabt hätte,** *If I had had a mofa,*	**hätte** ich den Job **genommen.** *I'd have taken the job.*
Wenn Babsie Zeit **gehabt hätte,** *If Babsie had had time,*	**wäre** sie länger **geblieben.** *she would have stayed longer.*

14 ## Peter, was hättest du getan, wenn du Ferien gehabt hättest? ☺

Wärst du in München geblieben?

Hättest du gearbeitet?
Hättest du Geld verdient?
Wärst du an den See gefahren?
Wärst du in der Stadt herumgelaufen?
Hättest du den Führerschein gemacht?

Ja, wenn ich Ferien gehabt hätte, wäre ich in München geblieben.

15 Was hättest du getan, wenn du einen Job gesucht hättest?

die Anzeigen in der Zeitung lesen?

Ich hätte die Anzeigen in der Zeitung gelesen.

zum Arbeitsamt gehen?
überall herumlaufen?
überall fragen?
den ersten Job nehmen?
mit dem Mofa nach Sendling fahren?

16 Wie hätte Peter mehr verdient?

Er hat seinen Führerschein noch nicht
  gehabt.
Er hat wenig Zeit gehabt.
Er hat wenig Überstunden gemacht.
Er ist nicht lange geblieben.
Er hat nicht als Fahrer gearbeitet.
Er ist nicht alt genug gewesen.

Er hätte mehr verdient, wenn er seinen
  Führerschein gehabt hätte.

17 Was sagt Babsie, und was antwortet Peter?

Ich hab' gearbeitet, weil ich kein Geld
  hatte.
Ich hab' Anzeigen gelesen, weil ich einen
  Job brauchte.
Ich bin aufs Arbeitsamt gegangen, weil
  ich Zeit hatte.
Ich hab' in einem Büro gearbeitet, weil
  ich Lust hatte.
Ich hab' mehr verdient, weil ich älter war.
Ich hab' diesen Job nicht bekommen, weil
  ich nicht alt genug war.

Wenn ich kein Geld gehabt hätte, hätte
  ich auch gearbeitet.

18 Fragt eure Klassenkameraden! (Seht euch dabei die Bilder auf S. 196 und 197 an!)

Wo hättest du gern gearbeitet?
Wo hättest du lieber gearbeitet?
Als was hättest du lieber gearbeitet?
Was hättest du mit deinem Verdienst ge-
  macht?
Was hättest du lieber damit gemacht?

(In einem Supermarkt.)
(Ich hätte lieber . . .)

19 Denk- und Sprech-Fix

*The teacher (or a student) calls on one student to give a noun, a second student to give a verb,
and a third student to produce a past conditional sentence using these words.*
Erster Schüler: Buch
Zweiter Schüler: lesen
Dritter Schüler: Wenn ich ein Buch gehabt hätte, hätte ich es gelesen.

"IF ONLY" CIRCUMSTANCES IN THE PAST

Wishes that refer to past time are expressed as the **wenn**-clause (condition) of a conditional sentence. The conclusion is unstated. Since the sentence refers to past time, the subjunctive of **haben** or **sein** is used with the appropriate past participle. The words **doch, nur,** or **doch nur** are often used for emphasis.

Wenn ich doch nur mehr verdient hätte!	*If only I had earned more!*
Wenn ich doch nur nach Sendling gefahren wäre!	*If only I had gone to Sendling!*

Peter antwortet seiner Mutter. Er klagt: ☺

Du hast den Führerschein noch nicht gehabt.
Du hast eben nicht viel verdient.
Du hast dich nicht im Mai beworben.
Du hast den Kurs nicht mitgemacht.
Du bist nicht in die Stadt gefahren.

Wenn ich doch nur den Führerschein gehabt hätte!

SCHRIFTLICHE ÜBUNGEN

Schreibt die Antworten für Übungen 14 bis 17 und Übung 21!

23 In der Fahrschule ☺

Peter macht seinen Führerschein in der Fahrschule Betz. Er hat einmal in der Woche am Nachmittag Fahrunterricht und am selben Abend theoretischen Unterricht. Peter macht den Führerschein gleich in zwei Klassen: Klasse 1 für Motorräder und Klasse 3 für PKWs.

Preisübersicht der Fahrschule Betz	
Rheinstraße 30 (U-Bahn HSt. der U 3, Bonner Platz)	
Grundgebühr Klasse III oder I	DM 120.—
Pkw-Fahrstunde 45 Min.	ab DM 21.—
Vorstellung zur Prüfung	DM 66.50
(Ausländer auf Anfrage)	
Grundgebühr Klasse IV oder V	DM 30.—
Vorstellung zur Prüfung (nur Theorie)	DM 15.—

Herr Weiser gibt theoretischen Unterricht. Er nimmt heute die Verkehrszeichen durch. Das ist nicht schwer für Peter, denn er kennt diese Verkehrszeichen schon.

Im theoretischen Unterricht lernt Peter nicht nur die Verkehrszeichen kennen, sondern auch viel über das Verhalten im Verkehr, wie: Überholen, Nebeneinanderfahren, Vorfahrt, Abbiegen, Wenden, Rückwärtsfahren, Halten, Parken und vieles mehr.

Er lernt auch das Verhalten bei Gefahren im Strassenverkehr wie: Fahren bei Dunkelheit und schlechter Sicht, bei Schnee und bei Eis, und wie man sich bei Unfällen verhalten muss.

Und dann lernt er etwas über die Technik von Fahrzeugen, besonders über die Licht- und Bremsanlagen.

Der Fahrunterricht macht ihm mehr Spass. Wenn Peter gewollt hätte, hätte er einen Schulwagen mit Automatik wählen können. Aber er hat sich für einen BMW mit Gangschaltung entschieden – für einen BMW, wie sein Vater fährt. Den Wagen kennt er, denn er hat ihn schon ab und zu gefahren.

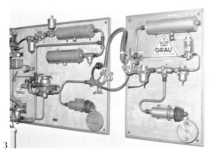

FAHRLEHRER	Herr Niebisch, Sie hätten ein wenig langsamer über die Kreuzung fahren sollen!
PETER	Entschuldigung!
FAHRLEHRER	Und vorhin, an der Ampel, hätten Sie ein wenig mehr Gas geben müssen. Der Motor wäre Ihnen fast stehengeblieben.
PETER	Ich weiss nicht, was heut' mit mir los ist.
FAHRLEHRER	Ich sag' Ihnen das nur, weil so etwas der Prüfer schlecht bewertet hätte. – Und eben an der Kreuzung hätten Sie schalten müssen. – So, und jetzt halten Sie mal an. Hier ist eine Parklücke. Schön rückwärts reinfahren!
PETER	Auweh!
FAHRLEHRER	Das ist schon besser. Sie hätten aber noch näher an den Bürgersteig ranfahren können. – Und jetzt fahren wir wieder denselben Weg zurück.

Lektion 37   Peters Sommerjob   201

24 **Beantwortet die Fragen!**

1. Wo macht Peter seinen Führerschein?
2. Wann hat er Unterricht?
3. Was für einen Führerschein macht er?
4. Wie teuer ist die Grundgebühr? Und eine Fahrstunde?
5. Was lernt Peter alles im theoretischen Unterricht?
6. Was macht ihm mehr Spass?
7. Für was für einen Schulwagen hat er sich entschieden? Warum?
8. Was für einen hätte er wählen können?
9. Was sagt der Fahrlehrer zu Peter, als sie über die Kreuzung gefahren sind?
10. Was hätte er vorhin an der Ampel tun müssen? Warum?
11. Warum sagt der Fahrlehrer das?
12. Was hätte Peter eben an der Kreuzung tun müssen?
13. Was muss Peter jetzt tun?
14. Kommt er gut in die Parklücke? Was meint der Fahrlehrer?

25 **MÜNDLICHE ÜBUNG** ⊗

26

Applicants for a German driver's license are required to take a course in driver education and at least ten hours of driving lessons. This means that getting a driver's license becomes fairly expensive. When applying for a license in any specific class, the applicant must furnish proof of age. An applicant for a Class 3 license, for example, must be at least eighteen years old (or sixteen, if medically certified as having the capabilities of an eighteen-year-old). In addition, the applicant must submit two passport pictures, proof of a clean criminal record, and proof of completing a first-aid course. People over 60 also have to take an eye test.

The driving school prepares its students for both the theoretical examination and the road test given by the Motor Vehicle Bureau. The written test contains 25 questions. The road test takes a minimum of 30 minutes. As of this writing, drivers' licenses are issued for life and do not have to be renewed.

27 **Was für Führerscheine gibt es?** ⊗

Fahrerlaubnis	Fahrzeug	Alter
Klasse 1	für Motorräder über 50 ccm[1]	18 Jahre
Klasse 2	für Lastwagen über 7,5 t[2]	21 Jahre
Klasse 3	für Personenkraftwagen für Motorräder bis 50 ccm für Lastwagen bis 7,5 t	18 Jahre
Klasse 4	für Motorräder bis 50 ccm (Mopeds, Mofas)	16 Jahre
Klasse 5	für Fahrzeuge unter 50 ccm	16 Jahre

[1] **ccm: Kubikzentimeter,** *cubic centimeter.*
[2] **t: Tonne,** *ton.* **Eine Tonne** equals 1,000 kg, or 2,200 lbs.

28 Was brauchst du, wenn du dich zur Prüfung anmeldest?

1. ein ausgefülltes Anmeldeformular
2. zwei Passbilder
3. ein polizeiliches Führungszeugnis. Das bekommst du bei der Polizei in deinem Polizeirevier.
4. Nachweis über Teilnahme an einem Erste-Hilfe-Kursus
5. DM 66,50. Das ist die Gebühr für die Anmeldung.

Fragt eure Klassenkameraden!

1. Wann machst du deinen Führerschein?
2. Wo hast du den Unterricht?
3. Was lernst du alles im theoretischen Unterricht?
4. Wann hast du Fahrunterricht?
5. Was für einen Schulwagen wählst du? Warum?
6. Was lernst du alles im Fahrunterricht?
7. Was für einen Führerschein würdest du in Deutschland brauchen?
8. Was musst du alles mitbringen, wenn du dich zur Prüfung anmeldest?

30

Residents of Germany must be registered with the local police at all times. When you change your residence, even within the same city, you must go in person to your local precinct to notify the police of your move. First you de-register (man meldet sich ab); *then you go to your new precinct and re-register* (man meldet sich wieder an). *Upon request, the police will also issue a* polizeiliches Führungszeugnis, *a document showing whether you have a criminal record. This document must be produced when you apply for a passport, a driver's license, or any professional license.*

31 MODALS IN PAST CONDITIONAL SENTENCES

Lest die Beispiele und beantwortet die folgenden Fragen!

Wenn Peter **gewollt hätte, hätte** er einen Wagen mit Automatik **wählen können.**
What kind of sentence is this? Does it refer to the present or to the past? Name the verb phrase in the condition. Name the verb phrase in the conclusion. Why is **können** used instead of **gekonnt?**

Sie **hätten** ein wenig mehr Gas **geben müssen!**
What is expressed in this sentence? What does this sentence mean? Does it refer to the present or to the past? Name the verb phrase. Why is **müssen** used instead of **gemusst?**

32 Lest die folgende Zusammenfassung!

1. In Unit 33 you learned about the "double infinitive" which occurs in the conversational past tense of modal constructions.

Er **hat** einen Wagen **wählen können.**
He was able to choose a car.

(continued)

2. The double infinitive together with the subjunctive form of **haben** can be used in the conclusion of a past conditional sentence. The **wenn-**clause is expressed or implied.

> Wenn Peter **gewollt hätte, hätte** er einen Wagen mit Automatik **wählen können.**
> *If Peter had wanted to, he could have chosen a car with automatic transmission.*

3. The conclusion of a past conditional sentence can be used to express criticism. There is no ''condition'' in such sentences.

> Sie **hätten** ein wenig mehr Gas **geben müssen!**
> *You ought to have given a little more gas!*
> Sie **hätten** nicht so schnell über die Kreuzung **fahren sollen!**
> *You shouldn't have driven so fast across the intersection!*

Was hätte Peter alles tun können, wenn er gewollt hätte? ⊗

Hat Peter den Fahrkurs machen können?

Wenn er gewollt hätte, hätte er den Fahrkurs machen können.

Hat er den Kurs selbst bezahlen können?
Hat er einen Wagen mit Automatik wählen können?
Hat er die Fahrprüfung im Juni machen können?
Hat er den Führerschein 1. Klasse kriegen können?

Was hätte Peter alles tun müssen? ⊗

Hat er zu wenig Gas gegeben?
Hat er zu schlecht geparkt?
Ist er zu schnell gefahren?
Hat er zu langsam gewendet?
Hat er vor der Kreuzung nicht geschaltet?

Er hätte mehr Gas geben müssen.

KONVERSATIONSÜBUNG

Wer von euch wird bald den Führerschein machen? Unterhaltet euch darüber! Besprecht:
1. wo du deinen Führerschein machen wirst; wieviel der Unterricht kostet; wie viele Fahrstunden du haben musst; wann und wo du deine Fahrprüfung machst, usw.
2. was du alles im theoretischen Unterricht lernen musst
3. was du im Fahrunterricht lernen musst
4. was für Gefahren es im Strassenverkehr gibt, und was du darüber lernst

SCHRIFTLICHE ÜBUNGEN

a. Schreibt die Antworten für Übungen 33 und 34!
b. Schreibt einen Aufsatz mit dem Thema: Bald werde ich meinen Führerschein machen.

	0	0	1	2	3	4	5	6	7	8	9	10
Present	√											
Past		√										

38 Ein Spiel mit Verkehrszeichen

Was bedeuten diese Zeichen? Ihr dürft raten. (Die Antworten findet ihr auf Seite 208.)

Ampel
Anfang der Autobahn
Baustelle
Beschrankter Bahnübergang
  (240 m)
Einfahrt-Verbot
Einseitig (rechts)
  verengte Fahrbahn
Ende der Geschwindigkeits-
  begrenzung
Erste Hilfe

Fussgängerüberweg
Gefahrstelle
Gegenverkehr
Gegenverkehr hat Vorfahrt
Halteverbot
Höchstgeschwindigkeit 40
Kinder
Kreuzung
Kurve rechts
Mindestgeschwindigkeit 30
Seitenwind

Steigung
Überholverbot
Unbeschrankter Bahnübergang
Unebene Fahrbahn
Verbot für Kraftwagen
Verbot für Motorräder
Vorfahrt gewähren
Vorfahrt nur an dieser
  Stelle
Vorfahrtstrasse
Wildwechsel

39 Wie gut kennt ihr euch aus? ⊗

1. Wer muss bis zuletzt warten?

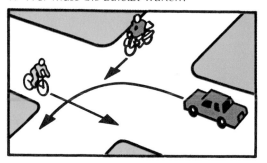

2. Wer hat die Vorfahrt?

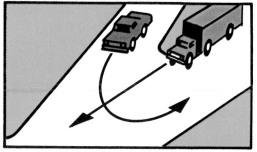

3. In welcher Reihenfolge dürfen sie fahren?

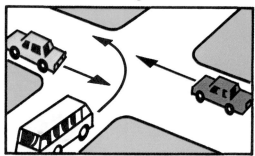

4. In welcher Reihenfolge dürfen sie fahren?

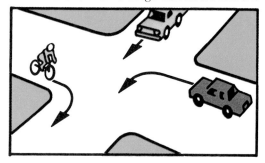

5. Wer hat die Vorfahrt?

6. In welcher Reihenfolge dürfen sie fahren?

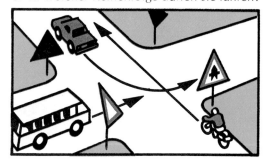

7. Wer muss warten?

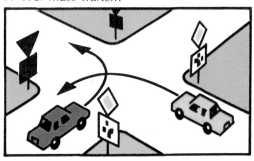

8. In welcher Reihenfolge dürfen sie fahren?

40 Auf Utes Geburtstagsparty

Peter und Babsie treffen sich auf Utes Geburtstagsparty. Seht euch die Bilder an, und beschreibt, wie die Gäste Utes Geburtstag feiern!

WORTSCHATZ

1–3

der **Äppel Pei**, – s   apple pie
die **Auswahl**   choice, selection
das **Billig-Restaurant**, –s   fast-food restaurant
der **Cheeseburger**, –   cheeseburger
die **Fahrschule**, –n   driving school
der **Ferienjob**, –s   vacation job
die **Filiale**, –n   branch (store)
die **Gurke**, –n   pickle
der **Hamburger**, –   hamburger
das **Hühnchen**, –   chicken
der **Job**, –s   job

die **Kaltschale**, –n   cold drink
der **Ketchup**   ketchup
der **Kittel**, –   work jacket
der **Ladentisch**, –e   counter
die **Limo**, –s   lemon soda
der **Pappbecher**, –   paper cup
das **Papierkäppi**, – s   paper cap, hat
das **Salatblatt**, ≈er   lettuce leaf
die **Scheibe**, –n   slice
der **Schlager**, –   hit, popular item
der **Selbstbedienungsladen**, ≈   self-service store

die **Trinkcreme**, –s   milk drink
die **Zwiebel**, –n   onion

beides   both
doppelt   double
einfach   single; simple, plain
fesch   smart, dashing
garniert   garnished
gemixt   mixed
obendrauf   on top

entweder . . . oder   either . . . or

4–22

die **Anzeige**, –n   ad
das **Arbeitsamt**, ≈er   (see fn p. 195)
die **Drogerie**, –n   drugstore
der **Führerschein**, –e   driver's license
die **Kundin**, –nen   customer
das **Mofa**, –s   mofa
der **Olympiapark**   Olympic grounds
der **Reitstall**, ≈e   riding stable
der **Schikurs**, –e   skiing lessons
der **Segelkurs**, –e   sailing course
der **Spielzeugladen**, ≈   toy store
die **Stereoanlage**, –n   stereo set
der **Strassenarbeiter**, –   street worker
die **Überstunden** (pl)   overtime
die **Uniform**, –en   uniform
der **Verdienst**   pay, earnings
das **Warenlager**, –   warehouse
der **Zweck**, –e   purpose

einstellen sep   to employ
schuften   to work hard
verdienen   to earn
vermitteln   to arrange, provide

s. **bewerben auf** A (bewirbt sich, bewarb sich, hat sich beworben)   to apply for, to answer (an ad)

bekannt   familiar
draussen   out, outside
irgendetwas   anything
irgendjemand   anyone
irgendwo   anywhere
richtig   really
sagenhaft   sensational, terrific

beschäftigt sein   to be employed
da kommen Kunden   here come some customers
den Führerschein machen   to get a driver's license
einen Schikurs machen   to take skiing lessons
es hat keinen Zweck   it's no use
gar kein   none at all
in den Ferien   during vacation
in der Zeitung stehen   to be in the newspaper
jaja, eisern!   oh yes, like mad!
nur noch   only
soso   so-so
Überstunden machen   to work overtime
wie geht's dir?   how are you?

23–40

das **Anmeldeformular**, –e   application form
die **Automatik**   automatic transmission
der **BMW**, –s   (a German-made car)
die **Bremsanlage**, – n   brake system
die **Dunkelheit**   darkness
das **Eis**   ice
der **Erste-Hilfe-Kursus, Kurse**   first-aid course
die **Fahrerlaubnis**, – se   driving permission
der **Fahrlehrer**, –   driving instructor
die **Fahrstunde**, –n   driving lesson
der **Fahrunterricht**   driving instruction
das **Fahrzeug**, –e   motor vehicle
das **Führungszeugnis**, – se   (see note p. 203)
die **Gangschaltung**   manual transmission
das **Gas**, –e   gas
die **Gebühr**, –en   fee
die **Gefahr**, –en   danger
der **Lastwagen**, –   truck
die **Lichtanlage**, –n   lights
das **Moped**, –s   moped
der **Motor**, –en   motor

das **Motorrad**, ≈er   motorcycle
der **Nachweis**, –e   proof
die **Parklücke**, –n   parking space
das **Passbild**, –er   passport photo
der **Personenkraftwagen**, –   car
die **Polizei**   police
das **Polizeirevier**, –e   police precinct
der **Prüfer**, –   examiner
der **Schulwagen**, –   school car
der **Strassenverkehr**   traffic
die **Teilnahme**   participation
die **Technik**   engineering
das **Verhalten**   behavior, conduct
die **Vorfahrt**   right-of-way

s. **anmelden** sep   to apply, register
schalten   to shift

durchnehmen (nimmt durch, nahm durch, hat durchgenommen) sep   to cover (in class)
s. **entscheiden für** (entschied sich, hat sich entschieden)   to decide on
ranfahren (fährt ran, fuhr ran, ist rangefahren) sep   to drive close to, against

reinfahren (fährt rein, fuhr rein, ist reingefahren) sep   to drive in (to)
rückwärts fahren (fährt rückwärts, fuhr rückwärts, ist rückwärts gefahren) sep   to back up
stehenbleiben (blieb stehen, ist stehengeblieben) sep   to stall
s. **verhalten** (verhält sich, verhielt sich, hat sich verhalten)   to behave, conduct o.s.

ausgefüllt   filled-out (document)
polizeilich   police; by the police
theoretisch   theoretical
vorhin   before

am selben Abend   on the same evening
auweh!   oh!, uh-oh!
der Motor wäre Ihnen fast stehengeblieben   the motor almost died on you
Gas geben   to give gas
so etwas   something like that
sich zur Prüfung anmelden   to sign up for a test

Antworten für Seite 205: 1. Gefahrstelle; 2. Kreuzung; 3. Kurve rechts; 4. Unebene Fahrbahn; 5. Steigung; 6. Seitenwind; 7. Einseitig (rechts) verengte Fahrbahn; 8. Baustelle; 9. Gegenverkehr; 10. Ampel; 11. Fussgängerüberweg; 12. Kinder; 13. Wildwechsel; 14. Unbeschrankter Bahnübergang; 15. Vorfahrt nur an dieser Stelle; 16. Vorfahrt gewähren; 17. Vorfahrtstrasse; 18. Beschrankter Bahnübergang (240m); 19. Verbot für Kraftwagen; 20. Gegenverkehr hat Vorfahrt; 21. Überholverbot; 22. Anfang der Autobahn; 23. Erste Hilfe; 24. Verbot für Motorräder; 25. Mindestgeschwindigkeit 30; 26. Halteverbot; 27. Einfahrt-Verbot; 28. Höchstgeschwindigkeit 40; 29. Ende der Geschwindigkeitsbegrenzung

Auf dem Lande

1 Wo wird Viehwirtschaft getrieben? ⊗

Die Gebiete an der Küste entlang, in Ostfriesland und in Schleswig-Holstein, und die Alpengebiete erhalten besonders viel Regen. In diesen Gebieten ist das Klima zu feucht für den Getreideanbau, aber ideal für die Viehwirtschaft.

Die Bergbauern in den Alpen sind hauptsächlich auf die Viehwirtschaft angewiesen. Die Wiesen und Weiden sind besonders saftig, und in den Talwiesen kann das Gras oft dreimal im Jahr gemäht werden.

1

Die Kühe in Friesland sind schwarzgefleckt.

2 Bei den Reiters in St. Jakob ⊗

Das Leben auf dem Bauernhof bei Herrn Reiter ist typisch für viele Bergbauern in den Alpen. Der Reiter-Hof ist verhältnismässig gross. Vierzig bis fünfzig Kühe stehen im Winter im Stall, und acht bis zehn Kälber werden jeden Winter geboren. Herr Reiter hält auch zehn bis zwölf Schweine und zwei Schafe, und über dreissig Hühner laufen im Hühnerstall umher.

Herr Reiter könnte die Arbeit nicht schaffen, wenn nicht seine Frau und die Buben und Mädel mithelfen würden. Frau Reiter, und besonders der Alois und der Franzl helfen im Stall; die Rosi und die Annemarie helfen der Mutter im Haushalt. Frau Reiter vermietet Zimmer. Wenn Gäste da sind, gibt es sehr viel zu tun. Auch die kleine Gretl muss dann helfen.

1

Die ganze Familie

2

Alois bei den Hausaufgaben

3

In der Küche

Für ihre Hilfe bekommen die Kinder ein schönes Taschengeld. Es wird in die Sparbüchse gesteckt oder auf die Bank gebracht.

Im Winter, wenn das Vieh im Stall ist, gibt es besonders viel zu tun. Die Jungen stehen schon um halb sechs auf und arbeiten bis um sieben Uhr im Stall. Dann müssen sie zur Schule. Und am späten Nachmittag, zwischen den Hausaufgaben, helfen sie auch wieder mit.

Zweimal am Tag wird der Stall gereinigt, und der Mist wird mit der Schubkarre auf den Misthaufen gefahren. Dann werden die Kühe gefüttert. Sie bekommen Kraftfutter und Heu, und Wasser zum Trinken.

Dann werden sie gemelkt. Herr Reiter hat Melkmaschinen. Die machen die Arbeit leichter. Die Milch wird dann ins Milchhaus gestellt und wird morgens von einem Milchauto abgeholt. Die Milchmenge wird gemessen und der Fettgehalt geprüft. Dann wird die Milch zur Molkerei gebracht.

4 Es gibt immer viel zu nähen.

5 Die Buben bekommen ihr Taschengeld.

6 Die Kühe werden gefüttert.

7 Franzl hilft.

8 Alois im Milchhaus

9 Das ist Käfer. Sie gibt 9 kg Milch am Tag.

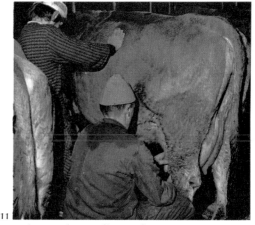

In der Molkerei wird die Milch zuerst untersucht. Es könnte ja sein, dass sie von einer kranken Kuh kommt. Dann wird die Milch gereinigt und zu einem Teil entrahmt. Dann wird sie erhitzt und wieder auf fünf Grad abgekühlt. Dann kommt sie in Flaschen oder Tüten und wird verkauft.

Käfer an der Melkmaschine

Die Schafe werden von Alois gefüttert.

Die Schweine werden von Franzl gefüttert.

3 Was für Tiere gibt es auf einem Bauernhof?

Kühe. Die Kuh muht.

Kälber. Das Kalb ist jung.

Schafe. Das Schaf bäht.

Schweine. Das Schwein grunzt.

Ziegen. Die Ziege meckert.

einen Hahn. Der Hahn schreit: Kikeriki!

Küken. Das Küken piepst.

Hühner. Das Huhn gackert.

Gänse. Die Gans schnattert.

Enten. Die Ente quakt.

Pferde. Das Pferd wiehert.

Fohlen. Das Fohlen hat wacklige Beine.

4 Was geben uns die Tiere?

Schweine:
Schinken

Küche:
Milch

Schafe:
Wolle

Gänse:
Federn

Hühner:
Eier

5 Wie heissen die Jungen von . . . ?

Kühe haben Kälber.
Pferde haben Fohlen.
Schafe haben Lämmer.
Ziegen haben Kitzen.

Schweine haben Ferkel.
Hühner haben Küken.
Gänse haben Gänschen.
Enten haben Entchen.

Beantwortet die Fragen!

1. Welche Gebiete sind ideal für die Viehwirtschaft?
2. Worauf sind die Bergbauern angewiesen?
3. Wie sind die Wiesen und Weiden im Gebirge?
4. Was kann man über das Leben bei den Reiters sagen?
5. Wieviel Vieh hat der Reiter-Hof?
6. Warum müssen alle mithelfen?
7. Wer macht was?
8. Wann gibt es besonders viel zu tun?
9. Wann müssen die beiden Buben im Stall helfen?
10. Beschreibt, was im Stall alles getan wird!
11. Wie werden die Kühe gemelkt?
12. Was wird getan, bevor die Milch zur Molkerei gebracht wird?
13. Was wird mit der Milch alles getan, bevor sie verkauft wird?
14. Was für Tiere gibt es auf einem Bauernhof? Was wisst ihr über sie?

MÜNDLICHE ÜBUNG

8   THE PASSIVE: werden AND THE PAST PARTICIPLE

Lest die Beispiele und beantwortet die folgenden Fragen!

Alois **reinigt** ⟶ den Stall.
Der Stall ⟵ **wird gereinigt.**

What does the first sentence mean? and the second? Name the direct object in the first sentence. What is the function of this word in the second sentence? Name the verb phrase in the second sentence. What does it consist of?

(continued)

Wir **fütterten** $\longrightarrow$ die Tiere.
Die Tiere $\longleftarrow$ **wurden gefüttert.**

What do these sentences mean? What time do they refer to? What tense are they in? Name the verb phrase in the second sentence. What does it consist of?

Franzl **hat** gerade $\longrightarrow$ die Kühe **gemelkt.**
Die Kühe $\longleftarrow$ **sind gemelkt worden.**

What do these sentences mean? What time do they refer to? What tense are they in? Name the verb phrase in the second sentence. What does it consist of?

Der Stall wird **von Alois** gereinigt.

What does this sentence mean? Who does the cleaning? How is this idea expressed?

Die Kühe werden **von seinem Vater** gefüttert.

What does this sentence mean? Who does the feeding? How is this idea expressed? What case follows **von?**

9 Lest die folgende Zusammenfassung!

1. The verb **werden,** used together with a past participle, expresses the idea that something is being done. The person or thing responsible for doing it is not always mentioned.

Der Stall **wird gereinigt.**
The stable is being cleaned (is in the process of being cleaned).

2. To emphasize that something is being done "right now, at this moment," the words **gerade, eben,** or **jetzt** are often used.

Die Kühe werden **gerade** gefüttert.
The cows are being fed right now.

3. The construction using **werden** plus the past participle is often called the "passive voice." (Up to now you have been using the "active voice.") The passive construction can be used in all tenses. The present and past tenses are shown below.

Tense		Inflected Form of **werden**	Past Participle	
Present	Der Stall	**wird**	**gereinigt.**	
Narrative Past	Der Stall	**wurde**	**gereinigt.**	
		Inflected Form of **sein**		Past Participle Form of **werden**
Conversational Past	Der Stall	**ist**	**gereinigt**	**worden.**
Past Perfect	Der Stall	**war**	**gereinigt**	**worden.**

NOTE: a. The past participle remains constant in all the tenses; the forms of **werden** change according to person and tense.
b. The forms of **sein** are used with the past participle of **werden**.
c. The past participle of **werden** in this construction has a special form, **worden,** which differs from the regular form, **geworden.**

4. A phrase telling by whom something is done is introduced in German by **von,** followed by the dative. The person named in the **von**-phrase is called the "agent."

Der Stall wird **von Alois** gereinigt.   *The stable is being cleaned by Alois.*
Die Kühe werden **von ihm** gefüttert.   *The cows are being fed by him.*

Was wird jetzt alles im Stall gemacht? ⊗

Reinigt man den Stall?   Ja, der Stall wird jetzt gereinigt.
Füttert man die Hühner?
Holt man die Melkmaschinen?
Melkt man die Kühe?
Misst man die Milchmenge?
Prüft man den Fettgehalt?

Was wird von wem gemacht? ⊗

Herr Reiter füttert die Schafe.   Die Schafe werden von Herrn Reiter ge-
                                       füttert.

Sein Sohn reinigt den Stall.
Seine Frau füttert die Schweine.
Seine Tochter melkt die Kühe.
Sein Nachbar prüft die Milch.
Sein Fahrer holt die Milch ab.

Was ist mit der Milch schon alles passiert? ⊗

Hat jemand die Milch abgeholt?   Ja, sie ist schon abgeholt worden.
Hat sie jemand untersucht?
Hat sie jemand entrahmt?
Hat sie jemand erhitzt?
Hat sie jemand abgekühlt?
Hat sie jemand verkauft?

Kannst du mir das sagen? ⊗

Sind alle Hühner gefüttert worden?   Ich glaube nicht, dass alle Hühner gefüttert
                                       worden sind.

Sind alle Ställe gereinigt worden?
Sind alle Kühe gemelkt worden?
Sind alle Tiere untersucht worden?
Sind alle Wiesen gemäht worden?
Sind alle Zimmer vermietet worden?

Was passiert mit der Milch in der Molkerei? ⊗

untersuchen / reinigen / entrahmen /
erhitzen / abkühlen / verkaufen

Zuerst wird sie untersucht. Dann . . .

Wisst ihr noch, was die Familie Rutz im Garten macht? ⊗

Herr Rutz schneidet die Hecke.
Er giesst auch die Blumen.
Roger mäht den Rasen.
Frau Rutz jätet das Unkraut.
Eliane kehrt die Terrasse.
Und Marcel bindet den Strauch fest.
Die Familie verrichtet alle Gartenarbeiten.

Die Hecke wird von Herrn Rutz geschnitten.

Was passiert auf Hans-Peters Party? ⊗

Bowle trinken / essen / Platten aussuchen / tanzen / lachen und singen

Zuerst wird Bowle getrunken. Dann . . .

SCHRIFTLICHE ÜBUNGEN

Schreibt die Antworten für Übungen 10 bis 16!

18 Auf der Alm° ⊗

Im Sommer haben es die Reiters etwas leichter: sie
brauchen sich nicht um das Vieh zu kümmern°. Anfang
Juni wird das Vieh auf die Alm getrieben°, wo es den
ganzen Sommer bleibt.

Der Auftrieb° ist immer ein ganz besonderes Ereignis.
Die Kühe werden geschmückt, und einige tragen grosse
Glocken um den Hals. Wie das schallt! Und auf der
Alm, hoch im Gebirge, hat Herr Reiter eine Sennhütte:
ein grosser Bau mit Stall und Wohnräumen. Ein Senner
und eine Sennerin werden für den Sommer angestellt°;
die kümmern sich dann um das Vieh.

Und was geschieht mit der Milch? Die wird von hier
oben durch eine Milchleitung° ins Tal geschickt, wo sie
direkt in den Tank von einem Milchauto läuft. Es gibt
aber auch Sennhütten, wo Butter und Käse zubereitet
werden. Bergwanderer rasten gern in diesen Sennhütten
und trinken Milch oder Buttermilch und essen Butter-
und Käsebrote. Die schmecken herrlich!

LEXIKON: die Alm: *Alpine pasture;* s. kümmern um: *to be concerned
with, take care of;* treiben: *to drive, herd;* der Auftrieb: *cattle drive (to
the Alpine pasture);* anstellen: *to hire;* die Leitung: *pipeline*

19 Beim Grasmähen ☺

Das Gras ist hoch, und es kann schon wieder gemäht werden. Am Steilhang, wo Alois und Franzl im Winter Schi laufen, wächst es besonders gut. Hier kann Herr Reiter mit seinem Traktor auch nicht gut hin, und das Gras muss mit der Hand gemäht werden. Alois mäht es mit der Sense.

Alois schärft die Sense.

Das Gras muss mit der Hand gemäht werden. Es wird durch Sonne und Wind schnell getrocknet.

Wenn es dann trocken ist, kann es zusammengerecht werden.

20 Beim Heuen ☺

Die grosse Wiese im Tal ist mit der Mähmaschine gemäht worden. Das Gras ist noch nicht trocken, und es soll heute gewendet werden. Der Franzl ist gerade dabei, den Heuwender an den Traktor zu hängen. Mit dem Heuwender kann die ganze Wiese in zwei Stunden gewendet werden. Wenn das Heu heute trocken wird, wird ein Teil in den Heustadel gesteckt. Es bleibt dort bis zum Winter, wenn es für das Vieh gebraucht wird.

Franzl fährt den Traktor mit dem Heuwender.

Das Heu ist trocken. Jetzt wird der grosse Heurechen an den Traktor gehängt.

4 Das Heu kann damit in Zei-
len gelegt werden für den
automatischen Ladewagen.

5 Herr Reiter fährt den Ladewagen in die Scheune.

6 Das Heu wird abgeladen und
mit dem Gebläse auf den
Heuboden „geschossen."

21 Beantwortet die Fragen!

1. Warum haben es die Reiters im Sommer leichter?
2. Wo sind die Kühe im Sommer?
3. Wie sehen die Kühe aus, wenn sie auf die Alm getrieben werden?
4. Wie sieht die Sennhütte aus?
5. Was machen die Senner?
6. Wie wird die Milch von der Alm ins Tal geschickt?
7. Was wird mit der Milch auf anderen Sennhütten gemacht?
8. Wo muss das Gras mit der Hand gemäht werden? Warum?
9. Was geschieht, wenn es trocken ist?
10. Wie lange bleibt das Heu im Heustadel?
11. Wie ist die grosse Wiese gemäht worden?
12. Wozu braucht Franzl den Heuwender?
13. Was macht er mit dem Heurechen?
14. Wie kommt das Heu von der Wiese auf den Heuboden?

22 MÜNDLICHE ÜBUNG ⊗

23 THE PASSIVE INFINITIVE

Lest die Beispiele und beantwortet die folgenden Fragen! ⊗

Wir **werden** die Kühe **füttern.**
Die Kühe **werden gefüttert werden.**

What does the first sentence mean? What time does it refer to? Name the infinitive. What does the second sentence mean? What time does it refer to? What two words together form the infinitive in this sentence?

Sie **müssen** das Gras **mähen.**
Das Gras **muss gemäht werden.**

What does the first sentence mean? What construction is used? Name the infinitive. What does the second sentence mean? What two words together form the infinitive in this sentence?

Sie **konnten** das Heu **wenden.**
Das Heu **konnte gewendet werden.**

What does the first sentence mean? and the second? What time do both sentences refer to? Name the infinitive in the first sentence. What two words together form the infinitive in the second sentence?

24 Lest die folgende Zusammenfassung!

1. The passive infinitive is used in passive constructions that require an infinitive. The passive infinitive consists of a past participle plus the infinitive **werden.**

Active Infinitive	Passive Infinitive
füttern	**gefüttert werden**
mähen	**gemäht werden**

2. Sentences that require the passive infinitive include passive sentences referring to future time, as well as passive sentences involving modals.

			Passive Infinitive	
Future	Die Kühe	**werden**	**gefüttert werden.**	The cows will be fed.
Modals: Present	Das Gras	**muss**	**gemäht werden.**	The grass must be mowed.
Past	Das Heu	**konnte**	**gewendet werden.**	The hay could be turned.

Was wird heute noch alles gemacht werden? ⊗

Werdet ihr das Gras noch mähen?   Ja, es wird noch gemäht werden.
Werdet ihr es noch wenden?
Werdet ihr es noch zusammenrechen?
Werdet ihr es noch auf den Ladewagen
   laden?
Werdet ihr es noch in die Scheune bringen?
Werdet ihr es noch im Stall brauchen?

Alois! Was noch alles gemacht werden muss! ⊗

Du musst noch das Gras mähen!   Ja, das Gras muss noch gemäht werden.
Du musst noch die Sense schärfen!
Du musst noch das Heu wenden!
Du musst noch den Stall reinigen!
Du musst noch die Ziegen füttern!
Du musst noch die Kühe melken!

Wann soll alles getan werden? ⊗

Er soll das Gras mähen.   Wann soll das Gras gemäht werden?
Er soll es wenden.
Er soll das Heu in die Scheune fahren.
Er soll es abladen.
Er soll es auf den Heuboden schiessen.

28 Was nicht getan werden darf! ⊗

Du darfst die Milch nicht erhitzen!
Du darfst die Butter nicht verkaufen!
Du darfst den Käse nicht essen!
Du darfst den Joghurt nicht lange auf-
  heben!
Du darfst die Buttermilch noch nicht
  trinken!

Die Milch darf nicht erhitzt werden.

29 Was Inge alles tun muss! Was sagt ihre Grossmutter? ⊗

Sie soll die Spülmaschine ausräumen.

Sie soll die Servietten falten.
Sie soll die Wäsche mangeln.
Sie soll den Tee kochen.
Sie soll die Gäste bedienen.

Die Spülmaschine muss noch ausgeräumt
  werden.

30 Was Babsie mit ihrer neuen Bluse tun und nicht tun kann. ⊗

Bluse / nicht enger machen

nicht zurückbringen
nicht umtauschen
nicht heiss waschen
aber nass aufhängen
oder reinigen

Die Bluse kann nicht enger gemacht
  werden.

31 Etwas aus der Geschichte ⊗

1492 hat Kolumbus Amerika entdeckt.
1593 hat Galileo das Thermometer erfunden.
1876 hat Bell das Telefon erfunden.
1877 hat Edison den Plattenspieler erfunden.
1903 haben die Gebrüder Wright das Flugzeug erfunden.
1932 hat Farnsworth das Fernsehen erfunden.

1492 ist Amerika entdeckt worden.

32 HÖRÜBUNG ⊗

	1	2	3	4	5	6	7	8	9	10
Active										
Passive (werden + past participle)										

KONVERSATIONSÜBUNGEN

a. Diskutiert, wie das Gras von der Wiese als Heu in den Stall kommt!

b. Diskutiert, wie die Milch von der Kuh über die Molkerei in unseren Kühlschrank kommt!

SCHRIFTLICHE ÜBUNGEN

Schreibt die Antworten für Übungen 25 bis 31 und für Übung 33a oder b!

35 Die Bundesrepublik Deutschland: Agrarland° oder Industriestaat?

das Agrarland: *agricultural country*

Wenn man mit dem Flugzeug über die Bundesrepublik fliegt, so könnte man glauben, dass die BRD ein Agrarland ist. Was man sieht, ist ein buntes Mosaik von Feldern und Wäldern—und die vielen kleinen Orte und Städte scheinen° in die Landschaft hinein-
5 zupassen.

scheinen: *to seem*

Was man aus dem Flugzeug sieht, kann man auch statistisch aufteilen°: 56% ist Agrarland (30% Ackerbau°, 23% Wiese und Weide, 3% Obstgärten und Weinberge); 29% sind Wälder; 5% ist Ödland°; und nur 10% sind Industrieland und Städte. Der Boden-
10 nutzung nach° würde man also sagen, dass die BRD ein Agrar-land ist.

aufteilen: *to divide up*
der Ackerbau: *farming*
das Ödland: *wasteland*
der Bodennutzung nach: *according to land use*

Aber die Arbeitsstatistik zeigt ein anderes Bild. Von allen Be-rufstätigen° in der BRD arbeiten 49% in der Industrie, 25% für die Regierung°, 18% im Handel-° und Transportwesen und nur 8% in
15 der Landwirtschaft°. Die Bundesrepublik ist daher ein Industriestaat und kein Agrarland. Sie führt Industrieprodukte aus°, und sie muss Agrarprodukte einführen°.

die Berufstätigen (pl.): *people who have jobs*
die Regierung: *government*
der Handel: *trade*
die Landwirtschaft: *agriculture*
ausführen: *to export*
einführen: *to import*

Die Industrie in der BRD konzentriert sich auf vier Gebiete: das Ruhrgebiet, das Gebiet um Frankfurt, das Gebiet um Mannheim-
20 Ludwigshafen und das Saargebiet. In diesen Gegenden und in einigen anderen grossen Städten ist die Bevölkerung° am dichtesten.

die Bevölkerung: *population*

Landwirtschaftliche Betriebe° sind über die ganze Bundes-republik verstreut°, und die meisten sind kleine Bauernhöfe bis zu 20 Hektar°. Die grossen Bauernhöfe sind in Westfalen und im
25 bayerischen Alpenvorland. Viehzucht° spielt eine grosse Rolle in Ostfriesland, in Schleswig-Holstein und in den bayerischen Alpen, besonders im Allgäu.

landwirtschaftliche Betriebe: *farms*
verstreut: *spread out, scattered*
der Hektar: *a land measure, 2.471 acres*
die Viehzucht: *breeding of livestock*

Der Weinbau beschränkt sich auf° die Gebiete um den Ober-rhein und Mittelrhein, die Mosel, den Neckar und den Main.

s. beschränken auf: *to be limited to*

Beantwortet die Fragen!

1. Warum könnte man glauben, dass die BRD ein Agrarland ist?
2. Warum ist die BRD eigentlich ein Industriestaat?
3. Wo sind die Industriegebiete?
4. Wo ist die Bevölkerung am dichtesten?
5. Wo sind die grossen Bauernhöfe?
6. Wo spielt Viehzucht eine Rolle?
7. Auf welche Gebiete beschränkt sich der Weinbau?

MÜNDLICHE ÜBUNG

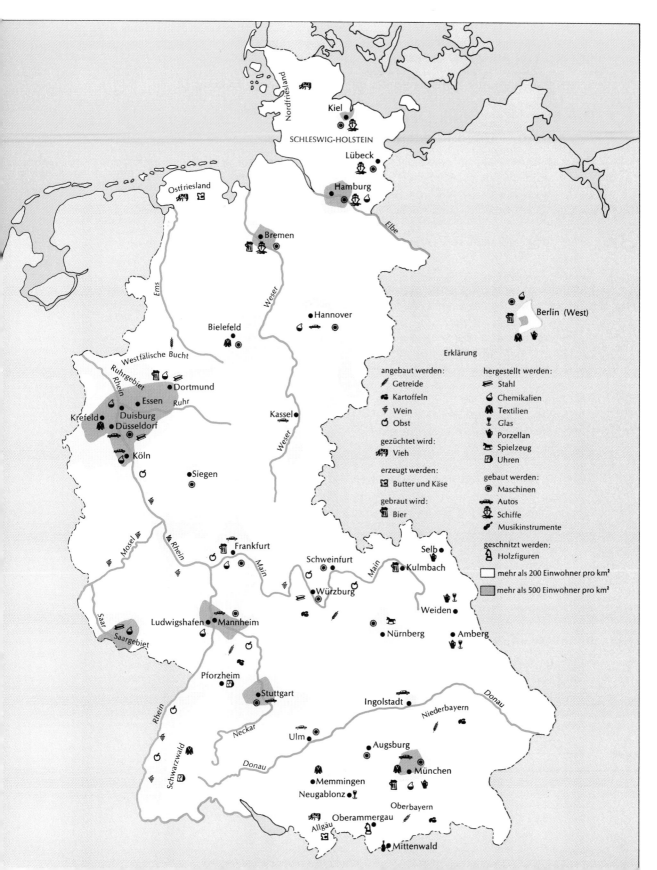

Kiel

SCHLESWIG-HOLSTEIN

Lübeck

Hamburg

Nordfriesland

Ostfriesland

Bremen

Elbe

Ems

Weser

Hannover

Berlin (West)

Bielefeld

Westfälische Bucht

Ruhrgebiet

Rhein

Ruhr

Dortmund

Essen

Krefeld

Duisburg

Düsseldorf

Köln

Siegen

Kassel

Weser

Erklärung

angebaut werden:
- Getreide
- Kartoffeln
- Wein
- Obst

gezüchtet wird:
- Vieh

erzeugt werden:
- Butter und Käse

gebraut wird:
- Bier

hergestellt werden:
- Stahl
- Chemikalien
- Textilien
- Glas
- Porzellan
- Spielzeug
- Uhren

gebaut werden:
- Maschinen
- Autos
- Schiffe
- Musikinstrumente

geschnitzt werden:
- Holzfiguren

mehr als 200 Einwohner pro km²

mehr als 500 Einwohner pro km²

Mosel

Rhein

Frankfurt

Main

Schweinfurt

Würzburg

Selb

Kulmbach

Main

Weiden

Saar

Ludwigshafen

Mannheim

Saargebiet

Nürnberg

Amberg

Pforzheim

Stuttgart

Rhein

Neckar

Ingolstadt

Niederbayern

Donau

Schwarzwald

Ulm

Donau

Augsburg

München

Memmingen

Neugablonz

Oberbayern

Allgäu

Oberammergau

Mittenwald

Besprecht nun die Karte auf Seite 222! ⊗

a. Diskutiert, wo die meisten und die wenigsten Leute wohnen!

b. Diskutiert, was in den verschiedenen Gegenden der BRD angebaut oder erzeugt wird!

1. Wo werden Getreide, Kartoffeln, Wein und Obst angebaut?
2. Wo wird Vieh gezüchtet?
3. Wo werden Butter und Käse erzeugt?
4. Wo wird Bier gebraut?
5. Wo werden Stahl, Chemikalien, Textilien, Glas und Porzellan, Spielzeug und Uhren hergestellt?
6. Wo werden Maschinen, Autos, Schiffe und Musikinstrumente gebaut?
7. Wo werden Holzfiguren geschnitzt?

c. Diskutiert, was von der BRD ausgeführt und was in die BRD eingeführt wird!

d. Seht auf eine Karte von den Vereinigten Staaten und diskutiert, was in den verschiedenen Gegenden angebaut oder erzeugt wird! (Zum Beispiel: Was wird in Kalifornien, im Napa-Tal, angebaut? — Im Napa-Tal wird Wein angebaut.)

e. In was für einer Gegend wohnt ihr? Beschreibt eure Gegend! Beschreibt euren Staat! (Wie ist die Landschaft? Wie ist das Klima? Was für Industrie gibt es? usw.)

40 RATESPIEL MIT ZAHLEN ⊗

Seid ihr gut mit Jahreszahlen? Jeder von euch soll zwei oder drei Jahreszahlen bereithaben, und ihr fragt dann eure Klassenkameraden, was in einem bestimmten Jahr passiert ist! (Zum Beispiel: Was ist 1932 passiert? — 1932 wurde das Fernsehen erfunden.)

41 WORTSCHATZ

1–17

das **Alpengebiet**, –e   *Alpine region*
der **Bergbauer**, –n   *farmer (in a mountainous region)*
das **Entchen**, –   *duckling*
die **Ente**, –n   *duck*
die **Feder**, –n   *feather*
das **Ferkel**, –   *piglet*
der **Fettgehalt**   *fat content*
das **Fohlen**, –   *foal*
das **Friesland**   *(area in northern Germany)*
die **Gans**, ∻e   *goose*
das **Gänschen**, –   *gosling*
der **Getreideanbau**   *grain production*
der **Hahn**, ∻e   *rooster*
der **Haushalt**, –e   *household*
das **Heu**   *hay*

der **Hof**, ∻e   *small farm*
das **Huhn**, ∻er   *hen*
der **Hühnerstall**, ∻e   *henhouse*
das **Junge**, –n   *young (animal)*
das **Kalb**, ∻er   *calf*
die **Kitze**, –n   *kid (young goat)*
das **Klima**   *climate*
das **Kraftfutter**   *enriched feed*
das **Küken**, –   *chick*
die **Küste**, –n   *coast*
das **Lamm**, ∻er   *lamb*
das **Mädel**, –n   *girl*
die **Melkmaschine**, –n   *milking machine*
das **Milchauto**, –s   *milk truck*
das **Milchhaus**, ∻er   *milk (storage) house*

die **Milchmenge**, –n   *quantity of milk*
der **Mist**   *manure*
der **Misthaufen**, –   *manure pile*
die **Molkerei**, –en   *dairy*
das **Schaf**, –e   *sheep*
die **Schubkarre**, –n   *wheelbarrow*
das **Schwein**, –e   *pig*
die **Sparbüchse**, –n   *piggy bank*
der **Stall**, ∻e   *stable*
die **Talwiese**, –n   *meadow in a valley*
die **Tüte**, –n   *plastic container (for milk)*
das **Vieh**   *livestock*
die **Viehwirtschaft**   *raising of livestock*
die **Ziege**, –n   *goat*

abkühlen sep *to cool off*
bähen *to bleat (sheep)*
entrahmen *to skim off the cream*
erhitzen *to heat*
gackern *to cackle*
grunzen *to grunt*
meckern *to bleat (goats)*
melken *to milk*
muhen *to moo*
piepsen *to peep*
quaken *to quack*
schaffen *to manage, do*
schnattern *to cackle (geese)*
wiehern *to neigh*

erhalten (erhält, erhielt, hat
erhalten) *to get, receive*
schreien (schrie, hat geschrien)
to call, scream

feucht *damp, moist, humid*
hauptsächlich *mainly*
saftig *lush, juicy*
schwarzgefleckt *having black spots*
typisch *typical(ly)*
verhältnismässig *relative(ly)*
wacklig *shaky, wobbly*

an der Küste entlang *along the
coast*
angewiesen sein auf A *to be dependent upon*
auf dem Land(e) *in the country,
on the farm*
auf 5 Grad abkühlen *to cool to 5
degrees (Celsius)*
es könnte ja sein *it could be*
geboren werden *to be born*
im Haushalt helfen *to help in the
house, with household chores*
kikeriki! *cock-a-doodle-doo!*
(Schweine) halten *to keep, raise
(pigs)*
Viehwirtschaft treiben *to raise
livestock*
zu einem Teil *partially, in part*

18—34 die **Alm, —en** *Alpine pasture*
der Auftrieb *cattle drive (to the
Alpine pasture)*
der **Bau, —ten** *building*
das **Gebläse, –** *blower (for hay)*
die **Glocke, —n** *bell*
das **Grasmähen** *mowing*
der Heuboden, ∺ *hayloft*
das **Heuen** *haymaking, haying*
der Heurechen, – *hay rake*
der Heustadel, – *hay barn; hay
shed*
der Heuwender, – *machine for
turning hay (tedder)*
der Ladewagen, – *hay-loader*
die **Mähmaschine, –n** *mower*
die **Milchleitung, –en** *milk
pipeline*
die **Scheune, —n** *barn*
der Senner, – *person who tends
livestock (and runs dairy) on
the Alm*

die Sennhütte, – n *building on the
Alm, consisting of a stable and
living quarters for the Senner*
die **Sense, —n** *scythe*
der Tank, – s *tank*
der **Traktor, Traktoren** *tractor*
die **Wohnräume** (pl) *living quarters*
die Zeile, —n *windrow*

anstellen sep *to hire*
s. **kümmern um** *to be concerned
with, take care of*
rasten *to rest*
schallen *to sound, ring*
schärfen *to sharpen*
zubereiten sep *to prepare*
zusammenrechen sep *to rake up*

abladen (lädt ab, lud ab, hat abgeladen) sep *to unload*
treiben (trieb, hat getrieben) *to
drive, herd*

automatisch *automatic*
direkt *direct(ly)*

er kann nicht gut hin *he can't
get to it easily; it's hard to get
to*

35—37 der Ackerbau *farming*
das Agrarland *agricultural
country*
das Agrarprodukt, – e *farm
product*
das **Allgäu** *(area in southern
Germany)*
das **Alpenvorland** *Alpine foothills*
die Arbeitsstatistik, – en *labor
statistics*
der **Berufstätige, –n** (den – n
person who has a job
die **Bevölkerung** *population*
die Bodennutzung *land use*
der Handel *trade*
der Hektar, – *(measure of land)*
die **Industrie, —n** *industry*
das Industrieland *industrial land*
das Industrieprodukt, – e *industrial product*
der Industriestaat, – en *industrial
state*

die **Landwirtschaft** *agriculture*
der Mittelrhein *middle Rhine*
das Mosaik *mosaic*
der Oberrhein *upper Rhine*
der Obstgarten, ∺ *orchard*
das Ödland *wasteland*
die **Regierung, —en** *government*
das **Ruhrgebiet** *(industrial area in
western Germany)*
das **Saargebiet** *(industrial area in
western Germany)*
das Transportwesen *transportation
(system)*
die Viehzucht *breeding of livestock*
der Weinbau *wine-growing*
der Weinberg, – e *vineyard*
Westfalen *(area in western
Germany)*

aufteilen sep *to divide up*
ausführen sep *to export*
s. **beschränken auf A** *to be
limited to*
einführen sep *to import*
hineinpassen sep *to fit into*
s. konzentrieren auf A *to concentrate on*

scheinen (schien, hat geschienen)
to seem, appear

bayerisch *Bavarian (adj.)*
daher *therefore*
landwirtschaftlich *agricultural(ly)*
statistisch *statistical(ly)*
verstreut *spread out, scattered*

landwirtschaftliche Betriebe
farms

38—39 die Chemikalien (pl) *chemicals*
das Getreide *grain*
die Holzfigur, – en *wooden figure*
die Maschine, – n *machine*
das Porzellan *porcelain*
der Stahl *steel*
die Textilien (pl) *textiles*

anbauen sep *to plant, grow*
brauen *to brew*
erzeugen *to produce*
herstellen sep *to manufacture,
produce*
schnitzen *to carve*
weben *to weave*

224   DIE WELT DER JUGEND

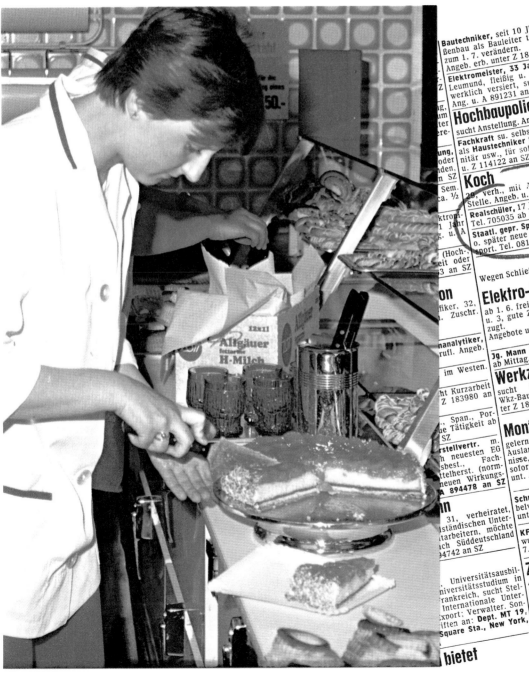

Bautechniker, seit 10 Jhr. i. städt. Stra-
ßenbau als Bauleiter tätig, möchte sich
zum 1. 7. verändern.
Angeb. erb. unter Z 183870 an SZ

Elektromeister, 33 Jahre, ledig, besten
Leumund, fleißig u. zuverlässig, hand-
werklich versiert, sucht Dauerstellung.
Ang. u. A 891231 an SZ

Hochbaupolier

sucht Anstellung. Ang. u. Z 183844 an SZ

Fachkraft su. selbst. verantw. Tätigkeit
als **Haustechniker** f. Heizung, Klima, Sa-
nitär usw., für sofort oder später. Ang.
u. Z 114122 an SZ

Koch

29, verh., mit Ausbilderprüfung, suc
Stelle. Angeb. u. A 114023 an SZ

Realschüler, 17 J., sucht Samstagsbesc
Tel. 705035 ab 13 Uhr

Staatl. gepr. Sportlehrer sucht ab 1.
o. später neue Tätigkeit, auch Betri
sport. Tel. 08105/4462

Wegen Schließung der Firma

Elektro-Mechaniker

ab 1. 6. frei. 21 Jahre, Familie, F
u. 3, gute Zeugnisse, Mü.-Südost
zugt.
Angebote unt. Z 114316 an SZ

Jg. Mann mit Fhrsch. sucht Zw
ab Mittag, auch Sa./So. T. 1690

Werkzeugfräser

sucht interessante Dauer
Wkz-Bau od. ähnliches. Zusch
ter Z 184071 an SZ

Monteur

gelernter Maschinenschlosse
Auslandserfahrung, perf. En
nisse, sucht entsprechende
sofortigen oder späteren ,
unt. A 184080 an SZ

Schreiner (54 J.), sucht St
belverkäufer (mögl. Gro
unter A 895825 an SZ

KFZ-Meister, 36 J., ve
wußt, sucht neuen Wirl
7. 77. Angeb. unt. A 184

Zimmerermeist

41 J., perfekt in Abb
Eternitfassadenbau s
kungskrs. Angeb. u.

Schlosser
32 J., M. FS Kl. II
(auch berufsfremd)
893511 an SZ

Techn. Haus

1 Vor der Wahl° eines Berufes ⊗

die Wahl: choice

Was soll ich werden?

Jedes Jahr verlassen 50% aller Jugendlichen die Schule mit 14 oder 15 Jahren, um eine Berufsausbildung° zu beginnen oder um irgendwo Geld zu verdienen. Im Unterricht der letzten und vor-5 letzten Klassen wird viel über die Berufe gesprochen, und da gibt es viele Wünsche und Meinungen° der Schüler.

die Berufsausbildung: *job training*

die Meinung: *opinion*

Die Meinung eines Mädchens: „Ich will einen Beruf lernen, und der Beruf muss mir Spass machen. Am liebsten würde ich in einem Büro arbeiten, als Stenotypistin. Aber Friseuse wäre auch nicht 10 schlecht."

Die Meinung eines Jungen: „Ich will gleich nach der Schule Geld verdienen. Ich suche mir irgendwo einen Job. Was ich arbeite, ist mir ganz gleich°. Ich brauche erst mal ein Mofa, und wenn ich 18 bin, kauf' ich mir ein Auto."

es ist mir ganz gleich: *it's all the same to me*

15 Lehre° oder Job? Vorteile und Nachteile°

Die Möglichkeit, gleich nach der Schule Geld zu verdienen, ist für viele Jugendliche sehr verlockend°. Sie fühlen sich frei, un-abhängig° von Eltern und Schule. Es zeigt sich aber oft sehr bald, dass sie als ungelernte Arbeiter geringere° Chancen haben, am 20 Arbeitsplatz voranzukommen° und mehr Geld zu verdienen. „Ungelernte" werden auch leichter arbeitslos als „Gelernte".

die Lehre: *apprenticeship*
der Nachteil: *disadvantage*

verlockend: *tempting*
unabhängig: *independent*
gering: *small, limited*
vorankommen: *to get ahead*

Die Frage, einen Job zu nehmen oder eine Lehre zu beginnen, ist für die Zukunft° des Jugendlichen von grösster Bedeutung°.

die Zukunft: *future*
die Bedeutung: *significance*

Wer die Wahl hat, hat die Qual.

25 Wer weiss schon mit 15 Jahren, welcher der über 500 Lehr-berufe für ihn oder sie am besten ist? Es ist deshalb notwendig°, sich früh genug Information über die verschiedenen Berufe zu verschaffen°. Freunde, Verwandte° und Bekannte können dabei helfen. Informationsblätter° des Arbeitsamtes geben ausführliche° 30 Beschreibungen über die einzelnen Berufe. Diese Blätter kann jeder vom Arbeitsamt kostenlos erhalten.

notwendig: *necessary*

s. verschaffen: *to get*
Verwandte (pl.): *relatives*

das Blatt: *pamphlet*
ausführlich: *detailed*

Wer eine Lehrstelle sucht, sollte aber ganz bestimmt mit den Eltern zum Berufsberater° des Arbeitsamtes gehen. Der Berufs-berater kann im Gespräch die Interessen und Fähigkeiten° des 35 Schülers testen und gewisse° Berufe vorschlagen.

der Berater: *adviser*
die Fähigkeit: *ability*
gewiss-: *specific*

Wie finde ich eine Lehrstelle?

Es ist nicht leicht, eine passende Lehrstelle zu finden. Auch hier können Freunde und Bekannte helfen. Man kann auch selbst in die Betriebe° der Nachbarschaft gehen und nach einer Lehrstelle 40 fragen. Dann sollte man die Inserate° der Tageszeitungen lesen oder selbst in der Zeitung inserieren°.

der Betrieb: *business, company*
das Inserat: *ad*

inserieren: *to place an ad*

Stellenangebote		Stellengesuche
Junges Mädchen als Lager-arbeiterin gesucht. Bitte anrufen! Tel: 21 68 40	**Friseurlehrling** für so-fort gesucht. Salon Kosmos. Tel: 34 78 31	**Schüler,** 16 Jahre, sucht Stelle für kaufm. Ausbildung in Industrie im Raum Erlangen.

Beantwortet die Fragen!

1. Was tun über 50% aller Jugendlichen jedes Jahr?
2. Wo wird über die Berufe gesprochen?
3. Was ist die Meinung eines Mädchens?
4. Was ist der Wunsch eines Jungen?
5. Warum ist ein Job für viele Jugendliche verlockend?
6. Was sind die Nachteile eines „Ungelernten"?
7. Was ist für den Jugendlichen von grösster Bedeutung?
8. Warum ist es oft sehr schwer, sich für einen Beruf zu entscheiden?
9. Wie kann man sich Information über die Berufe verschaffen?
10. Was sollte man ganz bestimmt tun?
11. Was macht der Berufsberater?
12. Wie kann man eine Lehrstelle finden?

MÜNDLICHE ÜBUNG ⊗

4 Eine Ausbildung bei Pfannkuch

Wer im Raum Karlsruhe-Stuttgart-Freiburg durch die Gegend fährt, wird bestimmt den grossen Lastwagen der Firma Pfannkuch begegnen°. Diese Lastwagen sind Tag und Nacht unterwegs und transportieren Lebensmittel und andere Waren° in die Filialen dieser grossen Firma.

Die Firma besteht° seit 1896, und heute beschäftigt sie über 2 000 geschulte Mitarbeiter in ihren Supermärkten, Disco-Märkten und SB-Warenhäusern. Pfannkuch ist eine fortschrittliche° Firma. 1952 eröffnete die Firma den ersten Selbstbedienungsladen in Karlsruhe. Das war damals eine kleine Sensation!

In den über 100 Stellen in Hessen, Rheinland-Pfalz und Baden-Württemberg versorgt° die Firma ca.° 600 000 Menschen mit allen Dingen des täglichen Lebens.

Die Zentrale der Firma ist in Karlsruhe. Hier sitzt das Management. Hier wird geplant, eingekauft, importiert, gerechnet°.

Hier sind die grossen Lagerhallen, wo über 25 000 Artikel gelagert° und dann an die einzelnen Filialen verteilt werden.

LEXIKON: begegnen: *to meet;* die Waren (pl.): *merchandise;* bestehen: *to exist;* fortschrittlich: *progressive;* versorgen mit: *to provide with;* ca. (circa): *approximately;* rechnen: *to figure;* lagern: *to store*

4

5

Die Firma hat ihr eigenes Fleischwerk. Das Fleisch von Tieren, die vor wenigen Stunden in Friesland oder im Allgäu geschlachtet° wurden, wird hier verarbeitet und verpackt.

In der eigenen Bäckerei werden täglich Torten, Brote, Brezeln und Brötchen gebacken. Diese werden dann, frisch und warm, in die einzelnen Filialen gebracht.

6

7

Die Firma hat ihre eigene Betriebsschule°. Diese müssen die Lehrlinge neben der normalen Berufsschule° besuchen°. Nach einer praktischen und theoretischen Ausbildung kann ein Lehrling nach zwei Jahren die Prüfung als Verkäufer und nach drei Jahren die Prüfung als Einzelhandelskaufmann° machen.

Sigrid Knöll. Sie ist 16, im zweiten Ausbildungsjahr. Sigrid ist die Tochter eines Polizisten.

„Ich hab' mich bei Pfannkuch beworben, weil ich eine gute Ausbildung haben möchte. Meine Eltern und meine Grossmutter haben schon immer bei Pfannkuch eingekauft. Und mein Vater kennt den Leiter einer Filiale. So bin ich halt zu Pfannkuch gegangen. Ich bereue es nicht. Ich hab' schon alle Abteilungen° durchgemacht, und ich darf schon ab und zu aushelfen. Anfang des nächsten Jahres mach' ich meine Prüfung. Ich freu' mich schon darauf."

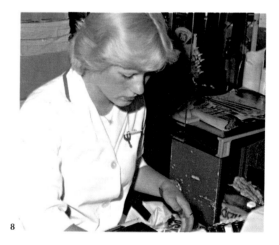

8

LEXIKON: schlachten: *to slaughter;* die Betriebsschule: *company training school;* die Berufsschule: *trade school;* besuchen: *to attend;* der Einzelhandelskaufmann: *person trained to run a retail business;* die Abteilung: *department*

Martina Lankow. Sie ist gerade 16 geworden, und sie ist im ersten Ausbildungsjahr. Martina ist die Tochter eines Bäckers.

„Was mir gefällt ist, dass sich die Firma um die Lehrlinge kümmert. Am ersten Tag hab' ich eine Besichtigung° der Zentrale mitgemacht, und wir haben gleich etwas über die Geschichte der Firma gehört. Wir werden gut unterrichtet, und ich bin sicher, dass ich am Ende meiner Lehrzeit etwas kann.''

Werner Holzer. Er ist 15 und im ersten Ausbildungsjahr. Er ist der Sohn eines Elektrikers.

„Während der ersten Woche hat es mir überhaupt nicht gefallen. Ich hätte am liebsten wieder aufgehört. Ich konnte mich einfach nicht an die Arbeitszeit gewöhnen, von 8 bis 18 Uhr 30. Keinen freien Nachmittag mehr zum Fussballspielen! Jetzt gefällt es mir gut. Während des ersten Lehrjahres bekomme ich 250 Mark monatlich. Ich brauch' zu Hause nichts abzugeben°, und ich hab' mir von meinem Lohn° schon ein Mofa gekauft. Nach meiner Ausbildung muss ich zur Bundeswehr[1]. Vielleicht komm' ich dann wieder zu Pfannkuch zurück.''

10

5 Beantwortet die Fragen!

1. Wo sieht man die Lastwagen der Firma Pfannkuch?
2. Was habt ihr alles über diese Firma gehört?
a. Wieviel Mitarbeiter hat die Firma?
b. Wo arbeiten diese?
c. Was passierte 1952?
d. Wieviel Menschen versorgt die Firma?
e. Wo ist die Zentrale?

f. Was geschieht in den Lagerhallen?
g. im Fleischwerk?
h. in der Bäckerei?
i. Beschreibt die Betriebsschule!
3. Was habt ihr über Sigrid Knöll gehört?
4. Was wisst ihr über Martina Lankow?
5. Was habt ihr über Werner Holzer gelesen?

6 MÜNDLICHE ÜBUNG ☺

LEXIKON: die Besichtigung: *tour;* ich brauch' zu Hause nichts abzugeben: *I don't have to contribute (any of my pay) at home;* der Lohn: *wages, pay*

[1] In Germany, young men are required to serve in the **Bundeswehr,** armed forces, for 15 months. Conscientious objectors may do alternate service as, for example, hospital workers or ambulance drivers.

7 THE GENITIVE CASE

Lest die Beispiele und beantwortet die folgenden Fragen! ☺

Er ist **der Sohn eines Elektrikers.**

Name the two noun phrases in the sentence. What do they mean? Name the determiner preceding the second noun. How does the form of that noun differ from the nominative form?

Das ist **der Wunsch ihres Kindes.**

Name the two noun phrases in this sentence. What do they mean? Name the determiner preceding the second noun. How does the form of that noun differ from the nominative form?

Die Zentrale der Firma ist in Karlsruhe.

Name the two noun phrases. Name the determiner preceding the second noun. What is the gender of the second noun? Is the form of this noun different from the nominative form?

Das ist **die Meinung eines Jungen.**

Name the determiner before the second noun. What ending does **Junge** have?

Fünfzig Prozent der Kinder verlassen die Schule.

Name the two noun phrases. Is the second noun singular or plural? Name the determiner that precedes this noun.

Das ist **die Meinung meines jüngeren Bruders.**
Das ist **der Wunsch des kleinen Kindes.**
Das ist **der Beruf ihrer älteren Schwester.**
Das sind **die Lehrlinge dieser vielen Filialen.**

Name the second noun phrase in each sentence. What is the gender of the noun in each one? Are the noun phrases singular or plural? What can you say about the adjective ending in each one?

Während des ersten Lehrjahres bekomme ich 250 Mark.

Name the noun phrase that follows **während**. Name the determiner. How does the form of the noun differ from the nominative form?

8 Lest die folgende Zusammenfassung!

1. You have learned that in a sentence, nominative case forms can signal the subject, accusative case forms the direct object, and dative case forms the indirect object or a "for-construction." Genitive case forms can signal an "of-relationship" between two nouns. This relationship, which often involves a situation of belonging to someone or something, is expressed in various ways in English. It can be expressed by the preposition "of": *the color of the car, the study of geography.* Or it can be indicated by "'s": *my father's house, Max's car.* Family relationships are also expressed in English by "'s": *my mother's cousin.* Occasionally they are expressed by "of": *the father of the children.* In informal style, they can even be expressed by both: *a friend of my father's.* In German, any of these relationships may be expressed by the genitive case.

2. The genitive case may be marked by:
   • the form of the determiner alone: die Lehrlinge **dieser** Filiale
   • the forms of both determiner and noun: der Sohn **eines Elektrikers**

3. Genitive endings:
   a. **Der, dieser**-words, and **ein**-words take the ending **-es** for the masculine and neuter singular, and **-er** for the feminine singular and the plural. (See the following chart.)

Singular		Plural
masculine and neuter	feminine	
des	der	der
dieses	dieser	dieser
jedes	jeder	aller
welches	welcher	welcher
eines	einer	—
keines	keiner	keiner
meines, usw.	meiner, usw.	meiner, usw.
		vieler, einiger,
—	—	mehrerer, usw.

b. Masculine and neuter nouns indicate the genitive singular by adding **-s** to nouns with two or more syllables. Nouns with one syllable generally add **-es** (although **-s** alone is often used with common ones). Masculine and neuter one-syllable nouns which end in **-s, -ss, -sch, -st, -x, -z,** or **-tz** must add the ending **-es** in the genitive.

> *masculine:* Er ist der Sohn **eines** Elektrike**rs.**
>
> *neuter:* Das ist der Wunsch **ihres** Kind**es.**

c. Feminine nouns and plural forms add no ending in the genitive.

> *feminine:* Die Zentrale **der** Firma ist in Karlsruhe.
>
> *plural:* Fünfzig Prozent **aller** Jugendlichen verlassen die Schule.

d. Masculine nouns that take the ending **-n** or **-en** in the accusative and dative also take that ending in the genitive.

> Das ist die Meinung **eines** Jung**en.**

The genitive forms of such nouns do not normally add **-s,** although it is sometimes heard in casual speech. Exceptions: **der Name, des Namens; das Herz, des Herzens; der Bauer, des Bauern** or **des Bauers.**

e. All adjectives end in **-en** following the genitive forms of **der, dieser**-words, and **ein**-words.

> Das ist die Meinung **meines** jünger**en** Bruders.
>
> Hier sind die Lehrlinge **dieser** viel**en** Filialen.

f. Unpreceded adjectives before feminine and plural nouns take the endings of **dieser**-words.

> Das sind die Lehrlinge viel**er** Filialen.

g. Unpreceded adjectives before masculine and neuter singular nouns take the ending **-en.**

> Anfang letz**ten** Jahres hatte ich die Prüfung.
>
> Ich arbeite bis Ende nächs**ten** Monats.

9   USES OF THE GENITIVE

1. The genitive is used to express various "of-relationships" between two nouns.

> **Die Lage der Filiale** ist günstig.   *The location of the branch store is good.*
>
> Das ist **der Wunsch eines Mädchens.**   *That's one girl's wish.*

(continued)

2. The genitive may be used to indicate possession.

> **Das ist das Mofa eines Lehrlings.**
> *That's an apprentice's mofa.*

3. The genitive form must be used after the preposition **während**.

> **Während des ersten Lehrjahres** bekomme ich 250 Mark.
> *During the first year of apprenticeship I get 250 marks.*

4. In spoken German, the preposition **von,** followed by the dative, is often used instead of the genitive form to express possession or an "of-relationship."

> **Die Lage von dieser Filiale** ist günstig.
> Das ist **der Wunsch von einem Mädchen.**
> Das ist **das Mofa von einem Lehrling.**

10 Was ist der Wunsch dieser Leute? ⊙

Der Junge will Bäcker werden.
Das Mädchen will Friseuse werden.
Die Frau will Berufsberaterin werden.
Das Kind will Arzt werden.
Die Schüler wollen im Büro arbeiten.
Der Lehrling will Filialleiter werden.

Das ist der Wunsch dieses Jungen.
Das ist der Wunsch dieses Mädchens.
Das ist der Wunsch dieser Frau.
Das ist der Wunsch dieses Kindes.
Das ist der Wunsch dieser Schüler.
Das ist der Wunsch dieses Lehrlings.

11 Was macht der Berufsberater? ⊙

Hat der Schüler Interesse?
Hat das Kind Fähigkeiten?
Hat die Firma Wünsche?
Hat der Lehrling Chancen?
Hat die Zentrale Lehrstellen?

Er prüft das Interesse des Schülers.

12 Frl. Lankow hat überall eine Besichtigung mitgemacht. ⊙

Haben Sie die Firma gesehen?

Haben Sie das Geschäft gesehen?
Haben Sie den Laden gesehen?
Haben Sie die Stadt gesehen?
Haben Sie das Dorf gesehen?
Haben Sie die Filialen gesehen?

Ja, ich hab' eine Besichtigung der Firma mitgemacht.

13 Was wissen Sie über diese Firma, Frl. Knöll? ⊙

Wissen Sie etwas über diese Firma?
Wissen Sie etwas über diese Gegend?
Wissen Sie etwas über diesen Supermarkt?
Wissen Sie etwas über dieses Warenhaus?
Wissen Sie etwas über diese Geschäfte?
Wissen Sie etwas über diesen Beruf?

Ich kenne die Geschichte dieser Firma.

14 **Fragen wir diese Leute nach ihrer Meinung!** ⊗

Fragen wir einen Jungen!   Hier ist die Meinung eines Jungen.
ein Mädchen / einen Schüler / eine Mutter / einen Polizisten / einen Berufsberater

15 **Wann bekommen Sie Ihren Lohn, Herr Holzer?** ⊗

Im ersten Lehrjahr?   Ja, während des ersten Lehrjahres.
in der ersten Woche? / im ersten Monat? / im ersten Jahr?

16 **Wann haben Sie Ihre Prüfung?** ⊗

Nächstes Jahr?   Ja, Anfang des nächsten Jahres.
nächste Woche? / nächsten Monat? / nächste Stunde? / nächsten Sommer?

17 **Wer wünscht sich einen guten Beruf?** ⊗

Haben viele Leute diesen Wunsch?   Klar! Das ist der Wunsch vieler Leute.
Haben alle Schüler diesen Wunsch?
Haben mehrere Lehrlinge diesen Wunsch?
Haben einige Arbeiter diesen Wunsch?
Haben alle Menschen diesen Wunsch?

18 **SCHRIFTLICHE ÜBUNGEN**

Schreibt die Antworten für Übungen 11 bis 17!

19 **HÖRÜBUNG** ⊗

Welches Wort steht am Ende des Satzes?

| 1. _____ | 3. _____ | 5. _____ | 7. _____ | 9. _____ |
| 2. _____ | 4. _____ | 6. _____ | 8. _____ | 10. _____ |

Schon während der Ausbildung werden Sie bei PFANNKUCH gut bezahlt.

Erstes   Ausbildungsjahr: DM 250,– monatlich.
Zweites Ausbildungsjahr: DM 300,– monatlich.
Drittes   Ausbildungsjahr: DM 400,– monatlich.

Dazu kommen die besonderen PFANNKUCH-Sozialleistungen wie
Weihnachtsgeld, Fahrgeldzuschuß, verbilligte Berufskleidung usw.

20 In einem SB-Laden ☺

Ware von der Zentrale ist eingetroffen. Die Leiterin der Filiale zeigt Sigrid den Lieferschein. Sigrid muss die Ware mit dem Lieferschein vergleichen und prüfen, ob alles da ist.

Sigrid mit ihrer Filialleiterin

Die Ware wird ausgepackt,

sie bekommt einen Preis und

wird in die Regale gestellt.

Die Filiale ist von 13 Uhr bis 15 Uhr geschlossen. Martina hat also zwei Stunden Mittagspause. Sie liest gewöhnlich, oder sie geht mit einer Kollegin spazieren.

Dann hilft sie in der Kuchenabteilung aus.

In der Gemüseabteilung prüft sie, ob noch genügend Ware da ist.

In der Fleischabteilung sind viele Kunden; sie muss jetzt hier mithelfen.

21   In einem Disco-Markt ◎

Werners Arbeitsplatz ist in einem Disco-Markt. Er wird nach demselben Lehrplan ausgebildet wie Sigrid und Martina. Werner ist Mitglied der Jugendvertretung. Diese achtet darauf, dass die Firma die Bestimmungen des Jugendschutzgesetzes einhält. Jugendliche unter 18 Jahren dürfen z. B. nicht länger als 44 Stunden wöchentlich arbeiten. Der Betrieb muss den Jugendlichen genügend Pausen geben. Der Lehrling darf auch keine Arbeiten machen, die mit seiner Ausbildung nichts zu tun haben, wie z. B. Brötchenholen, Putzen oder Gartenarbeiten beim Chef![1]

1

Werner mit elektrischem Transportwagen

2

Werner wiegt das Obst.

3

Er ist für die leeren Flaschen verantwortlich.

4

Er hängt ein Preisschild auf. Er hat es selbst geschrieben.

22   Beantwortet die Fragen!

1. Was macht Sigrid alles im SB-Laden?
2. Was habt ihr alles über Martina gehört?
3. Wie wird Werner ausgebildet?
4. Was ist Werner auch?
5. Worauf achtet die Jugendvertretung?
6. Was sagt das Jugendschutzgesetz?
7. Was für Arbeiten verrichtet Werner gerade im Disco-Markt?

23   MÜNDLICHE ÜBUNG ◎

24   THE DEMONSTRATIVES derselbe, dieselbe, dasselbe

The words **derselbe, dieselbe,** and **dasselbe,** *the same,* are demonstratives which combine the definite article with an adjective, **selb-.** The two parts are written as one word. The article changes according to gender, number, and case. **Selb-** takes the normal adjective ending following that article: "Das ist **derselbe** Lehrling. Ich habe **denselben** Beruf. Wir lesen **dieselben** Bücher." When a preposition contracts with the definite article, **selb-** is written as a separate word: **am selben (an demselben)** Tag; **zur selben (zu derselben)** Zeit.

---

[1] It used to be customary to make first-year apprentices do mostly clean-up chores and errands unrelated to their job training. These practices were abolished in 1972 by a law concerning the proper training of apprentices.

25 Bei Werner ist es immer dasselbe. ⊙

Hat er einen anderen Beruf?
Arbeitet er in einer anderen Filiale?
Wird er nach einem anderen Lehrplan un-
    terrichtet?
Geht er in eine andere Berufsschule?
Hat er die Prüfung in einem anderen
    Monat?
Hat er etwas anderes vor?

Nein, er hat denselben Beruf.

26 THE DETERMINER irgendein

The determiner **irgendein,** *any (kind of), some (kind of),* has the same endings as the **ein**-words.
The plural form is **irgendwelche.**

Er will **irgendeinen** Beruf lernen. *He wants to learn some kind of profession.*
Du kannst **irgendeine** Zeitung kaufen. *You can buy any newspaper.*
Sie bedient **irgendwelche** Kunden. *She's waiting on some customers.*

27 Der Martina ist alles gleich. ⊙

Martina, machen Sie heute diese Arbeit?
Nehmen Sie an diesem Samstag Urlaub?
Möchten Sie dieses Geschäft sehen?
Helfen Sie diesen Kunden?
Arbeiten Sie in dieser Abteilung?
Packen Sie diese Waren aus?

Ich mache irgendeine Arbeit.

28 Wie ist Martina zu Pfannkuch gekommen? ⊙

Auf unsere Kosten. Und überzeugen Sie sich selbst, welche Ausbildung und welche Zukunftschancen Pfannkuch Ihnen bieten kann: was Sie lernen können, was Sie werden können, was Sie verdienen können. In jungen Jahren.

Die Firma Pfannkuch ist sehr daran interessiert, jungen Menschen eine gute Ausbildung
zu geben. Die Firma braucht immer neuen
Nachwuchs°. Sie inseriert in den Tageszeitungen der Gegend in und um Karlsruhe, und 5
sie schickt Werbematerial° in die Schulen.
Ab und zu hat die Firma auch einen „Tag
der offenen Tür", an dem sie die Bevölkerung
einlädt, die verschiedenen Abteilungen der
Zentrale zu besichtigen°. 10
   Martina hat eine Anzeige der Firma Pfannkuch in der Karlsruher Zeitung gelesen, und
sie hat sich daraufhin° bei der Firma um die
Lehrstelle beworben. Sie hat ein Bewerbungsschreiben an die Firma geschickt und 15
hat ihren handgeschriebenen Lebenslauf°,

LEXIKON: der Nachwuchs: *new employees;* das Werbematerial: *advertising material;* besichtigen: *to see, tour;*
daraufhin: *thereupon;* der Lebenslauf: *résumé*

236

eine Abschrift° des letzten Schulzeugnisses° und ein Passbild neueren Datums beigelegt°. Eine gute Woche später bekam sie schon
20 eine Antwort von der Ausbildungsabteilung der Firma. Sie wurde darin eingeladen, mit einem Elternteil° zu einem Vorstellungsgespräch zu erscheinen. Die Firma will jeden Bewerber kennenlernen um festzustellen°,
25 ob er sich wirklich für den gewählten Beruf interessiert und sich dafür eignet°.

Bevor die Firma einen Lehrling anstellen kann, muss der Lehrling zu einer ärztlichen

LEXIKON: die Abschrift: *copy;* das Schulzeugnis: *report card;* beilegen: *to enclose;* der Elternteil: *parent;* feststellen: *to determine;* s. eignen für: *to be suited for*

Untersuchung. Hier wird festgestellt, ob sich der Lehrling für den gewählten Beruf 30 auch körperlich° eignet.

Als letztes wird dann der Ausbildungsvertrag° vom Lehrling, von den Eltern und von der Firma unterschrieben. In diesem Vertrag sind die Rechte und Pflichten° beider 35 Parteien festgelegt, z. B. die Dauer° der Ausbildung, Zeit der Ausbildung und Urlaub, Pflichten des Lehrlings, Bezahlung, usw.

LEXIKON: körperlich: *physically;* der Ausbildungsvertrag: *training contract;* die Pflicht: *duty, responsibility;* die Dauer: *length of time*

29 Martina Lankow bewirbt sich. Sie schreibt eine Bewerbung. ⊗

Martina Lankow   Karlsruhe, den 27. 4. 1978
                                        Bismarckstrasse 75

Pfannkuch & Co.,
Ausbildungsabteilung
75 Karlsruhe

Betreff: Bewerbung um eine Lehrstelle als Verkäuferin

Sehr geehrte Herren!

Ich habe Ihre Anzeige in der Karlsruher Zeitung gelesen, und
ich bewerbe mich um eine Lehrstelle als Verkäuferin in Ihrer
Firma.

Zur Zeit besuche ich noch die 9. Klasse der Hauptschule hier
in Karlsruhe. Ich habe besonders in Mathematik und in Deutsch
gute Noten.

Einen handgeschriebenen Lebenslauf und eine Abschrift meines
letzten Schulzeugnisses lege ich bei.

                              Hochachtungsvoll

                              Martina Lankow

30 Martina schreibt einen Lebenslauf. ⊗

Im Lebenslauf müssen erwähnt werden:
a. Name   c. Geburtsort   e. Beruf des Vaters   g. Lieblingsfächer
b. Geburtstag   d. Eltern   f. Schulbildung   h. Berufswunsch

Lebenslauf

Ich heiße Martina Lankow. Ich wurde am 3. März 1964 in Mannheim geboren. Mein Vater ist der Bäckermeister Hans Lankow. Meine Mutter heißt Ursula Lankow, geb. Bauer. Sie ist nicht berufstätig.

Seit 1970 besuche ich die Hauptschule hier in Karlsruhe, und ich bin jetzt in der 9. Klasse. Meine Lieblingsfächer in der Schule sind Mathematik und Deutsch.

Nach meiner Schulentlassung möchte ich gern Verkäuferin werden. Ich glaube, daß ich für diesen Beruf gut geeignet bin.

Karlsruhe, den 27. April, 1978

Martina Lankow

31 MÜNDLICHE ÜBUNG ⊗

32 SCHRIFTLICHE ÜBUNGEN

a. Jetzt bewirbst du dich um eine Stelle und schreibst eine Bewerbung!
b. Schreibe deinen eigenen Lebenslauf!

33 KONVERSATIONSÜBUNG

Hast du dich schon einmal um eine Stelle beworben?
1. Wo? Wann? Wie?   2. Wie hast du die Stelle gefunden?   3. Bei wem hast du dich vorstellen müssen?   4. Was für eine Arbeitszeit hattest du?   5. Was hast du verdient?   6. Wie bist du zum Arbeitsplatz gekommen?   7. Wie hast du gelernt, was du tun musst?   8. Wie viele Kollegen hattest du? Beschreibe einige Kollegen! Was haben sie tun müssen?   9. Wie war der Chef?
10. Wie lange hast du dort gearbeitet? Arbeitest du noch?

34 Gerda lernt Zahntechnikerin. ⊗

Gerda ist Lehrling im Dental-Labor Beckmann in Gütersloh, Nordrhein-Westfalen. Sie lernt Zahntechnikerin. Neben dem Chef und dem Junior-Chef, dem Sohn des Chefs, 5 sind im Labor elf Techniker und zehn Lehrlinge beschäftigt.

Die Lehrlingsausbildung beträgt normal $3\frac{1}{2}$ Jahre; für Abiturienten $2\frac{1}{2}-3$ Jahre. Gerda arbeitet vier Tage im Betrieb; sie geht einen 10 Tag in die Berufsschule in Bielefeld. Der Lehrlingslohn beträgt DM 150 im ersten Lehrjahr, DM 170 im zweiten Lehrjahr und DM 190 im dritten.

Gerda hat das Abitur. Wenn sie ausgelernt hat, kann sie ihre Gesellenprüfung machen. 15 Sie kann dann als Zahntechnikerin arbeiten. Nach fünf Gesellenjahren kann sie die Meisterprüfung machen – und als Meister darf sie dann selbst Lehrlinge ausbilden.

1. Dental-Labor in Gütersloh
2. Gerda mit dem Junior-Chef
3. Beim Gipsmischen für Zahnprothesen
4. Hier fertigt sie Gebissschablonen an.
5. Fertige Gebisse

WORTSCHATZ

1–3

der **Arbeitsplatz**, ⸚e   *place of work*
die **Ausbildung**   *training*
die **Bedeutung**, –en   *significance*
die **Berufsausbildung**   *job training*
der **Berufsberater**, –   *job adviser*
die **Beschreibung**, –en   *description*
der **Betrieb**, –e   *business, company*
das **Blatt**, ⸚er   *pamphlet*
die **Chance**, –n   *opportunity*
die **Fähigkeit**, –en   *ability*
der **Gelernte**, –n   *skilled worker*
die **Information**, –en   *information*
das **Inserat**, –e   *ad*
das **Interesse**, –n   *interest*
der **Lehrberuf**, –e   *occupation requiring an apprenticeship*
die **Lehre**, –n   *apprenticeship*
die **Lehrstelle**, –n   *apprentice position*
die **Meinung**, –en   *opinion*
die **Möglichkeit**, –en   *possibility*

die **Nachbarschaft**, –en   *neighborhood*
der **Nachteil**, –e   *disadvantage*
die **Stelle**, –n   *position*
das **Stellenangebot**, –e   *want ad*
die **Stellengesuche** (pl)   *situations wanted*
der **Ungelernte**, –n   *unskilled worker*
der **Verwandte**, –n   (den –n)   *relative*
die **Wahl**, –en   *choice*
die **Zukunft**   *future*

fragen nach   *to inquire about*
inserieren   *to advertise*
testen   *to test*
s. **verschaffen**   *to get, acquire*

sprechen über A   *to talk about*
vorankommen sep   *to get ahead*

arbeitslos   *unemployed*
ausführlich   *detailed*
gering   *limited, small*
gewiss-   *specific*
kostenlos   *without charge*
notwendig   *necessary*
passend   *suitable, appropriate*
unabhängig (von)   *independent (of)*
ungelernt   *unskilled*
verlockend   *tempting*
vorletzt-   *next-to-last*

erst mal   *first of all*
es ist mir gleich   *it's all the same to me*
50% (fünfzig Prozent)   *fifty percent*
ganz bestimmt   *by all means*
wer die Wahl hat, hat die Qual   *whoever has a choice also has the difficulty of choosing*

4–19

die **Abteilung**, –en   *department*
die **Arbeitszeit**, –en   *working hours*
die **Berufsschule**, –n   *trade school*
die **Besichtigung**, –en   *tour*
die **Bundeswehr**   *armed forces*
der **Disco-Markt**, ⸚e   *discount store*
der **Einzelhandelskaufmann**   *person trained to run a retail business*
der **Elektriker** –   *electrician*
die **Firma, Firmen**   *firm, company*
das **Fleischwerk**, –e   *meat-processing plant*
die **Lagerhalle**, –n   *warehouse*
die **Lehrzeit**   *period of apprenticeship*
der **Leiter**, –   *manager, head*
der **Lohn**, ⸚e   *wages, pay*
der **Mitarbeiter**, –   *co-worker*

der **Polizist**, –en   (den –en)   *police officer*
das **SB-Warenhaus**, ⸚er (Selbstbedienungs-)   *self-service department store*
die **Sensation**, –en   *sensation*
die **Ware**, –n   *article of merchandise*
die **Zentrale**, – n   *central office*

begegnen D (ist begegnet)   *to meet*
beschäftigen   *to employ*
eröffnen   *to open*
importieren   *to import*
lagern   *to store*
rechnen   *to figure*
schlachten   *to slaughter*
transportieren   *to transport*
verarbeiten   *to process*
verpacken   *to pack, wrap*
versorgen mit   *to provide with*

fortschrittlich   *progressive*
geschult   *trained, skilled*
monatlich   *monthly*
neben D   *besides, in addition to*
praktisch   *practical*
während (genitive)   *during*

alle Abteilungen durchmachen   *to work in all departments*
die Schule besuchen   *to go to school*
freier Nachmittag   *afternoon off*
ich kann etwas   *I know something*
schon immer   *all along, always*
so bin ich halt zu P. gegangen   *so I simply went to Pfannkuch*

aushelfen sep   *to help out, assist*
bestehen (bestand, hat bestanden)   *to exist*

20–27

die **Filialleiterin**, –nen   *branch manager*
das **Jugendschutzgesetz**, –e   *child labor law*
die **Jugendvertretung**, –en   *youth representative group*
die **Kollegin**, –nen   *colleague*
der **Lehrplan**, ⸚e   *curriculum*
der **Lieferschein**, –e   *invoice*

das **Mitglied**, –er   *member*
das **Regal**, –e   *shelf*
der **SB-Laden**, ⸚   *self-service store*
der **Transportwagen**   *electric cart*

achten auf A   *to see to*
aufhängen sep   *to hang up*
ausbilden sep   *to train*
eintreffen sep   *to come in*

genügend   *enough*
höchstens   *at the most*
wöchentlich   *weekly*

Bestimmungen einhalten   *to meet stipulations*
verantwortlich sein für   *to be responsible for*
z.B. (zum Beispiel)   *for example*

28–33

die **Abschrift**, –en   *copy*
der **Berufswunsch**, ⸚e   *desired occupation*
der **Bewerber**, –   *applicant*
das **Bewerbungsschreiben**, –   *letter of application*
die **Bezahlung**, –en   *pay*
die **Dauer**   *length of time*
der **Elternteil**, –e   *parent*
der **Geburtsort**, –e   *place of birth*
der **Lebenslauf**, ⸚e   *résumé*
der **Nachwuchs**   *new employees*
die **Partei**, – en   *party*
die **Pflicht**, –en   *duty, responsibility*
das **Recht**, –e   *right*
die **Schulbildung**, –en   *schooling*

die **Schulentlassung**, – en   *completion of school*
das **Schulzeugnis**, –se   *report card*
der **Vertrag**, ⸚e   *contract*
das **Vorstellungsgespräch**, –e   *interview*

beilegen sep   *to enclose*
besichtigen   *to see, tour*
s. **eignen für**   *to be suited for*
erwähnen   *to mention, state*
festlegen sep   *to establish, set*
feststellen sep   *to determine*

s. **bewerben um**   *to apply for*
unterschreiben (unterschrieb, hat unterschrieben)   *to sign*

ärztlich   *medical*
berufstätig   *working, employed*
daraufhin   *thereupon*
gewählt   *chosen*
körperlich   *physical(ly)*

Betreff   *regarding*
ein Passbild neueren Datums   *a recent passport photo*
geb. (geborene)   *maiden name*
hochachtungsvoll   *respectfully; very truly yours*
interessiert sein an A   *to be interested in*
Sehr geehrte Herren!   *Dear Sirs:*
Tag der offenen Tür   *open house*
zur Zeit   *at the present time*

Unsere Umwelt

1 Der Mensch und seine Umwelt° ⊗

die Umwelt: *environment*

Schon jahrtausendelang hat der Mensch seine Umwelt negativ beeinflusst. Wir brauchen nur an Caesars Legionen zu denken, die die Landschaft Spaniens für immer verändert haben. Seit dem Beginn des Industriezeitalters droht° der Mensch aber, die natür-
5 liche Ordnung zu zerstören°. Der Mensch hatte plötzlich gelernt, sich mit Hilfe von wissenschaftlichen° und technischen Erfindungen das Leben zu erleichtern. Und dabei nahm er keine Rücksicht° auf die Folgen seines Handelns°.

drohen: *to threaten*
zerstören: *to destroy*
wissenschaftlich: *scientific*
die Rücksicht: *consideration*
die Folgen seines Handelns: *the consequences of his actions*
erkennen: *to recognize*
verseucht: *polluted*

Erst in den letzten drei Jahrzehnten erkannte° der Mensch die
10 Gefahren: die Veränderungen in seiner Umwelt können für ihn lebensgefährlich sein. Schlechte Luft, verseuchtes° Wasser und der Lärm von Fahrzeugen und Flugzeugen machen das Leben in unseren Grossstädten ungesund und für kränkliche Menschen sogar
15 lebensgefährlich. Im Winter 1952 starben° in London in einer Woche plötzlich 5 000 Menschen an Bronchitis. Ursache: der Smog.

sterben: *to die*

1

An jedem Wochenende verlassen die Stadtbewohner ihre Wohnungen und flüchten° in die Natur. Die Hamburger fahren an die Ostsee°, die Leute vom Ruhrgebiet in die Eifel und ins Siebenge-
20 birge[1], die Münchner suchen Ruhe und Erholung in den Flusstälern und in den Bergen. Draussen in der Natur finden sie Erholung. Hier tanken sie Frischluft auf, und dann sausen sie am Sonntagabend mit ihren Autos wieder in den Schmutz und Lärm ihrer Städte zurück°.

flüchten: *to flee*
die Ostsee: *Baltic Sea*

zurücksausen: *to speed back*

2 Unsere Luft ⊗

Die Luft, die wir atmen, ist ungesund. Der Mensch hat sie vergiftet°. In den Industriegebieten kann die Staubkonzentration° auf 400 Teilchen° je Kubikmillimeter steigen—das ist tausendmal so viel wie in reiner° Landluft! Eine solch verschmutzte Gegend erhält
5 30% weniger Sonnenlicht als die ländliche Umgebung°.

vergiften: *to poison*
der Staub: *dust*
das Teilchen: *particle*
rein: *pure, clean*
die Umgebung: *area, surroundings*

---

[1] **Die Eifel** is a volcanic plateau on the left side of the Rhine, west of Koblenz. **Das Siebengebirge** is a range of hills on the right side of the Rhine, east of Bonn.

Wer ist für die verschmutzte Luft verantwortlich?

Unsere Luft ist ein Gasgemisch°, das aus 78% Stickstoff°, 20,9% Sauerstoff° und anderen Gasen besteht, wie Argon, Helium, Krypton und Wasserstoff°. Der Mensch aber verändert heute dieses
10 Gemisch mit Dreck°, Staub und Giften°.

Chemiker haben festgestellt, dass der Schmutz und die Gifte in der Luft zu 45% aus privaten Haushalten, aus Kohle- und Ölöfen° kommen. 35% kommen aus Industriebetrieben und 20% von

das Gemisch: *mixture*
der Stickstoff: *nitrogen*
der Sauerstoff: *oxygen*
der Wasserstoff: *hydrogen*
der Dreck: *dirt*
das Gift: *poison*

der Ofen: *stove*

Motorfahrzeugen. Die Gase, die von Motorfahrzeugen in die Luft
15 geblasen° werden, sind aber besonders gefährlich. Sie bleiben in der Nähe des Bodens°, und wir atmen sie ein.

blasen: *to blow*
der Boden: *ground*

Woher kommt der Sauerstoff?

Industriebetriebe, Kohle- und Ölöfen, Motorfahrzeuge und natürlich alle Lebewesen verbrauchen° ständig° Sauerstoff. Ein ein-
20 ziges Auto saugt auf tausend Kilometer soviel Sauerstoff in sich hinein°, wie ein Mensch ein ganzes Jahr lang braucht, nämlich 350 kg!

Lieferanten° des Sauerstoffs sind hauptsächlich unsere Wälder und unsere Grünanlagen°. Ein einziger Baum produziert soviel
25 Sauerstoff, wie ein Mensch verbraucht. Aber leider sind zwei Drittel der Wälder auf unserer Erde nicht mehr vorhanden°. In der BRD gehen täglich 50 bis 70 Hektar Grünland verloren°. Es werden darauf Strassen, Häuser und Industriebetriebe gebaut. Dieses Grünland geht als Sauerstofferzeuger° verloren, während jährlich
30 Millionen Autos immer mehr Sauerstoff verbrauchen.

verbrauchen: *to use, consume*
ständig: *constantly*

in sich hineinsaugen: *to suck in, consume*

der Lieferant: *supplier*
die Grünanlage: *park*

vorhanden sein: *to be in existence*
verlorengehen: *to be lost*

der Sauerstofferzeuger: *producer of oxygen*

Beantwortet die Fragen!

1. Wie lange hat der Mensch seine Umwelt negativ beeinflusst?
2. Seit wann droht der Mensch aber, die natürliche Ordnung zu zerstören?
3. Was hatte der Mensch gelernt?
4. Was macht das Leben in unseren Grossstädten gefährlich?
5. Was passierte 1952 in London?
6. Was tun die Menschen, um Ruhe und Erholung zu suchen?
7. Warum kann man sagen, dass unsere Luft ungesund ist?
8. Woraus besteht die Luft? Wie verändert der Mensch die Luft?
9. Woher kommen Dreck und Gifte in unserer Luft?
10. Was verbraucht ständig Sauerstoff?
11. Welche Gase sind besonders gefährlich? Warum?
12. Wieviel Sauerstoff verbraucht ein Auto auf 1 000 Kilometer?
13. Woher kommt der Sauerstoff?
14. Welche Gefahr besteht heute?

MÜNDLICHE ÜBUNG ⊗

SCHRIFTLICHE ÜBUNG

Beantwortet die Fragen von Übung 3 schriftlich!

6 Unser Wasser ⊗

Wasser ist, wie die Luft, für Mensch, Tier und Pflanze unentbehrlich°. Auch als Produktionsfaktor für die Industrie spielt Wasser eine grosse Rolle. Wasserverbrauch und als Folge Wasserverschmutzung sind in den letzten Jahren rapide angestiegen°. Wasser
5 kann im Kreislauf° der Natur nicht beliebig° vermehrt werden. Wir wissen jetzt, dass der Wasservorrat° begrenzt° ist, und dass wir mit unserem Wasser sparsam° umgehen° müssen.

unentbehrlich: *indispensable*

ansteigen: *to increase*
der Kreislauf: *cycle*
beliebig: *at will*
der Vorrat: *supply*
begrenzt: *limited*
sparsam: *sparingly*
umgehen mit: *to deal with*

Wer verbraucht das Wasser?

Der Mensch bedarf° täglich etwa 2,5 bis 3,5 Liter Wasser, um
10 einfach am Leben zu bleiben. Der tägliche durchschnittliche° Verbrauch für einen Einwohner der BRD ist aber 125 Liter. Und in manchen Ländern ist der Verbrauch noch höher.

bedürfen: *to need*
durchschnittlich: *average*

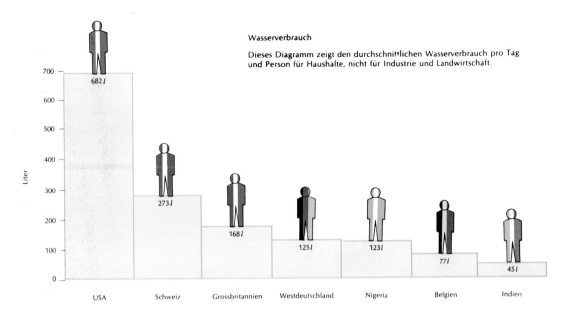

Wasserverbrauch

Dieses Diagramm zeigt den durchschnittlichen Wasserverbrauch pro Tag und Person für Haushalte, nicht für Industrie und Landwirtschaft.

682 *l*	273 *l*	168 *l*	125 *l*	123 *l*	77 *l*	45 *l*
USA	Schweiz	Grossbritannien	Westdeutschland	Nigeria	Belgien	Indien

Wir verbrauchen heute so viel Wasser, weil unser Lebensstandard gestiegen ist. Wir haben moderne Badezimmer, Waschma-
15 schinen, Geschirrspülmaschinen; wir waschen unsere Autos, und wir bewässern unsern Rasen. Unsere Landwirtschaft verbraucht riesige Wassermengen°, ebenso die Industrie. Um einen Liter Bier herzustellen, werden 20 Liter Wasser benötigt° — für eine Tonne Stahl 100 000 Liter!

die Wassermenge: *amount of water*
benötigen: *to require*

20 **Wodurch wird unser Wasser schmutzig?**

Unsere Flüsse und Seen sind schmutzig. Giftige Abwässer° vieler Industriebetriebe gelangen° in unsere Flüsse, ebenso Abwässer aus Millionen Haushalten. Die Donau ist nur in alten Liedern blau, und der „schöne deutsche Rhein" is bald ein toter° Strom. In vielen
25 Flüssen sterben die Fische, und die Verschmutzung ist an vielen Stellen schon so schlimm, dass man dort nicht mehr baden darf.

das Abwasser: *sewage, waste water*
gelangen in: *to get into, reach*
tot: *dead*

Beantwortet die Fragen!

1. Wer braucht und verbraucht Wasser?
2. Was ist in den letzten Jahren ange-stiegen? Warum ist das schlecht? Was müssen wir tun?
3. Wie hoch ist der Wasserverbrauch in verschiedenen Ländern?
4. Warum verbrauchen wir so viel Wasser?
5. Was verbraucht auch viel Wasser?
6. Wodurch werden heute unsere Flüsse und Seen so schmutzig?
7. Wie sehen die Donau und der Rhein heute aus?
8. Was sind die Folgen der Wasserver-schmutzung?

MÜNDLICHE ÜBUNG ☺

SCHRIFTLICHE ÜBUNG

Beantwortet die Fragen von Übung 7 schriftlich!

10 Lärm: Gefahr für die Gesundheit ⊗

Jeder zweite Bewohner der BRD fühlt sich heute tagsüber vom Lärm gestört, in der Nacht jeder vierte.

Starker Lärm beeinflusst unser Nerven-
5 system. Der Mensch kann sich weniger konzentrieren; seine Arbeitskraft° verringert° sich. Starker Lärm kann auch zu Schwerhörigkeit° und zu erhöhtem Blutdruck° führen. In der Regel° kann sich der Mensch
10 an starken Lärm nicht gewöhnen.

Ursachen des Lärms sind:

a. der Strassenverkehr, der seit 1950 um das 15fache° angestiegen ist

b. der Flugverkehr, der seit 1950 um das 30- bis 40fache zugenommen hat

c. Industrielärm

LEXIKON: die Arbeitskraft: *strength and productivity;* s. verringern: *to lessen;* die Schwerhörigkeit: *hearing loss;* erhöter Blutdruck: *increased blood pressure;* in der Regel: *as a rule;* um das 15fache: *fifteenfold*

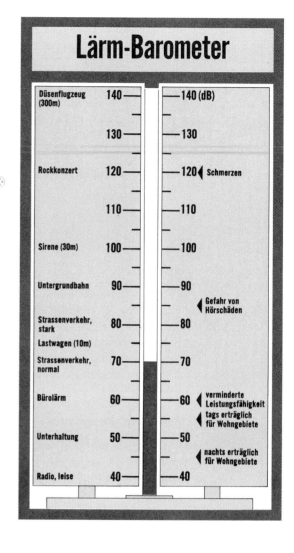

11 Unsere Abfälle° ⊗

der Abfall: *waste, garbage*

Stellt euch mal an eine Strassenecke und beobachtet eure Mitmenschen, wie sie eure Stadt verschmutzen! Einer wirft seine Zigarette weg, ein anderer die leere Packung, ein dritter eine leere Streichholzschachtel°. Einer steht von der Bank auf, lässt aber seine
5 Zeitung liegen. Fünf Minuten später hat der Wind genug damit gespielt und sie, Seite für Seite, in eine andere Richtung geschickt.

die Streichholzschachtel: *matchbox*

Ja, alles, was wir zu Hause nicht tun dürfen, tun wir leider auf der Strasse. Dabei sollten wir stolz sein auf die Strasse, in der wir leben. Sie ist ein Teil unserer Stadt, die andere Leute besuchen und
10 bewundern. Keiner sollte vergessen, dass die Strasse kein Müllplatz° ist!

der Müllplatz: *garbage dump*

Aber es gibt einfach zu viel Abfall! Und unsere Abfälle, besonders unsere Küchenabfälle, nehmen von Jahr zu Jahr zu.

Die Gründe dafür sind:
a. Wir verbrauchen immer mehr Dinge.
b. Alles, was wir kaufen, ist verpackt.
c. Wir reparieren fast nichts mehr, sondern werfen alles weg.

Beantwortet die Fragen!

1. Wie viele Leute fühlen sich vom Lärm gestört?
2. Wie beeinflusst der Lärm den Menschen?
3. Was sind die Ursachen des Lärms?
4. Wie verschmutzt der Mensch seine Stadt?
5. Warum gibt es heute so viel Abfall?

MÜNDLICHE ÜBUNG

14 RELATIVE PRONOUNS der, die, das IN RELATIVE CLAUSES

Lest die Beispiele und beantwortet die folgenden Fragen!

> **Die Luft** ist ungesund. Wir atmen **sie.**
> **Die Luft, die** wir atmen, ist ungesund.

Name the noun phrase in the first sentence. Name the pronoun in the second sentence. In the third sentence, which word refers to **die Luft?**

> Die Luft ist **ein Gasgemisch. Es** besteht aus vielen Gasen.
> Die Luft ist **ein Gasgemisch, das** aus vielen Gasen besteht.

Name the noun phrase in the first sentence. Name the pronoun in the second sentence. In the third sentence, which word refers to **ein Gasgemisch?**

> **Der Lärm** ist für uns gefährlich. Wir hören **ihn.**
> **Der Lärm, den** wir hören, ist für uns gefährlich.

Name the noun phrase in the first sentence. Name the pronoun in the second sentence. In the third sentence, which word refers to **der Lärm?** Why is the form **den** used?

15 Lest die folgende Zusammenfassung!

1. A relative clause is a dependent clause that refers to an element in the main clause. In German, relative clauses are always introduced by relative pronouns. These are identical with the definite articles, with the exception of the dative plural form.

	masculine	feminine	neuter	plural
Nominative	der	die	das	die
Accusative	den	die	das	die
Dative	dem	der	dem	**denen**

(continued)

2. The gender (**der, die, das**) and number (singular, plural) of a relative pronoun are determined by the noun phrase or pronoun to which it refers. The case (nominative, accusative, dative) is determined by the function of the relative pronoun in the relative clause.

> **Der Lärm, den** wir hören, ist für uns gefährlich.
>
> **den** ⟨ GENDER, NUMBER: *masculine, singular* — **der** Lärm
> CASE: *accusative (direct object function)* — Wir hören **ihn.**

3. Relative clauses are dependent clauses, requiring verb-last position.

> Die Gase, die von Motorfahrzeugen **kommen,** sind besonders gefährlich.

4. A relative clause generally follows immediately after the noun phrase or pronoun to which it refers.

> **Das Wasser, das wir trinken,** ist verseucht.

5. For stylistic reasons, however, the relative clause is sometimes separated from the noun phrase or pronoun to which it refers by a word or two, usually a separable prefix, an infinitive, or a past participle.

> Wir haben **das Wasser** getrunken, **das verseucht war.**

6. Relative pronouns, frequently omitted in English, are never omitted in German.

> **Das Wasser, das** wir trinken, ist verseucht.
> *The water we drink is polluted.*

16 Verbindet diese Sätze, zuerst mündlich, dann schriftlich! ⊗

Beispiel: Der Lärm ist furchtbar. Wir hören ihn den ganzen Tag.
> *Der Lärm, den wir den ganzen Tag hören, ist furchtbar.*

1. Das Wasser ist schmutzig. Wir trinken es hier.
2. Die Abfälle nehmen zu. Wir werfen sie weg.
3. Der Rhein war früher sauber. Er ist heute verschmutzt.
4. Die Luft ist giftig. Wir atmen sie in der Stadt.
5. Der Fluss hat keine Fische mehr. Wir haben ihn verschmutzt.
6. Die Gase sind besonders gefährlich. Sie werden von den Autos in die Luft geblasen.

17 Was können wir tun, um unsere Umwelt zu verbessern? ⊗

Es gibt heute Gesetze°, die sich mit unserer Umwelt befassen°: Gesetze für die Reinhaltung der Luft und des Wassers, Gesetze zur Bekämpfung des Lärms°, usw.

Was nützen° aber die Gesetze, wenn der einzelne sie nicht beachtet? Immer wieder hört man Leute sagen: „Was nützt es, wenn ich mein Auto verkaufe und den Bus benutze? Was nützt es, wenn ich die Gewässer nicht verschmutze? Auf mich kommt es doch gar nicht an°.''

Falsch! Jeder einzelne kann und muss mithelfen und dafür sorgen, dass wir uns nicht einer Katastrophe nähern.

Hier sind einige Vorschläge, die jeder beachten sollte:

das Gesetz: *law*
s. befassen mit: *to deal with*

zur Bekämpfung des Lärms: *intended to fight noise*
nützen: *to be of use*

auf mich kommt es nicht an:
what I do doesn't matter

Ich bin UMMI,
der kleine Umweltverbesserer,
der Großes vorhat: Ich will, daß jeder
auf seine Umwelt achtet, weil wir
alle in ihr leben wollen.
Deshalb: Mit UMMI BEIM
UMWELTSCHUTZ
MITMACHEN

Mensch....
Denk an Deine
Umwelt!

1. Wir müssen bescheidener leben.

a. Brauchen wir wirklich all diese elektrischen Geräte, die Energie verbrauchen?

b. Müssen wir mit unserm Auto in die Stadt fahren, oder können wir öffentliche Verkehrsmittel° benutzen?

Bei
geschlossener
Schranke
**Bitte
Motor
abstellen**

2. Wir müssen sauberer leben.

a. Können wir nicht den Motor abstellen, wenn wir im Verkehr warten müssen?

Halter Bayern sauber
Ich bin
ein Abfallbeutel

Der Wald
ist
kein
Müllplatz

b. Wenn wir im Wald picknicken, können wir nicht unsere Abfälle wieder mit nach Hause nehmen?

LEXIKON: öffentliche Verkehrsmittel: *public transportation*

Es wird freundlich ersucht das Bächlein ungestört zu lassen.
Bitte achtet auf die Kinder, daß sie nichts hineinwerfen

7

8

c. Wir sollten auch keinen Abfall ins Wasser werfen, wenn wir spazierengehen.

Abfälle

9

10

11

d. Für unsere Abfälle sind Papierkörbe und Abfalltonnen da. Benutzen wir sie!

18 Was wird getan, um den Lärm zu bekämpfen? ⊗

Im Lande Bayern, zum Beispiel, gibt es viele Vorschriften°, die den Lärm bekämpfen.

die Vorschrift: *regulation*

1. Kofferradios, Tonbandgeräte oder Cassetten-Recorder dürfen in der freien Natur oder in der Öffentlichkeit° nicht verwendet werden.

in der Öffentlichkeit: *in public*

2. Motorräder und laute Motoren dürfen in der Nähe fremder Wohnungen nicht angelassen° werden.

anlassen: *to start up*

3. Die Zahl der Motorboote auf den Seen wurde verringert; auf einigen Seen dürfen keine Motorboote mehr fahren.

4. Auf dem Flughafen München-Riem dürfen Flugzeuge nach 22.00 Uhr und vor 6.00 Uhr nicht mehr starten oder landen.

5. Der Strassenlärm wurde durch Geschwindigkeitsbeschränkungen° in der Nähe von Wohnhäusern stark herabgesetzt°.

die Geschwindigkeitsbeschränkung: *speed restriction*
stark herabgesetzt: *greatly reduced*

6. Der Gebrauch von Rasenmähern an Sonntagen ist verboten.

7. Wohnungen an verkehrsreichen° Strassen werden schallgedämpft°.

verkehrsreich: *heavily traveled*
schallgedämpft: *sound-insulated*

1

2

Lärmschutz

HÖRÜBUNG ⊗

	1	2	3	4	5	6	7	8	9	10	11	12
Luftverschmutzung												
Wasserverschmutzung												
Lärm												
Abfall												

20   was IN RELATIVE CLAUSES

Lest die Beispiele und beantwortet die folgenden Fragen! ⊗

Alles ist verpackt. Wir kaufen **es.**
Alles, was wir kaufen, ist verpackt.

Name the relative pronoun in the third sentence. What word does **was** refer to?

21 Lest die folgende Zusammenfassung!

1. The relative pronoun **was** is used to refer to indefinite pronouns, such as **alles, etwas, nichts, viel,** and **wenig.**

   Alles, was wir kaufen, ist verpackt.
   Es gibt **etwas, was** ich nicht weiss.
   Es gibt **nichts, was** wir nicht verbessern können.

2. As with other clauses introduced by a relative pronoun, a relative clause introduced by **was** may be separated by one or two words from the indefinite pronoun to which it refers.

   Er hat viel gesagt, was ich vorher nicht wusste.

22 Verbindet diese Sätze, zuerst mündlich, dann schriftlich! ⊗

Beispiel: Alles ist verpackt. Wir kaufen es.
Alles, was wir kaufen, ist verpackt.

1. Nichts soll gestört werden. Es wächst im Wald.
2. Wir werfen viel weg. Es könnte repariert werden.
3. Er sagt, wir können nur wenig tun. Es verbessert die Umwelt.
4. Das Buch schlägt etwas vor. Wir sollten es beachten.
5. Wir sollten alles zu Hause lassen. Es macht grossen Lärm.
6. Der Mensch tut viel. Es stört die natürliche Ordnung.

23 Wie können wir unsere Umwelt schöner machen? ⊗

1. Wir können in unseren Städten den Verkehr verbieten und Fussgängerzonen schaffen.

1

2

2. Wir können unsere eigenen Gärten „umweltfreundlicher" gestalten. Unsere Vorgärten gehören zum öffentlichen Grün.

3. Wir können Brunnen in unseren Städten anlegen, die die Luft feucht und rein halten.

4. Wenn wir keinen Garten haben, so können wir Blumen auf unserem Balkon pflanzen und Zimmerpflanzen in unseren Zimmern züchten.

5. Wir können Spielplätze für Kinder bauen.

252

6. Wir können unsere Landschaft verschönern und Erholungseinrichtungen bauen, die alle ge-brauchen können, zum Beispiel: Wanderwege, Radwege, Badeplätze, Schiabfahrten und Unterkunftshäuser für Wanderer und Bergsteiger.

7. Jeder von uns muss und kann dazu beitragen, unsere Umwelt zu verbessern. Es kommt auf jeden an! In Deutschland gibt es viele Bürgeraktionen, zum Beispiel:

a. In Besigheim gehen im Frühjahr Kinder und Erwachsene in den Wald und tragen die Abfälle zusammen — Papier, Flaschen, sogar Autoreifen!

b. In Paderborn wird mehrere Male im Jahr Altpapier gesammelt. Es wird dann zu Papier-fabriken gebracht, wo es eingestampft und wieder verwertet wird.

c. In Müllheim gibt es einen Umweltschutzverein. Dieser ist sehr aktiv. Im Frühjahr, zum Beispiel, pflanzen die Mitglieder dieses Vereins Bäume und Sträucher in der Stadt und Umgebung und fordern die Stadtbewohner auf, das gleiche zu tun.

24 **MÜNDLICHE ÜBUNG** ⊗

25 **KONVERSATIONSÜBUNGEN**

a. Diskutiert über: 1. Luftverschmutzung   2. Wasserverschmutzung   3. Lärm   4. Abfall

(continued)

b. Besprecht folgende Fragen!

1. Wer verschmutzt unsere Umwelt? Wo sieht man die Verschmutzung am meisten?
2. Was wird getan, um die Umweltverschmutzung zu bekämpfen?
3. Was wird getan, um die Umwelt zu verschönern? (Manche Leute meinen, dass solche Dinge die Umwelt nicht verschönern, sondern stören. Was meint ihr dazu?)
4. Gibt es in eurer Stadt oder in eurem Staat Umweltverschmutzung? Könnt ihr einige Beispiele nennen? Wer ist dafür verantwortlich? Was wird gegen diese Verschmutzung getan? Was könnte oder sollte man tun?
5. Was tust du selbst, um die Umweltverschmutzung zu bekämpfen und um deine Umwelt zu verschönern? Was tust du, um Wasser zu sparen?
6. Organisiert eure Schule oder eure Gemeinde Bürgeraktionen zur Verbesserung der Umwelt?

26 SCHRIFTLICHE ÜBUNG

Schreib einen Aufsatz über eines der Themen in Konversationsübung 25!

27 Im Wald finden wir Ruhe und Erholung. Beachtet diese Regeln! ⊗

Autos auf Parkplätzen abstellen!

1 ,,Wo soll man denn da spazierengehen?''

Feuer gefährdet den Wald!

2 ,,Hoffentlich brennt das Schnitzel nicht an!''

Der Wald ist kein Müllplatz!

3 ,,Endlich raus aus dem Grossstadtdreck.''

Lärm stört!

4 ,,Endlich kein Nachbar.''

Bäume sind kein Schnitzobjekt!

5

„Hoffentlich haben die nichts gegen moderne Kunst."

„Selbstversorgung" ist Diebstahl!

6

„Mach schnell! — Wir können den Schofför nicht so lange warten lassen."

28 WORTSCHATZ

1
der **Beginn** *beginning*
die Bronchitis *bronchitis*
die **Erfindung, –en** *invention*
das Flusstal, ̈ er *river valley*
die **Folge, –n** *consequence*
die Frischluft *fresh air*
die **Gefahr, –en** *danger*
das **Handeln** *action, behavior*
das Industriezeitalter *industrial age*
das **Jahrzehnt, –e** *decade*
die **Landschaft, –en** *landscape*
die **Legion, – en** *legion*
die Ostsee *Baltic Sea*
die **Rücksicht** *consideration*
der **Schmutz** *dirt*
der Smog *smog*

(das) **Spanien** *Spain*
der **Stadtbewohner, –** *city dweller*
die **Umwelt** *environment*
die **Veränderung, –en** *change*

auftanken sep *to tank up, fill up with*
drohen *to threaten*
erleichtern *to make easier*
erkennen (erkannte, hat erkannt) *to recognize*
flüchten *to flee*
zerstören *to destroy*
zurücksausen sep *to speed back*

sterben (stirbt, starb, ist gestorben) *to die*

jahrtausendelang *for thousands of years*
kränklich *sickly*
lebensgefährlich *life-threatening*
negativ *negative(ly)*
technisch *technological(ly)*
ungesund *unhealthy*
verseucht *polluted, contaminated*
wissenschaftlich *scientific(ally)*

Rücksicht nehmen auf A *to show consideration for*
und dabei . . . *and in so doing*

2–5
das Argon *argon*
der **Boden** *ground*
der **Chemiker, –** *chemist*
der **Dreck** *dirt*
das **Drittel, –** *third*
das **Gasgemisch, –e** *gas mixture*
das **Gift, –e** *poison*
die **Grünanlage, –n** *park, landscaped area*
das **Grünland** *green areas*
der Hektar (measure of land)
das Helium *helium*
der **Industriebetrieb, –e** *factory*
das **Industriegebiet, –e** *industrial area*
der Kohleofen, ̈ *coal stove*
das Krypton *krypton*
der **Kubikmillimeter, –** *cubic millimeter*
das **Lebewesen, –** *living thing*
der Lieferant, –en *supplier*
das **Motorfahrzeug, –e** *motor vehicle*
die **Nähe** *vicinity*

der **Ölofen, ̈** *oil stove*
der **Sauerstoff** *oxygen*
der **Sauerstofferzeuger, –** *producer of oxygen*
das **Sonnenlicht** *sunlight*
der **Staub** *dust*
die **Staubkonzentration** *dust concentration*
der Stickstoff *nitrogen*
das **Teilchen, –** *particle*
die **Umgebung, –en** *area, surroundings*
der Wasserstoff *hydrogen*

atmen *to breathe*
einatmen sep *to breathe in*
produzieren *to produce*
verbrauchen *to use, consume*
vergiften *to poison*

bestehen aus (bestand, hat bestanden) *to consist of*
blasen (bläst, blies, hat geblasen) *to blow*

steigen (auf A) (stieg, ist gestiegen) *to rise, climb (to)*
verlorengehen (ging verloren, ist verlorengegangen) sep *to be, get lost*

jährlich *yearly*
je *per*
ländlich *country, rural*
nämlich *namely; that is to say*
privat *private*
rein *pure, clean*
ständig *constantly*
verschmutzt *dirty, polluted*

auf tausend Kilometer *every thousand kilometers*
eine solch- *such a*
in der Nähe *near, in the vicinity of*
in sich hineinsaugen *to suck in, consume*
soviel wie *as much as*
vorhanden sein *to be in existence*

6–16

der **Abfall, ≃e** *waste, garbage*
das **Abwasser, ≃** *sewage, waste water*
die **Arbeitskraft, ≃e** *strength and productivity*
der **Bewohner, –** *inhabitant*
die **Donau** *Danube River*
der **Flugverkehr** *air traffic*
die Geschirrspülmaschine, – n *dishwasher*
der Industrielärm *industrial noise*
der Kreislauf, ≃e *cycle*
der Küchenabfall, ≃e *kitchen garbage*
der **Lebensstandard** *standard of living*
der **Mitmensch, –en** (den – en) *fellow human being*
der **Müllplatz, ≃e** *garbage dump*
das Nervensystem, – e *nervous system*
die Packung, – en *wrapper, package*
die **Person, –en** *person*
die **Pflanze, –n** *plant*
der Produktionsfaktor, – oren *production factor*
die **Regel, –n** *rule*
der **Rhein** *Rhine River*

die **Schwerhörigkeit** *hearing loss*
der Stahl *steel*
die **Strassenecke, – n** *street corner*
der **Strassenverkehr** *street traffic*
die Streichholzschachtel, – n *match box*
der **Strom, ≃e** *(big) river*
die **Tonne, – n** *ton*
der **Verbrauch** *use, consumption*
die **Verschmutzung** *pollution*
die Wassermenge, – n *amount of water*
der **Wasservorrat, ≃e** *water supply*
die **Zigarette, –n** *cigarette*

bedürfen *to need*
benötigen *to require*
bewässern *to water*
gelangen in A *to get into, reach*
s. konzentrieren *to concentrate*
vermehren *to increase*
s. **verringern** *to lessen, decrease*
verschmutzen *to dirty, pollute*

ansteigen (stieg an, ist angestiegen) sep *to increase, rise*
liegenlassen (lässt liegen, liess liegen, hat liegenlassen) sep *to leave behind, forget*

umgehen mit (ging um, ist umgegangen) sep (*to deal with*
zunehmen (nimmt zu, nahm zu, hat zugenommen) sep *to increase*

begrenzt *limited*
beliebig *at will*
dabei *but, yet*
durchschnittlich *average*
ebenso *just as*
rapide *rapidly*
sparsam *sparing(ly)*
tot *dead*
unentbehrlich *indispensable*
verpackt *packaged*

am Leben bleiben *to stay alive*
ein dritter *a third one*
erhöhter Blutdruck *increased blood pressure*
in der Nacht *during the night*
in der Regel *as a rule*
pro Person *per person*
starker Lärm *loud noise*
stolz sein auf A *to be proud of*
um das 15fache *fifteenfold*

17–26

die **Abfalltonne, –n** *garbage can*
das **Altpapier, – e** *old newspaper*
der **Badeplatz, ≃e** *swimming area*
der **Balkon, –s** *balcony*
die Bekämpfung, – en *fight against*
die Bürgeraktion, – en *community campaign, drive*
die **Energie** *energy*
die Erholungseinrichtung, – en *recreational facility*
das **Frühjahr** *spring*
der **Gebrauch** *use*
das **Gerät, –e** *appliance*
die Geschwindigkeitsbeschränkung, – en *speed restriction*
das **Gesetz, –e** *law*
die Katastrophe, – n *catastrophe*
das **Kofferradio, –s** *portable radio*
die Papierfabrik, – en *paper factory*
der **Papierkorb, ≃e** *wastebasket*
die Reinhaltung *keeping clean, free of pollution*
die Schiabfahrt, – en *ski run*
der **Spielplatz, ≃e** *playground*
der Strassenlärm *street noise*
das Unterkunftshaus, ≃er *shelter*
der **Verein, –e** *club, organization*
der Vorgarten, ≃ *front yard*
die **Vorschrift, –en** *regulation*
der **Wanderer, –** *hiker*
der **Wanderweg, –e** *hiking trail*
die **Zimmerpflanze, –n** *house plant*

anlegen sep *to build, put in*
auffordern sep *to urge*
s. **befassen mit** *to deal with, be concerned with*
bekämpfen *to fight*
einstampfen sep *to pulp*
gefährden *to endanger*
gestalten *to form*
herabsetzen sep *to lower, reduce*
nützen *to be of use*
picknicken *to picnic*
pflanzen *to plant*
schaffen *to create*
starten *to take off*
verbessern *to improve, correct*
verschönern *to make more beautiful*
verwenden *to use*
verwerten *to use, utilize*
züchten *to grow, raise*

anlassen (lässt an, liess an, hat angelassen) sep *to start up*
beitragen zu (trägt bei, trug bei, hat beigetragen) sep *to contribute to*
verbieten (verbat, hat verboten) *to forbid*
zusammentragen (trägt zusammen, trug zusammen, hat zusammengetragen) sep *to gather*

aktiv *active*
fremd *strange, unknown*
öffentlich *public*
schallgedämpft *sound-insulated*
umweltfreundlich *showing consideration for the environment*
verboten *forbidden*
verkehrsreich *heavily traveled*

auf mich kommt es nicht an *what I do doesn't matter*
das gleiche *the same thing*
der einzelne *the individual*
es wird wieder verwertet *it is recycled*
Gesetze zur Bekämpfung des Lärms *laws intended to fight noise*
in der freien Natur *in the open air*
in der Öffentlichkeit *in public*
öffentliches Grün *public green area(s)*
stark herabgesetzt *greatly reduced*

27

der Diebstahl *theft, robbery*
die Kunst *art*
das Schnitzobjekt, – e *object to carve on*
der Schofför, – e *chauffeur*
die Selbstversorgung *helping yourself (to something)*

abstellen sep *to park, leave*
anbrennen (brannte an, hat angebrannt) sep *to catch fire, burn*

raus *out (of)*

mach schnell! *hurry up!*

Das neue Rathaus (1543–1582)   Typisches Dorf im Schwarzwald

Das Kaufhaus (1518–1532), der schönste Bau der Stadt

Der Südwesten

BADEN-WÜRTTEMBERG

Baden-Württemberg, the third largest state in the Federal Republic, has a varied landscape and climate. It includes the Schwarzwald — Black Forest — a popular vacation area with many lovely, old villages hidden among its dark pine forests. The region is famous for Schwarzwälder Schinken and Schwarzwälder Kirschtorte. The city of Freiburg is known for its beautiful cathedral and for its university, which was founded in 1457 and has a world-wide reputation. Nearly 20,000 students live in the town, from all parts of the world. Freiburg also has the National Academy of Music, as well as great theaters and famous publishing houses.

Plate 25

Müllheimer Weinfest und Weinkeller

A mild, pleasant climate fosters the growth of tobacco and grapes. Baden-Württemberg is the second most important wine-growing region in Germany. Natives and visitors sample wines and enjoy themselves at the hundreds of local wine festivals.

The small town of Staufen has a long history. For a century, beginning in 1138, the Swabian ducal house of Staufen provided kings and emperors for Germany. This history is documented on the façade of the Rathaus.

Next to the Rathaus is the Gasthaus Löwe. Here in 1539, the real Dr. Faustus, who became a legend, lost his life trying to make gold for his sponsor, Anton von Staufen. The story of Dr. Faustus was immortalized by Goethe in his great drama, *Faust*.

Hier wohnte Dr. Faustus.

Wappen an der Fassade des Rathauses

Palmen auf der Blumeninsel Mainau

Das Schloss (1746), von Graf Bernadotte bewohnt

The warmest climate in Germany is found around Lake Constance. Tropical vegetation thrives on the island of Mainau. This historic area is dotted with villages, old churches, and picturesque buildings.

Der Marktplatz in Urach

Kloster Maulbronn, um 1350 erbaut

The town of Urach lies in the Schwäbische Alb, a high plateau. Urach has a beautiful marketplace with half-timbered houses from the late Middle Ages.
The Kloster Maulbronn is Germany's best-preserved medieval monastery.
Tübingen is one of Germany's most famous university towns. The University of Tübingen was founded in 1477. Every summer, various student groups enjoy the traditional "Stechen" on the river Neckar. Here, overlooking the river, Hölderlin, a German poet, spent the last years of his life.

Plate 27

Ulm, the birthplace of Albert Einstein, lies in the easternmost part of Baden-Württemberg. The city was nearly destroyed in the second World War, but most of the damage has been repaired.

The Rathaus was built in 1369–1370. The beautiful window decorations, gables, arcades, and colorful frescoes were added around 1540.

Every four years there is the traditional Fischerstechen on the Danube, carried out with great pageantry and colorful costumes.

The Ulmer Münster provides a spectacular setting for a wedding.

Plate 28

Bayern

Bavaria is the largest of the ten Länder and, with 10.5 million people, the second largest in population after Nordrhein-Westfalen.

The Bavarians have a great sense of historical identity and a distinctive culture. The countryside is dotted with charming villages, each with its own church. Most Bavarian churches have an onion-shaped steeple, or Zwiebelturm.

▲ Rottach am Tegernsee

St. Heinrich am Starnberger See

▼ Schloss Linderhof

Bavaria has beautiful lakes, spectacular mountains, and historic castles, monasteries, and cathedrals. One specialty of the area is beer. The state has over 300 breweries, the first licensed in 1143. Another specialty is Münchner Weisswurst, served with sweet mustard, fresh rolls or pretzels, radishes, and — of course — beer.

Münchner Brotzeit

Bavaria's Alps are the highest mountains in Germany. The peaks are often snow-capped throughout the year. The Karwendelgebirge, 2800 meters high, looms over Mittenwald.

Mittenwald is a ski resort, and has also been a center of German violin-making for 300 years. The founder of violin-making, Matthias Klotz (1653–1743) is honored by a memorial sculpture.

In the villages, a colorful variety of local costumes, Trachten, is especially evident on Sundays and special occasions. The folk music and dances of the region are usually accompanied by accordion or zither.

When the weather is warm, the most popular place to enjoy a meal or a stein of beer is an outdoor "Biergarten."

▲ Promenadenplatz, im Herzen der Stadt

Das Alte Rathaus (1470–1474) ▶

▲ Schloss Nymphenburg

Der Viktualienmarkt ▶

The capital of Bavaria is Munich. It has a population of 1.3 million and is, after Berlin and Hamburg, the third largest city in the Federal Republic.

An elegant and international city, Munich is also famous for its "Gemütlichkeit," or friendly atmosphere. The city is a center of art, music, and culture, with important museums, galleries, and theaters. It also has many parks, fountains, and outdoor markets.

Plate 31

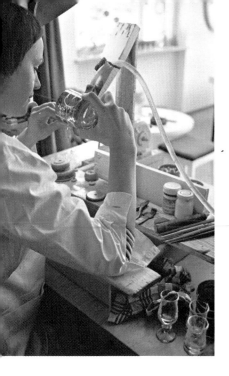

A large part of Bavarian manufacturing is in the old handicraft tradition. Bavaria is known for its glass and china, and for its furniture. Toys are made in Nürnberg, with violin-making in Mittenwald and woodcarving in Oberammergau and elsewhere. Small home-industries, such as knitting and pipe-making, can also be found in many places.

And, of course, Bavaria has such famous skiers as Rosi Mittermaier, who won one silver and two gold medals in the 1976 Winter Olympics in Innsbruck.

Rosi comes from the Winklmoos-Alm, near Reit im Winkl and the Austrian border.

Plate 32

Grammar Summary

The Definite Articles

	Masculine	Feminine	Neuter	Plural
Nominative	der	die	das	die
Accusative	den	die	das	die
Dative	dem	der	dem	den
Genitive	des	der	des	der

dieser-words

	Masculine	Feminine	Neuter	Plural
Nominative	dieser	diese	dieses	diese
Accusative	diesen	diese	dieses	diese
Dative	diesem	dieser	diesem	diesen
Genitive	dieses	dieser	dieses	dieser

Other dieser-words: jeder, welcher, mancher

ein-words

	Masculine	Feminine	Neuter	Plural
Nominative	ein	eine	ein	(meine)
Accusative	einen	eine	ein	(meine)
Dative	einem	einer	einem	(meinen)
Genitive	eines	einer	eines	(meiner)

Other ein-words: kein, mein, dein, sein, ihr,
unser, euer, ihr, Ihr

Interrogative Pronouns

Nominative	wer?	was?
Accusative	wen?	was?
Dative	wem?	

Personal Pronouns   Reflexive Pronouns

		Nominative	Accusative	Dative	Accusative	Dative
Singular						
1st person		ich	mich	mir	mich	mir
2nd person		du	dich	dir	dich	dir
	m.	er	ihn	ihm		
3rd person	f.	sie	sie	ihr	sich	sich
	n.	es	es	ihm		
Plural						
1st person		wir	uns	uns	uns	uns
2nd person		ihr	euch	euch	euch	euch
3rd person		sie	sie	ihnen	sich	sich
Formal Address		Sie	Sie	Ihnen	sich	sich

Prepositions

Accusative	durch, für, gegen, ohne, um
Dative	aus, bei, mit, nach, seit, von, zu
Two-Way: *Dative-wo?* *Accusative — wohin?*	an, auf, hinter, in, neben, über, unter, vor, zwischen
Genitive	während, wegen

Indefinite Personal Pronouns

Nominative	man, einer	keiner	jeder	jemand	niemand	wer
Accusative	einen	keinen	jeden	jemand	niemand	wen
Dative	einem	keinem	jedem	jemand	niemand	wem

The Definite Article as Demonstrative Pronoun

	Masculine	Feminine	Neuter	Plural
Nominative	der	die	das	die
Accusative	den	die	das	die
Dative	dem	der	dem	denen

ein-words Used as Pronouns

	Masculine	Feminine	Neuter	Plural
Nominative	meiner	meine	meins	meine
Accusative	meinen	meine	meins	meine
Dative	meinem	meiner	meinem	meinen

der as Relative Pronoun

	Masculine	Feminine	Neuter	Plural
Nominative	der	die	das	die
Accusative	den	die	das	die
Dative	dem	der	dem	denen

Note: **was** is used as a relative pronoun after **alles, das, etwas, nichts, viel, wenig,** and when referring to a whole clause.

was für ein Used with a Noun

	Masculine	Feminine	Neuter	Plural
Nom:	Was für ein Ort?	Was für eine Stadt?	Was für ein Dorf?	Was für Dörfer?
Acc:	Was für einen Ort?	Was für eine Stadt?	Was für ein Dorf?	Was für Städte?
Dat:	In was für einem Ort?	In was für einer Stadt?	In was für einem Dorf?	In was für Orten?

was für Used as a Pronoun

	Masculine	Feminine	Neuter	Plural
Nom:	Was für einer?	Was für eine?	Was für eins?	Was für welche?
Acc:	Was für einen?	Was für eine?	Was für eins?	Was für welche?
Dat:	Mit was für einem?	Mit was für einer?	Mit was für einem?	Mit was für welchen?

Determiners of Quantity

alle	all	**einige**	some
andere	other	**mehrere**	several
ein paar	a few	**viele**	many
beide	both	**wenige**	few (not many)

alle's in nominative case

Endings of Adjectives after <u>der</u> and <u>dieser</u>-words

	Masculine	Feminine	Neuter	Plural
Nominative	der −**e** Ort	die −**e** Stadt	das −**e** Dorf	die −**en** Orte
Accusative	den −**en** Ort	die −**e** Stadt	das −**e** Dorf	die −**en** Orte
Dative	dem −**en** Ort	der −**en** Stadt	dem −**en** Dorf	den −**en** Orten
Genitive	des −**en** Ortes	der −**en** Stadt	des −**en** Dorfes	der −**en** Orte

Endings of Adjectives after <u>ein</u>-words

Nominative	ein −**er** Ort	eine −**e** Stadt	ein −**es** Dorf	keine −**en** Orte
Accusative	einen −**en** Ort	eine −**e** Stadt	ein −**es** Dorf	keine −**en** Orte
Dative	einem −**en** Ort	einer −**en** Stadt	einem −**en** Dorf	keinen −**en** Orten
Genitive	eines −**en** Ortes	einer −**en** Stadt	eines −**en** Dorfes	keiner −**en** Orte

Note: Adjectives that follow **alle** and **beide** (and sometimes **manche**) have the plural ending −**en.**

Endings of Adjectives Not Preceded by der, dieser-words, or ein-words

Nominative	−**er** Lippenstift	−**e** Tusche	−**es** Haar	−**e** Augen
Accusative	−**en** Lippenstift	−**e** Tusche	−**es** Haar	−**e** Augen
Dative	−**em** Lippenstift	−**er** Tusche	−**em** Haar	−**en** Augen
Genitive	−**en** Lippenstifts	−**er** Tusche	−**en** Haares	−**er** Augen

Note: Adjectives that follow numerals and the determiners of quantity take the above plural endings.

derselbe

	Masculine	Feminine	Neuter	Plural
Nominative	derselbe	dieselbe	dasselbe	dieselben
Accusative	denselben	dieselbe	dasselbe	dieselben
Dative	demselben	derselben	demselben	denselben
Genitive	desselben	derselben	desselben	derselben

Comparative and Superlative Forms

> *comparative:* add comparative marker **−er** to adjective or adverb
> **Er läuft schneller.**
> add comparative marker **−er** plus adjective ending
> **Das ist ein schöneres Bild.**
>
> *superlative:* add superlative marker **−st** to adjective plus
> adjective ending
> **Er fährt das kleinste Auto.**
> **Ich habe sein schönstes Foto.**

Note: For irregular forms see pages 86 and 87.

Word Order: Order of Objects

	Indirect Object, Noun or Pronoun	Direct Object Noun
Dr. Meier gibt Er zeigt	dem Patienten ihr	das Rezept. die Tabletten.

	Direct Object Pronoun	Indirect Object, Noun or Pronoun
Dr. Meier gibt Er zeigt	es sie	dem Patienten. ihr.

Word Order

verb-first position	questions that do not begin with an interrogative **Trinkst du Kaffee?** **Spielst du Fussball?** commands **Sprechen Sie nicht so schnell!**
verb-second position	statements **Wir spielen morgen.** **Übermorgen kommt mein Vetter.** questions that begin with an interrogative **Wohin fahrt ihr?** sentences connected by und, oder, aber, denn **Ich komme nicht, denn ich habe keine Zeit.**
verb-last position	clauses introduced by als, bevor, bis, dass, ob, weil, wenn, and interrogatives (wo? wann? warum? etc.) **Ich komme heute nicht, weil ich keine Zeit habe.**

Present Tense Verb Forms

	spielen	warten	sehen	fahren	müssen	sein	haben	werden
ich	spiele	warte	sehe	fahre	muss	bin	habe	werde
du	spielst	wartest	siehst	fährst	musst	bist	hast	wirst
er, sie, es	spielt	wartet	sieht	fährt	muss	ist	hat	wird
wir	spielen	warten	sehen	fahren	müssen	sind	haben	werden
ihr	spielt	wartet	seht	fahrt	müsst	seid	habt	werdet
sie, Sie	spielen	warten	sehen	fahren	müssen	sind	haben	werden
	All weak verbs	*Verbs whose stems end in* **−t, −d,** *or* **−n**	*For verbs with stem vowel change see pp. 262ff*	*For other modal verbs see pp. 262ff*				

Command Forms

Fam. Sing. Fam. Pl. Formal, Sing., Pl. let's form general public	spiel! spielt! spielen Sie! spielen wir!	warte! wartet! warten Sie! warten wir! warten!	sieh! seht! sehen Sie! sehen wir!	fahr! fahrt! fahren Sie! fahren wir!	sei! seid! seien Sie! seien wir!	hab! habt! haben Sie! haben wir!	werde! werdet! werden Sie! werden wir!

Future

(a) present tense verb forms	Er kommt morgen.
(b) **werden** + infinitive	Er wird (morgen) kommen.

Narrative Past Tense Forms (Imperfect)

	spielen	warten	sehen	fahren	müssen	sein	haben	werden
ich	spielte	wartete	sah	fuhr	musste	war	hatte	wurde
du	spieltest	wartetest	sahst	fuhrst	musstest	warst	hattest	wurdest
er, sie, es	spielte	wartete	sah	fuhr	musste	war	hatte	wurde
wir	spielten	warteten	sahen	fuhren	mussten	waren	hatten	wurden
ihr	spieltet	wartetet	saht	fuhrt	musstet	wart	hattet	wurdet
sie, Sie	spielten	warteten	sahen	fuhren	mussten	waren	hatten	wurden
	All weak verbs	Weak verbs whose stems end in −t, −d, or −n.	All strong verbs follow this pattern for endings. For vowel changes, see pp. 262ff	For other modal verbs see pp. 262ff				

Conversational Past Tense Forms (Present Perfect)

auxiliary (**haben** or **sein**) + a past participle				
Formation of Past Participles				

Weak Verbs
  with inseparable prefixes
  with separable prefixes
	spielen
	besuchen
	abholen
		(er) spielt
		(er) besucht
		(er) holt ab
			gespielt
			besucht
			abgeholt
				Er hat gespielt.
				Er hat ihn besucht.
				Er hat uns abgeholt.

Strong Verbs
  with inseparable prefixes
  with separable prefixes
	kommen
	bekommen
	ankommen
			gekommen
			bekommen
			angekommen
				Er ist gekommen.
				Er hat es bekommen.
				Er ist angekommen.

Note: For past participles of strong verbs and irregular verbs, see page 262ff.

Past Perfect

past tense forms of **haben** or **sein** and past participle
Die Schüler hatten einen Titel gefunden.
Frau Braun war zu Hause geblieben.

Conditional

(a) real condition	Wenn wir Zeit haben, fahren wir in die Schweiz. Wenn es heiss ist, bleiben wir zu Hause.
(b) unreal condition	Wenn wir Zeit hätten, würden wir in die Schweiz fahren. Wenn es heiss wäre, würden wir zu Hause bleiben. Wenn ich könnte, würde ich aufs Oktoberfest gehen.

Subjunctive Forms of haben, sein, werden

ich	hätte	wäre	würde
du	hättest	wärest	würdest
er, sie, es	hätte	wäre	würde
wir	hätten	wären	würden
ihr	hättet	wäret	würdet
sie, Sie	hätten	wären	würden

Subjunctive Forms of Modals

Infinitive:	dürfen	können	mögen	müssen	sollen	wollen
Past Tense Form:	durfte	konnte	mochte	musste	sollte	wollte
Subjunctive: ich	dürfte	könnte	möchte	müsste	sollte	wollte
du	dürftest	könntest	möchtest	müsstest	solltest	wolltest
er, sie, es	dürfte	könnte	möchte	müsste	sollte	wollte
wir	dürften	könnten	möchten	müssten	sollten	wollten
ihr	dürftet	könntet	möchtet	müsstet	solltet	wolltet
sie, Sie	dürften	könnten	möchten	müssten	sollten	wollten

The Passive Construction

		werden	plus Past Participle
Present Tense	Der Stall	wird	gereinigt.
Narrative Past	Der Stall	wurde	gereinigt.
Convers. Past	Der Stall	ist	gereinigt worden.
Past Perfect	Der Stall	war	gereinigt worden.
			plus Passive Infinitive
Future	Der Stall	wird	gereinigt werden.
with Modals Present Tense	Der Stall	kann	gereinigt werden.
Past Tense	Der Stall	musste	gereinigt werden.

PRINCIPAL PARTS OF VERBS

This list includes all strong verbs from the 24 units of **Unsere Freunde** and the 16 units of **Die Welt der Jugend**, as well as weak verbs with a stem vowel change or other irregularity. Only the basic verbs are listed. Verbs with separable and inseparable prefixes are listed only if the basic verb has not been taught, or if the prefixed verb uses **sein** to form the conversational past. Usually, only one English meaning of the verb is given. Other meanings may be found in the German-English Vocabulary. Verbs marked with an asterisk are "inactive" vocabulary, included for recognition only.

Infinitive	Present (stem vowel change)	Past	Past Participle	Meaning
abbiegen		bog ab	ist abgebogen	to turn
abstossen	stösst ab	stiess ab	abgestossen	to push off (a boat)
anfangen	fängt an	fing an	angefangen	to begin
backen	bäckt	backte	gebacken	to bake
beginnen		begann	begonnen	to begin
beissen		biss	gebissen	to bite
bekommen		bekam	bekommen	to get, receive
s. bewerben	bewirbt	bewarb	beworben	to apply
bieten		bot	geboten	to offer
binden		band	gebunden	to tie

Infinitive	Present (stem vowel change)	Past	Past Participle	Meaning
bitten		bat	gebeten	to ask
blasen*	bläst	blies	geblasen	to blow (wind)
bleiben		blieb	ist geblieben	to stay
brechen	bricht	brach	gebrochen	to break
brennen		brannte	gebrannt	to burn
bringen		brachte	gebracht	to bring
denken		dachte	gedacht	to think
dürfen	darf	durfte	gedurft (dürfen)	to be allowed, may
eintreffen	trifft ein	traf ein	ist eingetroffen	to arrive, come in
empfehlen	empfiehlt	empfahl	empfohlen	to recommend
s. entscheiden		entschied	entschieden	to decide
entstehen		entstand	ist entstanden	to develop, come into being
essen	isst	ass	gegessen	to eat
fahren	fährt	fuhr	gefahren	to drive (a vehicle)
fahren	fährt	fuhr	ist gefahren	to travel
fallen	fällt	fiel	ist gefallen	to fall
finden		fand	gefunden	to find
fliegen		flog	ist geflogen	to fly
fliessen		floss	ist geflossen	to flow
fressen	frisst	frass	gefressen	to eat (of animals)
geben	gibt	gab	gegeben	to give
gefallen	gefällt	gefiel	gefallen	to please, be pleasing
gefrieren		gefror	ist gefroren	to freeze
gehen		ging	ist gegangen	to go, walk
geschehen	geschieht	geschah	ist geschehen	to happen
gewinnen		gewann	gewonnen	to win
giessen		goss	gegossen	to water
haben	hat	hatte	gehabt	to have
halten	hält	hielt	gehalten	to hold
hängen		hing	gehangen	to hang, be hanging
heben		hob	gehoben	to lift, raise
heissen		hiess	geheissen	to be named
helfen	hilft	half	geholfen	to help
s. hinaufwinden*		wand hinauf	hinaufgewunden	to wind upwards
hinunterschiessen*		schoss hinunter	ist hinuntergeschossen	to shoot down (a slope)
kennen		kannte	gekannt	to know, be familiar with
klingen		klang	geklungen	to sound
kommen		kam	ist gekommen	to come
können	kann	konnte	gekonnt (können)	to be able, can
laden	lädt	lud	geladen	to load
lassen	lässt	liess	gelassen	to leave
laufen	läuft	lief	ist gelaufen	to run, walk
leihen		lieh	geliehen	to lend
lesen	liest	las	gelesen	to read
liegen		lag	gelegen	to lie, be located
liegenlassen	lässt liegen	liess liegen	liegenlassen	to forget
messen	misst	mass	gemessen	to measure
mögen	mag	mochte	gemocht (mögen)	to like
müssen	muss	musste	gemusst (müssen)	to have to, must
nehmen	nimmt	nahm	genommen	to take
nennen		nannte	genannt	to name
raten	rät	riet	geraten	to guess
reiben		rieb	gerieben	to rub
reissen		riss	gerissen	to tear
rennen		rannte	ist gerannt	to run
reiten		ritt	ist geritten	to ride horseback
riechen		roch	gerochen	to smell
rufen		rief	gerufen	to call
schaffen*		schuf	geschaffen	to create
scheinen		schien	geschienen	to shine, appear
schieben		schob	geschoben	to push
schiessen		schoss	geschossen	to shoot

Infinitive	Present (stem vowel change)	Past	Past Participle	Meaning
schlafen	schläft	schlief	geschlafen	to sleep
schlagen	schlägt	schlug	geschlagen	to beat
schliessen		schloss	geschlossen	to shut
schneiden		schnitt	geschnitten	to cut
schreiben		schrieb	geschrieben	to write
schreien		schrie	geschrien	to scream
schwimmen		schwamm	ist geschwommen	to swim
schwingen*		schwang	geschwungen	to swing, wave
sehen	sieht	sah	gesehen	to see
sein	ist	war	ist gewesen	to be
singen		sang	gesungen	to sing
sitzen		sass	gesessen	to sit
sollen	soll	sollte	gesollt (sollen)	to be supposed to, shall
sprechen	spricht	sprach	gesprochen	to speak
springen		sprang	ist gesprungen	to jump
stechen	sticht	stach	gestochen	to sting
stehen		stand	gestanden	to stand
steigen		stieg	ist gestiegen	to climb, rise
sterben	stirbt	starb	ist gestorben	to die
streichen		strich	gestrichen	to brush
streiten		stritt	gestritten	to quarrel
tragen	trägt	trug	getragen	to carry, wear
treffen	trifft	traf	getroffen	to hit
treiben*		trieb	getrieben	to drive, herd
treten		trat	ist getreten	to step, walk
trinken		trank	getrunken	to drink
tun		tat	getan	to do
verbieten		verbot	verboten	to forbid
vergessen	vergisst	vergass	vergessen	to forget
vergleichen		verglich	verglichen	to compare
verlieren		verlor	verloren	to lose
verschwinden		verschwand	ist verschwunden	to disappear
wachsen	wächst	wuchs	ist gewachsen	to grow
waschen		wusch	gewaschen	to wash
werden	wird	wurde	ist geworden (worden)	to become
werfen	wirft	warf	geworfen	to throw
wiegen		wog	gewogen	to weigh
wissen	weiss	wusste	gewusst	to know (facts)
wollen	will	wollte	gewollt (wollen)	to want to
ziehen		zog	gezogen	to pull
ziehen		zog	ist gezogen	to go

German-English Vocabulary

This vocabulary includes all the active words appearing in the 24 units of **Unsere Freunde,** and both the active and inactive words appearing in the 16 units and the cultural inserts of **Die Welt der Jugend.** Exceptions are most proper nouns, forms of verbs other than the infinitive, and forms of determiners other than the nominative. Also excluded are words from optional reading selections, if these words are glossed or listed in the **Wortschatz** for the unit, or if they are cognates which students should recognize.

Each noun is listed with its definite article and with its plural ending, if any. Following each definition is a numeral that refers to the unit in which the word first appears. If two numerals follow a single definition, the second shows the unit in which that definition is made active.

The following abbreviations are used in this index: adj (adjective), o.s. (oneself), pref (prefix), pl (plural form), s. (sich), s.o. (someone), and s.th. (something).

A

ab *from, starting at,* 9; *departing* (notation on train schedules), 22; ab DM 6,95 *from 6 marks 95,* 9
ab- (pref) *away,* 22; *down,* 23
ab: ab und zu *now and then,* 31
abbauen *to fold up, put away,* 25
abbiegen *to turn,* 8
die **Abbildung, —en** *illustration,* 27
abdrehen *to turn off,* 5
abend: heute abend *this evening,* 22
der **Abend, —e** *evening,* 10; guten Abend! *good evening,* 6; am Abend *in the evening,* 10; zu Abend essen *to eat supper,* 20
das **Abendbrot** *supper,* 33
das **Abendessen, —** *evening meal, supper,* 20
die **Abendzeitung** (a Bavarian newspaper), 32
aber *but,* 2; das ist aber nett! *why, that's awfully nice!* 10
abfahren *to depart, leave the station,* 22
die **Abfahrt, —en** *departure,* 22; *descent,* 34
der **Abfahrtslauf, ⸚e** *downhill race,* 34
der **Abfall, ⸚e** *waste, garbage,* 40
der **Abfallbehälter, —** *garbage can; wastebasket,* 40
der **Abfallbeutel, —** *garbage bag,* 40
der **Abfalleimer, —** *garbage pail,* 40
die **Abfalltonne, —n** *garbage can,* 40
abgemacht! *agreed!* 32
der **Abhang, ⸚e** *slope,* 23
abholen *to pick up,* 21
das **Abitur** (final examination for Gymnasium students), 25
der **Abiturient, —en** *one who has passed the Abitur,* 25
abkühlen *to cool off;* auf 5 Grad abkühlen *to cool to 5 degrees (Celsius),* 38

abladen *to unload,* 38
abliefern *to deliver,* 25
abnehmen *to take off,* 23; den Hörer abnehmen *to lift the receiver,* 6
abrichten *to train (animals)* 26
der **Abschied: zum Abschied** *as a farewell, when saying goodby,* 6
abschliessen *to lock,* 29
abschneiden *to cut off,* 16
abschreiben *to copy,* 29
die **Abschrift, —en** *copy,* 39
der **Absender, —** *sender,* 12
abspülen *to rinse off,* 35
absteigen *to climb down, descend,* 23
abstellen *to turn off,* 18; *to park, leave,* 40
abstossen *to push off,* 35
das **Abteil, —e** *compartment,* 22
die **Abteilung, —en** *department,* 39
abtrocknen *to dry oneself off,* 21
das **Abwasser, ⸚** *sewage, waste water,* 40
abwischen *to wipe off,* 35
der **Abzug, ⸚e** *print, copy,* 30
ach! *oh!* 2
acht *eight,* 1
achten auf *to pay attention to,* 32; *to see to,* 39
die **Achterbahn, —en** (carnival ride), 36
Achtung! *careful! watch out!* 8
achtzehn *eighteen,* 1
achtzig *eighty,* 4
der **Ackerbau** *farming,* 38
die **Adjektivendung, —en** *adjective ending,* 29
der **Adler, —** *eagle,* 26
der **Affe, —n** *monkey,* 11
die **Affenmutter, ⸚** *mother monkey,* 26
der **Affenwald** *monkey forest,* 26
die **After-Shave Lotion, —s** *aftershave lotion,* 31

das **Agrarland** *agricultural country,* 38
das **Agrarprodukt, —e** *farm product,* 38
die **Ahnung, —en** *idea, notion,* 8; keine Ahnung haben *to have no idea,* 8
aktiv *active,* 40
das **Album, Alben** *album,* 30
alkoholfrei *nonalcoholic,* 25
alle *all,* 9; alle drei Jahre *every three years,* 28; alle zwei Tage *every two days,* 31; alle sein *to be all gone, used up,* 32
allein *alone,* 16
alles *everything,* 3; *all,* 7; alles Gute *best wishes,* 15; alles Gute zum Muttertag! *happy Mother's Day!* 15
das **Allgäu** (area in southern Germany), 38
der **Alltag** *daily routine,* 30
die **Alm, —en** *Alpine pasture,* 38
die **Alpen** (pl) *Alps,* 29
das **Alpengebiet, —e** *Alpine region,* 38
das **Alpenvorland** *Alpine foothills,* 38
das **Alphabet** *the alphabet,* 2
als *as,* 9, 13; *than,* 13; *when,* 26; als erste *as the first one,* 13; als ob *as if,* 26; als Junge *as a boy,* 28; als erstes *first of all, the first thing,* 30
also *well,* 7; *therefore, so,* 9, 22; *okay then,* 32
alt *old,* 1
älter: ältere Leute *elderly people,* 26
die **Altersgruppe, —n** *age group,* 27
das **Altpapier, —e** *old newspaper,* 40
die **Altstadt, ⸚e** *old part of the city,* 28
das **Aluminium** *aluminum,* 34
die **Aluminiumfolie** *aluminum foil,* 26
am (an dem): am liebsten *most, best of all,* 2; am liebsten haben *to like best,* 4; am Samstag *on Saturday,* 7; am Himmel *in the sky,* 18;

am Zaun *by the fence*, 19; **am 22. Juli** *on the 22nd of July*, 21; **am Anfang** *in the beginning*, 27; **am Hang** *on the slope*, 34; **am Leben bleiben** *to stay alive*, 40

amerikanisch (adj) *American*, 15

die **Ampel, −n** *traffic light*, 8

s. **amüsieren** *to have fun*, 32, 36

an *to, on, at, by, against*, 19; *arriving* (notation on train schedules), 22; **an der Hand** *by the hand*, 26, 36

an- (pref) *towards*, 22

anbauen *to plant, grow*, 38

der **Anblick, −e** *view, sight*, 26

anbrennen *to catch fire, burn*, 40

das **Andenken** *souvenir*, 26

andere *other*, 1, 3; *others*, 10; die **anderen** *the others*, 7

andern: ihr andern *the rest of you*, 26

anders: sie haben es sich anders überlegt *they changed their minds*, 32

andre: alles andre *everything else*, 26; **die andre** *the other one*, 32; **manches andre** *many other things*, 35

andrehen *to turn on*, 5

andres: was andres *something else*, 2; **etwas andres** *something else, something different*, 7

der **Anfang, ≐e** *beginning, start*, 27; **am Anfang** *in the beginning*, 27; **Anfang März** *at the beginning of March*, 27

anfangen *to begin, start*, 5

der **Anfänger, −** *beginner*, 5

die **Anfängergruppe, −n** *group of beginners*, 34

anfassen *to touch, take hold of*, 11

anfertigen *to make*, 39

anfeuchten *to dampen*, 31

die **Anfrage: Ausländer auf Anfrage** *foreigners by appointment*, 37

angeben *to brag*, 34

angeblich *alleged(ly)*, 28

angehen: das geht dich nichts an! *that's none of your business!* 26

angeln *to fish*, 10

angenehm: angenehme Unterrichtsdauer *convenient length of lessons*, 32

der **Angestellte, −n** *white-collar worker*, 36

angewiesen: angewiesen sein auf *to be dependent upon*, 38

angezogen (adj.) *dressed*, 23

die **Angst, ≐e** *fear*, 11; **Angst haben** *to be afraid*, 11

anhalten *to stop, come to a stop*, 8

anhören *to listen to (s.th.)*, 5

ankommen *to arrive*, 22; **auf mich kommt es nicht an** *what I do doesn't matter*, 40

die **Ankunft, ≐e** *arrival*, 22

anlassen *to start up*, 40

anlegen *to build, put in*, 40

das **Anmeldeformular, −e** *application form*, 37

s. **anmelden** *to apply, register*, 37; **sich zur Prüfung anmelden** *to sign up for a test*, 37

der **Anorak, −s** *parka*, 34

anprobieren *to try on*, 9

die **Anrede, −n** *greeting, salutation*, 12

anrufen *to call up*, 6

anschauen *to watch, look at*, 23

anschnallen *to fasten*, 34

die **Anschrift, −en** *address*, 12

ansehen *to look at*, 22

die **Ansichtskarte, −n** *picture postcard*, 26

anspritzen *to splash*, 21

anspruchsvoll *demanding*, 32

anstecken *to infect, pass along (an illness)*, 33

ansteigen *to increase, rise*, 40

anstellen *to hire*, 38

s. **anstellen** *to stand in line*, 34

anstimmen: ein Lied anstimmen *to start up a song*, 26

die **Antwort, −en** *answer*, 2, 4; **eine Antwort geben** *to give an answer*, 4

antworten *to answer*, 2, 4

die **Anweisung, −en** *instruction*, 26

die **Anzeige, −n** *ad*, 37

anziehen *to put on*, 17

s. **anziehen** *to get dressed*, 21

der **Anzug, ≐e** *suit*, 9

der **Apfel ≐** *apple*, 15

der **Apfelsaft, ≐e** *apple juice*, 20

die **Apfelsine, −n** *orange*, 15

die **Apotheke, −n** *pharmacy*, 33

der **Apotheker, −** *pharmacist*, 3

der **Apparat, −e** *phone*, 6

der **Äppel Pei, −s** *apple pie*, 37

der **Appetit, −e** *appetite*, 20; **guten Appetit!** *hearty appetite! (enjoy your meal!)*, 20

der **April** *April*, 12

das **Aquarium, Aquarien** *aquarium*, 11

die **Arbeit, −en** *work*, 16

arbeiten *to work*, 3

der **Arbeiter, −** *blue-collar worker*, 3

das **Arbeitsamt, ≐er** *employment bureau*, 37

die **Arbeitskraft, ≐e** *strength and productivity*, 40

arbeitslos *unemployed*, 39

der **Arbeitsplatz, ≐e** *place of work*, 39

die **Arbeitsstatistik, −en** *labor statistics*, 38

die **Arbeitszeit, −en** *working hours*, 39

das **Arbeitszimmer, −** *workroom*, 19

der **Ärger** *trouble*, 32; **es gibt Ärger** *there'll be trouble*, 32

s. **ärgern: Mensch, ärgere dich nicht!** *hey, don't get mad! (name of a board game)*, 29

das **Argon** *argon*, 40

arm *poor*, 26

der **Arm, −e** *arm*, 21

das **Armband, ≐er** *bracelet*, 17

der **Armbrust, ≐e** *crossbow*, 28

der **Armbrustschütze, −n** *crossbowman*, 28

der **Ärmelkanal** *English Channel*, 30

der **Artikel, −** *article*, 27

der **Arzt, ≐e** *doctor*, 33

ärztlich *medical*, 39

die **Asche** *ashes*, 26

der **Aschenbecher, −** *ashtray*, 25

der **Aschermittwoch** *Ash Wednesday*, 36

die **Aster, −n** *aster*, 16

der **Atem** *breath*, 31

atmen *to breathe*, 40

die **Atmosphäre** *atmosphere*, 36

au: au weh! *oh, no!* 27

aua! *ouch!* 33

auch *also, too*, 1; **ich auch!** *me, too!* 11

auf *on*, 19; *on top of*, 11; *open*, 35; **auf dem Land(e)** *in the country*, 1, 38; **auf Platz eins** *in the first place*, 5; **auf die Plätze!** *on your mark!* 13; **auf deutsch** *in German*, 23; **aufs 1. Programm umschalten** *to change to Channel 1*, 24; **auf einer Party** *at a party*, 32; **auf zum Schilager!** *off we go to the ski lodge!* 34; **auf etwas zu** *toward, in the direction of s.th.*, 36; **auf 5 Grad abkühlen** *to cool to 5 degrees*, 38; **auf tausend Kilometer** *every thousand kilometers*, 40; **stolz sein auf** *to be proud of*, 40

aufbauen *to build up*, 30

aufbewahren *to store, keep*, 19

aufbrechen *to set out, break camp*, 23

aufessen *to eat up*, 36

auffordern *to ask (to dance)*, 32; *to urge*, 40

aufführen *to perform*, 27

die **Aufführung, −en** *performance*, 27

die **Aufgabe, −n** *assignment*, 4

aufgehen *to go up, rise*, 27

aufhaben *to be assigned*, 4; **sie hat so viel auf!** *she has so much homework!* 4

aufhalten *to hold up, take up a person's time*, 40

aufhängen *to hang up*, 38, 39

aufheben *to keep, save*, 17

aufhören *to stop*, 5

aufkriegen: ich krieg' den Knoten nicht mehr auf *I can't get the knot out*, 35

auflegen *to put on a record*, 5; **den Hörer auflegen** *to hang up the receiver*, 6

aufmachen *to open*, 17

aufmerksam *attentive(ly)*, 31

die **Aufnahme, −n** *photo, picture*, 30

aufpassen *to watch out, be careful*, 11

aufpumpen *to pump up,* 8

die **Aufräumearbeit, −en** *clean-up chores,* 25

der **Aufräumedienst** *clean-up crew,* 25

aufräumen *to clean up, put in order,* 19

der **Aufsatz, ∸e** *composition,* 4

das **Aufsatzthema, −themen** *composition theme,* 19

aufschlagen *to open,* 27

der **Aufschnitt** *cold cuts,* 15

aufschreiben *to write down,* 7

s. **aufsetzen** *to put on,* 21

aufstehen *to get up,* 18

aufstellen: Rekorde aufstellen *to set records,* 36

auftanken *to tank up, fill up with,* 40

aufteilen *to divide up,* 38

auftragen: auftragen auf *to put on, apply,* 31

auftreten *to enter (onto a stage),* 27

der **Auftrieb** *cattle drive (to the Alpine pasture),* 38

aufwachen *to wake up,* 26

aufwärts *up, upward,* 26

aufwecken *to wake (s.o.) up,* 26

das **Auge, −n** *eye,* 4, 7

die **Augenbraue, −n** *eyebrow,* 31

der **Augenbrauenstift, −e** *eyebrow pencil,* 31

das **Augenlid, -er** *eyelid,* 31

die **Augenwimper, −n** *eyelash,* 31

der **August** *August,* 12

die **Aula, −s** *auditorium,* 25

aus *from,* 5; *out, out of,* 15; **aus England** *from England,* 5; **von hier aus** *from here, from this point,* 23; **aus der Schweiz** *from Switzerland,* 29; **aus Metall** *(made) out of metal,* 34

ausbilden *to train,* 39

die **Ausbildung** *training,* 39

die **Ausbildungsabteilung, −en** *training department,* 39

ausbreiten *to spread out,* 21

die **Ausdauer** *perseverance,* 30

der **Ausdruck, ∸e** *expression, phrase,* 28

der **Ausflug, ∸e** *outing,* 8; **einen Ausflug machen** *to go on an outing,* 8

das **Ausflugsziel, −e** *destination for an outing,* 23

ausführen *to export,* 38

ausführlich *detailed,* 39

ausgeben *to spend (money),* 25

ausgefüllt (adj) *filled-out (document),* 37

ausgehen *to go out,* 32

ausgeruht (adj) *rested,* 34

ausgerüstet (adj) *outfitted, equipped,* 35

ausgestreckt (adj) *stretched-out,* 26

ausgezeichnet *excellent(ly), per-*

fect(ly), 9

aushelfen *to help out, assist,* 39

s. **auskennen** *to know one's way around; to be familiar with,* 37

die **Auskunft, ∸e** *information,* 8

auslachen *to laugh at, make fun of,* 31

das **Ausland** *foreign country, countries,* 29; **ins Ausland** *to a foreign country,* 29

ausländisch *foreign,* 29

auslernen *to complete one's training,* 39

ausmachen *to put out,* 26

auspacken *to unpack, unwrap,* 17

ausräumen *to empty, clear out,* 14

die **Ausrede, −n** *excuse,* 32

ausreichen *to be enough,* 27

der **Ausrufer, −** *carnival barker,* 36

s. **ausruhen** *to relax, rest,* 21

ausrutschen *to slip, slide,* 23

ausschalten *to turn off,* 24

der **Ausschnitt, −e** *portion, excerpt,* 27; *detail (from a work of art),* 28

aussehen *to look appear,* 7; **es sah so aus, als ob** *it looked as if,* 26; **er sieht gut aus!** *he's good-looking!* 32

die **Aussicht, −en** *view,* 10

die **Aussichtsterrasse, −n** *observation deck,* 26

ausspülen *to rinse out,* 33

aussteigen *to get out,* 23

aussuchen *to select,* 27

ausüben *to pursue,* 30

ausverkauft *sold out,* 28

die **Auswahl** *choice, selection,* 37

auswählen *to choose,* 24

s. **ausziehen** *to get undressed,* 21

das **Auto, −s** *car,* 3

die **Autobahn, −n** *superhighway,* 26

das **Autogramm, −e** *autograph,* 30

das **Autokennzeichen, −** *auto identification on license plate,* 29

die **Automatik** *automatic transmission,* 37

automatisch *automatic,* 38

der **Autotyp, −en** *type of car,* 29

auweh! *oh! uh-oh!* 37

B

das **Bächlein, −** *little brook,* 40

backen *to bake,* 15

der **Backenzahn, ∸e** *molar,* 33

der **Bäcker, −** *baker,* 15; **beim Bäcker** *at the bakery,* 15

die **Bäckerei, −en** *bakery,* 15

der **Bäckerladen, ∸** *bakeshop,* 15

der **Backsteinturm, ∸e** *brick tower,* 28

das **Bad, ∸er** *bath,* 31

der **Badeanzug, ∸e** *bathing suit,* 21

die **Badehose, −n** *bathing trunks,* 21

der **Bademuffel, −** *person who does not like to take a bath,* 31

baden *to bathe, swim,* 21

(s.) **baden** *to bathe, take a bath,* 31

das **Baden: beim Baden** *swimming, at the beach,* 28

der **Badeplatz, ∸e** *swimming area,* 40

das **Badezimmer, −** *bathroom,* 19

die **Badische Zeitung** (*a newspaper in Baden*), 27

der **Baggersee, −n** *artificial lake,* 29

bähen *to bleat (sheep),* 38

die **Bahn, −en** *railway,* 22; **mit der Bahn** *by rail,* 22

der **Bahnhof, ∸e** *train station,* 22

der **Bahnsteig, −e** *train platform,* 22

bald *soon,* 7

der **Balkon, −s** *balcony,* 40

der **Ball, ∸e** *dance, prom,* 25

die **Banane, −n** *banana,* 15

die **Band, −s** *band,* 5

die **Bank, ∸e** *bench,* 23

die **Bank, −en** *bank,* 34

der **Bär, −en** *bear,* 11

das **Barometer, −** *barometer,* 18

der **Bart, ∸e** *beard,* 31

die **Baseballkarte, −n** *baseball card,* 30

basteln *to build, do crafts,* 2

das **Basteln** *crafts,* 2

der **Basteltisch, −e** *worktable,* 19

der **Bau, − ten** *building,* 38

der **Bauch, ∸e** *stomach,* 21

die **Bauchschmerzen** (pl) *stomachache,* 33

bauen *to build,* 25

der **Bauernhof, ∸e** *farm,* 26

der **Baum, ∸e** *tree,* 16

die **Baustelle, −n** *construction site,* 37

der **Bayer, −n** *Bavarian,* 35

bayerisch (adj) *Bavarian,* 38

das **Bayern** *Bavaria,* 21

beabsichtigen *to intend to,* 34

beachten *to observe, heed,* 8

der **Beamte, −n** *official, officer,* 22

beantworten *to answer,* 4

der **Becher, −** *cup, container,* 15

bedeckt *overcast,* 18

bedeuten *to mean,* 8

die **Bedeutung, −en** *significance,* 39

bedienen *to serve,* 7

bedürfen *to need,* 40

beeilen *to hurry,* 21

beeinflussen *to influence,* 18

die **Beere, −n** *berry,* 26

s. **befassen: sich befassen mit** *to deal with, be concerned with,* 40

befestigen *to fasten, secure,* 35

s. **befinden** *to be (located),* 23

befreundet: befreundet sein mit *to be going with, to be friends with,* 32

begegnen *to meet,* 39

begeistern *to delight,* 30

begeistert *enthusiastic(ally),* 27

der **Beginn** *beginning,* 40

beginnen *to begin,* 13

begleiten *to accompany,* 36

begrenzt *limited,* 40

begrüssen *to greet,* 6

die **Begrüssung: zur Begrüssung** as a greeting; when saying hello, 6
behalten to keep, 11
bei by, next to, 6; at, 15; bei den Müllers at the Müllers', 14; bei diesem Wetter in this weather, 18; bei uns where we live, 18, sie bestellten bei Helga they ordered from Helga, 25; bei der Arbeit at work, 26; bei dir with you, 29
beibringen to teach, 34
beide: die beiden the two (of them), 2
beides both, 37
der **Beifahrersitz, –e** passenger seat, 29
beilegen to enclose, 39
beim (bei dem) at the, 15; beim Zähneputzen (while) brushing one's teeth, 31; beim Arzt at the doctor's, 33
das **Bein, –e** leg, 21; auf den Beinen on your feet, 33
das **Beispiel, –e** example, 35; zum Beispiel for example, 35
beissen to bite, 11
der **Beitrag, ⁼e** contribution, 24
beitragen: beitragen zu to contribute to, 40
bekämpfen to fight, 40
die **Bekämpfung, –en** fight against, 40; Gesetze zur Bekämpfung des Lärms laws intended to fight noise, 40
bekannt well-known, 29; familiar, 37
der **Bekannte, –n** acquaintance, 25
die **Bekanntschaft, –en** acquaintance, 32
bekommen to get, receive, 4
belasten: den Talschi belasten to put weight on the downhill ski, 34
belegt filled, 32; belegte Brote open-faced sandwiches, 25
die **Beleuchtung** lighting, 25
beliebig at will, 40
beliebt popular, 25, 30
bellen to bark, 11
belustigen to amuse, 28
bemalen to paint on, draw on, 25
s. **benehmen** to behave o.s., 26
benötigen to require, 40
benutzen to use, 8
bequem comfortable, 22
das **Benzin** gasoline, 29
beobachten to watch, observe, 30
bereit ready, 35; bereit sein zu to be prepared to, 35
bereithalten to have ready, 38
bereuen to regret, 32
der **Berg, –e** mountain, 10
die **Berg- und Talbahn, –en** roller coaster, 36
bergab down the mountain, 23
der **Bergbauer, –n** farmer (in a mountainous region), 38
der **Berggasthof, ⁼e** mountain inn, 34

die **Berghütte, –n** mountain hut, shelter, 23
bergig mountainous, 26
der **Bergschuh, –e** hiking boot, 23
der **Bergsteiger, –** mountain climber, 10
der **Bergwanderer, –** mountain hiker, 38
die **Bergwelt** mountain world, 34
der **Bericht, –e** report, 24
berichten to report, 12
der **Beruf, –e** profession, 3; von Beruf by profession, 28
die **Berufsausbildung** job training, 39
der **Berufsberater, –** job adviser, 39
die **Berufskleidung** work clothes, 39
die **Berufsschule, –n** trade school, 39
berufstätig working, employed, 39
der **Berufstätige, –n** person who has a job, 38
der **Berufswunsch, ⁼e** desired occupation, 39
berühmt famous, 27
beschäftigen to employ, 39
s. **beschäftigen** to be occupied, busy, 30, sich beschäftigen mit to occupy o.s. with, 30
beschäftigt: beschäftigt sein to be employed, 37
die **Beschäftigung, –en** activity, 30
bescheiden modest, 32
beschneiden to cut, 16
s. **beschränken: sich beschränken auf** to be limited to, 38
beschrankt: beschrankter Bahnübergang railroad crossing with gates, 37
beschreiben to describe, 3
die **Beschreibung, –en** description, 39
beschriften to write on, 25
beseitigen to do away with, 31
der **Besen, –** broom, 16
besichtigen to see, tour, 39
die **Besichtigung, –en** tour, 39
Besigheimer: zwei Glas Besigheimer two glasses of Besigheim wine, 25
besitzen to own, possess, 30
besonder- special, 22, 27
besonders especially, 16
besprechen to discuss, 27
besser better, 13
best- best, 27
das **Besteck, –e** knife, fork, and spoon, 20
bestehen to pass (a test), 25; to exist, 39; bestehen aus to consist of, 40
bestellen to order, 14
besten: am besten best, 30; wie fahren wir am besten? what is the best way to go? 10
bestimmt surely, 6; certain(ly), 38; ganz bestimmt by all means, 39
die **Bestimmung: Bestimmungen einhalten** to meet stipulations, 39

der **Besuch** company, visitor, 36
besuchen to visit, 10; gut besucht well attended, 27; die Schule besuchen to go to school, 39
der **Besucher, –** visitor, 28
betragen to amount to, 39
Betreff regarding, 39
der **Betrieb, –e** business, company, 39; landwirtschaftliche Betriebe farms, 38
die **Betriebsschule, –n** company training school, 39
das **Bett, –en** bed, 19
der **Bettler, –** beggar, 28
der **Beutel, –** container, 15; packet, 37
die **Bevölkerung** population, 38
bevor before, 8
bewässern to water, 40
bewegen to move (s.th.), 27
s. **bewegen** to move, 30
die **Bewegung, –en** movement, motion, 28; sich in Bewegung setzen to begin to move, 28; in Bewegung sein to be in motion, 30
s. **bewerben: sich bewerben auf** to apply for, to answer (an ad), 37; sich bewerben um to apply for, 39
der **Bewerber, –** applicant, 39
das **Bewerbungsschreiben, –** letter of application, 39
bewerten to rate, judge, 27
bewirten to entertain, serve with food and drink, 28
bewohnen to inhabit, Plate 27
der **Bewohner, –** inhabitant, 40
bewölkt cloudy, 18
bewundern to admire, 26
bezahlen to pay, 23
die **Bezahlung, –en** pay, 39
die **Biene, –n** bee, 16
das **Bier, –e** beer, 14
das **Bierlokal, –e** pub, 20
der **Bierwagen, –** beer wagon, 36
bieten to offer, 10, 22
das **Bild, –er** picture, 3; Bilder machen to take pictures, 26
das **Bildnis, –se** portrait, 28
billig cheap, 5
das **Billig-Restaurant, –s** fast-food restaurant, 37
bimmeln to jingle, 36
die **Bindung, –en** binding, 34
die **Biologie** biology, 4
die **Birne, –n** pear, 15
bis to, up to, 1; until, 25; by, 34; bis nach to, up to, 10; bis zum (Parkplatz) to the (parking lot), 23; von . . . bis zu from . . . to . . . , 27; bis spätestens um 11 Uhr by 11 o'clock at the latest, 34
bisschen: ein bisschen a little, 5
bist: du bist's it's you, 6
bitte please, 5; wie bitte? pardon? 6; bitte schön! you're welcome! 8; so, bitte! well then, anything else? 15; bitte! here you

are! 20; die Speisekarte, bitte! *here's the menu,* 20; bitte nicht! *please don't,* 35

bitten: bitten um *to ask for,* 8; darf ich bitten? *may I have this dance?* 32

bitter *bitter,* 33

bitteschön *may I help you? what will it be?* 15

blasen *to blow,* 40

blass *pale,* 26

das **Blatt, ±er** *leaf,* 16; *blade (of an oar),* 35; *pamphlet,* 39

blau *blue,* 2; ein blaues Auge *a black eye,* 36

die **Blaubeere, −n** *blueberry,* 26

die **Blechkiste, −n** *tin crate,* 29

die **Blechkutsche** *old heap,* 26

bleiben *to stay, remain,* 5

der **Bleistift, −e** *pencil,* 4

der **Blinddarm** *appendix,* 33

die **Blinddarmentzündung** *appendicitis,* 33

der **Blitz, −e** *lightning,* 18

blitzen *to lightning,* 18

der **Block, ±e** *sawhorse,* 35

blöd *silly,* 18; *dumb,* 23; du blöder Kerl! *you jerk!* 29; so was Blödes! *how stupid!* 33

blond *blond,* 7

bloss *just, only,* 23; wo bleiben sie bloss? *where can they be?* 32

die **Blume, −n** *flower,* 15

der **Blumenhändler, −** *florist,* 25

die **Bluse, −n** *blouse,* 17

der **Blutdruck: erhöhter Blutdruck** *increased blood pressure,* 40

der **BMW, −s** *BMW (a German-made car),* 37

der **Boden, ±** *attic,* 19; *ground,* 40

die **Bodennutzung** *land use,* 38

der **Bodensee** *Lake Constance,* 29

der **Bogen, −** *turn,* 34; einen Bogen fahren *to make a turn,* 34

bohren *drill,* 33

das **Bohren** *drilling,* 33

die **Boje, −n** *buoy,* 35

das **Boot, −e** *boat,* 35; Boot fahren *to go boating,* 35

das **Bootshaus, ±er** *boathouse,* 35

(s.) **borgen** *to borrow,* 32

das **Borwasser** *boric acid,* 33

böse *mad, angry,* 32; er sieht uns böse an *he's giving us a dirty look,* 32

die **Boutique, −s** *boutique,* 17

die **Brandsalbe, −n** *burn ointment,* 33

das **Brathähnchen, −** *roast chicken,* 20

das **Brathendl, −** *roast chicken,* 36

die **Bratwurst, ±e** *fried sausage,* 15

brauchen *to need,* 4; *to take (time),* 22; brauchen . . . zu *to need to,* 30

brauen *to brew,* 38

die **Brauerei, −n** *brewery,* 36

braun *brown,* 9; *tan (from the sun),* 21; braun werden *to get a tan,* 21

der **Bräutigam, −e** *bridegroom,* 28

das **Brautpaar, −e** *bridal pair,* 28

brav *good, well-behaved,* 36

bravo! *bravo! hurray!* 13

brechen *to break,* 33

s. **brechen: sich (den Knöchel) brechen** *to break one's (ankle),* 33

breit *wide,* 9

die **Bremsanlage, −n** *brake system,* 37

brennen *to burn,* 21

das **Brett, −er** *board,* 36; ans schwarze Brett *on the bulletin board,* 25

die **Brezel, −n** *pretzel,* 7

der **Brief, −e** *letter,* 12

die **Briefmarke, −n** *stamp,* 12

der **Briefmarkenkatalog, −e** *stamp catalog,* 30

das **Briefmarkensammeln** *stamp collecting,* 30

der **Briefmarkensammler, −** *stamp collector,* 30

die **Brille, −n** *glasses,* 7

bringen *to bring,* 7

die **Bronchitis** *bronchitis,* 40

das **Brot, −e** *bread,* 15; *sandwich,* 25

das **Brötchen, −** *roll,* 15

die **Brotmaschine, −n** *bread-slicing machine,* 25

die **Brotzeit, −en** *(Bavarian) snack,* Plate 29

die **Bundesrepublik** *Federal Republic,* 18

der **Bruder, ±** *brother,* 2

brüllen *to yell,* 26

brünett *brunet,* 7

der **Brunnen, −** *fountain,* 22

der **Bub, −en** *boy,* 16

das **Buch, ±er** *book,* 4

die **Buche, −n** *beech tree,* 26

das **Bücherregal, −e** *bookshelf,* 19

die **Büchse, −n** *can,* 23

der **Buchstabe, −n** *letter (of the alphabet),* 29

die **Bühne, −n** *stage,* 27

das **Bühnenbild, −er** *stage set, scenery,* 27

bummeln *to stroll, walk leisurely,* 32

das **Bund** *bunch,* 15

die **Bundesbahn, −en** *Federal Railroad,* 22

die **Bundespost** *Federal Post Office,* 6

die **Bundeswehr** *German armed forces,* 39

die **Bundweite, −n** *waist size,* 9

bunt *colorful,* 9

die **Burg, −en** *fortress, castle,* 26

die **Bürgeraktion, −en** *community campaign, drive,* 40

der **Bürgersteig, −e** *sidewalk,* 36

der **Burghof, ±e** *castle courtyard,* 26

das **Büro, −s** *office,* 3

der **Bursche, −n** *young guy,* 29

der **Bus, Busse** *bus,* 22

die **Busfahrt, −en** *bus trip,* 10

die **Butter** *butter,* 15

die **Buttermilch** *buttermilk,* 38

C

ca. (circa) *around, approximately,* 39

campen *to camp out,* 29; campen fahren *to go camping,* 29

das **Campen** *camping,* 29; zum Campen fahren *to go camping,* 29

die **Campingsachen** (pl) *camping supplies, equipment,* 29

die **Cassette, −n** *cassette,* 5

der **Cassetten-Recorder, −** *cassette recorder,* 5

Celsius *centigrade,* 18; in Grad Celsius *in degrees centigrade,* 18

der **Cha-cha-cha** *cha-cha-cha,* 32

die **Chance, −n** *opportunity,* 39

der **Cheeseburger, −** *cheeseburger,* 37

der **Chef, −s** *boss,* 33

die **Chemikalien** (pl) *chemicals,* 38

der **Chemiker, −** *chemist,* 40

die **Cola, −s** *cola,* 7

die **Compact-Kassette, −n** *compact,* 31

der **Cup, −s** *cup, trophy,* 34

D

da *here,* 7; *there,* 17; *then,* 21; da war mir mein Stehplatz lieber *so I preferred standing,* 28; da sind *there are,* 32; da kommen Kunden *here come some customers,* 37

dabei *but, yet,* 40; und dabei . . . *and in so doing,* 40

dabeihaben *to have along,* 29

der **Dachboden, ±** *attic,* 19

dafür: kein Interesse dafür haben *to have no interest in,* 9; dafür sein *to be in favor of,* 27; ich kann nichts dafür *I can't help it,* 35

dagegen: ich bin dagegen *I'm against it,* 27; etwas/nichts dagegen haben *to have something/nothing against it,* 32

daher *therefore,* 38

dahinter *behind it, that,* 26

damals *in those days, at that time,* 28

die **Dame, −n** *date, partner,* 32; *lady,* 32; meine Damen und Herren! *ladies and gentlemen!* 36

damit *with it, with that,* 27

der **Dampf, ±e** *steam,* 23

danach *after that,* 31

danebengehen *to miss,* 36

danebenwerfen *to throw and miss,* 36

der **Dank: vielen Dank!** *thanks! many thanks!* 8; Gott sei Dank! *thank God!* 33

danke *thanks,* 6; danke, gut *fine, thanks,* 6

danken *to thank,* 17

dann *then,* 2

daraufhin *thereupon,* 39

dargestellt *represented,* 31
darin *in it, in that,* 31
darum *therefore,* 26
das *the, that,* 1; wer ist das? *who is that?* 1; das da *that one there,* 19
dass *that,* 7; dass du dich ja rasierst! *be sure you shave!* 31
dasselbe *the same thing,* 27
die **Dativform, −en** *dative form,* 19
das **Datum, Daten** *date,* 12; ein Passbild neueren Datums *a recent passport photo,* 39
die **Dauer** *length of time,* 39
dauern *to last,* 4; bei mir dauert's nicht lange *it doesn't take me long,* 31
dauernd *constantly,* 18
die **Dauerwelle, −n** *permanent wave,* 31
davon: ich halte nicht viel davon *I don't think much of it,* 24
davonlaufen *to run away,* 26
dazu: du bist zu schwach dazu *you're too weak for that,* 26; sie sagen . . . dazu *they call it,* 36
dB (Dezibel) *decibels,* 40
die **Decke, −n** *blanket,* 8; *ceiling,* 19
decken *to cover,* 20; den Tisch decken *to set the table,* 20
die **Deckenleuchte, −n** *ceiling lighting fixture,* 25
dein *your,* 3
die **Dekoration, −en** *decoration,* 25
dekorieren *to decorate,* 19
denen: mit denen *with them,* 32
denken *to think,* 25; denken an *to think of,* 25
der **Denker, −** *thinker,* Plate 23
das **Denkmal, ⸚er** *memorial,* Plate 20
der **Denksport** *game of concentration,* 16
denn *(particle),* 2; *because,* 11; wer gewinnt denn? *say, who's winning?* 2
denselben (dieselben) *the same,* 34
das **Dental-Labor, −s** *dental lab,* 39
das **Deodorant, −s** *deodorant,* 31
der *the,* 1
deshalb *therefore,* 16
desinfizieren *to disinfect,* 31
deutlich *clear, distinct,* 26
deutsch *(adj) German,* 15; die deutschen Länder *the German states,* 3; die Deutsche Demokratische Republik *German Democratic Republic,* 3; auf deutsch *in German,* 26
das **Deutsch** *German (language),* 4
das **Deutschland** *Germany,* 1
die **Deutschstunde, −n** *German class period,* 27
der **Dezember** *December,* 12
das **Dia, −s** *color slide,* 28
der **Dialog, −e** *dialog,* 18
dich *you,* 7

dicht *thick,* 31
der **Dichter, −** *poet,* Plate 23
dick *thick,* 26
die *the,* 1
der **Diebstahl** *theft, robbery,* 40
dienen: womit kann ich dienen? *may I help you?* 33
der **Dienstag** *Tuesday,* 4
dieser *this,* 9
diesig *misty, hazy,* 23
diesmal *this time,* 27
das **Ding, −e** *thing,* 30
dir *you, to you, for you,* 17
direkt *direct(ly),* 38
der **Disco-Markt, ⸚e** *discount store,* 39
diskutieren *to discuss,* 27; diskutieren über *to discuss,* 29
divers *assorted,* 20
die **D-Mark (Deutsche Mark)** *German mark,* 34
doch *(particle),* 5; *but,* 27; hört doch auf! *hey, stop!* 5; wenn ich doch nur 20 Mark gewinnen würde! *if only I would win 20 marks!* 36
der **Doktor, −en** *doctor,* 33
der **Dokumentarfilm, −e** *documentary film,* 28
der **Dom, −e** *cathedral,* Plate I
die **Donau** *Danube River,* 40
der **Donner, −** *thunder,* 18
donnern *to thunder,* 18; es donnert und blitzt *it's thundering and lightning,* 18
der **Donnerstag** *Thursday,* 4
doppelt *double,* 37
das **Dorf, ⸚er** *village,* 1
dort *there,* 8
dorthin *(to) there,* 8
dös: is dös a Gaudi! *(Bavarian) what a blast!* 36
der **Drache, −n** *dragon,* 27
das **Drachenkostüm, −e** *dragon costume,* 27
der **Draht, ⸚e** *wire,* 25
dran: wer ist dran? *whose turn is it?* 4; Mathe kommt dran *math comes next,* 4
drängen *to press, be in a hurry,* 23
draufhaben: 180 Sachen draufhaben *to be driving 180km/h,* 29
der **Dreck** *dirt,* 40
drehen *to turn,* 24
drei *three,* 1; die drei *the three three (of them),* 2
dreimal *three times,* 17
dreissig *thirty,* 4; eine 30iger *30-Pfennig stamp,* 30
dreizehn *thirteen,* 1
dritt- *third,* 27; ein dritter *a third one,* 40
das **Drittel, −** *third,* 40
die **Drogerie, −n** *drugstore,* 37
drohen *to threaten,* 40
drüben *over there,* 34, dort drüben *over there,* 22
drüber *over (s.th.),* 29

drücken *to press, push,* 24
drum *therefore,* 36
du *you,* 1; du, ich habe eine Party *hey, I'm having a party,* 7
der **Dudelsackpfeifer, −** *bagpiper,* 28
die **Dult, −en** *carnival, fair,* 36
dumm *dumb,* 32
die **Dummheit, −en** *silly prank, nonsense,* 26
dunkel *dark,* 7
dunkelblau *dark blue,* 9
dunkelgrün *dark green,* 9
die **Dunkelheit** *darkness,* 37
die **Dunkelkammer, −n** *darkroom,* 30
dünn *thin,* 31
durch *through,* 10
durcheinander *all together, mixed up,* 27
durchfahren *to pass through (without stopping),* 22
durchmachen: alle Abteilungen durchmachen *to work in all departments,* 39
durchnehmen *to cover (in class),* 37
durchschnittlich *average,* 40
dürfen *to be allowed to, may,* 8; was darf es sein? *may I help you?* 9; wenn ich dürfte, würde ich hierbleiben *if I could, I'd stay here,* 36
durfte *could, was allowed to,* 20
der **Durst** *thirst,* 7; Durst haben *to be thirsty,* 7
die **Dusche, −n** *shower,* 31; unter die Dusche gehen *to take a shower,* 31
s. **duschen** *to shower, take a shower,* 31
das **Düsenflugzeug, −e** *jet plane,* 40
das **Dutzend** *dozen,* 36
der **D-Zug, ⸚e** *express train,* 22

E

eben *just,* 13; er hat eben 20 gemacht *he just did twenty,* 13; gib mal eben her! *give it to me a minute, will you?* 32
ebenso *just as,* 40
echt *real, true-to-life,* 24; *genuine, authentic,* 27
die **Ecke, −n** *corner,* 19
der **Eckzahn, ⸚e** *eyetooth,* 33
die **Edeldame, −n** *noble lady,* 28
die **Edelfrau, −en** *noblewoman,* 28
die **Edelleute** *(pl) nobles, nobility,* 28
ehemalig *former,* 25
die **Ehre, −n** *honor,* 28
das **Ehepaar, −e** *married couple,* 32
ehren *to honor,* 34
das **Ei, −er** *egg,* 15
die **Eiche, −n** *oak tree,* 26
die **Eidechse, −n** *lizard,* 11
eigen *own,* 27
eigentlich *actually,* 19
s. **eignen:** s. eignen für *to be suited*

for, 39

der Eilzug, ≃e *fast train,* 22

ein *a, an,* 1

einander *each other,* 27

einatmen *to breathe in, inhale,* 40

eindrehen *to roll up (hair),* 31

einer *somebody,* 35; *one (of them),* 32; *da will einer überholen somebody wants to pass,* 29

einfach *one-way (ticket),* 22; *simply,* 26; *easy, simple,* 29; *single,* 37; *plain,* 37

die Einfahrt: Einfahrt-Verbot *no entrance,* 37

einführen *to import,* 38

der Eingang, ≃e *entrance, entryway,* 16

eingebildet *conceited,* 27, 32

eingeräumt (adj) *furnished, arranged,* 19

einhalten: Bestimmungen einhalten *to meet stipulations,* 39

einige *several, a few,* 14

s. **einigen** *to agree,* 27; **sich einigen auf** *to agree on,* 27

einkaufen *to shop,* 12, 15; **einkaufen gehen** *to go shopping,* 15

einladen *to invite,* 7

die Einladung, –en *invitation,* 7

einlegen *to put in,* 5

einmal *someday,* 19; *once,* 25; **nicht einmal** *not even,* 26; **bitte einmal herhören!** *pay attention! listen, please!* 27

einmalig *terrific, fantastic,* 28

die Einmannjolle, –n *small boat for one person,* 35

einnehmen *to take (medicine),* 33

einpacken *to wrap, to pack up,* 26

einräumen *to put away, put in order,* 19

eins *one,* 1

einsammeln *to collect,* 25

einschalten *to turn on, tune in,* 24

das Einschlafen: die Musik war zum Einschlafen *the music was so bad, you could have fallen asleep,* 25

einschlagen *to strike (lightning),* 18

einsehen *to see, acknowledge,* 36

einseitig: einseitig verengte Fahrbahn *road narrows on one side,* 37

einsetzen *to write in,* 29; *to put in,* 35

einstampfen *to pulp,* 40

einsteigen *to board, get on,* 22

das Einsteigen *climbing aboard,* 35

einstellen *to adjust, focus,* 24; *to employ,* 37

einstudieren *to learn, study (a part, music),* 27

eintreffen *to come in,* 39

eintreten *to step into,* 35

der Eintritt *admission,* 25

das Eintrittsgeld *admission money,* 26

die Eintrittskarte, –n *admission ticket,* 25

der Eintrittspreis, –e *cost of admission,* 25, 26

einverstanden: einverstanden sein mit *to be in agreement with, to agree to,* 27

der Einwohner, – *resident,* 22

der Einzelhandelskaufmann, -kaufleute *person trained to run a retail business,* 39

die Einzelheit, –en *detail,* 34

einzeln *individual,* 27; **der einzelne** *the individual,* 40

einzig *single, only,* 29; **die einzigen** *the only ones,* 23; **kein einziges Stück mehr** *not one single thing more,* 29

das Eis *ice cream,* 21; *ice,* 37

eisern *iron,* 28; **jaja, eisern!** *oh yes, like mad!* 37

das Eisessen *eating ice cream,* 32; **Eisessen gehen** *to go for ice cream,* 32

das Eishockey *ice hockey,* 34

der Eishockeyschläger, – *ice-hockey stick,* 34

eiskalt *ice-cold,* 23

der Elefant, –en *elephant,* 11

elegant *elegant,* 34

der Elektriker, – *electrician,* 39

elektrisch *electric,* 31

elektronisch *electronic,* 30

elf *eleven,* 1

die Eltern (pl) *parents,* 3

der Elternteil, –e *parent,* 39

empfehlen *to recommend,* 33

das Ende, –n *end,* 21; **am Ende** *at the end,* 27; **zu Ende** *over, finished,* 26; **Ende August** *at the end of August,* 27; **zu Ende gehen** *to be over,* 36

enden *to end,* 28

endlich *finally,* 9

die Endung, –en *ending,* 30

das Engelein, – *little angel,* 36

die Energie *energy,* 32, 40

eng *narrow, tight,* 17; *cramped,* 29

das England *England,* 5

das Englisch *English (language),* 4

englisch (adj) *English,* 30

das Englischdiktat, –e *English dictation,* 34

das Entchen, – *duckling,* 38

entdecken *to discover,* 38

die Ente, –n *duck,* 29, 38

entfernt *distant, at a distance,* 8; **weit entfernt** *far away,* 8; **von Wettingen entfernt** *from Wettingen,* 23

der Entfesslungskünstler, – *escape artist,* 36

entgegen *toward, against,* 26; **dem Verkehr entgegen** *against the traffic,* 26

entgegenkommen *to come toward,* 26

entlang *along,* 34; **die Strasse entlang fahren** *to ride down the street,*

8; **an der Küste entlang** *along the coast,* 38

entrahmen *to skim off the cream,* 38

s. **entscheiden: sich entscheiden für** *to decide on,* 37

die Entscheidung, –en *decision,* 13

entschuldigen *to excuse,* 33

die Entschuldigung, –en *excuse,* 33; **Entschuldigung!** *excuse me!* 8

entspannen *to relax,* 30

entspringen *to rise, originate,* 35

entstehen *to develop, come into being,* 30

enttäuscht *disappointed,* 35

entweder: entweder . . . oder *either . . . or,* 37

entwerfen *to design,* 27

entwickeln *to develop,* 30

das Entwickeln *developing,* 30; **zum Entwickeln bringen** *to bring for developing,* 30

die Entzündung, –en *infection,* 33

er *he,* 1

erbauen *to build,* Plate 27

erben *to inherit,* 19

die Erdbeere, –n *strawberry,* 7

die Erde *earth,* 16; **auf Erden** *on earth,* 36

das Erdgeschoss, –e *ground floor,* 19

die Erdkunde *geography,* 4

das Ereignis, –se *event, occasion,* 25

erfahren *to learn, find out,* 27

erfinden *to invent,* 38

die Erfindung, –en *invention,* 40

der Erfolg, –e *success,* 25

erfrischen *to refresh,* 31

die Erfüllung: in Erfüllung gehen *to be fulfilled,* 32

das Ergebnis, –se *result,* 13

erhalten *to get, receive,* 38

erhitzen *to heat,* 38

die Erholung, –en *rest, relaxation,* 10

die Erholungseinrichtung, –en *recreational facility,* 40

s. **erinnern: s. erinnern an** *to remember,* 32

s. **erkälten** *to catch cold,* 33

erkältet: wenn ich schwer erkältet bin *when I have a bad cold,* 33

die Erkältung, –en *cold,* 33

erkennen *to recognize,* 40

erklären *to explain,* 11

die Erklärung, –en *explanation,* 38

erleben *to experience,* 10

das Erlebnis: als bleibendes Erlebnis *as a memorable experience,* 32

erleichtern *to make easier,* 40

ermahnen *to warn, admonish,* 26

ernst *serious,* 32

der Ernst: im Ernst *seriously,* 35

ernsthaft *serious(ly),* 30

eröffnen *to open,* 39

erreichen *to reach,* 13

erst *only,* 21; *just,* 23; *not until,* 32; **erst seit Januar** *only since January,* 17; **ich bin erst das zweite**

Mal Schütze *this is only the second time I've been a marksman*, 28

erst- *first*, 27; im ersten Stock *on the second floor (first story above ground floor)*, 19; erste, zweite, dritte, usw. *first, second, third, etc.*, 30; als erstes *first of all, the first thing*, 30; die Erste Hilfe *first aid*, 37

der **Erste-Hilfe-Kursus, Kurse** *first-aid course*, 37

erstklassig *first-rate*, 25

ersuchen *to request*, 40

ertönen *to sound*, 28, 36

erträglich *bearable, tolerable*, 40

der **Erwachsene, –n** *adult, grown-up*, 23

erwähnen *to mention, state*, 39

erwarten *to expect*, 7

erwidern *to reply*, 26

erwischen: den hat's erwischt! *he got it! he caught it!* 34

erzählen *to tell (a story)*, 4; erzählen von *to tell about*, 33

erzeugen *to produce*, 38

es *it*, 3

Espana: eviva España! *long live Spain!* 36

essen *to eat*, 4

das **Essen** *food*, 14; *meal*, 14

der **Esslöffel, –** *tablespoon*, 33

das **Etikett, –e** *label*, 33

eviva: eviva España! *long live Spain!* 36

das **Etui, –s** *pencil case*, 4

etwa *about, approximately*, 29

etwas *something*, 3, 7; *somewhat*, 24; etwas Musik *some music*, 5; etwas andres *something different*, 7; etwas Warmes *something warm*, 7

euch *you*, 7; *to you, for you*, 17

euer *your*, 1, 5

das **Europa** *Europe*, 30

europäisch *European*, 30

Export: Export Hell *light export-formula beer*, 20

extrem *extreme(ly)*, 39

F

das **Fach, ⸚er** *(school) subject*, 4

das **Fachwerkhaus, ⸚er** *half-timbered house*, 26

Façon *(style of haircut)*, 31

fad: wie fad! *how dull!* 25

die **Fähigkeit, –en** *ability*, 39

die **Fahne, –n** *flag, banner*, 28

der **Fahnenschwinger, –** *banner-waver*, 28

der **Fahrchip, –s** *token*, 36

fahren *to ride*, 8; *to drive (a vehicle)*, 10; fahren nach *to go to*, 29; Schi fahren *to ski*, 34; Schlitten fahren *to go sledding*, 34; Boot fahren *to go boating*, 35; eine Wende fahren *to come about (in boating)*, 35; rückwärts fahren *to back up*, 37

Fahrenheit *Fahrenheit*, 18

der **Fahrer, –** *driver*, 26

die **Fahrerin, –nen** *driver*, 29

die **Fahrerlaubnis** *driving permission*, 37

der **Fahrgeldzuschuss, ⸚e** *contribution to commutation costs*, 39

die **Fahrkarte, –n** *train ticket*, 22

der **Fahrlehrer, –** *driving instructor*, 37

der **Fahrplan, ⸚e** *train schedule*, 22

das **Fahrrad, ⸚er** *bicycle*, 8

das **Fahrradschloss, ⸚er** *bike lock*, 8

die **Fahrschule, –n** *driving school*, 37

der **Fahrstil, –e** *(skiing) style*, 34

die **Fahrstunde, –n** *driving lesson*, 37

die **Fahrt, –en** *trip, ride*, 22

der **Fahrunterricht** *driving instruction*, 37

das **Fahrzeug, –e** *motor vehicle*, 37

der **Falkenträger, –** *falconer*, 28

fallen *to fall*, 18

falsch *wrong*, 8; *false*, 36

falten *to fold*, 14

die **Familie, –n** *family*, 3

das **Familien-Hobby, –s** *family hobby*, 30

die **Fanfare, –n** *fanfare*, 28

die **Fantasie** *imagination*, 25, 36; ganz nach deiner Fantasie *leave it up to your imagination*, 36

fantastisch *fantastic(ally)*, 25, 27

das **Farbbild, –er** *color picture, color print*, 30

die **Farbe, –n** *color*, 2

färben *to tint, dye*, 31

das **Farbenspiel, –e** *color game*, 9

der **Farbfernseher, –** *color TV set*, 24

der **Farbfilm, –e** *color film*, 30

farbig *in color*, 30; farbig fotografieren *to photograph in color*, 30

der **Farbstift, –e** *colored pencil*, 4

der **Fasching** *(southern German) carnival season before Lent*, 36

der **Faschingsdienstag** *Shrove Tuesday*, 36

der **Faschingsprinz, –en** *"prince" chosen for the Fasching season*, 36

der **Faschingsumzug, ⸚e** *Fasching parade*, 36

die **Faschingsveranstaltung, –en** *Fasching event*, 32

das **Fass, ⸚er** *keg*, 37; Bier vom Fass *beer on tap*, 37

fast *almost*, 5

die **Fastenzeit** *Lent*, 36

der **Fasttag, –e** *day of fasting*, 26

faul *lazy*, 31

der **Faulpelz** *lazybones*, 1

die **Faxen: Faxen machen** *to play silly pranks*, 26

der **Februar** *February*, 12

die **Feder, –n** *feather*, 38

fehlen *to be absent*, 4; was fehlt den Kindern? *what's the matter with the children?* 33

fehlend- *missing*, 29

der **Fehler, –** *mistake, shortcoming*, 32

die **Feier, –n** *celebration, party*, 25; die 500-Jahr-Feier *500th anniversary celebration*, 28

feiern *to celebrate*, 25

feilen *to file*, 31

das **Feld, –er** *field*, 10

die **Feldblume, –n** *wild flower*, 26

die **Ferien** *(pl) vacation*, 29; in den Ferien *during vacation*, 37

der **Ferienjob, –s** *vacation job*, 37

der **Ferienort, –e** *vacation spot*, 29

das **Ferkel, –** *piglet*, 38

die **Ferne: in der Ferne** *in the distance*, 26

das **Fernglas, ⸚er** *binoculars*, 8

das **Fernrohr, ⸚e** *telescope*, 23

fernsehen *to watch television*, 24

das **Fernsehen** *television*, 24; im Fernsehen *on television*, 27

das **Fernsehprogramm, –e** *TV broadcast*, 24

die **Fernsehsprache** *television terms*, 24

fertig *ready*, 13; wir sind fertig *we're finished*, 2

s. **fertigmachen** *to get ready*, 31

fesch *smart, dashing*, 37; ein fescher Junge! *a sharp guy!* 32

fest *tightly*, 11

das **Fest, –e** *festival*, 20; *celebration*, 28

festbinden *to tie up*, 16

festhalten *to hold tight*, 23

s. **festhalten** *to hold tight*, 36; halt dich fest! *hold on tight!* 36

festlegen *to establish, set*, 39

festlich *festive(ly)*, 36

das **Festmahl, –e** *banquet*, 28

der **Festsaal, –säle** *banquet hall*, 32

feststellen *to determine*, 39

die **Festung, –en** *fortress*, Plate 16

die **Festwiese, –n** *fairgrounds*, 36

der **Festzug, ⸚e** *procession*, 28

fett: selber essen macht fett *I don't get fat on what you eat*, 26

der **Fettgehalt** *fat content*, 38

fetthaltig *containing fats and oils*, 31

feucht *damp, moist, humid*, 38

das **Feuer, –** *fire*, 26

das **Fieber** *fever*, 33

das **Fieberthermometer, –** *fever thermometer*, 33

die **Filiale, –n** *branch (store)*, 37

die **Filialleiterin, –nen** *branch manager*, 39

der **Film, –e** *film, movie*, 24; *roll of film*, 26

der **Filmstar, –s** *movie star*, 30

der **Filzschreiber, –** *felt-tipped pen*, 25

das **Finanzkomitee, −s** committee in charge of finances, 25
finanziell financial, 32
finden to find, 9
der **Fingerhut, ⸚e** foxglove, 26
der **Fingernagel, ⸚** fingernail, 31
finster dark, 23
die **Firma, Firmen** firm, company, 39
das **Firmament** heavens, 36
der **Fisch, −e** fish, 11; Fische (pl) Pisces, 32
das **Fischerstechen** (traditional fishermen's game of competing for the catch by pushing each other out of the boat), Plate 27
die **Fläche, −n** plateau, plain, 23
die **Flagge, −n** flag, 34
die **Flasche, −n** bottle, 15
die **Flaschenannahme** bottle-return counter, 39
das **Flaschenbier, −e** bottled beer, 37
der **Flaschenwein, −e** bottled wine, wine sold by the bottle, 25
das **Fleisch** meat, 14, 15
der **Fleischer, −** butcher, 15
die **Fleischerei, −en** butcher shop, 15
die **Fleischerladen, ⸚** butcher shop, 15
das **Fleischwerk, −e** meat-processing plant, 39
die **Fliege, −n** fly, 16
fliegen to fly, 22
fleissig industrious, hard-working, 25
fliehen to flee, 27
fliessen to flow, 35
flitzen to whisk, flit, 36
der **Flitzer, −** small, fast car, 29
der **Floh, ⸚e** flea, 32
die **Flossfahrt, −en** ride on a raft, 35
die **Flöte, −n** flute, 5
flüchten to flee, 40
der **Flug, ⸚e** flight, 24
der **Flügel, −** wing, 26
der **Flughafen, ⸚** airport, 8
der **Flugverkehr** air traffic, 40
das **Flugzeug, −e** airplane, 22
der **Flugzeugträger, −** aircraft carrier, 2
der **Flur, −e** corridor, hallway, 19
der **Fluss, ⸚e** river, 8
das **Flusstal, ⸚er** river valley, 40
flüstern to whisper, 26
das **Fohlen, −** foal, 38
die **Folge, −n** consequence, 40
folgen to follow, 26
folgend- following, 25
fördern to encourage, promote, 30
forsch outspoken, energetic, 32
fortschrittlich progressive, 39
Fortschritts- (noun pref) advanced, 32
fortsetzen to continue, 26
das **Foto, −s** photo, 30
der **Fotoamateur, −e** amateur photographer, 30
der **Fotoapparat, −e** camera, 23

die **Fotoarbeit, −en** photography work, chores, 30
der **Fotograf, −en** photographer, 30
fotografieren to photograph, 11
das **Fotografieren** photography, 30
das **Fotolabor, −s** photo lab, 30
der **Fotoladen, ⸚** camera store, 34
das **Fotomodell, −e** photographer's model, subject, 30
der **Foxtrott** fox trot, 32
die **Frage, −n** question, 1, 4
fragen to ask, 4; fragen nach to inquire about, 39
der **Fragesatz, ⸚e** question, 16
das **Fragewort, ⸚er** question word, 10
das **Frankreich** France, 18
der **Franzose, −n** Frenchman, 34
das **Französisch** French (language), 26
französisch (adj) French, 26
die **Frau, −en** Mrs., 3; wife, 10; woman, 27
das **Fräulein, −** Miss, 3
frech fresh, 32
frei free, 22; ist hier noch frei? may I sit here? 22; freier Nachmittag afternoon off, 39; in der freien Natur in the open air, 40
freihalten to save, keep open, 32
die **Freiheit** freedom, 27
freilich sure, of course, 36
der **Freitag** Friday, 4
die **Freizeit** leisure time, 30
die **Freizeitbeschäftigung, −en** leisure-time activity, 30
fremd foreign, 35; strange, unknown, 40
der **Fremde, −n** stranger, 27
das **Fremdenverkehrsbüro, −s** tourist office, 10
fressen to eat (of animals), 11; to eat away, 35
die **Freude: die Freude auf** the anticipation of, 27
s. **freuen: sich freuen auf** to look forward to, 28; sich freuen über to be happy about, 34
der **Freund, −e** friend, 1; boyfriend, 17
die **Freundin, −nen** friend, girlfriend, 21
freundlich friendly, 14; fair, 18; mit freundlichen Grüssen sincerely, very truly yours, 33
die **Freundschaft, −en** friendship, 30
das **Friesland** (area in northern Germany), 38
frisch fresh, 31
die **Frischluft** fresh air, 40
der **Friseur, −e** hairdresser, barber, 31; beim Friseur at the hairdresser's (barber's), 31
die **Friseuse, −n** hairdresser, 32
s. **frisieren** to do one's hair, fix one's hair, 31
der **Frisierstab, ⸚e** curling iron, 31
frites: Pommes frites (pl) French fries, 20

das **Frl. (Fräulein)** Miss, 39
froh glad, 26
die **Fronleichnamsprozession, −en** Corpus Christi procession, Plate 22
der **Frosch, ⸚e** frog, 11
die **Fruchtlimo, −s** fruit drink, 20
früh early, 23
das **Frühjahr** spring, 40
der **Frühling** spring, 18
das **Frühstück, −e** breakfast, 20
frühstücken to have breakfast, 20
s. **fühlen: s. (wohl) fühlen** to feel (well), 33
führen to lead, 26
der **Führer, −** guide, 26
der **Führerschein, −e** driver license, 37; den Führerschein machen to get a driver's license, 37
die **Führung, −en** guided tour, 26
das **Führungszeugnis, −se** conduct record (a police document), 37
füllen to fill, 29
fünf five, 1
fünft-: von der fünften aufwärts from the fifth (grade) up, 26
fünfzehn fifteen, 1
fünfzig fifty, 4
für for, 1; was für (ein) what kind of (a) 6; Jahr für Jahr year after year, 36
furchtbar terrible, awful, 25, 33
fürs (für das) for the, 10
der **Fürst, −en** prince, 28
das **Fürstentum, ⸚er** principality, 29
das **Fürstenzelt, −e** royal tent, 28
der **Fuss, ⸚e** foot, 21; zu Fuss on foot, 28; zu Fuss gehen to walk, 28
der **Fussball, ⸚e** soccer, soccer ball, 2
der **Fussboden, ⸚** floor, 19
der **Fussgänger, −** pedestrian, 8
die **Fussgängerzone, −n** pedestrian mall, 22
die **Fusspumpe, −n** foot pump, 29
der **Fussweg, −e** footpath, 8
das **Futter** feed, animal food, 11
füttern to feed (animals), 11

G

die **Gabel, −n** fork, 20
gackern to cackle, 38
galoppieren to gallop, 30
die **Gangschaltung** manual transmission, 37
die **Gans, ⸚e** goose, 38
das **Gänschen, −** gosling, 38
der **Gänsemarsch: im Gänsemarsch** single file, 26
ganz very, completely, 18; die ganze Familie the whole family, 3; ganz rot all red, 21; ganz hinten all the way in the back, 26 seine ganzen Spiele all of his games, 29; ganz schön heiss quite hot, really pretty hot, 33; aus ganz Deutschland from all over Germany, 36; ganz

gleich *it doesn't matter,* 36

gar: gar nicht *not at all,* 23; **gar nichts** *nothing at all,* 36; **gar kein** *none at all,* 37

die **Garage, −n** *garage,* 19

Garnichts: als „Garnichts" *as anything you like,* 36

garniert *garnished,* 25

der **Garten, ∸** *garden,* 16

die **Gartenarbeit, −en** *garden work,* 16

die **Gartentür, −en** *garden gate,* 19

das **Gas, −e** *gas,* 37; **Gas geben** *to give gas,* 37

das **Gasgemisch, −e** *gas mixture,* 40

der **Gast, ∸e** *guest,* 7

der **Gastgeber, −** *host,* 24

der **Gasthof, ∸e** *hotel, inn,* 14

die **Gaststube, −n** *main room (of a restaurant or lodge),* 36

der **Gastwirt, −e** *innkeeper,* 3

die **Gaudi: is dös a Gaudi!** (Bavarian) *what a blast!* 36

der **Gaukler, −** *juggler,* 28

geb. (geborene) *maiden name,* 39

geben *to give,* 4; **was gibt's Neues?** *what's new?* 6; **es gibt** *there is,* 7; **er gibt sie ihr** *he gives it to her,* 33; **Gas geben** *to give gas,* 37

das **Gebiet, −e** *area,* 10

das **Gebirge, −** *mountains,* 10

das **Gebiss, −e** *denture,* 39

das **Gebissschablone, −n** *mold for making dentures,* 39

das **Gebläse, −** *blower (for hay),* 38

geboren: geboren werden *to be born,* 38

der **Gebrauch** *use,* 40

gebrauchen: gebrauchen (zu) *to use (for),* 31

gebraucht (adj) *used,* 29

die **Gebrüder** (pl) *brothers,* 38

die **Gebühr, −en** *fee,* 37

das **Geburtshaus, ∸er** *birthplace, house of birth,* Plate 18

der **Geburtsort, −e** *place of birth,* 39

der **Geburtstag, −e** *birthday,* 17; **alles Gute zum Geburtstag!** *happy birthday!* 17

das **Geburtstagsgeschenk, −e** *birthday present,* 17

die **Geburtstagskarte, −n** *birthday card,* 17

der **Geburtstagstisch, −e** *birthday table,* 17

das **Gedränge** *pushing and shoving crowd,* 28

die **Geduld** *patience,* 30

geehrt: Sehr geehrte Herren! *Dear Sirs:,* 39

die **Gefahr, −en** *danger,* 37, 40

gefährden *to endanger,* 40

gefährlich *dangerous,* 2

die **Gefahrstelle, −n** *danger area,* 37

gefärbt *colored, dyed,* 31

gefallen *to please,* 17; **es gefällt mir** *I like it,* 17

gefrieren *to freeze,* 18

das **Gefühl, −e** *feeling,* 35

gegen *about, toward, approximately,* 21; *against,* 27; **etwas (Gutes) gegen** *something (good) for,* 33

die **Gegend, −en** *region, area,* 22

das **Gegenstück, −e** *counterpart,* 30

das **Gegenteil, −e** *opposite,* 30

gegenüber (von) *across (from),* 34

der **Gegenverkehr** *oncoming traffic,* 37

die **Gegenwart** *present time,* 26

die **Gegnerin, −nen** *opponent,* 13

gehässig *nasty,* 14

gehen *to go,* 6; **wie geht's?** *how are you?* 6; **weiter ging's** *onward, we went on, we continued,* 26; **geht in Ordnung!** *that's fine,* 33; **auf geht's!** *let's go!* 36; **das geht nicht** *that's not possible,* 36; **zu Ende gehen** *to be over,* 36; **wie geht's dir?** *how are you?* 37

gehören *to belong,* 19

der **Geier, −** *hawk,* 26

die **Geige, −n** *violin,* 5

gelangen: gelangen in *to get into, reach,* 40

gelaufen: er kam gelaufen *he came running,* 26

gelb *yellow,* 2

das **Geld** *money,* 5

der **Gelernte, −n** *skilled worker,* 39

gell? *right?* 28

die **Gemahlin, −nen** *wife,* 28

gemein *mean,* 21

gemeinsam *together,* 36

gemixt *mixed,* 37

das **Gemüse** *vegetables,* 15

der **Gemüsehändler, −** *greengrocer,* 15

die **Gemüsehandlung, −en** *vegetable store,* 15

der **Gemüseladen, ∸** *vegetable store,* 15

gemütlich *cozy, warm,* 34

die **Gemütlichkeit** *hospitality, friendliness, homelike atmosphere,* Plate 31

genau *closely, exactly,* 11, 23

die **Generalprobe, −n** *dress rehearsal,* 27

genug *enough,* 10

genügend *enough,* 35, 39

das **Gepäcknetz, −e** *luggage rack,* 22

gerade *just,* 14; *at the moment, right now,* 30; **er ist gerade dabei** *he is just now (doing . . .),* 34

geradeaus *straight ahead,* 8

das **Gerät, −e** *tool, utensil,* 16; *gadget,* 30; *appliance,* 40

geräuchert *smoked,* 36

gering *limited, small,* 39

gern *gladly,* 6; **gern spielen** *to like to play,* 2; **gern haben** *to like,* 5; **ich möchte gern** *I would like,* 15

das **Geschäft, −e** *store,* 11; *business, work,* 32; **im Geschäft** *at work,* 32

die **Geschäftsleute** (pl) *business people,* 25, 36

das **Geschäftszentrum, −zentren** *business center,* 14

das **Geschenk, −e** *present,* 17

geschehen *to happen,* 18; **das geschieht dir recht!** *it serves you right!* 26

das **Geschehen** *event(s),* 28

die **Geschichte, −en** *history,* 4; *story,* 26

geschickt *skillful, handy,* 32

das **Geschirr** *dishes,* 4

die **Geschirrspülmaschine, −n** *dishwasher,* 40

der **Geschmack, ∸e** *flavor,* 37

geschminkt *made-up,* 31

geschult *trained, skilled,* 39

die **Geschwindigkeitsbegrenzung, −en** *speed limit,* 37

die **Geschwindigkeitsbeschränkung, −en** *speed restriction,* 40

die **Geschwister** (pl) *brothers and sisters, siblings,* 19

geschwollen *swollen,* 33

das **Gesellenjahr, −e** *journeyman year,* 39

die **Gesellenprüfung, −en** *exam to qualify as a journeyman,* 39

das **Gesellschaftsspiel, −e** *party game,* 34

das **Gesetz, −e** *law,* 40; **Gesetze zur Bekämpfung des Lärms** *laws intended to fight noise,* 40

gesichert (adj) *assured, guaranteed,* 25

das **Gesicht, −er** *face,* 17

das **Gespräch, −e** *conversation,* 27

gestalten *to form,* 40

die **Geste, −n** *gesture,* 27

gestern *yesterday,* 14

gesund *healthy,* 2

die **Gesunderhaltung** *keeping healthy,* 40

die **Gesundheit** *health,* 32, 33

das **Getränk, −e** *drink, beverage,* 20

die **Getränkekarte, −n** *beverage list,* 20

das **Getreide** *grain,* 38

der **Getreideanbau** *grain production,* 38

gewählt (adj) *chosen,* 39

gewaschen (adj) *washed,* 23

das **Gewässer, −** *body of water,* 35

das **Gewehr, −e** *rifle,* 36

das **Gewicht, −e** *weight,* 15

gewinnen *to win,* 2

der **Gewinner, −** *winner,* 27

gewiss- *specific,* 39

das **Gewitter, −** *thunderstorm,* 18

s. **gewöhnen: sich gewöhnen an** *to get used to,* 28; **man gewöhnt sich daran** *you get used to it,* 28

gewöhnlich *usually,* 4; *ordinary,* 30

giessen *to water,* 16

das **Gift, −e** *poison,* 40
   giftig *poisonous,* 26
der **Gipfel, −** *peak, summit,* 23
der **Gips** *plaster (cast),* 33
das **Gipsbein, −e** *leg cast,* 33
das **Gipsmischen** *mixing plaster,* 39
die **Giraffe, −n** *giraffe,* 11
die **Gitarre, −n** *guitar,* 5
   glänzen *to sparkle, shine,* 26
das **Glas, ≠er** *glass,* 7
   glatt *straight,* 7; *smooth,* 31
   glätten *to smooth,* 31
   glauben *to believe, think,* 2; **glauben an** *to believe in,* 32
   gleich *right away,* 14; *same,* 35; **auf gleicher Höhe** *at the same level,* 35; **ganz gleich** *it doesn't matter,* 36; **es ist mir gleich** *it's all the same to me,* 39; **das gleiche** *the same thing,* 40
   gleichfalls *the same to you,* 20
das **Gleis, −e** *train track,* 22
der **Gletscher, −** *glacier,* 23
die **Glocke, −n** *bell,* 38
das **Glück** *luck,* 22; *happiness, good luck,* 25; **Glück haben** *to be lucky,* 22
   glücklich *happy, happily,* 30
der **Glückspilz, −e** *lucky duck,* 36
der **Gong, −s** *gong,* 18
   gotisch *Gothic,* 28
   Gott: Gott sei Dank! *thank God,* 33
   grad: es ist grad erst drei *it's just 3 now,* 7; **weil ich grad hier bin** *as long as I'm here,* 33
der **Grad** *degree,* 18; **in Grad Celsius** *in degrees centigrade,* 18
das **Gramm, −** *gram,* 15
die **Grammatikübung, −en** *grammar exercise,* 4
das **Gras, ≠er** *grass,* 21
das **Grasmähen** *mowing,* 38
der **Grasschi** *grass-ski,* 34
   gratulieren *to congratulate,* 17
   grau *gray,* 9
die **Grenze, −n** *border, boundary,* 22
der **Grenzpolizist, −en** *border guard,* 26
   grillen *to grill,* 26
   grinsen *to grin,* 23
die **Grippe** *flu,* 33
   gross *big,* 7; *tall,* 7
   grossartig *terrific,* 25
(das) **Grossbritannien** *Great Britain,* 29
die **Grösse, −n** *size,* 9; *height,* 15
die **Grosseltern** (pl) *grandparents,* 19
die **Grossmutter, ≠** *grandmother,* 3
die **Grossstadt, ≠e** *large city,* 1
   grösst- *largest,* 28
der **Grossvater, ≠** *grandfather,* 3
   grosszügig *generous,* 14
   grün *green,* 2
das **Grün: öffentliches Grün** *public green area(s),* 40
die **Grünanlage, −n** *park, landscaped area,* 40

Grund- (noun pref) *basic,* 32
der **Grund, ≠e** *reason,* 14
der **Grundschritt, −e** *basic step,* 32
das **Grünland** *green areas,* 40
   grunzen *to grunt,* 38
die **Gruppe, −n** *group,* 5
der **Gruss, ≠e** *greeting,* 12; **mit freundlichen Grüssen** *sincerely, very truly yours,* 33
   grüssen *to greet,* 6; **grüss dich! hi!** 6; **grüss Gott! hello!** 6; **grüss schön zu Hause!** *give my regards to your parents!* 33
der **Gulden, −** *florin,* Plate 13
der **Gummi** *rubber,* 34
   günstig *favorable,* 14
   gurgeln *to gargle,* 31
die **Gurke, −n** *cucumber,* 15; *pickle,* 37
der **Gürtel, −** *belt,* 9
   gut *good,* 4; *well,* 7; *OK,* 6; **ja, gut!** *OK!* 5; **mach's gut!** *take care,* 6; **guten Tag!** *hello! good day!* 6; **er sieht gut aus!** *he's good-looking!* 32; **mir ist nicht gut** *I don't feel well,* 33; **er kann nicht gut hin** *he can't get to it easily; it's hard to get to,* 38
die **Güte: ach, du meine Güte!** *oh, my goodness!* 26
   gutgehen *to go well,* 27
der **Gymnasiast, −en** *student (at a Gymnasium),* 27
das **Gymnasium, Gymnasien** *academic secondary school,* 25
die **Gymnastik** *gymnastics, exercises,* 29; **Gymnastik machen** *to exercise, do exercises or gymnastics,* 29

H

das **Haar, −e** *hair,* 7
die **Haarbürste, −n** *hairbrush,* 31
die **Haarfarbe, −n** *hair color,* 7
der **Haarschnitt, −e** *haircut,* 31
das **Haarspray, −s** *hair spray,* 31
der **Haartrockner, −** *hair dryer,* 31
das **Haarwasser** *hair tonic,* 31
   haben *to have,* 4; **gern haben** *to like,* 5; **Hunger haben** *to be hungry,* 7; **welche Grösse hat Peter?** *what size does Peter take?* 9; **haben wir's?** *will that be all?* 15; **Verspätung haben** *to be late,* 22
das **Hackfleisch** *chopped meat,* 15
der **Hafen, ≠** *harbor,* 35
der **Hahn, ≠e** *rooster,* 38
   halb *half,* 29; **ein halbes Pfund** *half a pound,* 15; **halb sechs** *five-thirty,* 23, 25; **halb so schön** *half as nice,* 36
   halbbedeckt *partly cloudy,* 18
   hallo! *hi!* 36; **hallo, Fräulein!** *excuse me, waitress!* 20
der **Hals, ≠e** *neck,* 23
die **Halsentzündung, −en** *throat infection,* 33

die **Halsschmerzen** (pl) *sore throat,* 33
die **Halstablette, −n** *throat lozenge,* 33
das **Halstuch, ≠er** *(neck) scarf,* 17
   halt: so bin ich halt zu Pfannkuch gegangen *so I simply went to Pfannkuch,* 39
   halten *to stop,* 8; *to hold,* 26; **halten von** *to think of, have an opinion about,* 24; **(Schweine) halten** *to keep, raise (pigs),* 38
die **Haltestelle, −n** *(bus, streetcar) stop,* 32
das **Halteverbot** *no stopping,* 37
die **Haltung** *position, posture,* 32
der **Hamburger, −** *hamburger,* 37
der **Hammer, ≠** *hammer,* 25
der **Hamster, −** *hamster,* 11
die **Hand, ≠e** *hand,* 4; **mit der Hand** *by hand,* 16
die **Handcreme, −s** *hand cream,* 31
der **Handel** *trade,* 38
das **Handeln** *action, behavior,* 40
der **Handschuh, −e** *glove,* 9
das **Handschuhtragen: Handschuhtragen ist Pflicht** *wearing gloves is mandatory,* 34
   hauptsächlich *mainly,* 18
das **Handtuch, ≠er** *towel,* 14
die **Handvoll** *handful,* 26
der **Hang, ≠e** *slope,* 34
   hängen *to hang, be hanging (strong),* 19; *to hang up (weak),* 19
   hänseln *to tease,* 26
   hart *hard,* 14
der **Hartgummi** *hard rubber,* 34
das **Häschen, −** *bunny,* 36
der **Hase, −n** *rabbit,* 11
   hassen *to hate,* 28
   hässlich *ugly,* 29
   hatte *had,* 20
   hätte *would have,* 23; **wir würden bleiben, wenn wir mehr Zeit hätten** *we would stay if we had more time,* 23
   Haupt- (noun pref) *main,* 20
das **Hauptgericht, −e** *main course,* 20
die **Hauptschulklasse, −n** *elementary school class,* 35
die **Hauptstadt, ≠e** *capital city,* 22
das **Haus, ≠er** *house,* 1; **von zu Hause** *from home,* 11; **zu Hause** *at home,* 16
die **Hausapotheke, −n** *portable medicine chest,* 33
die **Hausaufgabe, −n** *homework,* 4
der **Hausbesuch, −e** *house call,* 33
die **Hausfrau, −en** *housewife,* 3
der **Haushalt, −e** *household,* 38; **im Haushalt helfen** *to help in the house, with household chores,* 38
der **Hausmeister, −** *custodian,* 25
die **Hausnummer, −n** *house number,* 12
die **Haustür, −en** *front door,* 29
die **Haut, ≠e** *skin,* 31
   he! *hey!* 29, 35; *he?* *huh?* 26

heben *raise, lift,* 4
die **Hecke, −n** *hedge,* 6
die **Heckenschere, −n** *hedge clippers,* 16
das **Heft, −e** *notebook,* 4
  heften *to fasten, attach,* 25
  heftig *severe, bad,* 33
die **Heftmaschine, −n** *stapler,* 25
das **Heftpflaster, −** *Band-Aid,* 33
die **Heimat** *native land,* 24
  heiraten *to marry,* 27
  heiss *hot,* 18
  heissen *to be named, called,* 1; *to mean,* 8
  heiter *mostly sunny,* 18; *cheerful,* 32
der **Hektar, −** *hectare (measure of land),* 38, 40
  helfen *to help,* 13
das **Helium** *helium,* 40
  hell *light,* 9; *ein Helles a light beer,* 20
  hellblau *light blue,* 9
das **Hemd, −en** *shirt,* 9
das **Henkeltöpfchen, −** *little mug,* 25
  her *here (motion toward speaker),* 34; *das ist jetzt 6 Jahre her that was 6 years ago,* 30
  herabsetzen *to lower, reduce,* 40; *stark herabgesetzt greatly reduced,* 40
  herauf- (pref) *up (to),* 19
  heraufkommen *to come up,* 19
  heraus- (pref) *out (of),* 23
  herausreissen *to tear out,* 26
  herbeirufen *to call over,* 26
  herein- (pref) *in (motion toward the speaker),* 36
  hereinspaziert! *step right up!* 36
  hergeben *to give (away), hand over,* 32; *gib mal eben her! give it to me a minute, will you?* 32
  herhören *to listen, pay attention,* 27; *bitte einmal herhören! pay attention; listen, please!* 27
  herkommen *to come from, to come here,* 26; *sie kamen vom Affenwald her they were coming from the monkey forest,* 26
der **Herr, −en** *Mr.,* 3; *gentlemen,* 32; *meine Herren gentlemen,* 32; *Herr Doktor Doctor,* 33; *Sehr geehrte Herren! Dear Sirs:* 39
  herrlich *beautiful,* 10
die **Herrschaften** (pl): **Grüss Gott, die Herrschaften!** *hello, ladies and gentlemen!* 20
  herrschen *to prevail, rule,* 36
  herschauen *to look here,* 11
  herschieben: vor sich herschieben *to push along in front,* 23
  herstellen *to build, produce,* 27, 38; *to manufacture,* 38
  herum- (pref) *around,* 22
  herunter- (pref) *down,* 25
  herunternehmen *to take down,* 25
das **Herz, −en** *heart,* 27

  herzlich *warm, hearty,* 12; *herzliche Grüsse warmest greetings,* 12
der **Herzog, ⸚e** *duke,* 28
das **Herzogtum, ⸚er** *dukedom,* 28
das **Heu** *hay,* 38
der **Heuboden, ⸚** *hayloft,* 38
das **Heuen** *haymaking, haying,* 38
  heuer *this year,* 28
der **Heurechen, −** *hay rake,* 38
der **Heustadel, −** *hay barn; hay shed,* 38
  heute *today,* 4; *heute abend this evening,* 22
der **Heuwender, −** *machine for turning hay (tedder),* 38
  hier *here* 4; *hier Radler Radler speaking,* 6
  hier- (pref) *here,* 23
  hierher- (pref) *(to) here,* 14
  hierherkommen *to come here,* 14
die **Hilfe** *help,* 25; **Hilfe!** *help!* 40
die **Himbeere, −n** *raspberry,* 26
der **Himmel, −** *heaven, sky,* 18
  hin *there (motion away from the speaker),* 22, 35; *hin und zurück back and forth, round trip,* 22; *er kann nicht gut hin he can't get to it easily, it's hard to get to,* 38
  hinauf- (pref) *up,* 23
  hinaufführen *to lead upward, upstairs,* 26
  hinein: hinein ins Vergnügen! *join the fun!* 36
  hinein- (pref) *in (motion away from the speaker),* 36
  hineinpassen *to fit into,* 38
  hineinsaugen: in sich hineinsaugen *to suck in, consume,* 40
die **Hinfahrt, −en** *trip (to),* 29
s. **hinlegen** *to lie down,* 33
s. **hinsetzen** *to sit down,* 32
s. **hinstellen** *to go and stand, to place o.s.,* 26
  hinten *behind,* 21
  hinter *behind,* 19
  hintereinander *one behind the other,* 8
  hinunter- (pref) *down,* 13
  hinunterlaufen *to run down,* 13
  hinunterrutschen *to slip, slide down,* 26
  hinunterschiessen *to shoot down (a slope),* 34
  hinzulernen: etwas hinzulernen *to learn s.th. in addition to what you already know,* 32
der **Hirsch, −e** *stag, deer,* 11
  historisch *historical,* 28
die **Hitze** *heat,* 18
  hitzefrei *time off because of hot weather,* 21
das **Hobby, −s** *hobby,* 7
  hoch *high,* 10; *tall,* 26
  hochachtungsvoll *respectfully; very truly yours,* 39
der **Hochsprung, ⸚e** *high jump,* 13

  höchst- (pref) *highest,* 28
  höchstens *at the most,* 39
die **Höchstgeschwindigkeit** *maximum speed,* 37
die **Hochzeit, −en** *wedding,* 28; *die Landshuter Hochzeit the Landshut Wedding,* 28
der **Hochzeitszug, ⸚e** *wedding procession,* 28
der **Hof, ⸚e** *schoolyard,* 4; *courtyard,* 26; *small farm,* 38
  hoffen *to hope,* 17
  hoffentlich *hopefully, I hope,* 9
  höflich *polite,* 32
  hoh- *(a form of hoch),* 29
die **Höhe** *height, level,* 35; *auf gleicher Höhe at the same level,* 35
der **Höhepunkt, −e** *high point,* 28
  höher *higher,* 13
  holen *to get, fetch,* 4
der **Holländer, −** *Dutchman,* 29
das **Holz** *wood,* 26
die **Holzfigur, −en** *wooden figure,* 38
der **Honig** *honey,* 33
  hören *to hear, listen,* 5
der **Hörer, −** *receiver,* 6
das **Horoskop, −e** *horoscope,* 32
  Hörschäden (pl) *hearing damage,* 40
die **Hörübung, −en** *listening exercise,* 1
die **Hose, −n** *pants,* 9
der **Hosenanzug, ⸚e** *pantsuit,* 17
das **Hotel, −s** *hotel,* 23
  HSt. (Haltestelle): U-Bahn HSt. der U 3, Bonner Platz *subway train U 3 to the Bonner Platz station,* 37
  hübsch *pretty,* 26; *cute,* 30
  huckepack: huckepack tragen *to carry piggyback,* 26
das **Huhn, ⸚er** *hen,* 38
das **Hühnchen, −** *chicken,* 37
der **Hühnerstall, ⸚e** *henhouse,* 38
der **Hund, −e** *dog,* 11
  hundemüde *dead tired,* 31
  hundert *hundred,* 4
das **Hundertstel: zwei Hundertstel** *two hundredths,* 34
der **Hunger** *hunger,* 7; *Hunger haben to be hungry,* 7
  hungrig *hungry,* 32
  husch! *whiz!* 29
der **Husten** *cough,* 33
der **Hustensaft, ⸚e** *cough syrup,* 33
der **Hut, ⸚e** *hat,* 9
die **Hütte, −n** *cabin, lodge,* 34
der **Hüttenabend, −e** *evening of activities at a lodge,* 34

I

  ich *I,* 1
  ideal *ideal,* 10
die **Idee, −n** *idea,* 8

ihm *him, to him; it, to it,* 16
ihn *him,* 5
ihnen *them, to them,* 16
Ihnen *you, to you, for you,* 17
ihr *you, their, her,* 2; *to her,* 16
Ihr *your,* 10
im: im März *in March,* 25, 27; **im letzten Jahr** *last year,* 29
der **Imbiss, −e** *snack,* 25
immer *always,* 4; **noch immer** *still,* 13; **immer höher** *higher and higher,* 26; **immer beliebter** *more and more popular,* 30; **immer noch** *still,* 33; **schon immer** *all along, always,* 39
importieren *to import,* 39
in *in,* 1; **in der Johann-Sebastian-Bach-Strasse** *on J. S. Bach Street,* 19; **in diesem Jahr** *this year,* 27; **in (die Schweiz)** *to (Switzerland),* 29; **in den Ferien** *on vacation,* 37
die **Industrie, −n** *industry,* 38
der **Industriebetrieb, −e** *factory,* 40
das **Industriegebiet, −e** *industrial area,* 40
das **Industrieland** *industrial land,* 38
der **Industrielärm** *industrial noise,* 40
der **Industrieprodukt, −e** *industrial product,* 38
der **Industriestaat, −en** *industrial state,* 38
das **Industriezeitalter** *industrial age,* 40
der **Infinitivsatz, ∸e** *sentence with an infinitive construction,* 34
die **Information, −en** *information,* 39
der **Ingenieur, −e** *engineer,* 16
der **Inhaber, −** *proprietor,* 15
das **Insekt, −en** *insect,* 16
das **Inserat, −e** *ad,* 39
inserieren *to advertise,* 39
das **Instrument, −e** *instrument,* 5
interessant *interesting,* 2
das **Interesse, −n** *interest,* 39
s. **interessieren** *to be interested, interest oneself,* 30; s. **interessieren für** *to be interested in,* 30
international *international,* 29
das **Interview, −s** *interview,* 28
der **Interviewer, −** *interviewer,* 28
irgendein *any,* 36
irgendetwas *anything,* 37
irgendjemand *anyone,* 37
irgendwo *anywhere,* 37
die **Isar** *Isar River,* 35
der **Italiener, −** *Italian,* 34
italienisch (adj) *Italian,* 29

J

ja *yes,* 1; **ja, gut** *okay,* 5; **dass du dich ja rasierst!** *be sure you shave!* 31; **ja?** *OK? right?* 35; **es könnte ja sein** *it could be,* 38
die **Jacke, −n** *jacket,* 9
das **Jahr, −e** *year,* 1; **im Jahre 1975**

in 1975, 28; **Jahr für Jahr** *year after year,* 36
die **Jahreszahl, −en** *date (by year),* 26
jährlich *yearly,* 40
der **Jahrmarkt, ∸e** *fair,* 36
jahrtausendelang *for thousands of years,* 40
das **Jahrzehnt, −e** *decade,* 40
jaja: jaja, eisern! *oh yes, like mad!* 37
der **Januar** *January,* 12
jäten *to weed,* 16
die **Jause, −n** (Austrian) *snack,* 34
je *per,* 40
die **Jeans** (pl) *jeans,* 9
der **Jeans-Shop, −s** *jeans shop,* 9
jedem: er schaut jedem auf den Schipass *he looks at everyone's lift ticket,* 34
jeder *each, every,* 9; *each one, everyone,* 26
jemand *somebody,* 22
jetzt *now,* 2; **das ist jetzt 6 Jahre her** *that was 6 years ago,* 30
jg. (junge): jg. Paare ab 25 Jahre *young couples 25 years and older,* 32
der **Job, −s** *job,* 37
das **Jobsuchen** *job hunting,* 37
die **Jodtinktur** *iodine,* 33
der **Joghurt, −s** *yogurt,* 15
der **Jugendliche, −n** *young person,* 34
die **Jugendmarke, −n** *stamp for the benefit of youth organizations,* 30
das **Jugendschutzgesetz, −e** *child labor law,* 39
die **Jugendvertretung, −en** *youth representative group,* 39
(das) **Jugoslawien** *Yugoslavia,* 29
der **Juli** *July,* 12
jung *young,* 11
der **Junge, −n** *boy,* 1
das **Junge, −n** *young (animal),* 38
die **Jungfrau** *Virgo,* 32
der **Juni** *June,* 12
der **Junior-Chef, −s** *the boss's son, the future boss,* 39
die **Jury, −e** *jury,* 27

K

der **Kaffee, −s** *coffee,* 14
der **Kaffeelöffel, −** *coffee spoon,* 20
das **Kaffeetrinken** *coffee drinking,* 32; **Kaffeetrinken gehen** *to go for a cup of coffee,* 32
der **Käfig, −e** *cage,* 11
der **Kaiser, −** *emperor,* 26
der **Kaiseradler, −** *imperial eagle,* 26
der **Kajak, −s** *kayak,* 35
das **Kakaogetränk, −e** *cocoa,* 37
das **Kalb, ∸er** *calf,* 38
das **Kalbsschnitzel, −** *veal cutlet,* 15
der **Kalender, −** *calendar,* 28
kalt *cold,* 18; **etwas Kaltes** *something cold,* 7

die **Kälte** *cold,* 18
die **Kaltschale, −n** *cold drink,* 37
die **Kamera, −s** *camera,* 30
der **Kamm, ∸e** *comb,* 21
s. **kämmen** *to comb one's hair,* 21
kämpfen *to fight, struggle,* 21; **kämpfen um** *to fight for,* 13
der **Kanal, Kanäle** *canal,* 35
der **Kandidat, −en** *candidate,* 27
der **Kanon, −s** *canon, round,* 35
die **Kanone, −n** *cannon,* 26; **unter aller Kanone** *very bad,* 26
kapieren *to understand* (colloquial), 32
kapiert? *got it? understand?,* 32
kaputt *worn out,* 9; *broken, broken-down,* 29
s. **kaputtlachen** *to laugh o.s. sick,* 32
kaputtmachen *to break,* 16
karg: kargere Ausstattung *sparse selection,* 39
die **Karte, −n** *map,* 10; *card, note,* 26; *ticket,* 34
die **Kartoffel, −n** *potato,* 20
die **Kartoffelchips** (pl) *potato chips,* 7
der **Kartoffelsalat, −e** *potato salad,* 7
der **Karton, −s** *carton,* 36
das **Karussell, −s** *carousel,* 36
der **Käse, −** *cheese,* 15
die **Kasse, −n** *ticket window,* 26; **an der Kasse** *at the ticket table,* 25; **die Kasse war positiv** *we came out ahead (financially)* 25; **in die Kasse kommen** *to go into the fund,* 25
der **Kassenzettel, −** *receipt,* 17
die **Kastanie, −n** *chestnut,* 26
der **Katalog, −e** *catalog,* 30
die **Katastrophe, −n** *catastrophe,* 40
die **Katze, −n** *cat,* 11
die **Katzenwäsche** *washing quickly at the sink,* 31
kaufen *to buy,* 5
das **Kaufhaus, ∸er** *department store,* Plate 25
kaufm. (kaufmännisch) (adj) *business,* 39
kaum *hardly,* 13
kehren *to sweep,* 16
kein *no, not any,* 7
keiner *nobody,* 34, 35
der **Keller, −** *cellar, basement,* 19
der **Kellner, −** *waiter,* 32
kennen *to know, be acquainted with, familiar with,* 3; **kennst du dich aus?** *do you know your way around?* 8
kennenlernen *to get to know, make the acquaintance of,* 5
das **Kennzeichen, −** *identifying numbers, letters, or symbols,* 29
der **Kerl, −e** *boy,* 29; **du blöder Kerl! you jerk!** 29
der **Keuchhusten** *whooping cough,* 33
der **Ketchup** *ketchup,* 37
die **Kiefer, −n** *pine,* 26
kikeriki! *cock-a-doodle-doo!* 38
das **Kilogramm, −** *kilogram,* 15

der **Kilometer,** − *kilometer,* 10

das **Kind, −er** *child,* 2

die **Kinderkrankheit, −en** *childhood disease,* 33

das **Kinn, −e** *chin,* 21

das **Kino, −s** *movies, movie theater,* 32; **ins Kino gehen** *to go to the movies,* 32

die **Kirche, −n** *church,* 22

der **Kirchturm, ⸚e** *church steeple,* 26, 28

die **Kirmes,** − *carnival, fair,* 36

die **Kirsche, −n** *cherry,* 15

der **Kirschbaum, ⸚e** *cherry tree,* 26

das **Kissen,** − *pillow,* 19

der **Kittel,** − *work jacket,* 37

die **Kitze, −n** *kid (young goat),* 38

klagen über *to complain about,* 33

die **Klapperkiste, −n** *rattletrap,* 29

klar *clear,* 18; **klar!** *sure!* 7

klasse *great, terrific,* 25, 29; **ein klasse Wagen** *a great car,* 29

die **Klasse, −n** *class,* 3; **erste Klasse** *first class (on the train),* 22

die **Klassenarbeit, −n** *test,* 4

der **Klassenkamerad, −en** *classmate,* 5

die **Klassenlehrerin, −nen** *homeroom teacher,* 26

die **Klassenmutti: unsere Klassenmutti!** *our class mommy!* 26

das **Klassenzimmer,** − *classroom,* 4

klatschen *to clap, applaud,* 13

das **Klavier, −e** *piano,* 5

der **Klavierspieler,** − *piano player,* 30

kleben *to glue, stick,* 25

der **Klebstoff, −e** *glue, paste,* 25

das **Kleid, −er** *dress,* 17

die **Kleider** (pl) *clothing,* 26

klein *small,* 3; *short,* 7

das **Kleine, −n** *baby, little one,* 26

das **Kleingeld, −er** *small change,* 20

die **Kleinstadt, ⸚e** *small city,* 1

das **Kleintier, −e** *little animal,* 16

klettern *to climb,* 11

das **Klima** *climate,* 38

der **Klimmzug, ⸚e** *chin-up,* 13

klingeln *to ring,* 6

das **Klingeln** *ringing (of bells),* 23

klingen *to sound,* 26

die **Klosterkirche, −n** *cloister church,* Plate 3

klug *smart,* 32

km² (Quadratkilometer) *square kilometer,* 35

km/Std. (Stundenkilometer): der Bus fährt mit 90 km/Std. *the bus is going 90 km an hour,* 34

knapp: eine knappe Stunde *barely an hour,* 34

das **Knie,** − *knee,* 33

die **Kniewunde, −n** *knee injury,* 33

knipsen *to snap (a picture),* 26

der **Knöchel,** − *ankle,* 33

der **Knoten,** − *knot,* 35

kochen *to boil,* 18; *to cook,* 20

das **Kochgeschirr** *cooking utensil,* 26

das **Kofferradio, −s** *portable radio,* 40

der **Kofferraum, ⸚e** *car trunk,* 23

die **Kohle, −n** *coal,* 23

der **Kohleofen, ⸚** *coal stove,* 40

die **Kollegin, −nen** *colleague,* 39

komisch *funny, strange,* 29

das **Komitee, −s** *committee,* 25

die **Kommode, −n** *chest of drawers,* 19

kommen *to come,* 5; **Mathe kommt dran** *math is next,* 4; **komm!** *come on!* 5; **kommen an** *to come to,* 23; **kommen auf** *to come to, come upon,* 26; **kommen nach** *to get to,* 26; **im Fernsehen kommen** *to be on television,* 27; **kommen aus** *to come from,* 29; **ach, komm!** *oh, come on!* 35

die **Komödie, −n** *comedy,* 27

das **Kompliment, −s** *compliment,* 31

kompliziert *complicated,* 30

das **Konfekt** *candy,* 25

das **Konfetti** *confetti,* 36

der **König, −e** *king,* 26

das **Königreich, −e** *kingdom,* 28

können *to be able to, can,* 8; **ich kann nichts dafür** *I can't help it,* 35; **kann sein** *could be, may be,* 35; **er kann nicht gut hin** *he can't get to it easily, it's hard to get to,* 38; **ich kann etwas** *I know something,* 39

das **Können** *ability,* 30

konnte *could,* 20

könnte: könnte ich . . . ? *could I . . . ?* 36

der **Kontrast, −e** *contrast,* 24

die **Konversationsübung, −en** *conversation exercise,* 1

s. **konzentrieren** *to concentrate,* 40; **sich konzentrieren auf** *to concentrate on,* 38

das **Konzert, −e** *concert,* 5

der **Kopf, ⸚e** *head,* 30

die **Kopfschmerzen** (pl) *headache,* 33

die **Kopfschmerztablette, −n** *headache pill,* 33

das **Kopftuch, ⸚er** *(head) scarf,* 17

der **Korbball, ⸚e** *basketball,* 2

der **Körpergeruch, ⸚e** *body odor,* 31

körperlich ' *physical(ly),* 39

der **Kosename, −n** *nickname,* 29

der **Kosmetikartikel,** − *cosmetic article,* 31

kosten *to cost,* 5; *to taste,* 26; **lass mich mal kosten!** *let me have a taste!* 26

kostenlos *without charge,* 39

das **Kostüm, −e** *woman's suit,* 17; *costume,* 27

der **Krach, −s** *noise,* 23

das **Kraftfutter** *enriched food,* 38

kräftig *strong,* 36

der **Kraftmensch, −en** *muscle man,* 36

der **Kram** *junk,* 19

krank *sick,* 33

das **Krankenhaus, ⸚er** *hospital,* 33

der **Krankheit, −en** *sickness,* 33

der **Krankenschein, −e** *medical slip,* 33

kränklich *sickly,* 40

kratzen *to scratch,* 11

die **Krawatte, −n** *necktie,* 9

der **Krebs** *Cancer,* 32

die **Kreide** *chalk,* 4

der **Kreislauf, ⸚e** *cycle,* 40

der **Kreisverkehr** *traffic circle,* 29; **Kreisverkehr hat Vorfahrt** *traffic in the circle has right of way,* 29

kreuz: kreuz und quer *every which way,* 32

kreuzen *to tack,* 35

die **Kreuzung, −en** *intersection,* 8

kriegen *to get,* 35

der **Krimi, −s** *mystery, detective show,* 24

das **Krypton** *krypton,* 40

der **Kubikmillimeter,** − *cubic millimeter,* 40

die **Küche, −n** *kitchen,* 3; *food,* 14

der **Kuchen,** − *cake,* 12, 15

der **Küchenabfall, ⸚e** *kitchen garbage,* 40

die **Kuh, ⸚e** *cow,* 23

kühl *cool,* 18

der **Kühlschrank, ⸚e** *refrigerator,* 25

das **Küken,** − *chick,* 38

der **Kuli, −s** *ballpoint pen,* 4

die **Kulisse, −n** *set, scenery,* 27

s. **kümmern: s. kümmern um** *to be concerned with, take care of,* 38

der **Kunde, −n** *customer,* 14

die **Kundin, −nen** *customer,* 37

künftig *future,* 34

die **Kunst,** 40

der **Kunststoff, −e** *synthetic material,* 34

der **Kurs, −e** *course,* 32

die **Kurve, −n** *curve,* 26

kurz *short,* 7; **kurz vor sieben** *shortly before seven,* 18

die **Kusine, −n** *girl cousin,* 3

die **Küste, −n** *coast,* 38

L

das **Labor, −s** *lab,* 39

lachen *to laugh,* 26

das **Lachen** *laughter,* 27

der **Lack** *lacquer finish,* 35

lackieren *to polish, paint,* 31

laden *to load,* 34

der **Laden, ⸚** *store,* 15

der **Ladentisch, −e** *counter,* 37

der **Ladewagen,** − *hay-loader,* 38

die **Lage, −n** *location,* 14

das **Lager: auf Lager haben** *to have a supply,* 34

die **Lagerarbeiterin, −nen** *worker in a warehouse,* 39

die **Lagerhalle, −n** *warehouse,* 39

lagern *to store,* 39

lahm *lame,* 29

das **Lamm,** ⸗**er** *lamb,* 38
die **Lampe,** –**n** *lamp,* 19
das **Land,** ⸗**er** *state,* 3; *nation,* 10; auf dem Land(e) *in the country,* 1, 38; *on the farm,* 38
die **Lande** (pl) *lands, countries,* 35
landen *to land,* 26; landen auf *to land on,* 26
ländlich *country, rural,* 40
die **Landschaft,** –**en** *scenery,* 23; *landscape,* 40
der **Landwirt,** –**e** *farmer,* 3
die **Landwirtschaft** *agriculture,* 38
landwirtschaftlich *agricultural(ly),* 38
lang *long,* 7
lange *for a long time,* 6
langsam *slowly,* 23
langweilig *boring,* 2; so etwas Langweiliges! *how boring,* 25
der **Lanzenträger,** – *lancer,* 28
der **Lärm** *noise,* 36
der **Lärmschutz** *noise protection,* 40
lassen *to leave, leave behind,* 20; *to let,* 26; (waschen) lassen *to have (washed),* 29
s. **lassen: er liess sich nicht aus der Ruhe bringen** *he paid no attention,* 26
lästig *annoying, unpleasant,* 31
der **Lastwagen,** – *truck,* 37
das **Latein** *Latin,* 35
der **Lauf: der 75-m-Lauf** *75-meter dash,* 13
laufen *to run,* 13; *to walk, go on foot,* 23; er kam gelaufen *he came running,* 26; Schlittschuh laufen *to ice-skate,* 34
der **Lausbub,** –**en** *rascal,* 30
laut *loud,* 5
läuten: es läutet *the bell rings,* 4
der **Lautsprecher,** – *loudspeaker,* 36
leben *to live,* 32
das **Leben,** – *life,* 25; im Leben *in life,* 25; am Leben bleiben *to stay alive,* 40
lebendig *lively,* 27
lebensgefährlich *life-threatening,* 40
der **Lebenslauf,** ⸗**e** *résumé,* 39
die **Lebensmittel** (pl) *groceries,* 15
lebensmüde *tired of living,* 29
der **Lebensstandard** *standard of living,* 40
der **Leberkäs** (a favorite Bavarian food), 7
die **Leberwurst,** ⸗**e** *liverwurst,* 15
das **Lebewesen,** – *living thing,* 40
lecker *delicious, yummy,* 21
das **Leder** *leather,* 34
der **Lederhandschuh,** –**e** *leather glove, gauntlet,* 26
leer *empty,* 22
legen *to lay, put,* 16; legen auf *to lay (s.th.) on top of,* 14; in Gips legen *to put in a cast,* 33
s. **legen auf** *to lie down on,* 21

die **Legion,** –**en** *legion,* 40
der **Lehrberuf,** –**e** *occupation requiring an apprenticeship,* 39
die **Lehre,** –**n** *apprenticeship,* 39
der **Lehrer,** – *teacher,* 3
die **Lehrkräfte** (pl) *teaching staff,* 39
der **Lehrling,** –**e** *apprentice,* 32
der **Lehrlingslohn,** ⸗**e** *apprentice pay,* 39
der **Lehrplan,** ⸗**e** *curriculum,* 39
lehrreich *educational,* 24
die **Lehrstelle,** –**n** *apprentice position,* 39
die **Lehrzeit** *period of apprenticeship,* 39
leicht *easy,* 2; *easily,* 16; *light,* 17
das **Leichtmetall,** –**e** *lightweight metal,* 34
leid: das tut mir leid! *I'm sorry,* 17
leider *unfortunately,* 17
leihen *to lend,* 32
leise *soft, quiet,* 5
s. **leisten** *to afford,* 29
die **Leistung,** –**en** *achievement, score,* 13
die **Leistungsfähigkeit** *efficiency,* 40
leiten *to lead,* 5
der **Leiter,** – *leader,* 25; *manager, head,* 39
die **Leiter,** –**n** *ladder,* 16
der **Leopard,** –**en** *leopard,* 11
lernen *to learn, to study,* 4; Friseuse lernen *to train to become a hairdresser,* 32
lesen *to read,* 3
das **Lesestück,** –**e** *reading selection,* 29
die **Leseübung,** –**en** *reading exercise,* 22
letzt- *last,* 26
leuchten *to shine,* 35
die **Leute** (pl) *people,* 14
das **Lexikon, Lexika** *dictionary, word list,* 1
die **Lichtanlage,** –**n** *lights,* 37
der **Lidschatten,** – *eye shadow,* 31
lieb *nice, good,* 36; Lieber Herbert! *Dear Herbert,* 7
die **Liebe** *love,* 36
lieben *to love,* 23
lieber: mir waren meine alten Schier lieber *I preferred my old skis,* 34
lieber (als) *rather (than),* 6
das **Liebespaar,** –**e** *pair of lovers,* 27
Lieblings- (noun pref) *favorite,* 5
das **Lieblingsgeschäft,** –**e** *favorite store,* 11
der **Lieblingssänger,** – *favorite singer,* 12
liebsten: am liebsten *most, best of all,* 2; am liebsten haben *to like most of all,* 4
das **Lied,** –**er** *song,* 26
der **Lieferant,** –**en** *supplier,* 40
der **Lieferschein,** –**e** *invoice,* 39
liegen *to lie, be located,* 10; liegen

an *to depend on, be caused by,* 35; woran liegt das? *what's the reason for that?* 35
liegenlassen *to leave behind, forget,* 40
der **Liegestuhl,** ⸗**e** *reclining garden-chair,* 21
der **Liegestütz,** –**e** *push-up,* 31
der **Lift,** –**s** *ski lift,* 34
die **Liftkarte,** –**n** *lift ticket,* 34
die **Liftstation,** –**en** *lift station,* 34
die **Limo,** –**s** *lemon soda,* 37
die **Limonade** *lemon soda,* 20
das **Lineal,** –**e** *ruler,* 4
die **Linie,** –**n** *line,* 32
link- *left,* 32
links *left,* 8; *on the left,* 19; nach links *to the left,* 8
die **Lippe,** –**n** *lip,* 21
der **Lippenstift,** –**e** *lipstick,* 31
die **List** *cunning,* 27
die **Liste,** –**n** *list,* 30
der **Liter,** – *liter,* 29
das **Loch,** ⸗**er** *hole,* 9; *cavity,* 33
der **Lockenwickler,** – *curler,* 31
lockig *curly,* 7
der **Lohn,** ⸗**e** *wages, pay,* 39
s. **lohnen** *to be worth (the trouble, the money),* 28; es hat sich gelohnt *it was worth it,* 28
das **Lokal,** –**e** *restaurant,* 14
die **Lokomotive,** –**n** *locomotive engine,* 23
los: was ist los? *what's the matter?* 5; was ist denn hier los? *what's going on here?* 19
das **Los,** –**e** (lottery) *chance,* 25
löschen *to quench,* 23
losfahren *to start driving,* 26
losgehen *to start, get started,* 28; es ging los *it started, we started,* 26
der **Löwe,** –**n** *lion,* 11; *Leo,* 32
das **Löwenbräu** (a brewery in Munich), 36
der **Löwenzahn,** ⸗**e** *dandelion,* 26
Ltr (Liter) *liter,* 25
die **Luft,** ⸗**e** *air,* 8
die **Luftmatratze,** –**n** *air mattress,* 21
die **Lupe,** –**n** *magnifying glass,* 30
die **Lust: Lust haben (zu)** *to feel like, have the desire (to do s.th.),* 7; Lust haben auf *to want, to feel like having,* 21; hättest du Lust auf (ein Eis)? *would you like (an ice cream)?* 36
lustig *funny,* 7
das **Lustspiel,** –**e** *comedy,* 27

M

m. (mit) *with,* 20
machen *to make,* 5; *to do,* 3; mach's gut! *take care!* 6; eine Busfahrt machen *to take a bus trip,* 10; Urlaub machen *to take a vaca-*

tion, 11; das macht zusammen 25 Mark 30 *that makes 25 marks 30 all together,* 15; das macht nichts *it doesn't matter,* 17; sich Sorgen machen *to worry,* 20; ein Picknick machen *to have a picnic,* 26; eine Aufnahme, ein Foto machen *to take a picture,* 30; machen lassen *to have done,* 30; es hat Hunger gemacht *it made us hungry,* 34; den Führerschein machen *to get a driver's license,* 37; einen Schikurs machen *to take skiing lessons,* 37; Überstunden machen *to work overtime,* 37; mach schnell! *hurry up!* 40

das **Mädchen,** − *girl,* 1

das **Mädchengymnasium, −gymnasien** *secondary school for girls,* 35

das **Mädel,** − *girl,* 38

mähen *to mow,* 16

der **Mäher,** − *mower,* 16

die **Mahlzeit, −en** *mealtime,* 20; Mahlzeit! *enjoy the meal!* 20

die **Mähmaschine, −n** *mower,* 38

der **Mai** *May,* 12

das **Maiglöckchen,** − *lily of the valley,* 16

der **Maikäfer,** − *Japanese beetle,* 16

der **Maitanz, ⁼e** *May Day dance,* 32

das **Make-up** *make-up,* 31

mal *(particle),* 5; ich frag' mal *I'll just ask,* 5; mal was andres *something else for a change,* 10; mal . . . mal . . . *sometimes . . . . sometimes . . . ,* 18; erst mal *first of all,* 39

das **Mal, −e** *time, instance,* 28; das achte Mal *the eighth time,* 28

malen *to draw,* 18

malerisch *picturesque,* 29

man *one, they, you, people,* 8

managen *to manage,* 3

manche *some, many,* 7

mancher, −e, −es *many a,* 27

manchmal *sometimes,* 11

die **Mandeln** (pl) *tonsils,* 33

mangeln *to iron, press,* 14

(s.) **maniküren** *to manicure,* 31

das **Manikür-Etui, −s** *manicure set,* 31

der **Mann, ⁼er** *man,* 22; *husband,* 27

das **Männchen,** − *little man,* 8

männlich *masculine,* 22

die **Mannschaft, −en** *team, crew,* 35

der **Mannschaftswechsel** *crew change,* 35

der **Mantel, ⁼** *coat,* 9

die **Margerite, −n** *daisy,* 26

der **Marienkäfer,** − *ladybug,* 16

die **Mark, −** *(German monetary unit),* 5

die **Marke, −n** *brand,* 29; *stamp,* 30; die 50-Pfennig-Marke *50-Pfennig stamp,* 12

markiert *marked,* 8

das **Markstück, −e** *mark piece,* 20

der **Markt, ⁼e** *market,* 22

marschieren *to march,* 26

der **März** *March,* 12

die **Maschine, −n** *machine,* 38

die **Masern** (pl) *measles,* 33

die **Mass** *(a one-liter serving of beer),* 36

der **Mast, −en** *mast,* 35

das **Material, −ien** *material,* 34

die **Mathe** *math,* 4

die **Mauer, −n** *wall,* 26

die **Maus, ⁼e** *mouse,* 26

maximal: maximale Übungsmöglichkeit *maximum practice time,* 32

der **Mechaniker,** − *mechanic,* 3

meckern *to bleat (goats),* 38

die **Medikament, −e** *medication,* 33

die **Medizin** *medicine,* 33

das **Meer, −e** *sea,* 35

das **Mehl** *flour,* 15

mehr *more,* 7; magst du keinen Leberkäs mehr? *don't you want any more Leberkäs?* 7

mehrere *several,* 28

die **Mehrzahl** *plural,* 3

die **Meile, −n** *mile,* 10

mein *my,* 9

meinen *to think, be of the opinion,* 9; *to mean,* 28

meins: meins, deins, usw. *mine, yours, etc.,* 32

die **Meinung, −en** *opinion,* 24, 39

meisten: die meisten *most,* 14; am meisten *most of all,* 30

der **Meister,** − *master,* 39

die **Meisterprüfung, −en** *exam to qualify as a master,* 39

melken *to milk,* 38

die **Melkmaschine, −n** *milking machine,* 38

die **Melodie, −n** *melody,* 25

die **Menge: eine Menge (Geld)** *a lot of (money),* 25

der **Mensch, −en** *person,* 23; Mensch! *boy! man!* 5

der **Mercedes,** − *Mercedes-Benz,* 10

merken *to notice,* 27

s. **merken** *to remember,* 35

das **Merkspiel, −e** *memory game,* 4

merkwürdig *strange,* 26

die **Messe, −n** *faire,* 36

messen *to measure,* 9; das Fieber messen *to take one's temperature,* 33

das **Messer,** − *knife,* 20

das **Metall, −e** *metal,* 34

der **Meter,** − *meter,* 9

mich *me,* 7

mies *bad, lousy,* 25

mieten *to rent,* 10

das **Mikrofon, −e** *microphone,* 26, 32

das **Milchauto, −s** *milk truck,* 38

das **Milcherzeugnis, −se** *dairy product,* 15

das **Milchhaus, ⁼er** *milk (storage house,* 38

die **Milchkanne, −n** *milk can,* 14

die **Milchleitung, −en** *milk pipeline,* 38

die **Milchmenge, −n** *quantity of milk,* 38

die **Milliarde, −n** *billion,* 30

die **Million, −en** *million,* 28

Min. (Minuten) *minutes,* 23

die **Mindestgeschwindigkeit** *minimum speed,* 37

minus *minus,* 4

die **Minute, −n** *minute,* 4

das **Mineralwasser** *mineral water,* 20

mir *me, to me, for me,* 17

der **Mist** *manure,* 3

der **Misthaufen,** − *manure pile,* 26, 38

mit *with,* 4; mit der Bahn *by rail,* 22

mit- (pref) *with, along,* 6

der **Mitarbeiter,** − *co-worker,* 39

miteinander *together, with each other,* 3

mitfahren *to come along, get a ride,* 10

mitgeben *to give, send along with,* 33

das **Mitglied, −er** *member,* 39

mithaben *to have along, bring along,* 6

mithelfen *to help out,* 14

mitkommen *to come along,* 6

mitmachen *to participate,* 26

der **Mitmensch, −en** *fellow human being,* 40

mitnehmen *to take along,* 8

der **Mitschüler,** − *classmate,* 22

der **Mitspieler,** − *participant,* 28

der **Mittag: zu Mittag essen** *to eat lunch,* 20

das **Mittagessen,** − *lunch,* 20

die **Mittagspause, −n** *lunch-break,* 23

die **Mitte, −n** *middle,* 27

das **Mittelalter** *Middle Ages,* 28

der **Mittelrhein** *middle Rhine,* 38

mitten (in) *in the middle of,* 34

der **Mittwoch** *Wednesday,* 4

die **Möbel** (pl) *furniture,* 19

mochte *liked, cared for,* 20

möchte *would like (to),* 7; möchtest du . . . ? *would you like . . . ?* 36

die **Mode, −n** *fashion, style,* 30; Mode sein *to be in style,* 30

das **Modell, −e** *model,* 30

modern *modern,* 30

das **Mofa, −s (Motorfahrrad)** *mofa,* 37

mogeln *to cheat,* 21

mögen *to like, to care (to have),* 7

möglich *possible,* 34

die **Möglichkeit, −en** *possibility,* 39

der **Molch, −e** *salamander,* 16

die **Molkerei, −en** *dairy,* 38

der **Moment, −e** *moment,* 26; einen Moment *just a moment,* 26

der **Monat, −e** *month,* 12

monatlich *monthly,* 39

der **Montag** *Monday,* 4

das **Moped, −s** *moped,* 37

morgen *tomorrow,* 4

der **Morgen,** − *morning,* 4; guten Morgen! *good morning!* 6

morgens *in the morning,* 13
das **Mosaik** *mosaic,* 38
das **Motiv, −e** *subject,* 30
der **Motor, −en** *motor,* 37
das **Motorfahrzeug, −e** *motor vehicle,* 40
das **Motorrad, ⇒er** *motorcycle,* 37
die **Mücke, −n** *mosquito,* 16
müde *tired,* 26
m ü. d. M. (Meter über dem Meer) *meters above sea level,* 10
muhen *to moo,* 38
der **Müllplatz, ⇒e** *garbage dump,* 40
der **Mumps** *mumps,* 33
der **Mund, ⇒er** *mouth,* 26; **halt den Mund!** *shut up! be quiet!* 26
das **Mundwasser** *mouthwash,* 31
mündlich *oral,* 1
das **Münster, −** *cathedral,* Plate 1
die **Münze, −n** *coin,* 20
das **Museum, Museen** *museum,* 22
die **Musik** *music,* 4
der **Musikant, −en** *musician,* 28
die **Musikkapelle, −n** *band,* 36
die **Musikstunde, −n** *music lesson,* 30
müssen *to have to, must,* 8
musste *had to,* 20
der **Mut** *courage,* 32
die **Mutter, ⇒** *mother,* 3
der **Muttertag, −e** *Mother's Day,* 15
die **Mütze, −n** *cap,* 17

N

na *well,* 5; **na gut!** *well then, OK,* 32; **na und?** *so what?* 31
nach *to,* 10; *after,* 15; *according to,* 36; **es sieht nach Regen aus** *it looks like rain,* 18; **nach Hause** *(towards) home,* 21; **nach oben rennen** *to run upstairs,* 23; **nach (Frankreich)** *to (France),* 29; **ganz nach deiner Fantasie** *leave it up to your imagination,* 36; **fragen nach** *to ask about,* 39
der **Nachbar, −n** *neighbor,* 27
die **Nachbarin, −nen** *neighbor,* 11
die **Nachbarschaft, −en** *neighborhood,* 39
nachgehen *to follow,* 31
nachhelfen *to help along,* 31
nachher *later, afterwards,* 6
die **Nachhilfestunde, −n** *extra help after school,* 35
nachlaufen *to run after, chase,* 32
der **Nachmittag, −e** *afternoon,* 10
nachmittags: Donnerstag nachmittags *on Thursday afternoon(s),* 27
der **Nachname, −n** *last name,* 12
die **Nachrichten** (pl) *news,* 24
nachschauen *to check,* 29
das **Nachschlagen: zum Nachschlagen** *for reference,* 1
nachsehen *to look up, check,* 8
die **Nachspeise, −n** *dessert,* 20
nächst- *next,* 25; **im nächsten Jahr**

next year, 25; **die nächsten** *the next ones,* 27; **nächsten April** *next April,* 27
die **Nacht, ⇒e** *night,* 6; **gute Nacht!** *good night!* 6; **in der Nacht** *during the night,* 40
der **Nachteil, −e** *disadvantage,* 39
der **Nachttisch, −e** *night table, bedside table,* 19
der **Nachweis, −e** *proof,* 37
der **Nachwuchs** *new employees,* 39
nachziehen *to trace,* 31
der **Nagel, ⇒** *nail,* 25
die **Nagelbürste, −n** *nailbrush,* 31
die **Nagelfeile, −n** *nail file,* 31
der **Nagellack** *nail polish,* 31
die **Nagelschere, −n** *nail scissors,* 31
nah *near,* 23
die **Nähe** *vicinity,* 40; **in der Nähe** *near, in the vicinity of,* 40
nähen *to sew,* 3
s. **nähern** *to approach,* 26
die **Nähmaschine, −n** *sewing machine,* 36
der **Name, −n** *name,* 1
nämlich *namely, that is to say,* 40
die **Narbe, −n** *scar,* 33
naschen *to nibble,* 7
die **Nase, −n** *nose,* 21
nass *wet,* 4
das **Nationalitätszeichen, −** *emblem identifying nationality,* 29
die **Nationalversammlung, −en** *national congress,* Plate 23
die **Natur** *nature,* 24; **in der freien Natur** *in the open air,* 40; **von Natur aus** *naturally,* 31
natürlich *natural(ly),* 14
neben *next to, beside,* 19; *along with, in addition to,* 39
nebeneinander *next to each other,* 8
der **Nebenfluss, ⇒e** *tributary,* 35
nee! (colloquial speech) *no,* 28
negativ *negative(ly),* 40
nehmen *to take,* 4
nein *no,* 1
die **Nelke, −n** *carnation,* 16
nennen *to name, call,* 7
das **Nervensystem, −e** *nervous system,* 40
nervös *nervous,* 27
das **Nest, −er** *nest,* 16
nett *nice,* 10
neu *new,* 6; *newly,* 19; **neu schreiben** *to write over,* 27
neuer: ein Passbild neuren Datums *a recent passport photo,* 39
Neues: was gibt's Neues? *what's new?* 6; **viel Neues kommt auf dich zu** *many new things are coming your way,* 32
neugierig *curious,* 17
neun *nine,* 1
neunzehn *nineteen,* 1
neunzig *ninety,* 4
nicht *not,* 1; **ist das nicht?** *isn't*

that? 1; **noch nicht** *not yet,* 13
nichts *nothing,* 6
das **Nichtstun** *doing nothing,* 35
nie *never,* 22; **noch nie** *never yet,* 22
(das) **Niederbayern** *Lower Bavaria,* 28
die **Niederlande** (pl) *the Netherlands,* 29
niedrig *low,* 39
niemand *nobody,* 22
die **Niete: eine Niete!** *a blank!* 36
die **Nikolausparty, −s** *Christmas party,* 32
das **Nikotin** *nicotine,* 32
nobel *noble,* 28
der **Nobelmann, ⇒er** *nobleman,* 28
noch *in addition, besides, still, yet,* 7; **noch einmal (noch mal)** *once again,* 19; **wer mag noch Kartoffelsalat?** *who wants more potato salad?* 7; **noch etwas andres** *something else besides,* 7; **noch ein Cola** *another (glass of) cola,* 7; **noch nicht** *not yet,* 7, 13; **noch immer** *still,* 13; **noch was?** *something else?* 15; **gestern noch** *just yesterday,* 16; **noch nie** *never yet,* 22; **die kommen schon noch** *don't worry, they'll come,* 32; **immer noch** *still,* 33; **noch jemand** *anyone else,* 35; **nur noch** *only,* 37
Nordamerika *North America,* 30
der **Norden** *north,* 18
nördlich *north(erly),* 10
Nordost *northeast,* 18
Nordwest *northwest,* 18
normal *normal,* 9
das **Normal(benzin)** *regular gas,* 29
not: Seefahrt ist not *the call of the sea is irresistible,* 35
die **Note, −n** *grade, mark,* 4
notwendig *necessary,* 39
der **November** *November,* 12.
die **Null, −en** *zero,* 9
null: null Uhr dreissig *thirty minutes past midnight,* 22
die **Nummer, −n** *number,* 6
das **Nummernschild, −er** *license plate,* 29
nun *now,* 3
nur *only,* 6; **nur keine Angst!** *don't be afraid!* 29; **wenn ich doch nur 20 Mark gewinnen würde!** *if only I would win 20 marks!* 36; **nur noch** *only,* 37
die **Nuss, ⇒e** *nut,* 7
nützen *to be of use,* 40
das **Nylon** *nylon,* 34

O

ob *if, whether,* 7; **ob es vielleicht wieder meine Mandeln sind?** *I wonder if it's my tonsils again?* 33
oben *upstairs, above,* 23; **nach oben rennen** *to run upstairs,* 23;

hier oben *up here*, 26; dort oben *up there*, 26
obendrauf *on top*, 37
(das) **Oberbayern** *Upper Bavaria*, 1
das **Oberland** *highland, upland*, 23
der **Oberrhein** *upper Rhine*, 38
der **Oberschüler**, – *secondary school student*, 32
der **Oberstudienrat**, ⁼e (rank of teacher in a Gymnasium), 34
der **Obertertianer**, – *ninth grader (in a Gymnasium)*, 36
das **Obst** *fruit*, 15
der **Obstgarten**, ⁼ *orchard*, 26, 38
obwohl *although*, 27
der **Ochse**, –n *ox*, 36
o. d. (ob der): Rothenburg o. d. Tauber *Rothenburg on the Tauber*, Plate 9
oder *or*, 2; entweder . . . oder *either . . . or*, 37
das **Ödland** *wasteland*, 38
offen *open*, 25; offene Weine *wines sold by the glass*, 25
öffentlich *public*, 40
die **Öffentlichkeit: in der Öffentlichkeit** *in public*, 40
öffnen *to open*, 18
oft *often*, 16
ohne *without*, 10
das **Ohr**, –en *ear*, 31
ohrenbetäubend *deafening*, 36
die **Ohrenschmerzen** (pl) *earache*, 33
oje! *oh dear!* 4
o.k. *okay*, 7
der **Oktober** *October*, 12
das **Oktoberfest** (a yearly festival in Munich), 36
das **Öl** *oil*, 29
die **Öljacke**, –n *slicker*, 35
der **Ölofen**, ⁼ *oil stove*, 40
die **Ölsardine**, –n *sardine packed in oil*, 40
der **Ölstand** *oil level*, 29
Olympia *Olympics*, 30
die **Olympiade** *Olympics*, 34
der **Olympiapark** *Olympic grounds*, 37
die **Oma**, –s *grandmother*, 3
der **Onkel**, – *uncle*, 3
der **Opa**, –s *grandfather*, 3
die **Oper**, –n *opera*, 8
die **Operation**, –en *operation*, 33
opfern *to sacrifice*, 35
das **Orangengetränk**, –e *orange drink*, 37
der **Orangensaft**, ⁼e *orange juice*, 25
das **Orchester**, – *orchestra*, 25
ordentlich *neat, orderly*, 32
die **Ordnung**, –en *order, neatness*, 19; geht in Ordnung! *that's fine*, 33
der **Ordungssinn** *sense of organization*, 30
die **Organisation**, –en *organization*, 30
das **Organisationskomitee**, –s *organizing committee*, 25

organisieren *to organize*, 39
die **Orgel**, –n *organ*, 30
der **Orgelspieler**, – *organist*, 30
der **Ort**, –e *place, town*, 23
der **Osten** *east*, 18
das **Osterreich** *Austria*, 1
österreichisch (adj) *Austrian*, 22
das **Ostfriesland** *East Frisia*, 1
östlich *east(erly)*, 10
die **Ostsee** *Baltic Sea*, 40
oval *oval*, 29

P

das **Paar**, –e *pair*, 9
paar: ein paar *a few, some*, 12
paarmal: ein paarmal *a few times*, 32
das **Päckchen**, – *package*, 17
packen *to grab*, 21
die **Packung**, –en *wrapper, package*, 40
das **Paddel**, – *paddle*, 29
das **Paddelboot**, –e *paddle boat*, 35
die **Palme**, –n *palm tree*, Plate 27
der **Panne**, –n *car breakdown*, 20
das **Papier**, –e *paper*, 4
der **Papierfabrik**, –en *paper factory*, 40
das **Papierkäppi**, –s *paper cap, hat*, 37
der **Papierkorb**, ⁼e *wastebasket*, 40
die **Papierschlange**, –n *(crepe) paper streamer*, 36
der **Pappbecher**, – *paper cup*, 37
die **Pappe** *cardboard, posterboard*, 25
das **Parfüm**, –s *perfume*, 31
der **Park**, –s *park*, 8, 22
parken *to park*, 28
die **Parklücke**, –n *parking space*, 37
der **Parkplatz**, ⁼e *parking lot*, 23
die **Partei**, –en *party*, 39
das **Partizip**, –ien *participle*, 14
der **Partner**, – *partner*, 32
die **Party**, –s *party*, 7
der **Pass**, ⁼e *passport*, 22
das **Passbild**, –er *passport photo*, 37
passen *to fit*, 9; es passt nicht zu deinem Gesicht *it doesn't go with your face*, 17
passend *suitable, appropriate*, 39
passieren *to happen*, 25; was ist dir passiert? *what happened to you?* 33
die **Passkontrolle**, –n *passport check*, 22
die **Passstrasse**, –n *road through a mountain pass*, 23
der **Patient**, –en *patient*, 33
pauken (colloquial) *to cram, study*, 32
die **Pause**, –n *break, recess*, 4; *pause*, 26; Pause machen *to take a break*, 26
das **Pech** *bad luck*, 29; Pech haben *to have bad luck*, 29; Pech gehabt!

bad luck! 36
der **Pechvogel**, ⁼ *unlucky person*, 36
die **Person**, –en *person*, 19; pro Person *per person*, 40
der **Personenkraftwagen** – *car*, 37
die **Perücke**, –n *wig*, 27
der **Petrus** *Saint Peter*, 36
der **Pfad**, –e *path*, 26
das **Pfand**, ⁼er *deposit*, 25
die **Pfaueninsel**, –n *peacock island*, Plate 21
der **Pfennig**, –e (German coin, hundredth part of a mark), 6
das **Pferd**, –e *horse*, 28
der **Pferdewagen**, – *horse-drawn wagon*, 28
der **Pfifferling**, –e (type of mushroom), 26
der **Pfirsich**, –e *peach*, 15
die **Pflanze**, –n *plant*, 16
pflanzen *to plant*, 40
die **Pflaume**, –n *plum*, 15
pflegen *to take care of*, 31
die **Pflicht**, –en *duty, responsibility*, 39; Handschuhtragen ist Pflicht *wearing gloves is mandatory*, 34
pflücken *to pick, pluck*, 23
das **Pfund**, –e *pound*, 15
die **Phantasie** *imagination*, 25
das **Picknick**, –s *picnic*, 26, 29
picknicken *to picnic*, 40
der **Picknickplatz**, ⁼e *picnic area*, 26
piepsen *to peep*, 38
das **Pillerseetal** *Pillersee Valley*, 10
der **Pilz**, –e *mushroom*, 26
die **Pinkepinke** (slang) *money*, 36
die **Pinne**, –n *tiller*, 35
der **Pinsel**, – *paintbrush*, 25; (small) brush, 31
die **Pinzette**, –n *tweezers*, 30
der **Pirat**, –en *pirate*, 36
der **PKW**, – (**Personenkraftwagen**) *car*, 29; PKW-Fahrstunde 45 Min. *45-minute driving lesson*, 37
das **Plakat**, –e *poster*, 25
der **Plan**, ⁼e *plan*, 27
planen *to plan*, 7
das **Planen** *planning*, 29
das **Plastik**, –s *plastic*, 34
die **Plastik**, –en *sculpture*, Plate 20
die **Plastikrose**, –n *plastic rose*, 36
der **Plastiksack**, ⁼e *plastic bag*, 16
platt: einfach platt gefahren *simply drove over it and squashed it*, 26
die **Platte**, –n *record*, 5
der **Plattenladen**, ⁼ *record shop*, 5
der **Plattenspieler**, *record player*, 5
der **Platz**, ⁼e *plaza, public square*, 22; *space*, 10; *place*, 13; *seat*, 22; Platz haben *to have room*, 10; auf die Plätze! fertig! los! *on your mark! get set! go!* 13; Platz nehmen *to take a seat, sit down*, 29; auf dem Platz *in place*, 32
plaudern *to chat*, 25
pleite: pleite sein *to be broke*, 32
plombieren *to fill (a cavity)*, 33

plötzlich *suddenly,* 8
plus *plus,* 4
(das) **Polen** *Poland,* 28
die **Polizei** *police,* 37
  polizeilich *police; by the police,* 37
das **Polizeirevier, −e** *police precinct,* 37
der **Polizist, −en** *police officer,* 39
  Pommes: Pommes frites (pl) *French fries,* 20
das **Popcorn** *popcorn,* 26
die **Pop-Musik** *pops, popular music,* 24
der **Popsänger, −** *pop singer,* 19
  populär *popular,* 5
der **Porsche, −** *Porsche (German sports car),* 29
das **Porzellan** *porcelain,* 38
die **Post** *post office,* 12
das **Poster, −s** *poster,* 19
die **Postleitzahl, −en** *zip code,* 12
das **Prädikat: mit Prädikat** *distinguished* (wine), 25
  praktisch *practical,* 39
  präparieren *to prepare,* 34
die **Präposition, −en** *preposition,* 35
das **Präsens** *present tense,* 25
die **Praxis** *doctor's office,* 33
der **Preis, −e** *price,* 17; *prize,* 25; Gr. Preis DLG (Grosser Preis der Deutschen Landschafts-Gesellschaft) *Grand Prize of the German Agricultural Society,* 25
die **Preiselbeere, −n** *cranberry,* 26
die **Preisübersicht: Preisübersicht der Fahrschule Betz** *schedule of fees at the Betz Driving School,* 37
  preiswert *worth the price, economical,* 9
  prima! *great!* 7; ein prima Platz *a great spot,* 28
die **Primel, −n** *primrose,* 26
das **Prinzenpaar, −e** *"prince" and "princess" for the Fasching season,* 36
die **Prinzessin, −nen** *princess,* 28
  privat *private,* 40
  pro: Einwohner pro km² *inhabitants per square kilometer,* 38; pro Person *per person,* 40
die **Probe, −n** *rehearsal,* 27
  proben *to rehearse,* 27
  probieren *to try,* 32
der **Produktionsfaktor, −en** *production factor,* 40
  produzieren *to produce,* 40
  prüfen *to test, check,* 29
der **Profit, −e** *profit,* 25
das **Programm, −e** *program,* 24; 1. Programm *Channel 1,* 24
das **Prosit: ein Prosit der Gemütlichkeit!** *let's drink to good company and good times!* 25
der **Prospekt, −e** *pamphlet, (travel) folder,* 29
  Prost! *cheers!* 20

das **Prozent: 50% (fünfzig Prozent)** *fifty percent,* 39
der **Prüfer, −** *examiner,* 37
die **Prüfung, −en** *test,* 35
der **Puck, −s** *puck,* 34
der **Pudding, −s** *pudding,* 20
 s. **pudern** *to put on powder,* 27
der **Pulli, −s** *pullover,* 17
der **Pullover, −** *pullover,* 9
  punkt: punkt halb eins *at 12:30 on the dot,* 25
  pünktlich *punctual(ly), on time,* 22
die **Puppe, −n** *puppet,* 27
das **Puppenspiel, −e** *puppet show,* 27
  putzen *to clean,* 8
 s. **putzen: sich die Zähne putzen** *to brush one's teeth,* 31
  puzzeln *to do a jigsaw puzzle,* 2
das **Puzzeln** *doing jigsaw puzzles,* 2
das **Puzzlespiel, −e** *jigsaw puzzle,* 2
die **Pyramide, −n** *pyramid,* 36

Q

der **Quadratkilometer, −** *square kilometer,* 35
der **Quadratmeter, −** *square meter,* 35
  quaken *to quack,* 38
die **Qual: wer die Wahl hat, hat die Qual** *whoever has a choice also has the difficulty of choosing,* 39
die **Qualität** *quality,* 39
der **Quatsch** *nonsense,* 32
die **Quinta** *sixth grade (at a Gymnasium),* 27
der **Quintaner, −** *sixth grader (at a Gymnasium),* 27

R

die **Radarfalle, −n** *radar trap,* 29
der **Radfahrer, −** *bicycle rider,* 8
der **Radiergummi, −s** *eraser,* 4
das **Radieschen, −** *radish,* 15
das **Radio, −s** *radio,* 5
die **Radtour, −en** *bicycle trip,* 18
der **Radweg, −e** *bicycle path,* 8
der **Rahmen: in grossem Rahmen** *in a formal setting,* 37
  rammen *to ram,* 36
  ran: geh doch mal ran! *answer the phone, will you?* 6
  ranfahren *to drive close to, against,* 37
  rapide *rapidly,* 40
der **Rasen, −** *lawn,* 16
der **Rasensprenger, −** *lawn sprinkler,* 16
der **Rasierapparat, −e** *shaver,* 31
(s.) **rasieren** *to shave (o.s.),* 31
das **Rasieren** *shaving,* 31
die **Rasierklinge, −n** *razor blade,* 31
das **Rasierwasser** *shaving lotion,* 31
  rasten *to rest,* 38
  raten *to guess,* 17

das **Raten** *guessing,* 26
das **Ratespiel, −e** *guessing game,* 7
das **Rathaus, ≏er** *town hall,* 22
der **Raubvogel, ≏** *bird of prey,* 26
der **Raum, ≏e** *room,* 26; im Raum *in the vicinity of,* 39
  räumen *to clear,* 34
  raus *out (of),* 33, 40; raus aus dem Bett! *get out of bed!* 23
  rechen *to rake,* 16
der **Rechen, −** *rake,* 16
  rechnen *to figure,* 39
die **Rechnung, −en** *bill, check,* 20
  recht: recht haben *to be right,* 26; recht so? *OK like this?* 31; dem Peter ist das recht *that's OK with Peter,* 2
  recht- *right,* 32
das **Recht, −e** *right,* 39
  rechts *right,* 8; *on the right,* 19
die **Rede, −n** *speech,* 25; eine Rede halten *to give a speech,* 25
  reden *to talk,* 6; reden über *to talk about,* 25; du musst reden! *you should talk!* 26
die **Redewendung, −en** *expression, idiom,* 31
die **Reederei, −en** *shipping firm,* Plate 19
das **Regal, −e** *shelf,* 39
die **Regel, −n** *rule,* 40; in der Regel *as a rule,* 40
  regelmässig *regular(ly),* 32
der **Regen, −** *rain,* 18
der **Regenmantel, ≏** *raincoat,* 8
die **Regenwolke, −n** *rain cloud,* 35
der **Regenwurm, ≏er** *earthworm,* 16
das **Regenzeug** *raingear,* 35
  regieren *to reign, rule,* 36
die **Regierung, −en** *government,* 38
  regnen *to rain,* 18; es regnet *it's raining,* 18
  regnerisch *rainy,* 18
das **Reh, −e** *deer, doe,* 11
 s. **reiben** *to rub (o.s.),* 21
  reich *rich,* 27; Herzog Ludwig der Reiche *Duke Ludwig the Rich,* 28
  reichen *to reach, hand,* 20
der **Reifen, −** *tire,* 29
der **Reifendruck** *tire pressure,* 29
die **Reihenfolge, −n** *order, sequence,* 37
  rein *pure, clean,* 40
  reinfahren *to drive in (to),* 37
  reingehen *to go in, fit in,* 29
die **Reinhaltung** *keeping clean, free of pollution,* 40
(s.) **reinigen** *to clean (o.s.),* 31
  reinst- *real, perfect,* 36
die **Reise, −n** *trip,* 16; auf Reisen sein *to be on a trip,* 16
der **Reiseatlas, −se** *atlas,* 29
der **Reisebroschüre, −n** *travel brochure,* 29
das **Reisebüro, −s** *travel bureau,* 29
  reisen *to travel,* 29

der **Reisende,** −n *traveler,* 22
der **Reiseprospekt,** −e *travel folder,* 10
das **Reiseziel,** −e *destination,* 29
die **Reisszwecke,** −n *thumbtack,* 25
   reiten *to ride horseback,* 2
das **Reiten** *riding horseback,* 2
der **Reitstall,** ⁼e *riding stable,* 37
der **Reizker,** − *(type of mushroom),* 26
der **Rektor,** −en *principal, director,* 25
der **Rekord,** −e *record,* 30; Rekorde
   aufstellen *to set records,* 36
   rennen *to run,* 23
das **Rennen,** − *race,* 34
   reparieren *to repair,* 3
die **Republik: die Deutsche Demokra-**
   tische Republik *the German Dem-*
   ocratic Republic, 3
die **Residenz,** −n *living apartments of*
   a bishop or prince, Plate 16
der **Rest** *rest, remainder,* 26
   retten *to save, rescue,* 27
der **Rettich,** −e *radish,* 7
das **Rezept,** −e *prescription,* 33
der **Rhein** *Rhine River,* 40
   richten *to fix, adjust,* 8
   richtig *right, correct,* 4; *real, prop-*
   er, 26; *really,* 37
die **Richtung,** −en *direction,* 18
   riechen *to smell,* 31
das **Riesenportion,** −en *giant portion,*
   37
   riesig *gigantic, huge,* 26
das **Rindfleisch** *beef,* 15
das **Ringlein,** − *little ring,* 28
das **Ripple,** − *smoked pork chop,* 25
der **Ritter,** − *knight,* 28
der **Rivale,** −n *rival,* 27
der **Rock,** ⁼e *skirt,* 17
   rodeln *to go sledding,* 34
die **Rolle,** −n *role, part,* 27
   rollen *to roll,* 34
der **Rollsitz,** −e *sliding seat,* 35
der **Römer,** − *Roman (citizen),* 35
die **Rose,** −n *rose,* 16
   rot *red,* 2
das **Rote Kreuz** *the Red Cross,* 36
der **Rotor** *(carnival ride),* 36
das **Rouge** *rouge,* 31
   rüber: gehn wir mal rüber! *let's*
   go over, 25
der **Rücken,** − *back,* 21
der **Rucksack,** ⁼e *knapsack,* 23
die **Rückseite,** −n *back (side),* 12
die **Rücksicht** *consideration,* 40;
   Rücksicht nehmen auf *to show*
   consideration, 40
der **Rücksitz,** −e *back seat,* 29
   rückwärts *backwards,* 32; rückwärts fahren *to back up,* 37
das **Ruder,** − *rudder; oar,* 35
   rudern *to row,* 35
das **Rudern** *rowing,* 35
der **Ruf** *reputation,* 32
   rufen *to call, shout,* 5
die **Ruhe** *quiet, rest,* 10; er liess sich
   nicht aus der Ruhe bringen *he*
   paid no attention, 26; lass mich in

Ruh'! *leave me alone!* 31
   ruhig *quiet,* 10
das **Ruhrgebiet** (industrial   area   in
   Western Germany), 38
die **Rumba** *rumba,* 32
der **Rummelplatz,** ⁼e *amusement*
   park, 36
   rund *around, about, approximate-*
   ly, 30
die **Runde,** −n *loop, circle,* 26; *round,*
   36
die **Rüstung,** −en *armor, suit of armor,*
   28
die **Rutschbahn,** −en (carnival ride),
   36

S

das **Saargebiet** (industrial   area   in
   Western Germany), 38
die **Sache,** −n *thing,* 17; deine Sache
   your concern, 26; 180 Sachen draufhaben *to be driving 180 km/h,* 29
   saftig *lush, juicy,* 38
   sagen *to say,* 2; kannst du uns
   bitte sagen . . . ? *can you please*
   tell us . . . ? 8; sag mal! *say!* 28
   sagenhaft *incredible, fabulous,* 32;
   sensational, terrific, 37
der **Salat,** −e *salad, lettuce,* 15
das **Salatblatt,** ⁼er *lettuce leaf,* 37
das **Salz,** −e *salt,* 15
das **Salzwasser** *salt water,* 35
   sammeln *to collect,* 26
das **Sammeln** *collecting,* 30
der **Sammler,** − *collector,* 30
die **Sammlung,** −en *collection,* 23
der **Samstag** *Saturday,* 7
der **Sand,** −e *sand,* 21
die **Sandale,** −n *sandal,* 17
   sandig *sandy,* 29
   satt *full,* 7
der **Satz,** ⁼e *sentence,* 1
das **Satzende,** −n *end of the sentence,*
   5
   sauber *clean,* 14; die Dekorationen sind sauber! *the decora-*
   tions are neat! 25
der **Sauerstoff** *oxygen,* 40
der **Sauerstofferzeuger,** − *producer of*
   oxygen, 40
der **SB-Laden,** ⁼ *self-service store,* 39
das **SB-Warenhaus,** ⁼er (Selbstbedie-
   nungs-) *self-service   department*
   store, 39
das **Schach** *chess,* 2
die **Schachtel,** −n *box,* 33
   schade! *too bad!* 23
das **Schaf,** −e *sheep,* 38
   schaffen *to manage, do,* 38; *to*
   create, 40; wir haben's geschafft!
   we did it! 27
der **Schaffner,** − *train conductor,* 22
die **Schafweide,** −n *sheep meadow,*
   Plate 17
   schallen *to sound, ring,* 38

   schallgedämpft *sound-insulated,*
   40
die **Schallplatte,** −n *record,* 30
   schalten *to shift,* 37
der **Schalter,** − *booth, window,* 23
die **Schar: in Scharen** *in droves,* 36
   scharf *sharp, clear,* 24
   schärfen *to sharpen,* 38
der **Schatten,** − *shadow,* 21
der **Schatz,** ⁼e *sweetheart,* 26, 36
die **Schau,** −en *show,* 24
   schauen *to look,* 5; schauen auf
   to look at, 26
   schaukeln *to swing, sway,* 36
der **Schauspieler,** − *actor,* 27
die **Schauspielerin,** −nen *actress,* 27
die **Scheibe,** −n *puck,* 34; *slice,* 37
der **Schein,** −e *bill, paper money,* 20
   scheinen *to shine,* 18; *to seem, ap-*
   pear, 38
der **Scheinwerfer,** − *headlight,* 8
der **Schellfisch,** −e *shellfish,* 20
   schenken *to give as a gift,* 17
die **Schere,** −n *scissors,* 25
die **Scheune,** −n *barn,* 38
   scheusslich *dreadful, horrible,* 5
der **Schi,** −er *ski,* 34; Schi fahren *to*
   ski, 34
die **Schiabfahrt,** −en *ski run,* 40
das **Schi-Ass** *ski ace,* 34
die **Schiausrüstung,** −en *ski outfit and*
   equipment, 34
die **Schibrille,** −n *ski goggles,* 34
   schick *stylish,* 17
   schicken *to send,* 13; schicken an
   to send to, 25
   schieben *to push,* 23
die **Schiessbude,** −n *shooting gallery,*
   36
   schiessen *to shoot,* 36
das **Schiessen: du hast das Schiessen**
   gelernt, als das Treffen noch nicht
   Mode war *you learned to shoot*
   before hitting the mark came into
   style, 36
der **Schifahrer,** − *skier,* 34
das **Schiff,** −e *ship,* 22; im Schiff
   amidships, 35
die **Schiffsschaukel,** −n (carnival
   ride), 36
das **Schigelände,** − *ski area,* 34
der **Schihang,** ⁼e *ski slope,* 34
der **Schikurs,** −e *skiing lessons,* 37;
   einen Schikurs machen *to take*
   skiing lessons, 37
der **Schilager,** − *ski lodge,* 34
   Schi laufen *to ski,* 10
der **Schiläufer,** − *skier,* 10
das **Schild,** −er *sign,* 8
die **Schildkröte,** −n *turtle,* 11
der **Schilling,** − *shilling* (Austrian
   monetary unit), 34
die **Schimütze,** −n *ski hat, cap,* 34
der **Schinken,** − *ham,* 15
der **Schipass,** ⁼e *lift ticket,* 34
der **Schipullover,** − *ski sweater,* 34
der **Schistiefel,** −n *ski boot,* 34

schlachten *to slaughter,* 39

der **Schlafanzug, ⁼e** *pajamas,* 17

schlafen *to sleep,* 10

der **Schlafsack, ⁼e** *sleeping bag,* 29

das **Schlafzimmer, –** *bedroom,* 19

schlagen *to beat, defeat,* 13; *to beat, pound,* 27; *to hit,* 31

der **Schlager, –** *hit tune,* 25; *hit, popular item,* 37

die **Schlagzeile, –n** *headline,* 27

das **Schlagzeug** *drums,* 5

schlampig *sloppy,* 32

die **Schlange, –n** *snake,* 11

der **Schlauch, ⁼e** *garden hose,* 16

das **Schlauchboot, –e** *rubber boat,* 29

schlecht *bad,* 5; *der Marita ist schlecht Marita feels sick,* 26; *mir ist schlecht I feel sick,* 33

Schleswig-Holstein (a state in northern Germany), 35

das **Schleuderballwerfen, –** *slingball contest,* 13

das **Schliessfach, ⁼er** *locker,* 22

schliessen *to shut,* 22

schliesslich *finally,* 27

schlimm *bad,* 33

der **Schlitten, –** *sled,* 34; *Schlitten fahren to go sledding,* 34

der **Schlittschuh, –e** *ice skate,* 34; *Schlittschuh laufen to ice-skate,* 34

das **Schloss, ⁼er** *castle,* 26

die **Schlossruine, –n** *castle ruin,* 26

schlucken *to swallow,* 33

der **Schluss: Schluss damit!** *that's enough!* 26; *Schluss machen to break up,* 32

der **Schlüssel, –** *key,* 14

schmecken *to taste,* 23

der **Schmerz, –en** *pain,* 33

die **Schmerztablette, –n** *analgesic, pain reliever,* 33

der **Schmetterling, –e** *butterfly,* 16

s. **schminken** *to put on make-up,* 27, 31

das **Schminken** *making up,* 31

schmücken *to decorate,* 28

der **Schmutz** *dirt,* 40

schmutzig *dirty,* 4

die **Schnalle, –n** *buckle,* 34

der **Schnappschuss, ⁼e** *snapshot,* 30

schnattern *to cackle (geese),* 38

die **Schnecke, –n** *snail,* 16

der **Schneepflug, ⁼e** *snowplow,* 34

die **Schneewalze, –n** *machine for packing snow on ski slopes,* 34

schneiden *to cut,* 15

der **Schneidezahn, ⁼e** *incisor,* 33

schneien *to snow,* 18; *es schneit it's snowing,* 18

schnell *fast,* 13

die **Schnellstrasse, –n** *highway,* 29

das **Schnitzel, –** *cutlet,* 20

schnitzen *to carve,* 38

das **Schnitzobjekt, –e** *object to carve on,* 40

der **Schnupfen** *head cold,* 33

die **Schnur, ⁼e** *string,* 25

der **Schofför, –e** *chauffeur,* 40

Schoko- (noun prefix) *chocolate,* 37

die **Schokolade, –n** *chocolate,* 23

schon *already,* 1; *schon wieder so soon again,* 7; *ich glaub' schon I think so,* 28; *wie lange machen Sie schon mit? how long have you been taking part, participating?* 28; *die kommen schon noch don't worry, they'll come,* 32; *schon gut! OK!* 32; *that's fine,* 33; *schon immer all along, always,* 39

schön *nice, pretty, beautiful,* 14; *good (weather),* 18; *okay, good, fine,* 28; *bitte schön! you're welcome,* 8; *etwas Schönes something nice,* 27; *ganz schön heiss quite hot, really pretty hot,* 33; *grüss schön zu Hause! give my regards to your parents!* 33

schonen *to protect,* 31

s. **schonen: sie schont sich die Augen** *she's sleeping (resting her eyes),* 26

die **Schorle, –n** *wine with soda water,* 25

schönst- : unser Schönster! *our most handsome!* 26; *das Schönste the best part,* 27; *am schönsten nicest of all,* 28

schräg *diagonal(ly),* 34

der **Schrank, ⁼e** *wardrobe,* 19

schrecklich *frightening, horrible,* 24

schreiben *to write,* 4; *schreiben an to write to,* 26

der **Schreibtisch, –e** *desk,* 19

schreien *to scream,* 36, 38; *to call,* 38

der **Schreiner, –** *carpenter,* 19

die **Schrift, –en** *writing,* 30

schriftlich *written, in writing,* 37

der **Schritt, –e** *step, pace,* 13

die **Schubkarre, –n** *wheelbarrow,* 38

schüchtern *shy,* 32

schuften *to work hard,* 37

der **Schuh, –e** *shoe,* 9

der **Schulausflug, ⁼e** *school excursion,* 26

der **Schulbeginn** *beginning of school,* 27

die **Schulbildung, –en** *schooling,* 39

schulden *to owe,* 14

der **Schuldirektor, –en** *school director (principal),* 21

die **Schule, –n** *school,* 4; *zur Schule gehen to go to school,* 16

die **Schulentlassung, –en** *completion of school,* 39

der **Schüler, –** *pupil, student,* 4

der **Schüleraustausch** *student exchange program,* 27

das **Schülerdeutsch** *student slang,* 26

das **Schülertheater, –** *student theater,* 27

der **Schulfreund, –e** *school friend,* 12

das **Schuljahr, –e** *school year,* 27

das **Schulorchester, –** *school orchestra,* 27

die **Schulpartnerschaft** *partnership between schools,* 27

der **Schulraum, ⁼e** *schoolroom,* 25

die **Schulsachen** (pl) *school supplies,* 4

der **Schulsport** *school sports,* 13

der **Schulsportfest, –e** *school field day,* 13

der **Schultag, –e** *school day,* 27

die **Schultasche, –n** *schoolbag,* 4

der **Schulwagen, –** *school car,* 37

das **Schulzeugnis, –se** *report card,* 39

schunkeln *to link arms and sway to music,* 36

der **Schuss, ⁼e** *shot,* 36

der **Schütze, –n** *marksman,* 28; *Sagittarius,* 32

schwach *weak,* 26

der **Schwamm, ⁼e** *sponge,* 4

schwarz *black,* 2

schwarzgefleckt *having black spots,* 38

die **Schwarzweissaufnahme, –** *black-and-white photo,* 30

der **Schwarzweissfernseher, –** *black-and-white TV set,* 24

der **Schwarzweissfilm, –e** *black-and-white film,* 30

schweben *to float (in the air),* 34

das **Schweigen** *silence,* 26

das **Schwein, –e** *pig,* 38

das **Schweinefleisch** *pork,* 15

das **Schweineschnitzel, –** *pork cutlet,* 26

das **Schweinskotelett, –s** *pork chop,* 15

das **Schweinswürstl, –** *pork sausage,* 36

der **Schweizer, –** *Swiss,* 34

schwer *difficult,* 2; *heavy,* 15; *bad, severe,* 33

schwerfallen *to be difficult,* 35

das **Schwergewicht** *heavy emphasis,* 39

die **Schwerhörigkeit** *hearing loss,* 40

schwerst- : am schwersten *hardest,* 30

das **Schwert, –er** *sword,* 26; *centerboard,* 35

die **Schwester, –n** *sister,* 2

schwierig *difficult,* 30

schwierigst- : am schwierigsten *most difficult,* 30

schwimmen *to swim,* 2; *schwimmen gehen to go swimming,* 6

die **Schwimmflosse, –n** *fin,* 21

der **Schwimmsteg, –e** *floating pier,* 35

die **Schwimmweste, –n** *life jacket,* 35

schwindlig *dizzy,* 36; *mir wird schwindlig I'm getting dizzy,* 36

schwingen *to swing, wave,* 28

die **Schwitzkur, –en** *sweat cure,* 33

der **Schwung: in Schwung bringen** *to put in the mood for a party,* 25

sechs *six,* 1
sechzehn *sixteen,* 1
sechzig *sixty,* 4
der See, −n *lake,* 8
die Seefahrt, −en *going to sea,* 35
das Segel, − *sail,* 35
das Segelboot, −e *sailboat,* 35
der Segelklub, −s *sailing club,* 35
der Segelkurs, −e *sailing course,* 37
der Segellehrer, − *sailing instructor,* 35
segeln *to sail,* 35
der Segelunterricht *sailing instruction, lesson,* 35
sehen *to see,* 4; sehen auf *to look at,* 13
sehr *very,* 2
die Seife, −n *soap,* 31
sein *to be,* 2
sein *his,* 2; *its,* 5
seit *since,* 27; die Jury war seit einigen Wochen unterwegs *the jury had been traveling around for a few weeks,* 27
seitdem *since then,* 32
die Seite, −n *page,* 4; *side,* 19
der Seitenwind *side wind,* 37
seitwärts *sideways,* 32
der Sekt *German champagne,* 25
die Sekunde, −n *second,* 13
selber: selber essen macht fett *I don't get fat on what you eat,* 26; am selben Abend *on the same evening,* 37
selbst *myself, yourself, himself, herself, ourselves, yourselves, themselves,* 27
der Selbstbedienungsladen, ≐ *self-service store,* 37
die Selbstversorgung *helping yourself (to something),* 40
selbstvertändlich *naturally, of course,* 20
selten *seldom,* 4
die Semmel, −n *roll,* 7
der Sendeschluss *end of broadcasting for the day,* 24
die Sendung, −en *broadcast,* 24
der Senf *mustard,* 7
der Senner, − *person who tends livestock (and runs dairy) on the Alm,* 38
die Sennhütte, −n *building on the Alm, consisting of a stable and living quarters,* 38
die Sensation, −en *sensation,* 39
die Sense, −n *scythe,* 38
der September *September,* 12
die Serviette, −n *napkin,* 14
der Sessel, − *armchair,* 19; *seat (of chair lift),* 34
die Sesselbahn, −en *chair lift,* 10
setzen *to set, place,* 19
s. setzen *to sit down,* 21
das Shampoo, −s *shampoo,* 31
sicher *sure,* 14
die Sicht *view,* 23

sie *she,* 1; *they,* 2; *her,* 5
Sie *you,* 10; Sie, Herr Fahrer! hey, driver! 26
sieben *seven,* 1
siebzehn *seventeen,* 1
siebzig *seventy,* 4
siegen *to win,* 13
der Sieger, − *winner, victor,* 34
die Siegerehrung, −en *honoring the winner,* 34
das Silber *silver,* 23
die Silvesterparty, −s *New Year's Eve party,* 32
die Simpelfransen (pl): streich deine Simpelfransen aus dem Gesicht! *brush your (simpleton's) bangs out of your face,* 26
sind: es sind 48 Kilometer *it is 48 kilometers,* 10
singen *to sing,* 5
das Singen *singing,* 26
die Sirene, −n *siren,* 40
sitzen *to sit,* 3
der Sitzplatz, ≐e *seat,* 28
der Skorpion *Scorpio,* 32
der Slalom, −s *slalom race, course,* 34
der Slalomlauf, ≐e *slalom (race),* 34
der Smog *smog,* 40
so *so,* 4; *about, approximately,* 30; so schnell wie *as fast as,* 13; so? *really? is that so?* 14; so ein *such a,* 28; so la la *so-so,* 31; ja, so was! *well, can you beat that!* 32; so was Blödes! *how stupid!* 33; so etwas *something like that,* 37
sobald *as soon as,* 21
die Socke, −n *sock,* 9
das Sofa, −s *sofa, couch,* 19
sofort *right away,* 12
sogar *even,* 10
sogenannt *so-called,* 30
der Sohn, ≐e *son,* 3
solch- : eine solch- *such a,* 40
der Soldat, −en *soldier,* 28
sollen *to be supposed to, ought, should,* 8
sollte *should, was supposed to,* 20
der Sommer, − *summer,* 18
der Sommerball, ≐e *summer dance,* 25
die Sommerferien (pl) *summer vacation,* 21
die Sommerreise, −n *summer trip,* 29
Sonder- (noun pref) *special,* 32
sondern *but, on the contrary,* 35; nicht nur . . . sondern auch *not only . . . but also,* 26
das Sonderangebot, −e *special order,* 5
der Sonderbus, −se *charter bus,* 34
die Sondermarke, −n *special-issue stamp,* 30
der Sonnabend *Saturday,* 4
die Sonne, −n *sun,* 18
s. sonnen *to sunbathe,* 21
das Sonnen *sunbathing,* 23

der Sonnenbrand, ≐e *sunburn,* 21
die Sonnenbrille, −n *sunglasses,* 8
die Sonnencreme, −s *suntan lotion,* 21
das Sonnenlicht *sunlight,* 40
das Sonnenöl, −e *suntan oil,* 21
der Sonnenschirm, −e *beach umbrella,* 29
sonnig *sunny,* 18
der Sonntag *Sunday,* 20
sonst *otherwise,* 32
die Sorge, −n *worry, care,* 20; sich Sorgen machen *to worry,* 20
sorgen für *to take care of,* 11
das Sortiment, −e *assortment, selection,* 39
soviel: soviel wie *as much as,* 40
soso *so-so,* 37; soso! *well, what do you know!* 32
sowieso *anyway,* 20
die Sozialleistung, −en *employee benefit, social benefit,* 39
(das) Spanien *Spain,* 40
spannend *exciting, interesting,* 24
die Sparbüchse, −n *piggy bank,* 38
sparen für *to save for,* 36
sparsam *sparing(ly),* 40
der Spass *fun,* 8; Spass machen *to be fun,* 8; die Affen machten uns Spass *the monkeys were fun,* 26; ich hab' nur Spass gemacht *I was only kidding,* 35
spät *late,* 25; wie spät ist es? *what time is it? how late is it?* 25
der Spaten, − *spade,* 16
später *later,* 4
spätestens *at the latest,* 34; bis spätestens um 11 Uhr *by 11 o'clock at the latest,* 34
die Spätlese *wine made from grapes harvested late in the season,* 25
das Spatzenhirn: du hast ein Spatzenhirn! *you birdbrain!* 26
spazierengehen *to go for a walk,* 4
der Spaziergänger, − *walker,* 10
die Speisekarte, −n *menu,* 20
das Spektakel, − *spectacle,* 28
spenden *to donate,* 25
der Spezi, −s (Spezialfreund) *best friend,* 34
der Spiegel, − *mirror,* 19
das Spiel, −e *game,* 2; *play,* 27
spielen *to play,* 2; *to act,* 27; spielst du mit? *do you want to play?* 2; Theater spielen *to put on a play,* 27
der Spielplatz, ≐e *playground,* 40
der Spielverderber, − *spoilsport,* 32
das Spielzeug, −e *toy,* 30
der Spielzeugladen, ≐e *toy store,* 37
spiessen *to spear,* 26
die Spinne, −n *spider,* 16; *(carnival ride),* 36
die Spitze: die Fete war Spitze *the party was terrific,* 25; an der Spitze *at the head, in front,* 26

der **Spitzer, –** *pencil sharpener,* 4

der **Spitzname, –n** *nickname,* 7

der **Sport** *sport(s),* 2

das **Sportgeschäft, –e** *sporting-goods store,* 34

der **Sportlehrer, –** *gym teacher,* 13

der **Sportler, –** *athlete,* 34

sportlich *sporty,* 29

der **Sportplatz, ⸚e** *athletic field,* 13

die **Sportschau, –en** *sports show,* 24

die **Sprache, –n** *language,* 35

das **Sprachgebiet: das deutsche Sprachgebiet** *the German-speaking area,* Map p. xiv

das **Sprachrohr, –e** *megaphone,* 35

sprechen *to speak,* 4; **sprechen über** *to talk about,* 39

die **Sprechstimme, –n** *speaking voice,* 27

springen *to jump,* 13

spröde *coarse, brittle,* 31

der **Sprung, ⸚e** *jump,* 13

spülen *to wash (dishes),* 14

die **Spülmaschine, –n** *dishwasher,* 14

die **Stadt, ⸚e** *city,* 3

der **Stadtbewohner, –** *city dweller,* 40

die **Städtemarke, –n** *stamp commemorating cities,* 30

das **Städtische Theater** *City Theater,* 27

der **Stadtknecht, –e** *city guard,* 28

die **Stadtpfarrkirche, –n** *principal city church,* Plate 14

der **Stadtplan, ⸚e** *city map,* 8

der **Stahl** *steel,* 38, 40

das **Stahlwerk, –e** *steel-works,* Plate 22

der **Stall, ⸚** *stable,* 38

stammen: stammen aus *to come from,* 30

der **Standardtanz, ⸚e** *standard dance,* 32

ständig *constantly,* 40

stark *strong,* 18; **stark herabgesetzt** *greatly reduced,* 40; **starker Lärm** *loud noise,* 40

starten *to take off,* 40

die **Station, –en** *station,* 34

statistisch *statistical(ly),* 38

stattfinden *to take place,* 13

der **Staub** *dust,* 40

die **Staubkonzentration** *dust concentration,* 40

Std. (Stunde) *hour,* 23

stechen *to scorch (sun),* 21

das **Stechen** (traditional fishermen's game of competing for the catch by pushing each other out of the boat), Plate 27; **das Stechen auf das Ringlein** *tilting for the ring,* 28

stecken *to put,* 6; *to stick,* 25; **wo steckst du denn?** *where have you been keeping yourself?* 28

steckenbleiben *to get stuck,* 27

das **Steckenpferd, –e** *hobby horse; hobby,* 30

der **Steg, –e** *pier,* 35

stehen *to stand,* 13; **es steht Ihnen gut** *it looks good on you,* 17; **da steht kein Preis dran** *there's no price on it,* 17; **an erster Stelle stehen** *to be in first place,* 30; **wie es auf dem Etikett steht** *as it says on the label,* 33; **in der Zeitung stehen** *to be in the newspaper,* 37

stehenbleiben *to stop, stand still,* 23; *to stall,* 37; **der Motor wäre Ihnen fast stehengeblieben** *the motor almost died on you,* 37

stehenlassen *to leave standing, leave behind,* 10

die **Stehlampe, –n** *standing lamp,* 19

der **Stehplatz, ⸚e** *standing room,* 28; **da war mir mein Stehplatz lieber** *so I preferred standing,* 28

steigen *to rise,* 18; *to climb,* 22; **steigen (auf)** *to rise, climb (to),* 40

die **Steigung, –en** *upgrade,* 37

steil *steep,* 23

der **Steilhang, ⸚e** *steep slope,* 34

der **Stein, –e** *stone,* 23

steinig *stony,* 23

der **Steinpilz, –e** *(type of mushroom),* 26

die **Stelle, –n** *place, spot,* 23; *position,* 39; **an erster Stelle stehen** *to be in first place,* 30

stellen *to place, put,* 19; **eine Frage stellen** *to ask a question,* 4

das **Stellenangebot, –e** *want ad,* 39

die **Stellengesuche** (pl) *situations wanted,* 39

die **Stenotypistin, –nen** *stenotypist,* 39

sterben *to die,* 40

die **Stereoanlage, –n** *stereo set,* 37

der **Stern, –e** *star,* 32

die **Sternkunde** *astrology,* 32

das **Sternzeichen, –** *astrological sign,* 32

der **Stich, –e** *woodcut,* 28

das **Stichwort, ⸚er** *cue word,* 32

der **Stickstoff** *nitrogen,* 40

der **Stiefel, –** *boot,* 17

das **Stiefmütterchen, –** *pansy,* 16

der **Stier** *Taurus,* 32

der **Stil, –e** *style,* 32

still *still, quiet,* 34

die **Stimme, –n** *voice,* 2, 5

stimmen: das stimmt *that's right,* 27

die **Stimmung** *atmosphere, mood,* 25

die **Stirn, –en** *forehead,* 21

der **Stock, ⸚e** *stick,* 26; *(ski)* pole, 34

der **Stock, –werke** *floor, story,* 19; **im ersten Stock** *on the second floor,* 19

stöhnen *to groan,* 33, 35

stolz *proud,* 23; **stolz sein auf** *to be proud of,* 40

der **Stolz** *pride,* 27

die **Stoppeln** (pl) *stubble,* 36

stoppen *to stop,* 13

die **Stoppuhr, –en** *stopwatch,* 13

das **Stop-Zeichen, –** *stop sign,* 8

stören *to disturb,* 11

der **Strafzettel, –** *traffic ticket,* 29

der **Strand, ⸚e** *shore, beach,* 21

der **Strandkorb, ⸚e** *wicker beach chair with high back and sides,* Plate 17

die **Strasse, –n** *street,* 8

der **Strassenarbeiter, –** *street worker,* 37

die **Strassenbahn, –en** *streetcar,* 22

die **Strassenecke, –n** *street corner,* 40

der **Strassenkreuzer, –** *very big car,* 29

der **Strassenlärm** *street noise,* 40

das **Strassenschild, –er** *street sign,* 26

die **Strassenseite, –n** *side of the street,* 26

der **Strassenverkehr** *traffic,* 37; *street traffic,* 40

der **Strauch, ⸚er** *shrub, bush,* 16

streicheln *to stroke, pet,* 11

s. **streichen: streich dir deine Simpelfransen aus dem Gesicht** *brush your (simpleton's) bangs out of your face,* 26

die **Streichholzschachtel, –n** *matchbox,* 40

streiten *to fight, quarrel,* 29

stricken *to knit,* 3

der **Strom, ⸚e** *(big) river,* 40

strömen: strömen auf *to stream to,* 36

die **Strophe, –n** *verse, stanza,* 26

der **Strumpf, ⸚e** *sock, stocking,* 17

die **Strumpfhosen** (pl) *tights,* 34

das **Stück, ⸚e** *piece,* 15; *coin, piece (of money),* 20; *play,* 27; **ein kurzes Stück** *a short way,* 34

die **Studentengruppe, –n** *student group,* 36

die **Studentin, –nen** *student,* 19

der **Studienassessor, –en** *(rank of teacher in a Gymnasium),* 35

studieren *to study,* 23

der **Stuhl, ⸚e** *chair,* 19

die **Stunde, –n** *hour,* 22

der **Stundenplan, ⸚e** *school schedule,* 4

stürmen *to storm,* 34

stürzen *to rush, fall,* 26; **stürzen auf** *to rush to, fall on,* 26

der **Sturzhelm, –e** *helmet,* 34

suchen *to look for,* 10

Südamerika *South America,* 30

der **Süden** *south,* 18

südlich *southerly,* 10

Südost *southeast,* 18

Südwest *southwest,* 18

der **Südwestfunk Stuttgart** *southwestern TV network broadcasting from Stuttgart,* 27

das **Super(benzin)** *super gas,* 29

der **Supermarkt, ⸚e** *supermarket,* 14

die **Suppe, –n** *soup,* 20

der **Suppenlöffel, –** *soupspoon,* 20

süss *sweet*, 11
die **Süssigkeit, −en** *candy, sweets*, 33
das **Süsswasser** *fresh water*, 35
die **Szene, −n** *scene*, 27

T

die **Tablette, −n** *tablet, pill*, 33
die **Tafel, −n** *blackboard*, 4
der **Tag, −e** *day*, 10; guten Tag! *hello! good day!* 6; Tag! *hi! hello!* 6
das **Tagebuch, −̈er** *journal*, 23
die **Tagesschau, −en** *news show*, 24
die **Tagessuppe, −n** *soup of the day*, 20
die **Tageszeitung, −en** *daily newspaper*, 39
täglich *daily*, 33
tagsüber *during the day*, 27
der **Tagungsort, −e** *convention site*, Plate 23
das **Tal, −̈er** *valley*, 10
das **Talent, −e** *talent*, 35
der **Talschi: den Talschi belasten** *to put weight on the downhill ski*, 34
die **Talwiese, −n** *meadow in a valley*, 38
der **Tango** *tango*, 32
der **Tank, −s** *tank*, 29, 38
tanken *to fill up, buy gas*, 29
die **Tankstelle, −n** *gas station*, 3
der **Tankwart, −e** *gas station attendant*, 26, 28
die **Tanne, −n** *fir tree*, 26
die **Tante, −n** *aunt*, 3
der **Tanz, −̈e** *dance*, 32; sich zum Tanz versammeln *to gather for the dancing*, 28
tanzen *to dance*, 10
das **Tanzen: beim Tanzen** *while dancing*, 25
der **Tänzer, −** *dancer*, 32
die **Tanzfläche, −n** *dance floor*, 32
der **Tanzkreis, −e** *dancing club*, 32
der **Tanzkurs, −e** *dance course*, 32
die **Tanzschiffahrt, −en** *boat trip with dancing*, 32
die **Tanzschule, −n** *dancing school*, 32
die **Tanztunde, −n** *(ballroom) dancing class*, 31
die **Tasche, −n** *pocketbook*, 17; tote bag, 22
das **Taschengeld** *allowance*, 32
der **Taschenkalender, −** *pocket calendar*, 29
die **Tasse, −n** *cup*, 14
die **Taste, −n** *bar, key*, 24
die **Tätigkeit, −en** *activity*, 30
tauchen *to dive*, 21; to dip, 25
tauschen *to exchange*, 30
das **Tauschen** *exchanging*, 30
tausend *thousand*, 10
das **Taxi, −s** *taxi*, 22

das **Team, −s** *team*, 25
die **Technik** *engineering*, 37
der **Techniker, −** *technician*, 39
technisch *technological(ly)*, 40
der **Teddybär, −en** *teddy bear*, 36
der **Tee, −s** *tea*, 14
der **Teil, −e** *part*, 23; zu einem Teil *partially, in part*, 38
das **Teilchen, −** *particle*, 40
die **Teilnahme** *participation*, 37
das **Telefon, −e** *telephone*, 6
das **Telefonbuch, −̈er** *telephone book*, 6
telefonieren *to telephone*, 6
die **Telefonnummer, −n** *telephone number*, 32
die **Telefonzelle, −n** *telephone booth*, 6
das **Teleobjektiv, −e** *telephoto lens*, 30
der **Teller, −** *plate*, 20
die **Temperatur, −en** *temperature*, 18
das **Tennis** *tennis*, 2
der **Teppich, −e** *carpet, rug*, 19
die **Terrasse, −n** *terrace*, 26
der **Tesafilm** *transparent tape*, 25
testen *to test*, 39
teuer *expensive*, 5
der **Text, −e** *script*, 27
das **Texten** *script-writing*, 27
die **Textilien** (pl) *textiles*, 38
das **Theater, −** *theater*, 8
das **Theaterstück, −e** *play*, 27
das **Thema, Themen** *subject, topic*, 32
theoretisch *theoretical*, 37
das **Thermometer, −** *thermometer*, 18
die **Theorie, −n** *theory*, 37
das **Tier, −e** *animal*, 11
das **Tierfoto, −s** *animal picture*, 30
die **Tierhandlung, −en** *pet store*, 11
der **Tierpark, −s** *zoo*, 11
die **Tiersendung, −en** *animal program*, 24
der **Tiger, −** *tiger*, 11
das **Tirol** *Tyrol*, 1
der **Tisch, −e** *table*, 14
die **Tischdekoration, −en** *table decoration*, 25
der **Tischgebrauch, −̈e** *table manners, customs*, 20
der **Titel, −** *title*, 27
die **Tochter, −̈** *daughter*, 3
das **Töchterlein, −** *little daughter*, 25
die **Toilette, −n** *toilet, bathroom*, 19
toll *terrific, great*, 2
die **Tomate, −n** *tomato*, 15
die **Tombola, −s** *raffle, lottery*, 25
der **Ton, −̈e** *tone, sound*, 24
das **Tonbandgerät, −e** *tape recorder*, 5
die **Tonne, −n** *ton*, 40
das **Tor, −e** *gate*, 26; slalom gate, 34
die **Torte, −n** *cake*, 15
tot *dead*, 40
die **Trachtengruppe, −n** *group dressed in traditional costumes*, 36
traditionell *traditional*, 36
tragen *to wear*, 7; to carry, 19

das **Tragen: zum Tragen** *for carrying, to carry*, 23
trainieren *to train*, 30
das **Training** *practice*, 35
der **Traktor, −en** *tractor*, 38
die **Tram, −s** *streetcar*, 22
transportieren *to transport*, 39
der **Transportwagen, −** *electric cart*, 39
das **Transportwesen** *transportation (system)*, 38
die **Traube, −n** *grape*, 15
s. **trauen** *to dare, have confidence*, 34
träumen *to dream*, 35
traurig *sad*, 24; etwas Trauriges *something sad*, 27
treffen *to hit*, 36
s. **treffen** *to meet*, 32
das **Treffen: du hast das Schiessen gelernt, als das Treffen noch nicht Mode war** *you learned to shoot before hitting the mark came into style*, 36
der **Treffer, −** *hit, bull's-eye*, 36
der **Treffpunkt: Treffpunkt der Jugend** *where young people get together*, 32
treiben *to drive, herd*, 38; Sport treiben *to go in for sports*, 32; Viehwirtschaft treiben *to raise livestock*, 38
die **Treppe, −n** *stairs, staircase*, 19
das **Tretboot, −e** *pedalo*, 35
treten *to step*, 27
treu *true, faithful*, 36
die **Tribüne, −n** *grandstand, bleacher*, 28
die **Trinkcreme, −s** *milk drink*, 37
trinken *to drink*, 7
das **Trinken** *drinking; drinks*, 25
das **Trinkgeld, −er** *tip*, 14
trocken *dry*, 31
das **Trockenobst** *dried fruit*, 23
(s.) **trocknen** *to dry (o.s.)*, 31
die **Trollblume, −n** *globe flower*, 26
die **Trompete, −n** *trumpet*, 5
das **Tröpfchen, −** *little drop*, 25
trösten *to comfort*, 20
tschau! *so long!* 6
das **Tuch, −̈er** *rag*, 35
tun *to do*, 2; zu tun haben mit *to have to do with*, 35
der **Tunnel, −** *tunnel*, 23
die **Tür, −en** *door*, 19; Tag der offenen Tür *open house*, 39
der **Turm, −̈e** *tower*, 22
turnen *to do gymnastics*, 13
die **Turnhalle, −n** *gymnasium*, 26
das **Turnier, −e** *jousting tournament*, 28
der **Turnierplatz, −̈e** *tournament grounds*, 28
der **Turnschuh, −e** *tennis shoe*, 23
die **Tusche, −n** *India ink*, 25
die **Tüte, −n** *plastic container (for milk)*, 38
TWS (Tanzschule Wolfgang Steuer)

Wolfgang Steuer Dancing School, 32

der **Typ, −en** *type,* 32
typisch *typical(ly),* 38

U

u. (und) *and,* 20
die **U-Bahn (Untergrundbahn), −en** *subway,* 22
üben *to practice,* 27
über *through, by way of,* 10; *above, over,* 19; *about,* 25
überall *everywhere,* 36
überhaupt *really, in any case,* 32; *in general,* 33; **überhaupt nichts** *nothing at all,* 31; **überhaupt nicht** *not even, not at all,* 34
überholen *to pass,* 8
das **Überholverbot** *no passing,* 37
s. **überlegen** *to think over,* 32; **sie haben es sich anders überlegt** *they changed their minds,* 32
übermorgen *day after tomorrow,* 24
übernachten *to stay overnight,* 14
überqueren *to cross (over),* 8
überraschen *to surprise,* 32
die **Überraschung, −en** *surprise,* 26
überreden *to persuade,* 32, 35
der **Überseehafen, ≐** *international harbor,* Plate 19
die **Überstunden** *(pl) overtime,* 37; **Überstunden machen** *to work overtime,* 37
überzeugen *to convince,* 26
übrigens *by the way,* 30
die **Übung, −en** *exercise,* 1
das **Übungsmodell, −e** *practice model,* 39
die **Uhr, −en** *clock,* 22; **um 9 Uhr 35** *at 9:35,* 4; **wieviel Uhr ist es?** *what time is it?* 25
die **Uhrzeit, −en** *time by the clock,* 25
um *around,* 18; **um 9 Uhr 35** *at 9:35,* 4; **um eine halbe Stunde verschieben** *to postpone for half an hour,* 25; **um Mitternacht** *at midnight,* 25; **um . . . zu . . .** *in order to,* 26; **um so mehr** *all the more,* 36; **um das 15fache** *fifteenfold,* 40
s. **umdrehen** *to turn around,* 29
die **Umgebung, −en** *area, surroundings,* 40
umgehen: umgehen mit *to deal with,* 40
umherlaufen *to run around,* 4
umkehren *to turn around,* 8
umrennen *to knock down,* 32
umrühren *to stir,* 20
der **Umschlag, ≐e** *envelope,* 12
umschalten *to change (channels),* 24
s. **umsehen** *to look around,* 34
umsteigen *to change trains,* 22
umtauschen *to exchange,* 17
der **Umweg, −e** *detour,* 26

die **Umwelt** *environment,* 40
umweltfreundlich *showing consideration for the environment,* 40
der **Umweltverbesserer** *improver of the environment,* 40
der **Umzug, ≐e** *parade,* 28
unterwegs *on the way, en route,* 8; **die Jury war seit einigen Wochen unterwegs** *the jury had been traveling around for a few weeks,* 27
unabhängig (von) *independent (of),* 39
unbedingt *absolutely, no matter what,* 23
unbequem *uncomfortable,* 29
unbeschrankt: unbeschrankter Bahnübergang *railroad crossing with no gates,* 37
und *and,* 1
uneben: unebene Fahrbahn *rough pavement,* 37
unentbehrlich *indispensable,* 40
der **Unfall, ≐e** *accident,* 29
ungefähr *about, approximately,* 32
ungelernt *unskilled,* 39
der **Ungelernte, −n** *unskilled worker,* 39
ungeschickt *clumsy,* 32
ungesund *unhealthy,* 40
die **Uniform, −en** *uniform,* 37
das **Unkraut, ≐er** *weed,* 16
unnatürlich *unnatural,* 31
uns *us,* 7; *to us, for us,* 17
unser *our,* 5
unten *downstairs, below,* 19
unter *under, below,* 19
unterbrechen *to interrupt,* 26
unterhalb *below,* 28
unterhalten *to entertain,* 10
s. **unterhalten: s. unterhalten (mit)** *to converse (with),* 32
unterhaltsam *entertaining,* 24
die **Unterhaltung, −en** *conversation,* 40
das **Unterkunftshaus, ≐er** *shelter,* 40
der **Unterricht** *class, instruction,* 4
unterrichten *to teach, instruct,* 3
unterschreiben *to sign,* 39
das **Unterseeboot, −e** *submarine,* 2
untersuchen *to examine,* 33
die **Untertertia** *eighth grade (at a Gymnasium),* 35
die **Unterwäsche** *underwear,* 9
unzufrieden *dissatisfied,* 32, 36
der **Urlaub, −e** *vacation,* 10; **im Urlaub** *on vacation,* 10; **in den Urlaub** *(going) on vacation,* 29; **in Urlaub fahren** *to go on vacation,* 29
der **Urlauber, −** *vacationer,* 10
der **Urlaubstag, −e** *day of vacation,* 29
die **Ursache, −n** *cause,* 26; **keine Ursache!** *don't mention it! You're welcome!* 26
usw. (und so weiter) *etc., and so forth,* 20

V

die **Vase, −n** *vase,* 25
der **Vater, ≐** *father,* 3
der **Vati, −s** *dad,* 16
das **Veilchen, −** *violet,* 26
s. **verabreden: s. verabreden mit** *to make a date with,* 32
verabredet: ich bin schon verabredet *I already have a date,* 32
s. **verabschieden** *to say good-by,* 22
s. **verändern** *to change, be changed,* 32
die **Veränderung, −en** *change,* 40
verantwortlich: verantworlich sein für *to be responsible for,* 39
verarbeiten *to process,* 39
das **Verb, −en** *verb,* 35
verbessern *to improve, correct,* 40
die **Verbform, en** *verb form,* 1
verbieten *to forbid,* 40
verbilligt *reduced in price,* 39
verbinden *to connect,* 22
die **Verbindung, −en** *connection,* 6
verboten *forbidden,* 40
der **Verbrauch** *use, consumption,* 40
verbrauchen *to use, consume,* 40
s. **verbrennen** *to burn o.s.,* 26
verbringen *to spend (time),* 10
verdienen *to earn,* 37
der **Verdienst** *pay, earnings,* 37
verdrehen *to turn,* 31
der **Verein, −e** *club, organization,* 40
verfolgen *to follow, watch,* 28
vergangen: im vergangenen Jahr *in the past year,* 30
die **Vergangenheit** *past time,* 25
vergehen *to pass, go by (time),* 26
vergessen *to forget,* 8
vergiften *to poison,* 40
das **Vergissmeinnicht, −e** *forget-me-not,* 16
vergleichen *to compare,* 10
s. **vergnügen** *to enjoy o.s.,* 25
das **Vergnügen** *pleasure, enjoyment,* 36; **hinein ins Vergnügen! join the fun!** 36
die **Vergrösserung, −en** *enlargement,* 30
der **Vergrösserungsapparat, −e** *enlarger,* 30
s. **verhalten** *to behave, conduct o.s.,* 37
das **Verhalten** *behavior, conduct,* 37
verhältnismässig *relative(ly),* 38
verheiratet *married,* 25
der **Verkauf** *sale,* 25
verkaufen *to sell,* 25
der **Verkehr** *traffic,* 26
das **Verkehrsmittel, −** *means of transportation,* 22
verkehrsreich *heavily traveled,* 40
das **Verkehrszeichen, −** *traffic sign,* 8
verknipsen *to use up film,* 28
verlangen *to demand, require,* 30
verlängern *to lengthen,* 31
verlesen *to read off,* 25

die **Verlosung, −en** *drawing (in a lottery)*, 25
verlassen *to leave (s.th.)*, 4
s. **verletzen** *to injure o.s.*, 33
verlieren *to lose*, 2
verlockend (adj) *tempting*, 39
verlorengehen *to be lost, get lost*, 40
vermehren *to increase*, 40
vermieten *to rent (out)*, 19
vermindert (adj) *reduced, lowered*, 40
vermitteln *to arrange, provide*, 37
vernünftig *reasonable, sensible, reasonably, sensibly*, 32; vernünftig tanzen lernen *to learn to dance properly*, 32
verpacken *to pack, wrap*, 39
verpackt (adj) *packaged*, 40
verrichten *to do, perform*, 16
s. **verringern** *to lessen, decrease*, 40
verrückt *crazy, insane*, 19
s. **versammeln** *to gather*, 28, 34
s. **verschaffen** *to get, acquire*, 39
verschieben *to postpone*, 25; verschieben auf *to postpone until*, 35
verschieden *various, different*, 18
verschmutzen *to dirty, pollute*, 40
verschmutzt (adj) *dirty, polluted*, 40
die **Verschmutzung** *pollution*, 40
verschneit *snow-covered*, 34
verschönern *to make more beautiful*, 40
verschreiben *to prescribe*, 33
verschwinden *to disappear*, 21
verschwommen *blurry, out-of-focus*, 24
verseucht (adj) *polluted, contaminated*, 40
versorgen: versorgen mit *to provide with*, 39
die **Verspätung, −en** *lateness*, 22
versprechen *to promise*, 36
verstauchen *to sprain*, 33
s. **verstauchen: sich (den Fuss) verstauchen** *to sprain one's foot*, 33
versteckt *hidden*, 2
verstehen *to understand*, 6; verstehen von *to understand, know about*, 31
verstreut *spread out, scattered*, 38
verstummen: verstummen lassen *to silence*, 40
versuchen *to try*, 11
verteilen *to distribute*, 35
der **Vertrag, ≠e** *contract*, 39
der **Vertreter, −** *salesperson*, 14
verursachen *to cause*, 18
verwandeln *to change*, 18; *to transform*, 24
der **Verwandte, −n** *relative*, 39
verwaschen *faded*, 9
verwenden *to use*, 40
verwerten *to use, utilize*, 40; es wird wieder verwertet *it is recycled*, 40

verzehren *to devour*, 36
der **Vetter, −n** *boy cousin*, 3
das **Vieh** *livestock*, 38
die **Viehwirtschaft** *raising of livestock*, 38
die **Viehzucht** *breeding of livestock*, 38
viel *much*, 4
viele *many*, 6, 10
vieles *many things, a lot*, 32; vieles mehr *much more*, 10
vielleicht *maybe*, 5; ich sah vielleicht lustig aus! *boy, did I ever look funny!* 33
vier *four*, 1
der **Vierer, −** *four-seater (boat)*, 35
viertel *quarter*, 15; drei viertel Pfund *three-quarters of a pound*, 15
das **Viertel: Viertel nach eins** *1:15*, 25; Viertel vor zwei *1:45*, 25; drei Viertel sieben *6:45*, 25; Viertel neun *8:15*, 25
der **Viertel-Pfünder, −** *quarter-pounder*, 37
der **Viervierteltakt** *4/4 time*, 32
vierzehn *fourteen*, 1
vierzig *forty*, 4
der **Viktualienmarkt** *(Munich's great outdoor food market)*, Plate 31
der **Vogel, ≠** *bird*, 11; einen Vogel haben *to be nuts (cuckoo)*, 19
die **Vokabel, −n** *vocabulary word*, 35
das **Volk, ≠er** *people, folk*, 28
das **Volksfest, −e** *folk festival*, 36
voll *full*, 22
voller *full of*, 36
der **Volleyball** *volleyball*, 26
vollklimatisiert *fully air-conditioned*, 2
vom (von dem) *from the, of the*, 15; vom letzten Jahr *from last year*, 27; vom Rad fallen *to fall off a bike*, 33
von *from*, 15; *of*, 15; von . . . nach *from . . . to*, 10; östlich von *east of*, 10; von . . . bis zu *from . . . to*, 27; von allen Hobbys *out of all hobbies*, 30
vor *in front of*, 14; *before*, 18; *forward*, 32; vor der Stadt *outside the city limits, on the outskirts of the city*, 28; vor einer Woche *a week ago*, 28
vorankommen *to get ahead*, 39
voraus *ahead*, 13
vorbei- (pref) *by, past*, 23
vorbei: an . . . vorbei *alongside*, 23; vorbei sein *to be over*, 27
vorbeibringen *to bring by, drop off*, 33
vorbeifahren: an etwas vorbeifahren *to drive by s.th.*, 26
vorbeikommen *to pass*, 23; komm doch mal vorbei! *come over sometime!* 28
vorbereiten *to prepare*, 25

s. **vorbereiten: sich vorbereiten auf** *to prepare for*, 36
die **Vorbereitung, −en** *preparation*, 27
das **Vordruckalbum, -alben** *preprinted stamp album*, 30
die **Vorfahrt** *right of way*, 37
das **Vorfahrt-Zeichen, −** *sign indicating right of way*, 8
die **Vorführung, −en** *show, demonstration*, 26
der **Vorgarten, ≐** *front yard*, 40
vorgestern *day before yesterday*, 24
vorhaben *to plan to do*, 9
vorhanden: vorhanden sein *to be in existence*, 40
der **Vorhang, ≐e** *curtain*, 27
vorher *before*, 27
die **Vorhersage, −n** *forecast*, 18
vorhin *before*, 37
vorkommen: das kam mir Spanisch vor *it was Greek to me*, 26
vorlesen *to read aloud*, 34
vorletzt- *next-to-last*, 39
vormittag: gestern vormittag *yesterday morning*, 20
das **Vormittagsprogramm, −e** *morning program*, 24
vorn *up front*, 26; von vorn *from the beginning*, 5; nach vorn *ahead, toward the front*, 23
der **Vorname, −n** *first name*, 12
der **Vorschlag, ≐e** *suggestion*, 35
vorschlagen *to suggest*, 26
die **Vorschrift, −en** *regulation*, 40
Vorsicht! *careful!* 11
vorsichtig *carefully*, 8
die **Vorspeise, −n** *appetizer*, 20
vorstellen *to introduce*, 7
die **Vorstellung, −en** *performance, show*, 36; Vorstellung zur Prüfung *coaching for the test*, 37
das **Vorstellungsgespräch, −e** *interview*, 39
vortanzen: etwas vortanzen *to perform a dance*, 34
der **Vorteil, −e** *advantage*, 30
vorwärts *forward*, 32
vorwurfsvoll *reproachful(ly)*, 26
der **VW, −** *Volkswagen*, 10

W

die **Waage** *Libra*, 32
wach *awake*, 23
das **Wachs** *wax*, 34
wachsen *to grow*, 16; *to wax*, 34
wacklig *shaky, wobbly*, 38
die **Waffe, −n** *weapon*, 26
der **Waffensaal, −säle** *armor hall*, 26
der **Wagen, −** *car*, 10
das **Wagenwaschen** *car wash*, 29
die **Wahl, −en** *choice*, 39; wer die Wahl hat, hat die Qual *whoever has a choice also has the difficulty of choosing*, 39

wählen *to dial, 6; to elect; to choose, 25*
wahnsinnig: wahnsinnig gut *awfully well, 35*
wahr *true, 19*
während *while, 26; during, 39*
das **Wahrzeichen, −** *landmark,* Plate 23
der **Wald, ⸚er** *woods, forest, 10*
die **Waldkunde: Waldkunde machen** *to study nature, 26*
der **Walzer, −** *waltz, 32*
die **Wand, ⸚e** *wall, 19*
der **Wanderer, −** *hiker, 40*
die **Wanderkarte, −n** *map of hiking trails, 23*
wandern *to hike, wander, 10*
die **Wanderung, −en** *hike, 23*
der **Wanderweg, −e** *hiking trail, 40*
die **Wange, −n** *cheek, 31*
wann *when, 4*
die **Wanne, −n** *bathtub, 31*
das **Wappen, −** *coat of arms, 26*
war *was, 20*
wäre *were, would be, 23;* **wenn es . . . wäre** *if it were . . . , 23;* **wie wär's mit . . . ?** *how about . . . ? 36;* **der Motor wäre Ihnen fast stehengeblieben** *the motor almost died on you, 37*
die **Ware, −n** *article of merchandise, 39*
das **Warenlager, −** *warehouse, 37*
warm *warm, 18;* **etwas Warmes** *something warm, 7*
die **Wärme** *warmth, 18*
warnen *to warn, 33*
warten *to wait, 6;* **warten auf** *to wait for, 7*
der **Wärter, −** *keeper, 26*
warum *why, 2*
was *what, 2;* **was andres** *something else, 2;* **was für Noten** *what kind of marks, 4;* **was für (ein)** *which, what kind of (a.) 6*
die **Wäsche** *wash, laundry, 14*
s. **waschen** *to wash oneself, 23*
der **Waschlappen, −** *washcloth, 31*
die **Waschmaschine, −n** *washing machine, 19*
das **Wasser** *water, 11*
der **Wassermann** *Aquarius, 32*
die **Wassermenge, −n** *amount of water, 40*
wässern: das Boot wässern *to put the boat in the water, 35*
die **Wasserschlacht, −en** *water fight, 21*
der **Wassersport** *water sport, 35*
der **Wassersportler, −** *athlete (in water sports), 35*
der **Wasserstoff** *hydrogen, 40*
der **Wasserverbrauch** *water consumption, 40*
die **Wasserverschmutzung** *water pollution, 40*
der **Wasservorrat, ⸚e** *water supply, 40*
der **Wasserweg, −e** *waterway, 35*

weben *to weave, 38*
wechseln *to change, 32;* **Geld wechseln** *to exchange money (from one currency to another), 34*
wecken *to wake up, 23*
der **Wecker, −** *alarm clock, 18*
wedeln *to wedeln, 34*
weg *gone, 33;* **das Cola war weg** *the cola was all gone, 25;* **ich muss weg** *I have to go out, 31;* **er kann nicht weg** *he can't get away, 33*
weg- (pref) *away, 11*
der **Weg, −e** *path, way, 10*
weggehen *to go out, 31*
weglaufen *to run away, 11*
der **Wegweiser, −** *signpost, 23*
wegwerfen *to throw away, 19*
weh: weh tun *to hurt, 33;* **es tut mir weh** *it hurts me, 33*
wehen *to blow, 18; to fly, wave, 34*
s. **wehren** *to defend oneself, 21*
weiblich *feminine, 22*
weich *soft, 26*
die **Weide, −n** *pasture, 23*
das **Weihnachtsgeld** *Christmas bonus, 39*
weil *because, 20*
der **Wein, −e** *wine, 20*
der **Weinbau** *wine-growing, 38*
der **Weinberg, −e** *vineyard, 26, 38*
das **Weinfest, −e** *wine festival,* Plate 26
der **Weinkeller, −** *wine-cellar,* Plate 26
die **Weinlese** *grape harvest,* Plate 24
der **Weisheitszahn, ⸚e** *wisdom tooth, 33*
weiss *white, 2*
der **Weisswein, −e** *white wine, 20*
weit *far, 13; full, wide, 17;* **ein weiter Weg** *a long way, 23;* **von weitem** *from far away, 26;* **so weit sein** *to be ready, 27;* **sie haben es nicht weit** *they don't have far to go, 34*
weiter- (pref) *further, 22*
weiterfahren *to travel further, continue on, 22*
weitergehen *to go on, go further, 22*
weitermarschieren *to march on, 23*
weitertragen *to carry further, keep carrying, 23*
welcher *which, 9*
wellig *wavy, 31*
die **Welt, −en** *world, 28*
das **Welttanzprogramm: Welttanzprogramm in erfolgreicher Unterrichtsmethode** *international dances taught by a successful method, 32*
wem *(to, for) whom, 14*
wen *whom, 4*
die **Wende, −n** *turn, 35;* **eine Wende fahren** *to come about (in boating), 35*

wenden *to turn, to come about, 35*
wenig *few, little, 13;* **ein wenig** *a little, 23*
weniger *less, 13*
wenigstens *at least, 29*
wenn *when, whenever, if, 6*
wer *who, 1; whoever, 27*
das **Werbematerial, −ien** *advertising material, 39*
werben *to advertise, 30;* **werben für** *to advertise for, 30*
werden *will, 9; to become, 13;* **sie wird fünfzehn** *she's turning fifteen, 17;* **gut werden** *to turn out well, 28;* **es wird Zeit** *it's time, 32;* **mir wird schlecht** *I'm getting sick, 36*
werfen *to throw, 13;* **die Pyramide vom Brett werfen** *to knock the pyramid off the board, 36*
die **Werkstatt, ⸚e** *workshop,* Plate 24
das **Werkzeug, −e** *tool, equipment, 25*
die **Wespe, −n** *wasp, 16*
die **Weste, −n** *vest, jacket, 35*
der **Westen** *west, 18*
der **Western, −** *western (movie), 24*
Westfalen *(area in western Germany), 38*
westlich *westerly, 10*
der **Wettbewerb, −e** *contest, competition, 27*
wetten *to bet, 5*
der **Wetter** *weather, 18*
das **Wetteramt, ⸚er** *weather bureau, 18*
das **Wetterbericht, −e** *weather report, 18*
der **Wettkampf, ⸚e** *match, contest, 13*
wichtig *important, 14;* **etwas Wichtiges** *something important, 27*
der **Widder** *Aries, 32*
wie *how, 1; as, 3, 10; like, 3, 19;* **wie alt** *how old, 1;* **wie bitte?** *pardon? 6;* **wie geht's?** *how are you? 6;* **wie heisst sie?** *what's her name? 1;* **so schnell wie** *as fast as, 13*
wieder *again, 5*
wiederholen *to repeat, 27*
die **Wiederholung, −en** *review, repetition, 6*
das **Wiederhören: auf Wiederhören!** *good-by! (on phone), 6;* **Wiederhören!** *bye! (on phone), 6*
wiederkriegen *to get back, 32*
das **Wiedersehen: auf Wiedersehen:** *good-by! 6;* **Wiedersehen!** *bye! 6*
wiegen *to weigh, 15*
wiehern *to neigh, 38*
die **Wiese, −n** *lawn, 21; meadow, 26*
wissen *to know (facts), 14;* **ich weiss es nicht** *I don't know, 35*
wieso? *why? how come? 31*
wieviel *how many, 4; how much, 5*
wievielmal *how many times, 27*

der **Wildwechsel** *animal crossing*, 37
die **Wimperntusche, —n** *mascara*, 31
der **Wind, —e** *wind*, 18
  windig *windy*, 18
das **Windsurfing** *wind-surfing*, 35
  winken *to wave*, 22
der **Winter, —** *winter*, 10
der **Wintersport** *winter sport*, 34
  wir *we*, 2
  wirklich *really*, 10
die **Wirtin, —nen** *innkeeper*, 34
das **Wissen** *knowledge*, 30
  wissenschaftlich *scientific(ally)*, 40
der **Witz, —e** *joke*, 34
  witzig *witty, funny*, 32
  wo *where*, 1
die **Woche, —n** *week*, 10
das **Wochenende, —n** *weekend*, 20
  wöchentlich *weekly*, 39
  woher *from where*, 29; woher kommen sie? *where are they from?* 29
  wohin *(to) where*, 8; wohin fahren sie? *where are they going?* 29
das **Wohl: zum Wohl!** *to your health!* 20
  wohl *probably*, 20; *well*, 33
die **Wohlfahrtsmarke, —n** *stamp for the benefit of a worthy cause*, 30
  wohnen *to live*, 1
das **Wohngebiet, —e** *residential district*, 40
das **Wohnhaus, ⸚er** *apartment house*, 30
die **Wohnräume** (pl) *living quarters*, 38
die **Wohnung, —en** *apartment living quarters*, 19
das **Wohnzimmer, —** *living room*, 6, 19
die **Wolke, —n** *cloud*, 15
  wolkenlos *cloudless*, 18
  wolkig *cloudy*, 18
die **Wolle** *wool*, 34
  wollen *to want to*, 8
  wollte *wanted to*, 20
  womit *with what*, 31; womit kann ich dienen? *may I help you?* 33
  woran: woran liegt das? *what's the reason for that?*
das **Wort, ⸚er** *word*, 21
die **Worte** (pl) *words (in context)*, 27
  wörtlich *literal(ly)*, 31
der **Wortschatz, ⸚e** *vocabulary*, 1
die **Wunde, —n** *wound*, 33
 s. **wundern** *to wonder*, 32
  wunderbar *wonderful*, 28
  wunderschön *beautiful(ly)*, 28
der **Wunsch, ⸚e** *wish*, 15; haben Sie noch einen Wunsch? *would you like anything else?* 15
  wünschen *to wish*, 17
  wurde *became, got*, 20
  würde *would*, 23; wir würden bleiben, wenn wir mehr Zeit hätten *we'd stay if we had more time*, 23

der **Wurf, ⸚e** *throw*, 36
die **Wurst, ⸚e** *sausage*, 15

Z

die **Zahl, —en** *number*, 1
  zahlen *to pay*, 20; zahlen, bitte! *the check, please*, 20
  zählen *to count*, 25
  zahm *tame, gentle*, 11
der **Zahn, ⸚e** *tooth*, 26, 31
der **Zahnarzt, ⸚e** *dentist*, 33
die **Zahnbürste, —n** *toothbrush*, 31
das **Zähneputzen** *tooth brushing*, 31
die **Zahnpasta, —sten** *toothpaste*, 31
die **Zahnprothese, —n** *denture*, 39
das **Zahnputzglas, ⸚er** *bathroom cup, water glass*, 31
die **Zahnschmerzen** (pl) *toothache*, 33
die **Zahntechnikerin, —nen** *dental technician*, 39
die **Zange, —n** *wire-cutters*, 25
der **Zauberer, —** *magician*, 27
der **Zaubertrunk, ⸚e** *magic potion*, 27
der **Zaun, ⸚e** *fence*, 19
  z. B. (zum Beispiel) *for example*, 39
das **ZDF (das Zweite Deutsche Fernsehen)** *Channel Two (on German TV)*, 24
das **Zebra, —s** *zebra*, 11
  zehn *ten*, 1
der **Zehner, —** *10-mark bill*, 32
der **Zehnjährige, —n** *10-year-old (child)*, 35
das **Zeichen, —** *sign*, 8
  zeichnen *to draw*, 30
 s. **zeigen** *to appear, become apparent*, 25
  zeigen *to show*, 16; zeigen auf *to point to*, 26
die **Zeile, —n** *line (of a text)*, 27; *windrow*, 38
die **Zeit, —en** *time*, 13; es wird Zeit *it's time*, 32; zu dieser Zeit *at this time*, 36; zur Zeit *at the present time*, 39
der **Zeitraum** *time span*, 32
die **Zeitung, —en** *newspaper*, 3
der **Zeitvertreib** *pastime*, 30
das **Zelt, —e** *tent*, 29
  zelten: zelten fahren *to go camping*, 29
der **Zentimeter, —** *centimeter*, 9
die **Zentrale, —n** *central office*, 39
  zerreissen *to tear up*, 26
  zerstören *to destroy*, 40
der **Zettel, —** *small piece of paper*, 35
die **Ziege, —n** *goat*, 38
  ziehen *to move, go*, 26; *to pull*, 33; es zieht *there's a draft*, 22; die Wolken ziehen *the clouds are moving*, 35
das **Ziel, —e** *goal*, 13

  zielen *to aim*, 36
  ziemlich *fairly*, 19
die **Zigarette, —n** *cigarette*, 40
das **Zimmer, —** *room*, 14
die **Zimmerpflanze, —n** *houseplant*, 40
der **Zollbeamte, —n** *customs official*, 22
der **Zoo, —s** *zoo*, 8; *petstore*, 11
  zu *too*, 5; *to*, 7; *closed*, 20; von zu Hause *from home*, 11; zu Mittag essen *to eat for lunch*, 20; um . . . zu . . . *in order to*, 26; zu Fuss *on foot*, 28; zu Fuss gehen *to walk*, 28; zu Pferd *on horseback*, 28; grüss schön zu Hause! *give my regards to your parents!* 33; zu Ende gehen *to be over*, 36; zu dieser Zeit *at this time*, 36
  zubereiten *to prepare*, 38
  züchten *to breed*, 11; *to grow, raise*, 40
der **Zucker, —** *sugar*, 15
die **Zuckerwatte** *cotton candy*, 36
  zuerst *first*, 4
  zufahren: fahr doch endlich zu! *go ahead!* 29
der **Zug, ⸚e** *train*, 22
der **Zugang: Zugang verboten** *no admittance*, 35
die **Zugbrücke, —n** *drawbridge*, 26
die **Zugnummer, —n** *train number*, 22
die **Zugspitze** (highest mountain in Germany), 30
  zuhören *to listen*, 10
der **Zuhörer, —** *listener*, 31
  zukommen: viel Neues kommt auf dich zu *many new things are coming your way*, 32
die **Zukunft** *future*, 39
  zuletzt *finally, last of all*, 12
  zum (zu dem) *to the*, 15; zum Abschied *when saying good-by*, 6; zum Frühstück *for breakfast*, 20; zum Rasieren *for shaving*, 31; zum Beispiel *for example*, 35
  zumachen *to close*, 11
  zunehmen *to increase*, 40
die **Zunge, —n** *tongue*, 26
  zur (zu der) *to the*, 15; zur Zeit *at the present time*, 39
  zurück- (pref) *back*, 8
  zurückbekommen *to get back*, 20
  zurückfahren *to go back*, 8
  zurückgeben *to give back*, 20
  zurückkehren *to go back*, 34; *to return*, 35
  zurücklaufen *to walk back*, 23
  zurücksausen *to speed back*, 40
  zurückstellen *to put back in place*, 19
  zurufen *to call to*, 32
  zusammen *together*, 15
  zusammen- (pref) *together*, 21
  zusammenbinden *to tie together*, 25

die **Zusammenfassung, −en** *summary,*
1
zusammenkommen *to meet, get
together,* 25
zusammenpacken *to pack together,* 25
zusammenrechen *to rake up,* 38
zusammensitzen *to sit together,* 23
zusammentragen *to gather,* 40
der **Zuschauer, −** *spectator, audience,*
27
der **Zuschlag** *additional price,* 30

zuschauen *to look on, watch,* 2
zusteuern: zusteuern auf *to head
in the direction of,* 32
zwanzig *twenty,* 1
der **Zweck, −e** *purpose,* 37; *es hat
keinen Zweck it's no use,* 37
zwei *two,* 1
zweimal: zweimal nach München
two tickets to Munich, 22; *zweimal
in der Woche twice a week,* 27
zweit- *second,* 28; *im zweiten
Stock on the third floor (the second

story above ground floor),* 19; *den
zweiten the second (of the month),*
12
der **Zwerg, −e** *dwarf,* 16
die **Zwiebel, −n** *onion,* 37
die **Zwillinge** (pl) *Gemini,* 32
zwischen *between,* 19
zwölf *twelve,* 1
zwölft- *twelfth,* 30
der **Zwölftklässler, −** *twelfth grader,*
25

English-German Vocabulary

This vocabulary includes only the active words in the 24 units of **Unsere Freunde** and the 16 units of **Die Welt der Jugend**. These are the words listed in heavy type at the end of each unit.

German nouns are listed with the definite article and with the plural ending, if any. Following each definition is a numeral that refers to the unit in which the word is first made active. German idioms are listed under the English word or words that the student would be most likely to look up.

English words that have more than one meaning in German (e.g., tight: *fest, eng*) are listed only once, followed by the various German equivalents. To be sure of using a German word correctly in context, students should refer to the unit in which it is introduced.

The following abbreviations are used in this index: adj (adjective), o.s. (oneself), pref (prefix), pl (plural form), s. (sich), s.o. (someone), and s.th. (something).

A

a *ein,* 4; *eine,* 4
ability *das Können,* 30; *die Fähigkeit,* −*en,* 39
able: to be able *können,* 8; *was able* *konnte,* 20
aboard: all aboard! *einsteigen!* 22
about *über,* 25; *etwa,* 29; *rund,* 30; *so,* 30; *ungefähr,* 32; *to come about (in boating)* *wenden,* 35; *how about . . . ?* *wie wär's mit . . . ?* 36
above *über,* 18
absent: to be absent *fehlen,* 4
accident *der Unfall,* ⸚*e,* 29
accompany *begleiten,* 36
according: according to *nach,* 36
ace: ski ace *das Schi-Ass,* 34
achievement *die Leistung,* −*en,* 13
acquaintance *der Bekannte,* −*n,* 25; *die Bekanntschaft,* −*en,* 32
acquainted: to be acquainted with *kennen,* 3; *to get acquainted with* *kennenlernen,* 5
acquire *s. verschaffen,* 39
across: across (from) *gegenüber (von),* 34
act *spielen,* 27
action *das Handeln,* 40
active *aktiv,* 40
activity *die Beschäftigung,* −*en,* 30; *die Tätigkeit,* −*en,* 30; *leisure-time activity* *die Freizeitbeschäftigung,* −*en,* 30
actor *der Schauspieler,* −, 27
actress *die Schauspielerin,* −*nen,* 27
actually *eigentlich,* 23
ad *die Anzeige,* −*n,* 37; *das Inserat,* −*e,* 39
addition: in addition *noch,* 7; *in addition to* *neben,* 39
address *die Anschrift,* −*en,* 12
adjust *einstellen,* 24
admire *bewundern,* 26
admission *der Eintritt,* 25
admittance: no admittance *Zugang verboten,* 35
adult *der Erwachsene,* −*n,* 12
advanced (noun pref) *Fortschritts-* , 32
advantage *der Vorteil,* −*e,* 30
adviser: job adviser *der Berufsberater,* −, 39
afford *s. leisten,* 29
afraid: to be afraid *Angst haben,* 11; *don't be afraid!* *nur keine Angst!* 29
after *nach,* 15; *after that* *danach,* 31; *extra help after school* *die Nachhilfestunde,* −*n,* 35; *year after year* *Jahr für Jahr,* 36
afternoon *der Nachmittag,* −*e,* 10; *on Thursday afternoon(s)* *Donnerstag nachmittags,* 27
afterwards *nachher,* 6
again *wieder,* 5; *noch mal,* 6
against *entgegen,* 26; *gegen,* 27; *against the traffic* *dem Verkehr entgegen,* 26; *I'm against it* *ich bin dagegen,* 27; *to have something/nothing against it* *etwas/nichts dagegen haben,* 32; *to drive against* *ranfahren,* 37
ago: a week ago *vor einer Woche,* 28; *that was 6 years ago* *das ist jetzt 6 Jahre her,* 30
agree: to agree on *s. einigen auf,* 27; *to agree to* *einverstanden sein mit,* 27
agreement: to be in agreement with *einverstanden sein mit,* 27
agriculture *die Landwirtschaft,* 38
ahead *nach vorn,* 23; *straight ahead* *geradeaus,* 8; *to be ahead* *voraus sein,* 13; *to get ahead* *vorankommen,* 39
aim *zielen,* 36
air *die Luft,* ⸚*e,* 8; *air mattress* *die Luftmatratze,* −*n,* 21; *air traffic* *der Flugverkehr,* 40
airplane *das Flugzeug,* −*e,* 22
airport *der Flughafen,* ⸚, 8
alarm clock *der Wecker,* −, 18
album *das Album, Alben,* 30
alive: to stay alive *am Leben bleiben,* 40
all *alle,* 9; *alles,* 7; *who (all) is coming?* *wer kommt denn alles?* 7; *will that be all?* *haben wir's?* 15; *all the time* *dauernd,* 18; *all red* *ganz rot,* 21; *all of his games* *seine ganzen Spiele,* 29; *nothing at all* *überhaupt nichts,* 31; *gar nichts,* 36; *not at all* *überhaupt nicht,* 34; *all the more* *um so mehr,* 36; *none at all* *gar kein,* 37; *all along* *schon immer,* 39
allowance *das Taschengeld,* 32
allowed: to be allowed to *dürfen,* 8
almost *fast,* 5
alone *allein,* 16; *leave me alone!* *lass mich in Ruh'!* 31
along *mit-* (pref), 6; *entlang,* 34; *to go along* *mitfahren,* 10; *along the coast* *an der Küste entlang,* 38
Alpine foothills *das Alpenvorland,* 38
Alpine pasture *die Alm,* −*en,* 38
Alps *die Alpen* (pl), 29
already *schon,* 1
also *auch,* 1
although *obwohl,* 27
aluminum *das Aluminium,* 34
always *immer,* 4; *schon immer,* 39
American (adj) *amerikanisch,* 15
amusement park *der Rummelplatz,* ⸚*e,* 36
an *ein,* 4; *eine,* 4
analgesic *die Schmerztablette,* −*n,* 33
and *und,* 1; *and so on* *usw. (und so weiter),* 20
angry *böse,* 32
animal *das Tier,* −*e,* 11; *little animal* *das Kleintier,* −*e,* 16
ankle *der Knöchel,* −, 33
annoying *lästig,* 31
another: another (glass of) cola *noch ein Cola,* 7
answer *antworten,* 4; *beantworten,* 12; *to answer (an ad)* *s. bewerben auf,* 37
answer *die Antwort,* −*en,* 4

anticipation: the anticipation of *die Freude auf,* 27
any *irgendein,* 36; not any *kein,* 7
anyone *irgendjemand,* 37; anyone else *noch jemand,* 35
anything *irgendetwas,* 37
anyway *sowieso,* 20
anywhere *irgendwo,* 37
apartment *die Wohnung, –en,* 19
apartment house *das Wohnhaus, ≃er,* 30
apparent: to become apparent *s. zeigen,* 25
appear *aussehen,* 7; *s. zeigen,* 25
appendicitis *die Blinddarmentzün – dung,* 33
appendix *der Blinddarm,* 33
appetite *der Appetit,* 20; hearty appetite! *guten Appetit!* 20
appetizer *die Vorspeise, –n,* 20
applaud *klatschen,* 13
apple *der Apfel, ≃,* 15
appliance *das Gerät, –e,* 40
applicant *der Bewerber, –,* 39
application: application form *das Anmeldeformular, –e,* 37; letter of application *das Bewerbungsschreiben, –,* 39
apply *auftragen auf,* 31; *s. anmelden,* 37; to apply for *s. bewerben auf,* 37; *s. bewerben um,* 39
apprentice *der Lehrling, –e,* 32; apprentice position *die Lehrstelle, –n,* 39
apprenticeship *die Lehre, –n,* 39; period of apprenticeship *die Lehrzeit,* 39; occupation requiring apprenticeship *der Lehrberuf, –e,* 39
approach *s. nähern,* 26
appropriate *passend,* 39
approximately *etwa,* 29; *rund,* 30; *so,* 30; *ungefähr,* 32
April *der April,* 12
aquarium *das Aquarium, Aquarien,* 11
area *das Gebiet, –e,* 10; *die Gegend, –en,* 22; *die Fläche, –n,* 23; *die Umgebung, –en,* 40; landscaped area *die Grünanlage, –n,* 40; industrial area *das Industriegebiet, –e,* 40
arm *der Arm, –e,* 21
armchair *der Sessel, –,* 19
armed forces *die Bundeswehr,* 39
around *um,* 10; *gegen,* 21; *herum-(pref),* 22; *rund,* 30; around three *gegen drei,* 7
arrange *vermitteln,* 37
area: ski area *das Schigelände, –,* 34
arrival *die Ankunft, ≃e,* 22
arrive *ankommen,* 22
arriving (notation on train schedules) *an,* 22
article *der Artikel, –,* 27; article of merchandise *die Ware, –n,* 39
as *wie,* 10; *als,* 13; as fast as *so schnell wie,* 13; as if *als ob,* 26; it looked as if *es sah so aus, als ob,* 26; as a boy *als Junge,* 28; as a rule

in der Regel, 40
ask *fragen,* 4; to ask a question *eine Frage stellen,* 4; to ask for *bitten um,* 8; to ask (to dance) *auffordern,* 32
assignment *die Aufgabe, –n,* 4
aster *die Aster, –n,* 16
astrology *die Sternkunde,* 32
at *an,* 19; *bei,* 15; at 9:35 *um 9 Uhr 35,* 4; at the Müllers' *bei den Müllers,* 14; at this time *zu dieser Zeit,* 36
athlete *der Sportler, –,* 34; (in water sports) *der Wassersportler, –,* 35
athletic field *der Sportplatz, ≃e,* 13
atlas *der Reiseatlas, –se,* 29
atmosphere *die Stimmung,* 25
attended: well attended *gut besucht,* 27
attention: pay attention! *bitte einmal herhören!* 27; to pay attention to *achten auf,* 32
attic *der Boden, ≃,* 19; *der Dachboden, ≃,* 19
audience *der Zuschauer, –,* 27
auditorium *die Aula, –s,* 25
August *der August,* 12
aunt *die Tante, –n,* 3
Austria *das Österreich,* 3
authentic *echt,* 27
automatic *automatisch,* 38
automatic transmission *die Automatik,* 37
awake *wach,* 23
away *weg-* (pref), 11; far away *weit entfernt,* 8; right away *sofort,* 12; a few kilometers away *einige Kilometer entfernt,* 14; to throw away *wegwerfen,* 19; to do away with *beseitigen,* 31
awful *furchtbar,* 33
awfully: why, that's awfully nice! *das ist aber nett!* 10; awfully well *wahnsinnig gut,* 35

B

back *zurück-* (pref), 8; to go back *zurückfahren,* 8; *zurückkehren,* 34; to put back *zurückstellen,* 19; in back *hinten,* 21; back and forth *hin und zurück,* 22; all the way in the back *ganz hinten,* 26; to back up *rückwärts fahren,* 37
back *der Rücken, –,* 21; back (side) *die Rückseite, –n,* 12; back seat *der Rücksitz, –e,* 29
backwards *rückwärts,* 32
bad *schlecht,* 5; *heftig,* 33; *schlimm,* 33; *schwer,* 33; too bad! *schade!* 23; when I have a bad cold *wenn ich schwer erkältet bin,* 33; bad luck! *Pech gehabt!* 36
bake *backen,* 15
baker *der Bäcker, –,* 15
bakery *die Bäckerei, –en,* 15; at the bakery *beim Bäcker,* 15

bakeshop *der Bäckerladen, ≃,* 15
balcony *der Balkon, –s,* 40
ballpoint pen *der Kuli, –s,* 4
band *die Band, –s,* 5; *die Musikkapelle, –n,* 36
banana *die Banane, –n,* 15
Band-Aid *das Heftpflaster, –,* 33
bank *die Bank, –en,* 34; piggy bank *die Sparbüchse, –n,* 38
banner *die Fahne, –n,* 28
bar *die Taste, –n,* 24
barely: barely an hour *eine knappe Stunde,* 34
bark *bellen,* 11
barn *die Scheune, –n,* 38
barometer *das Barometer, –,* 18
basic *Grund-* (noun pref), 32; basic step *der Grundschritt, –e,* 32
basketball *der Korbball, ≃e,* 2; *der Basketball,* 13
bath *das Bad, ≃er,* 31; to take a bath *(s.) baden,* 31; person who does not like to take a bath *der Bademuffel, –,* 31
bathe *baden,* 21; to bathe *(s.) baden,* 31
bathing suit *der Badeanzug, ≃e,* 21
bathroom *das Badezimmer, –,* 19; *die Toilette, –n,* 19
bathroom cup *das Zahnputzglas, ≃er,* 31
bathtub *die Wanne, –n,* 31
Battleship (game) *die Seeschlacht,* 2
Bavaria *das Bayern,* 21
Bavarian *der Bayer, –n,* 35
be *sein,* 2; be (in, at) *s. befinden,* 23; where can they be? *wo bleiben sie bloß?* 32; to be in the newspaper *in der Zeitung stehen,* 37
beach *der Strand, ≃e,* 21; at the beach *beim Baden,* 28
bear *der Bär, –en,* 11
beard *der Bart, ≃e,* 31
beat *schlagen,* 13, 27; well, can you beat that! *ja, so was!* 32
beautiful *schön,* 8; *herrlich,* 10; beautiful(ly) *wunderschön,* 28; to make more beautiful *verschönern,* 40
became *wurde,* 20
because *denn,* 11; *weil,* 20
become *werden,* 13
bed, *das Bett, –en,* 19
bedroom *das Schlafzimmer, –,* 19
bee *die Biene, –n,* 16
beech tree *die Buche, –n,* 26
beef *das Rindfleisch,* 15
been: where have you been keeping yourself? *wo steckst du denn?,* 28; how long have you been taking part? *wie lange machen Sie schon mit?* 28
beer *das Bier, –e,* 14; a light beer *ein Helles,* 20
before *bevor,* 8; *vor,* 18; *vorher,* 27; *vorhin,* 37
beggar *der Bettler, –,* 28
begin *beginnen,* 13
beginner *der Anfänger, –,* 5

beginners: group of beginners *die An-fängergruppe, – n,* 34

beginning *der Anfang, ⸚e,* 27; *der Be-ginn,* 40; from the beginning *von vorn,* 5; at the beginning of March *Anfang März,* 27; in the beginning *am Anfang,* 27

behave *s. verhalten,* 37; to behave o.s. *s. benehmen,* 26

behavior *das Verhalten,* 37; *das Han-deln,* 40

behind *hinter,* 19; *hinten,* 21; one be-hind the other *hintereinander,* 8; from behind *von hinten,* 21

being: to come into being, *entstehen,* 30

believe *glauben,* 2; to believe in *glauben an,* 32

bell *die Glocke, – n,* 38; the bell rings *es läutet,* 4

belong *gehören,* 19

below *unter,* 18

belt *der Gürtel, –,* 9

bench *die Bank, ⸚e,* 23

Bernese Alps *das Berner Oberland,* 23

berry *die Beere, – n,* 26

beside *neben,* 19

besides *noch,* 7; *neben,* 39; something else besides *noch etwas andres,* 7

best *best-,* 27; *am besten,* 30; best of all *am liebsten,* 2; to like best *am liebsten haben,* 4; what's the best way to go? *wie fahren wir am besten?* 10; best wishes *alles Gute,* 15; the best part *das Schönste,* 27

bet *wetten,* 5

better *besser,* 13; I'd better write it all down *ich schreib' mal lieber alles auf,* 7

between *zwischen,* 19

beverage *das Getränk, – e,* 20

bicycle *das Fahrrad, ⸚er,* 8; bicycle lock *das Fahrradschloss, ⸚er,* 8; bicycle path *der Radweg, – e,* 8; bi-cycle rider *der Radfahrer, –,* 8; bicycle trip *die Radtour, – en,* 18

big *gross,* 7

bill (money) *der Schein, – e,* 20; 10-mark bill *der Zehner, –,* 32

binding *die Bindung, – en,* 34

binoculars *das Fernglas, ⸚er,* 8

biology *die Biologie,* 4

bird *der Vogel, ⸚,* 11; bird of prey *der Raubvogel, ⸚,* 26

birth: place of birth *der Geburtsort, – e,* 39

birthday *der Geburtstag, – e,* 17; birth-day card *die Geburtstagskarte, – n,* 17; birthday table *der Geburtstags-tisch, – e,* 17; happy birthday! *alles Gute zum Geburtstag!* 17; it's Bar-bara's birthday *Barbara hat Geburts-tag,* 17; for, on your birthday *zu deinem Geburtstag,* 17

bit: a bit *etwas,* 16

bite *beissen,* 11

bitter *bitter,* 33

black *schwarz,* 2; a black eye *ein blaues Auge,* 36

black-and-white: black-and-white TV set *der Schwarzweissfernseher, –,* 24; black-and-white photo *die Schwarzweissaufnahme, – n,* 30; black-and-white film *der Schwarz-weissfilm, – e,* 30

blackboard *die Tafel, – n,* 4

blank: a blank! *eine Niete!* 36

blanket *die Decke, – n,* 8

bleacher *die Tribüne, – n,* 28

blond *blond,* 7

blouse *die Bluse, – n,* 17

blow *wehen,* 18

blue *blau,* 2; blue-collar worker *der Arbeiter, –,* 3

blueberry *die Blaubeere, – n,* 26

blurry *verschwommen,* 24

BMW (a German sports car) *der BMW, – s,* 37

board *einsteigen,* 22

boat *das Boot, – e,* 35; rubber boat *das Schlauchboot, – e,* 29; paddle boat *das Paddelboot, – e,* 35

boating: to go boating *Boot fahren,* 35

body: body of water *das Gewässer, –,* 35

boil *kochen,* 18

book *das Buch, ⸚er,* 4

bookcase *das Bücherregal, – e,* 19

boot *der Stiefel, –,* 17

border *die Grenze, – n,* 22

boring *langweilig,* 2

borrow *(s.) borgen,* 32

born: to be born *geboren werden,* 38

boss *der Chef, – s,* 33

both *beides,* 37

bother *stören,* 11

bottle *die Flasche, – n,* 23

boutique *die Boutique, – n,* 17

box *die Schachtel, – n,* 33

boy *der Junge, – n,* 1; *der Bub, – en,* 16; boy! *Mensch!* 5

boyfriend *der Freund, – e,* 17

bracelet *das Armband, ⸚er,* 17

brag *angeben,* 34

branch (store) *die Filiale, – n,* 37

brand *die Marke, – n,* 29

bread *das Brot, – e,* 15

break *kaputtmachen,* 16; *brechen,* 33; to break camp *aufbrechen,* 23; to break up *Schluss machen,* 32; to break one's (ankle) *s. (den Knöchel) brechen,* 33

break *die Pause, – n,* 26; to take a break *Pause machen,* 26

breakdown (car) *die Panne, – n,* 20

breakfast *das Frühstück, – e,* 20; sec-ond breakfast *das zweite Frühstück,* 20; to have breakfast *frühstücken,* 20

breath *der Atem,* 31

breathe *atmen,* 40

breed *züchten,* 11

brewery *die Brauerei, – n,* 36

bring *bringen,* 7; to bring along *mit-haben,* 6

brittle *spröde,* 31

broadcast *die Schau, – en,* 24; *die Sendung, – en,* 24; TV broadcast *die Fernsehsendung, – en,* 24

broadcasting: end of broadcasting for the day *der Sendeschluss,* 24

brochure: travel brochure *die Reise-broschüre, – n,* 29

broke: to be broke *pleite sein,* 32

broken *kaputt,* 29

broom *der Besen, –,* 16

brother *der Bruder, ⸚,* 2; brothers and sisters *die Geschwister* (pl) 19

brushing: (while) brushing one's teeth *beim Zähneputzen,* 31

brown *braun,* 9

brunet *brünet,* 7

brush: to brush one's teeth *sich die Zähne putzen,* 31

brush: (small) brush *der Pinsel, –,* 31

buckle *die Schnalle, – n,* 34

bug *das Kleintier, – e,* 16

build *basteln,* 2; *bauen,* 25; *herstellen,* 27; to build up *aufbauen,* 30

building *der Bau, – ten,* 38

bull's-eye *der Treffer, –,* 36

bunch *das Bund,* 15

bureau: travel bureau *das Reisebüro, – s,* 29

burn *brennen,* 21; to burn o.s. *s. ver-brennen,* 26

bus *der Bus, – se,* 22; bus trip *die Busfahrt, – en,* 10; charter bus *der Sonderbus, – se,* 34

bus stop *die Haltestelle, – n,* 32

bush *der Strauch, ⸚er,* 16

business *das Geschäft, – e,* 32; *der Betrieb, – e,* 39; that's none of your business! *das geht dich nichts an!* 26; business people *die Geschäfts-leute* (pl) 36

business center *das Geschäftszentrum, – zentren,* 14

but *aber,* 2; *doch,* 27; *sondern,* 35; not only . . . but also *nicht nur . . . sondern auch,* 26

butcher *der Fleischer, –,* 15; butcher shop *die Fleischerei, – en,* 15; *der Fleischerladen, ⸚,* 15

butter *die Butter,* 15

butterfly *der Schmetterling, – e,* 16

buy *kaufen,* 5

by *bei,* 6; *bis,* 34; by 11 o'clock at the latest *bis spätestens um 11 Uhr,* 34; by the hand *an der Hand,* 36; by all means *ganz bestimmt,* 39

bye! *tschüs!* 6

C

cabin *die Hütte, – n,* 34

cage *der Käfig, – e,* 11

cake *der Kuchen, –,* 15; *die Torte, – n,* 15

calendar: pocket calendar *der Tasch-enkalender, –,* 29

calf *das Kalb, ˵er,* 38

call *rufen,* 5; *nennen,* 7; *schreien,* 38; to call up *anrufen,* 6; to call for *abholen,* 21; to call to *zurufen,* 32

called: to be called *heissen,* 1

camera *der Fotoapparat, –e,* 23; *die Kamera, –s,* 30

camp: to camp out *campen,* 29

camping *das Campen,* 29; camping supplies *die Campingsachen* (pl), 29; to go camping *campen fahren,* 29; *zum Campen fahren,* 29; *zelten fahren,* 29

can *können,* 8

can *die Büchse, –n,* 23

canal *der Kanal, Kanäle,* 35

candy *das Konfekt,* 25

cap *die Mütze, –n,* 17; *die Schimütze, –n,* 34

capital city *die Hauptstadt, ˵e,* 22

car *das Auto, –s,* 3; *der Wagen, –,* 10; *der PKW, –,* 29; *der Personen-kraftwagen, –,* 37

card *die Karte, –n,* 2

cardboard *die Pappe,* 25

care: take care! *mach's gut!* 6; to take care of *sorgen für,* 11; *pflegen,* 31; *s. kümmern um,* 38,

care (to have) *mögen,* 7

careful(ly) *vorsichtig,* 8; careful! *Vorsicht!* 11; to be careful *auf-passen,* 11

carnation *die Nelke, –n,* 16

carousel *das Karussell, –s,* 36

carpenter *der Schreiner, –,* 19

carpet *der Teppich, –e,* 19

carry *tragen,* 19; to carry further *weitertragen,* 23

carton *der Beutel, –,* 15; *der Karton, –s,* 36

case: in any case *überhaupt,* 32

cassette *die Cassette, –n,* 5; cassette recorder *der Cassetten-Recorder, –,* 5

cast: to put in a cast *in Gips legen,* 33

castle *die Burg, –en,* 26; *das Schloss, ˵er,* 26; castle ruin *die Schloss-ruine, –n,* 26

cat *die Katze, –n,* 11

catalog *der Katalog, –e,* 30; stamp catalog *der Briefmarkenkatalog, –e,* 30

catch: to catch cold *s. erkälten,* 33

cause *verursachen,* 18

cause *die Ursache, –n,* 26

caused: to be caused by *liegen an,* 35

cavity *das Loch, ˵er,* 33

ceiling *die Decke, –n,* 19

celebrate *feiern,* 25

celebration *die Feier, –n,* 25; *das Fest, –e,* 28

cellar *der Keller, –,* 19

centigrade *Celsius,* 18

centimeter *der Zentimeter, –* (cm), 9

cha-cha-cha *der Cha-cha-cha,* 32

chair *der Stuhl, ˵e,* 19; chair lift *die Sesselbahn, –en,* 10; reclining garden chair *der Liegestuhl, ˵e,* 21

chalk *die Kreide,* 4

chance (lottery) *das Los, –e,* 25

change *verwandeln,* 18; *s. verändern,* 32; *wechseln,* 32; (clothes) *s. um-ziehen,* 21; (trains, etc.) *umsteigen,* 22; (channels) *umschalten,* 24; they changed their minds *sie haben es sich anders überlegt,* 32

change *die Veränderung, –en,* 40; (money) *das Kleingeld,* 20; something else for a change *mal was andres,* 10

channel: channel 1 *1. (erstes) Pro-gramm,* 24; channel 2 *2. (zweites) Programm,* 24

charter: charter bus *der Sonderbus, –se,* 34

chase *nachlaufen,* 32

cheap *billig,* 5

cheat *mogeln,* 2

check *nachsehen,* 8; *nachschauen,* 29; *prüfen,* 29

check *die Rechnung, –en,* 20; the check, please! *zahlen, bitte!* 20

cheek *die Wange, –n,* 31

cheerful *freundlich,* 14; *heiter,* 32

cheers! *prost!* 20

cheese *der Käse, –,* 15

cheeseburger *der Cheeseburger, –,* 37

chemist *der Chemiker, –,* 40

cherry *die Kirsche, –n,* 15

chess *das Schach,* 2

chest: chest of drawers *die Kommode, –n,* 19

chicken *das Hühnchen, –,* 37; roast chicken *das Brathendl, –,* 36

child *das Kind, –er,* 2

childhood disease *die Kinderkrank-heit, –en,* 33

chin *das Kinn, –e,* 21

chin-up *der Klimmzug, ˵e,* 13

chocolate *die Schokolade, –n,* 23

choice *die Auswahl,* 37; *die Wahl, –en,* 39; whoever has a choice also has the difficulty of choosing *wer die Wahl hat, hat die Qual,* 39

chopped meat *das Hackfleisch,* 15

choose *auswählen,* 24; *wählen,* 25

chosen (adj) *gewählt,* 39

church *die Kirche, –n,* 8

church steeple *der Kirchturm, ˵e,* 28

cigarette *die Zigarette, –n,* 40

city *die Stadt, ˵e,* 3; big city *die Grossstadt, ˵e,* 1; city map *der Stadtplan, ˵e,* 8; City Theater *das Städtische Theater,* 27; old part of the city *die Altstadt, ˵e,* 28

clap *klatschen,* 13

class *die Klasse, –n,* 3; *der Unterricht,* 4; (ballroom) dancing class *die Tanzstunde, –n,* 31

classmate *der Klassenkamerad, –en,* 5

classroom *das Klassenzimmer, –,* 4

clean *sauber,* 14; *rein,* 40

clean *putzen,* 8; clean up *aufräu-men,* 19; to clean (o.s.) *s. reinigen,* 31

clear *scharf,* 24; *deutlich,* 26

clear *räumen,* 34

clear out *ausräumen,* 14

climate *das Klima,* 38

climb *klettern,* 11; *steigen,* 22; climb in *einsteigen,* 22; climb down *ab-steigen,* 23; climb (to) *steigen (auf),* 40

clock *die Uhr, –en,* 22

close *zumachen,* 11; *schliessen,* 22

close *nah,* 23; to drive close to *ran-fahren,* 37

closed (adj) *zu,* 20

closely *genau,* 23

closet *der Schrank, ˵e,* 19

clothing *die Kleidung,* 17

cloud *die Wolke, –n,* 18

cloudless *wolkenlos,* 18

cloudy: partly cloudy *wolkig,* 18; *halbbedeckt,* 18

club *der Verein, –e,* 40

clumsy *ungeschickt,* 32

coal *die Kohle, –n,* 23

coarse *spröde,* 31

coast *die Küste, –n,* 38; along the coast *an der Küste entlang,* 38

coat *der Mantel, ˵,* 9

coffee *der Kaffee, –s,* 14; coffee spoon *der Kaffeelöffel, –,* 20; to go for a cup of coffee *Kaffeetrinken gehen,* 32

coin *die Münze, –n,* 20

cola *das Cola, –s,* 7

cold *kalt,* 18; something cold *etwas Kaltes,* 7; it's so cold! *so eine Kälte!* 18; cold cuts *der Aufschnitt,* 15

cold *die Erkältung, –en,* 33; to catch cold *s. erkälten,* 33

colleague *die Kollegin, –nen,* 39

collect *einsammeln,* 25; *sammeln,* 26

collecting *das Sammeln,* 30; stamp collecting *das Briefmarkensammeln,* 30

collection *die Sammlung, –en,* 23

collector *der Sammler, –,* 30; stamp collector *der Briefmarkensammler, –,* 30

color *die Farbe, –n,* 2; color TV set *der Farbfernseher, –,* 24; color film *der Farbfilm, –e,* 30; color picture, print *das Farbbild, –er,* 30; in color *farbig* 30; to photograph in color *farbig fotografieren,* 30

colored (adj) *gefärbt,* 31

colored pencil *der Farbstift, –e,* 4

colorful *bunt,* 2

comb: to comb one's hair *s. kämmen,* 21

comb *der Kamm, ˵e,* 21

come *kommen,* 5; come on! *komm!* 5; to come here *hierherkommen,* 14; to come along *mitkommen,* 6; to come up (to) *heraufkommen,* 19; to come (to) *kommen an,* 23; that comes to . . . *das macht . . .*, 15; to come to, come upon *kommen auf*, 26; to come toward *entgegenkommen*, 26; come over sometime *komm doch mal vorbei!* 28; to come from *kommen aus*, 29; *stammen aus*, 30; to come about (in boating) *wenden*, 35; oh, come on! *ach, komm!* 35; to come in *eintreffen*, 39

comedy *die Komödie, –n*, 27; *das Lustspiel, –e*, 27

comfort *trösten*, 20

comfortable *bequem*, 22

committee *das Komitee, –s*, 25

compact *die Compact-Kassette, –n*, 31

company *der Besuch*, 36; *der Betrieb, –e*, 39; *die Firma, Firmen*, 39

compare *vergleichen*, 10

compartment *das Abteil, –e*, 22

competition *der Wettbewerb, –e*, 27

complain: to complain about *klagen über*, 33

completely *ganz*, 18

complicated *kompliziert*, 30

compliment *das Kompliment, –e*, 31

composition *der Aufsatz, ⸚e*, 4; subject of a composition *das Aufsatzthema, –themen*, 19

conceited *eingebildet*, 27, 32

concerned: to be concerned with *s. kümmern um*, 38; *s. befassen mit*, 40

concert *das Konzert, –e*, 5

conduct: to conduct o.s. *s. verhalten*, 37

conduct *das Verhalten*, 37

conductor (train) *der Schaffner, –*, 22

confetti *der Konfetti*, 36

confidence: to have confidence *s. trauen*, 34

congratulate *gratulieren*, 17

congratulations! *ich gratuliere dir ganz herzlich!* 17

connect *verbinden*, 22

connection *die Verbindung, –en*, 6

consequence *die Folge, –n*, 40

consideration *die Rücksicht*, 40; to show consideration for *Rücksicht nehmen auf*, 40; showing consideration for the environment *umweltfreundlich*, 40

consist: to consist of *bestehen aus*, 40

console *trösten*, 20

constantly *dauernd*, 18; *ständig*, 40

consume *verbrauchen*, 40

consumption *die Verbrauch*, 40

container *der Becher, –*, 15

contaminated *verseucht*, 40

contest *der Wettkampf, ⸚*, 13; *der Wettbewerb, –e*, 27

continue *fortsetzen*, 26; to continue to carry *weitertragen*, 23; we continued *weiter ging's*, 26

contract *der Vertrag, ⸚e*, 39

contrast *der Kontrast, –e*, 24

contrary: on the contrary *sondern*, 35

contribute: to contribute to *beitra-*

gen, 40

conversation *das Gespräch, –e*, 27

converse: to converse (with) *s. unterhalten (mit)*, 32

convince *überzeugen*, 26

cook *kochen*, 20

cool *kühl*, 18; to cool off *abkühlen*, 38

copy *der Abzug, ⸚e*, 30; *die Abschrift, –en*, 39

corner *die Ecke, –n*, 19

cosmetic: cosmetic article *der Kosmetikartikel, –*, 31

correct *richtig*, 4

correct *verbessern*, 40

cost *kosten*, 5

costume *das Kostüm, –e*, 27

costumes: group dressed in traditional costumes *die Trachtengruppe, –n*, 36

cotton candy *die Zuckerwatte*, 36

cough *der Husten*, 33

could *konnte*, 20; could be *kann sein*, 35; could I . . .? *könnte ich . . .?* 36; if I could, I'd stay here *wenn ich dürfte, würde ich hierbleiben*, 36; it could be *es könnte ja sein*, 38

count *zählen*, 25

counter *der Ladentisch, –e*, 37

country *das Land, ⸚er*, 10; in the country *auf dem Land(e)*, 1, 38; foreign country *das Ausland*, 29; to a foreign country *ins Ausland*, 29

country (adj) *ländlich*, 40

courage *der Mut*, 32

course *der Kurs, –e*, 32; (food) *das Gericht, –e*, 20; main course *das Hauptgericht, –e*, 20; dance course *der Tanzkurs, –e*, 32; sailing course *der Segelkurs, –e*, 37

course: of course! *klar!* 7; *selbstverständlich*, 20; *freilich*, 36

court *der Hof, ⸚e*, 22

courtyard *der Hof, ⸚e*, 26

cousin (boy) *der Vetter, –n*, 3; (girl) *die Kusine, –n*, 3

cover: to cover (in class) *durchnehmen*, 37

cow *die Kuh, ⸚e*, 23

co-worker *der Mitarbeiter, –*, 39

cozy *gemütlich*, 34

crafts: to do crafts *basteln*, 2

cram *pauken*, 32

cramped *eng*, 29

crazy *verrückt*, 19; you're crazy! *du hast einen Vogel!* 19

cream: to skim off the cream *entrahmen*, 38

crew *die Mannschaft, –en*, 35

crowd: pushing and shoving crowd *das Gedränge*, 28

cucumber *die Gurke, –n*, 15

cup *der Becher, –*, 15; *die Tasse, –n*, 20

curious *neugierig*, 17

curler *der Lockenwickler, –*, 34

curling iron *der Frisierstab, ⸚e*, 31

curly *lockig*, 7

curriculum *der Lehrplan, ⸚e*, 39

curtain *der Vorhang, ⸚e*, 27

custodian *der Hausmeister, –*, 25

customer *der Kunde, –n*, 14; *die Kundin, –nen*, 37

customs official *der Zollbeamte, –n*, 22

cut *schneiden*, 16; cut off *abschneiden*, 15

cute *hübsch*, 30

cutlet *das Schnitzel, –n*, 20

D

daily *täglich*, 33

dairy *die Molkerei, –en*, 38

dairy product *das Milcherzeugnis, –se*, 15

damp *feucht*, 38

dance *tanzen*, 10

dance *der Ball, ⸚e*, 25; *der Tanz, ⸚e*, 32; dance course *der Tanzkurs, –e*, 32; may I have this dance? *darf ich bitten?* 32; standard dance *der Standardtanz, ⸚e*, 32

dancer *der Tänzer, –*, 32

dancing: (ballroom) dancing class *die Tanzstunde, –n*, 31; dancing school *die Tanzschule*, 32

danger *die Gefahr, –en*, 37

dangerous *gefährlich*, 2

Danube River *die Donau*, 40

dare *s. trauen*, 34

dark *dunkel*, 7; *dunkel-* (pref), 9; *finster*, 40

darkness *die Dunkelheit*, 37

dash: 75-meter dash *der 75-m-Lauf*, 13

dashing *fesch*, 37

date *das Datum, Daten*, 12; *die Dame, –n*, 32; to make a date with *s. verabreden mit*, 32

daughter *die Tochter, ⸚*, 3

day *der Tag, –e*, 10; good day! *guten Tag!* 6; every day *jeden Tag*, 11; soup of the day *die Tagessuppe, –n*, 20; day after tomorrow *übermorgen*, 24; day before yesterday *vorgestern*, 24; during the day *tagsüber*, 27

days: in those days *damals*, 28

dead *tot*, 40

deafening *ohrenbetäubend*, 36

deal: to deal with *s. befassen mit*, 40; *umgehen mit*, 40

dear: Dear Herbert *Lieber Herbert!* 7; Dear Sirs: *Sehr geehrte Herren!* 39

decade *das Jahrzehnt, –e*, 40

December *der Dezember*, 12

decide: to decide on *s. entscheiden für*, 37

decision *die Entscheidung, –en*, 13

deck: observation deck *die Aussichtsterrasse, –n*, 26

decorate *dekorieren,* 19; *schmücken,* 28

decoration *die Dekoration,* –en, 25

decrease *s. verringern,* 40

deer *der Hirsch,* –e, 11

defeat *schlagen,* 13

defend o.s. *s. wehren,* 21

degree *der Grad,* 18; 12 degrees above zero *12 Grad Wärme,* 18

delay *die Verspätung,* –en, 22

delayed: to be delayed *Verspätung haben,* 22

delicious *lecker,* 21

delight *begeistern,* 30

demand *verlangen,* 30

demanding *anspruchsvoll,* 32

demonstration *die Vorführung,* –en, 26

dentist *der Zahnarzt,* ⁼e, 33

depart *abfahren,* 22

departing (notation on train schedules) *ab,* 22

department *die Abteilung,* –en, 39

departure *die Abfahrt,* –en, 22

depend: to depend on *liegen an,* 35

dependent: to be dependent on *angewiesen sein auf,* 38

deodorant *das Deodorant,* –s, 31

descend *absteigen,* 23

describe *beschreiben,* 3

description *die Beschreibung,* –en, 39

design *entwerfen,* 27

desk *der Schreibtisch,* –e, 19

destination *das Reiseziel,* –e, 29

dessert *die Nachspeise,* –n, 20

destination (of an outing) *das Ausflugsziel,* –e, 23

destroy *zerstören,* 40

detail *die Einzelheit,* –en, 34

detailed *ausführlich,* 39

detective show *der Krimi,* –s, 24

determine *feststellen,* 39

detour *der Umweg,* –e, 26

developing: to bring for developing *zum Entwickeln bringen,* 30

develop *entstehen,* 30; *entwickeln,* 30

devour *verzehren,* 36

dial *wählen,* 6

diagonal(ly) *schräg,* 34

diary *das Tagebuch,* ⁼er, 23

dictation: English dictation *das Englischdiktat,* –e, 34

did: we did it! *wir haben's geschafft!* 27

die *sterben,* 40; the motor almost died on you *der Motor wäre Ihnen fast stehengeblieben,* 37

different *verschieden,* 18

difficult *schwer,* 2; *schwierig,* 30; most difficult *am schwierigsten,* 30

difficulty: whoever has a choice also has the difficulty of choosing *wer die Wahl hat, hat die Qual,* 39

dinner: to eat dinner *zu Mittag essen,* 20; for dinner (midday meal) *zum Mittagessen,* 20

direct(ly) *direkt,* 38

direction *die Richtung,* –en, 18; in the direction of *in Richtung,* 22; to head in the direction of *zusteuern auf,* 32; in the direction of s.th. *auf etwas zu,* 36

director *der Rektor,* –en, 25

dirt *der Dreck,* 40; *der Schmutz,* 40

dirty *schmutzig,* 4; *verschmutzt,* 40; to make dirty *verschmutzen,* 40

disadvantage *der Nachteil,* –e, 39

disappear *verschwinden,* 21

disappointed *enttäuscht,* 35

discuss *besprechen,* 27; *diskutieren,* 27; *diskutieren über,* 29

dish *das Gericht,* –e, 20

dishes *das Geschirr,* 14

dishwasher *die Spülmaschine,* –n, 14

disinfect *desinfizieren,* 31

disorderly *unordentlich,* 19

dissatisfied *unzufrieden,* 32

distance: in the distance *in der Ferne,* 26

distant *entfernt,* 8

distinct *deutlich,* 26

distribute *verteilen,* 35

disturb *stören,* 11

dive *tauchen,* 21

dizzy *schwindlig,* 36

documentary film *der Dokumentarfilm,* –e, 28

do *tun,* 2; *machen,* 3; *verrichten,* 16; *schaffen,* 38; what does your mother do? *was macht (ist) deine Mutter?* 3; to do one's hair *s. frisieren,* 31; to have to do with *zu tun haben mit,* 35

doctor *der Arzt,* ⁼e, 33; *der Doktor,* 33; at the doctor's *beim Arzt,* 33; Doctor *Herr Doktor,* 33

doe *das Reh,* –e, 11

dog *der Hund,* –e, 11

done: well done! *gut gemacht!* 13

don't: please don't *bitte nicht!* 35

door *die Tür,* –en, 19; front door *die Haustür,* –en, 29

dot: at 12:30 on the dot *punkt halb eins,* 25

double *doppelt,* 37

down *hinunter-* (pref), 13; *unten,* 23; *herunter-* (pref), 25; to ride down the street *die Strasse entlangfahren,* 8; down the mountain *bergab,* 23

downstairs *unten,* 19

dozen *das Dutzend,* 36

draft: there's a draft *es zieht,* 22

draw *malen,* 18; *zeichnen,* 30; to draw on *bemalen,* 25

drawing (in a lottery) *die Verlosung,* –en, 25

dress rehearsal *die Generalprobe,* –n, 27

drill *bohren,* 33

drink *trinken,* 7

drive (a vehicle) *fahren,* 10; drive on *weiterfahren,* 22; drive by: to drive by s.th. *an etwas vorbeifahren,* 26; to drive in (to) *reinfahren,* 37; to

drive close to *ranfahren,* 37

driver *der Fahrer,* –, 26; *die Fahrerin,* –nen, 29; driver's license *der Führerschein,* –e, 37

driving: driving instruction *der Fahrunterricht,* 37; driving instructor *der Fahrlehrer,* –, 37; driving lesson *die Fahrstunde,* –n, 37; driving school *die Fahrschule,* –n, 37

drugstore *die Drogerie,* –n, 37

drums *das Schlagzeug,* –e, 5

dry: to dry o.s. off *s. abtrocknen,* 21; to dry (o.s.) *(s.) trocknen,* 31

dry *trocken,* 31

duck *die Ente,* –n, 38

duke *der Herzog,* ⁼e, 28

dumb *dumm,* 32

dumpling *der Kloss,* ⁼e, 20

during *während,* 39; during the day *tagsüber,* 27; during vacation *in den Ferien,* 37; during the night *in der Nacht,* 40

dust *der Staub,* 40

Dutchman *der Holländer,* –, 29

duty *die Pflicht,* –en, 39

dweller: city dweller *der Stadtbewohner,* –, 40

dye *färben,* 31

dyed (adj) *gefärbt,* 31

E

each *jeder,* 9; each one *jeder,* 26

eagle *der Adler,* –, 26

ear *das Ohr,* –en, 31

earache *die Ohrenschmerzen* (pl) 33

early *früh,* 23

earn *verdienen,* 37

earnings *der Verdienst,* 37

earth *die Erde,* 16

earthworm *der Regenwurm,* ⁼er, 16

easier: to make easier *erleichtern,* 40

easily *leicht,* 16

east *der Osten,* 18; east (of) *östlich (von),* 10; East Frisia *das Ostfriesland,* 1

easy *leicht,* 2; *einfach,* 29

eat *essen,* 4; (when speaking of animals) *fressen,* 11; to eat supper *zu Abend essen,* 20; to eat up *aufessen,* 36

educational *lehrreich,* 24

egg *das Ei,* –er, 15

eight *acht,* 1

eighteen *achtzehn,* 1

eighty *achtzig,* 4

either: either . . . or *entweder . . . oder,* 37

elect *wählen,* 25

electric *elektrisch,* 31

electronic *elektronisch,* 30

elegant *elegant,* 34

elephant *der Elefant,* –en, 11

eleven *elf,* 1

else: something else *was andres,* 2; something else *noch was?* 15; well then, anything else? *so, bitte!* 15;

would you like anything else? *haben Sie noch einen Wunsch?* 15; anyone else *noch jemand*, 35

employ *einstellen*, 37; *beschäftigen*, 39

employed (adj) *berufstätig*, 39; to be employed *beschäftigt sein*, 37

employment bureau *das Arbeitsamt*, ⸚er, 37

empty *ausräumen*, 14

empty *leer*, 16

enclose *beilegen*, 39

encourage *förden*, 30

end *das Ende*, 21; at the end *am Ende*, 27; at the end of August *Ende August*, 27

endanger *gefährden*, 40

energetic *forsch*, 32

energy *die Energie*, 40

engineer *der Ingenieur*, −e, 16

English (adj) *englisch*, 30

enjoy: enjoy your meal! *guten Appetit!* 20; *Mahlzeit!* 20; to enjoy o.s. *s. vergnügen*, 25

enjoyment *das Vergnügen*, 36

enlargement *die Vergrösserung*, −en, 30

enough *genug*, 10; *genügend*, 35; that's enough! *Schluss damit!* 26; to be enough *ausreichen*, 27

enter *auftreten*, 27

entertain *unterhalten*, 10

entertaining *unterhaltsam*, 24

enthusiastic(ally) *begeistert*, 27

entrance *der Eingang*, ⸚e, 12

envelope *der Umschlag*, ⸚e, 12

environment *die Umwelt*, 40; showing consideration for the environment *umweltfreundlich*, 40

equipment *das Werkzeug*, −e, 25; ski equipment *die Schiausrüstung*, −en, 34

eraser *der Radiergummi*, −s, 4

especially *besonders*, 16

equipped (adj) *ausgerüstet*, 35

etc. *usw. (und so weiter)*, 20

Europe *das Europa*, 30

European *europäisch*, 30

even *sogar*, 10; not even *gar nicht*, 23; *nicht einmal*, 26; *überhaupt nicht*, 34

evening *der Abend*, −e, 10; in the evening *am Abend*, 10; this evening *heute abend*, 22

event *das Ereignis*, −se, 25

every *jeder*, 9; every day *jeden Tag*, 11; every three years *alle drei Jahre*, 28; every two days *alle zwei Tage*, 31; every which way *kreuz und quer*, 32

everyone *jeder*, 26

everything *alles*, 7

everywhere *überall*, 36

exact(ly) *genau*, 11

examine *untersuchen*, 33

examiner *der Prüfer*, −, 37

example *das Beispiel*, 35; for example

zum Beispiel, 35; *z. B.*, 39

excerpt *der Ausschnitt*, −e, 27

excellent(ly) *ausgezeichnet*, 9

exchange *umtauschen*, 17; *tauschen*, 30; *wechseln*, 32; student exchange program *der Schüleraustausch*, 27; to exchange money *Geld wechseln*, 34

exchanging *das Tauschen*, 30

exciting *spannend*, 24

excursion: school excursion *der Schulausflug*, ⸚e, 26

excuse *entschuldigen*, 33; excuse me! *Entschuldigung!* 8; excuse me, Miss! *hallo, Fräulein!* 20

excuse *die Ausrede*, −n, 32; *die Entschuldigung*, −en, 33

exercise *Gymnastik machen*, 29

exercises *die Gymnastik*, 29

exist *bestehen*, 39

existence: to be in existence: *vorhanden sein*, 40

expect *erwarten*, 7

expensive *teuer*, 5

experience *erleben*, 10

explain *erklären*, 11

export *ausführen*, 38

extra; extra help after school *die Nachhilfestunde*, −n, 35

eye *das Auge*, −n, 7

eye shadow *der Lidschatten*, −, 31

eyebrow *die Augenbraue*, −n, 31

eyebrow pencil *der Augenbrauenstift*, −e, 31

eyeglasses *die Brille*, −n, 7

eyelash *die Augenwimper*, −n, 31

eyelid *das Augenlid*, −er, 31

F

fabulous *sagenhaft*, 32

face *das Gesicht*, −er, 17

factory *der Industriebetrieb*, −e, 40

Fahrenheit *Fahrenheit*, 18

fair *der Jahrmarkt*, ⸚e, 36; *die Messe*, −n, 36

fairgrounds *die Festwiese*, −n, 36

fall *fallen*, 18

fall *der Herbst*, 18

false *falsch*, 36

familiar *bekannt*, 37; to be familiar with *kennen*, 3

family *die Familie*, −n, 3; the Rutz family *die Familie Rutz*, 16

famous *berühmt*, 27

fantastic(ally) *fantastisch*, 27

fantastic *einmalig*, 28

far *weit*, 8; from far away *von weitem*, 26; they don't have far to go *sie haben es nicht weit*, 34

farm *der Bauernhof*, ⸚e, 26; small farm *der Hof*, ⸚e, 38; on the farm *auf dem Land(e)*, 38

farmer *der Landwirt*, −e, 3

fashion *die Mode*, −n, 30

fast *schnell*, 13

fast-food: fast-food restaurant *das*

Billig-Restaurant, −s, 37

fasten *festbinden*, 16; *heften*, 25; *anschnallen*, 34; *befestigen*, 35

father *der Vater*, ⸚, 3

fats: containing fats and oils *fetthaltig*, 31

favor: to be in favor of *dafür sein*, 27

favorable *günstig*, 14

favorite *Lieblings-* (noun pref), 5; well, that's her favorite subject *ja, das Fach hat sie am liebsten*, 4

fear *die Angst*, ⸚e, 11

feather *die Feder*, −n, 38

February *der Februar*, 12

fee *die Gebühr*, −en, 37

feed *das Futter*, 11

feed (animal) *füttern*, 11

feel: to feel like (doing s.th.) *Lust haben (zu)*, 7; to feel like having *Lust haben auf*, 21; to feel (well) *s. (wohl) fühlen*, 33; I don't feel well *mir ist nicht gut*, 33

feeling *das Gefühl*, −e, 35

fellow: fellow human being *der Mitmensch*, −en, 40

felt-tipped pen *der Filzschreiber*, −, 25

fence *der Zaun*, ⸚e, 19

festival: folk festival *das Volksfest*, −e, 36

festive(ly) *festlich*, 36

fetch *holen*, 4

fever *das Fieber*, 33

few *wenig*, 13; a few *ein paar*, 12; *einige*, 14; for a few weeks *seit einigen Wochen*, 27; a few times *ein paarmal*, 32

field *das Feld*, −er, 10; athletic field *der Sportplatz*, ⸚e, 13; school field-day *das Schulsportfest*, −e, 13

fifteen *fünfzehn*, 1; 1:15 *Viertel nach eins*, 25; *Viertel zwei*, 25

fifty *fünfzig*, 4

fight *streiten*, 29; *bekämpfen*, 40; to fight (for) *kämpfen (um)*, 13

file *feilen*, 31

fill *einfüllen*, 14; *füllen*, 29; (a cavity) *plombieren*, 33; fill up (gas tank) *tanken*, 29

filled (adj) *belegt*, 32

filled-out (document) *ausgefüllt*, 37

film *der Film*, −e, 24; roll of film *der Film*, −e, 26; black-and-white film *der Schwarzweissfilm*, −e, 30; color film *der Farbfilm*, −e, 30

fin *die Schwimmflosse*, −n, 21

finally *endlich*, 9; *zuletzt*, 12; *schliesslich*, 27

financial *finanziell*, 32

find *finden*, 9; to find o.s. *s. befinden*, 23; find out *erfahren*, 27

fine *schön*, 28; fine thanks! *danke, gut!* 6; that's fine *schon gut*, 33

fingernail *der Fingernagel*, ⸚, 31

finished *zu Ende*, 26; we're finished *wir sing fertig*, 2

fir tree *die Tanne*, −n, 26

fire *das Feuer, –,* 26
firm *die Firma, Firmen,* 39
first *zuerst,* 4; *erst–,* 27; the first ones *die ersten,* 7; first name *der Vorname, –n,* 12; as the first one *als erste,* 13; first, second, third, etc. *erste, zweite, dritte, usw.,* 30; first of all *als erstes,* 30; the first thing *als erstes,* 30; to be in first place *an erster Stelle stehen,* 30
first-aid: first-aid course *der Erste-Hilfe-Kursus, -Kurse,* 37
fish *angeln,* 10
fish *der Fisch, –e,* 11
fit *passen,* 9; fit in *reingehen,* 29
five *fünf,* 1
fix *richten,* 8; to fix one's hair *s. frisieren,* 31
flag *die Fahne, –n,* 28; *die Flagge, –n,* 34
flee *flüchten,* 40
floor *der Fussboden, ∺,* 19; *der Stock, Stockwerke,* 19; ground floor *das Erdgeschoss, –e,* 19; on the second floor *im ersten Stock,* 19; on the third floor *im zweiten Stock,* 19
flour *das Mehl,* 15
flow *fliessen,* 35
flower *die Blume, –n,* 15
flu *die Grippe,* 33
flute *die Flöte, –n,* 5
fly *fliegen,* 22; *wehen,* 34
fly *die Fliege, –n,* 16
focus *einstellen,* 24; out of focus *verschwommen,* 24
folder *der Prospekt, –e,* 29
folk *das Volk, ∺er,* 28; folk festival *das Volksfest, –e,* 36
follow *folgen,* 26
following *folgend,* 25
food *das Essen,* 14; *die Küche,* 14; (for animals) *das Futter,* 11
foot *der Fuss, ∺e,* 21; on foot *zu Fuss,* 28
foothills: Alpine foothills *das Alpenvorland,* 38
footpath *der Fussweg, –e,* 8
for *für,* 1; for Mother's Day *zum Muttertag,* 15; for (your) birthday *zum Geburtstag,* 17; it's too wide for me *es ist mir zu weit,* 17; to postpone for half an hour *um eine halbe Stunde verschieben,* 25; for a few weeks *seit einigen Wochen,* 27; to bring for developing *zum Entwickeln bringen,* 30; for shaving *zum Rasieren,* 31; something (good) for *etwas (Gutes) gegen,* 33
forbid *verbieten,* 40
forbidden (adj) *verboten,* 40
forecast *die Vorhersage, –n,* 18
forehead *die Stirn, –en,* 21
foreign *ausländisch,* 29
forest *der Wald, ∺er,* 10
forget *vergessen,* 8; *liegenlassen,* 40
forget-me-not *das Vergissmeinnicht, –,* 16

fork *die Gabel, –n,* 20
form: application form *das Anmeldeformular, –e,* 37
former *ehemalig,* 25
fortress *die Burg, –en,* 26
forty *vierzig,* 4
forty-five: 6:45 *drei Viertel sieben,* 25; *Viertel vor sieben,* 25
forward *vor,* 32; *vorwärts,* 32; to look forward to *s. freuen auf,* 28
fountain *der Brunnen, –,* 22
four *vier,* 1
fourteen *vierzehn,* 1
fox trot *der Foxtrott,* 32
free *frei,* 22
freeze *gefrieren,* 18
French (adj) *französisch,* 26; (language) *das Französisch,* 26
French fries *die Pommes frites* (pl), 20
Frenchman *der Franzose, –n,* 34
fresh *frisch,* 31; *frech,* 32
Friday *der Freitag,* 4
friend *der Freund, –e,* 1; *die Freundin, –nen,* 21; friend from school *der Schulfreund, –e,* 17; to be friends with *befreundet sein mit,* 32
friendly *freundlich,* 14
friendship *die Freundschaft, –en,* 30
frightening *schrecklich,* 24
frog *der Frosch, ∺e,* 11
from *von,* 1; *aus,* 5; from . . . to *von . . . nach,* 10; from here *von hier aus,* 23; from . . . to . . . *von . . . bis zu . . . ,* 27; where are they from *woher kommen sie?* 29; from (France) *aus (Frankreich),* 29; from (Switzerland) *aus (der Schweiz),* 29; from all over Germany *aus ganz Deutschland,* 36
front: in front of *vor,* 19; to the front *nach vorn,* 23; up front *vorn,* 26
fruit *das Obst,* 15; dried fruit *das Trockenobst,* 23
full *satt,* 7; *weit,* 17; *voll,* 22; full of *voller,* 36
fun *der Spass,* 8; to be fun *Spass machen,* 8; to make fun of *auslachen,* 31; to have fun *s. amüsieren,* 32
funny *lustig,* 7; *komisch,* 29; *witzig,* 32
furnished (adj) *eingeräumt,* 19
furniture *die Möbel* (pl), 19
further *weiter–* (pref), 11
future *die Zukunft,* 39
future (adj) *künftig,* 34

G

gadget *das Gerät, –e,* 30
gallery: shooting gallery *die Schiessbude, –n,* 36
game *das Spiel, –e,* 2; party game *das Gesellschaftsspiel, –e,* 34
garage *die Garage, –n,* 19
garbage *der Abfall, ∺e,* 40

garbage can *die Abfalltonne, –n,* 40
garbage dump *der Müllplatz, ∺e,* 40
garden *der Garten, ∺,* 16; garden work *die Gartenarbeit, –en,* 16; garden gate *die Gartentür, –en,* 19
gargle *gurgeln,* 31
garnished (adj) *garniert,* 37
gas *das Gas, –e,* 37; to buy gas *tanken,* 29; to give gas *Gas geben,* 37
gas station *die Tankstelle, –n,* 3; gas station attendant *der Tankwart, –e,* 28
gasoline *das Benzin,* 29
gate *das Tor, –e,* 26
gather *s. versammeln,* 34
general: in general *überhaupt,* 33
generous *grosszügig,* 14
gentle *zahm,* 11
gentleman *der Herr, –en,* 32; gentlemen *meine Herren,* 32; ladies and gentlemen *meine Damen und Herren,* 36
genuine *echt,* 27
geography *die Erdkunde,* 4
German (adj) *deutsch,* 15; (language) *das Deutsch,* 4; in German *auf deutsch,* 26
German *das Deutschland,* 1
gesture *die Geste, –n,* 27
get *holen,* 4; *bekommen,* 4; *werden,* 13; *kriegen,* 35; *erhalten,* 38; *s. verschaffen,* 39; to get up *aufstehen,* 18; to get a tan *braun werden,* 21; to get on *einsteigen,* 22; to get out *aussteigen,* 23; get out of bed! *raus aus dem Bett!* 23; to get to *kommen nach,* 26; to get back *wiederkriegen,* 32; he can't get away *er kann nicht weg,* 33; to get a driver's license *den Führerschein machen,* 37; to get ahead *vorankommen,* 39
gigantic *riesig,* 26
giraffe *die Giraffe, –n,* 11
girl *das Mädchen, –,* 1; *das Mädel, –,* 38
girlfriend *die Freundin, –nen,* 21
give *geben,* 4; *schenken,* 17; *mitgeben,* 33; to give back *zurückgeben,* 20; to give (away) *hergeben,* 32; give it to me a minute, well you? *gib mal eben her!* 32; he gives it to her *er gibt sie ihr,* 33; to give gas *Gas geben,* 37
glacier *der Gletscher, –,* 23
glad *froh,* 26
gladly *gern,* 6
glass *das Glas, ∺er,* 7; water glass *das Zahnputzglas, ∺er,* 31
glasses: to wear glasses *eine Brille tragen,* 7
glove *der Handschuh, –e,* 9
glue *kleben,* 25
glue *der Klebstoff, –e,* 25
go *gehen,* 6; *fahren,* 8; *ziehen,* 26; let's go, guys! *los, Kinder!* 7; it doesn't go with . . . *es passt nicht zu . . . ,* 17; to go swimming

schwimmen gehen, 6; to go on *weit-ergehen*, 11; *weiterfahren*, 22; to go up *aufgehen*, 27; to go well *gut-gehen*, 27; to go to *fahren nach*, 29; to go on vacation *in Urlaub fah-ren*, 29; to go in *reingehen*, 29; to go out *ausgehen*, 32; to go in for sports *Sport treiben*, 32; to go back *zurück-kehren*, 34; they don't have far to go *sie haben es nicht weit*, 34; to go boating *Boot fahren*, 35; to go to school *die Schule besuchen*, 39

goal *das Ziel*, −e, 13

goat *die Ziege*, −n, 38

God: thank God! *Gott sei Dank!* 33

goggles: ski goggles *die Schibrille*, −n, 34

going: what's going on here? *was ist hier los?* 19; to be going (out) with *befreundet sein mit*, 32

gone *weg*, 33; to be all gone *alle sein*, 32

good *gut*, 4; *schön*, 28; *brav*, 36; *lieb*, 36; good night! *gute Nacht!* 6; good morning (day, evening)! *guten Morgen (Tag, Abend)!* 6; it looks good on you *es steht Ihnen gut*, 17; it doesn't look good on you *es steht Ihnen nicht*, 17

good-by! *auf Wiedersehen!* (phone) *auf Wiederhören!* 6; when saying good-by *zum Abschied*, 6; to say good-by *s. verabschieden von*, 22

good-looking: he's good-looking! *er sieht gut aus!* 32

goose *die Gans*, ⁼e, 38

got: got it? *kapiert?* 32

government *die Regierung*, −en, 38

grab *packen*, 21

grade *die Note*, −n, 4; a grade of 1 *eine Eins*, 4; sixth grade *die Quinta*, 27

grader: sixth grader *der Quintaner*, −, 27

gram *das Gramm*, 15

grammar exercise *die Grammatik-übung*, −en, 4

grandfather *der Grossvater*, ⁼er, 3

grandma *die Oma*, −s, 3

grandmother *die Grossmutter*, ⁼, 3

grandpa *der Opa*, −s, 3

grandparents *die Grosseltern* (pl), 19

grandstand *die Tribüne*, −n, 28

grape *die Traube*, −n, 15

grass *das Gras*, 21

gray *grau*, 9

great *toll*, 2; *prima!* 7; *klasse*, 29; a great spot *ein prima Platz*, 28; a great car *ein klasse Wagen*, 29; a great idea *eine prima Idee*, 29

Great Britain *(das) Grossbritannien*, 29

Greek: it was Greek to me *das kam mir Spanisch vor*, 26

green *grün*, 2

greengrocer *der Gemüsehändler*, −, 15

greet *grüssen*, 6; *begrüssen*, 6

greeting *die Anrede*, −n, 12; *der Gruss*, ⁼e, 12; warmest greetings *herzliche Grüsse*, 12

groceries *die Lebensmittel* (pl), 15

ground *der Boden*, 40

ground floor *das Erdgeschoss*, −e, 19

group *die Gruppe*, −n, 5; group of be-ginners *die Anfängergruppe*, −n, 34

grow *wachsen*, 16; *anbauen*, 38

guess *raten*, 17

guest *der Gast*, ⁼e, 5

guide *der Führer*, 26

guitar *die Gitarre*, −n, 5

guy *der Kerl*, −e, 29; young guy *der Bursche*, −n, 29; a sharp guy! *ein fescher Junge!* 32

gym teacher *der Sportlehrer*, −, 13

gymnasium *die Turnhalle*, −n, 26

gymnastics *die Gymnastik*, 29; to do gymnastics *turnen*, 13; *Gymnastik machen*, 29

H

had *hatte*, 20; had to *musste*, 20

hair *das Haar*, −e, 7; hair color *die Haarfarbe*, −n, 7

hair dryer *der Haartrockner*, −, 31

hair spray *das Haarspray*, −s, 31

hair tonic *der Haarwasser*, ⁼, 31

hairbrush *die Haarbürste*, −n, 31

hairdresser *der Friseur*, −e, 31; *die Friseuse*, −n, 32; to go to the hair-dresser *zum Friseur gehen*, 31; to train to become a hairdresser *Fri-seuse lernen*, 32

half *halb*, 29; half a pound *ein halbes Pfund*, 15; half an hour *eine halbe Stunde*, 27; half as nice *halb so schön*, 36

hall *der Flur*, −e, 19; town hall *das Rathaus*, ⁼er, 22

ham *der Schinken*, −, 15

hamburger *der Hamburger*, −, 37

hammer *der Hammer*, ⁼, 25

hamster *der Hamster*, −, 11

hand *die Hand*, ⁼e, by hand *mit der Hand*, 16; by the hand *an der Hand*, 36; to hand over *hergeben*, 32

hand cream *die Handcreme*, −s, 31

handbag *die Tasche*, −n, 17

handy *geschickt*, 32

hang (be hanging) *hängen* (strong), 19; to hang up *hängen* (weak), 19; *auf-hängen*, 39

happen *geschehen*, 18; *passieren*, 25; what happened to you? *was ist dir passiert?* 33

happiness *das Glück*, 25

happy *glücklich*, 30; happy birthday! *alles Gute zum Geburtstag!* 17; to be happy about *s. freuen über*, 34

harbor *der Hafen*, ⁼, 35

hard *schwer*, 2; *hart*, 14

hard-working *fleissig*, 25

hardest *am schwersten*, 30

hardly *kaum*, 13

hat *der Hut*, ⁼e, 9; ski hat *die Schimütze*, −n, 34

hate *hassen*, 21

have *haben*, 4; have to *müssen*, 8; to have a picnic *ein Picknick ma-chen*, 26; to have along *dabeihaben*, 29; to have (washed) *(waschen) lassen*, 29; to have done *machen lassen*, 30; may I have this dance? *darf ich bitten?* 32; to have to do with *zu tun haben mit*, 35

hawk *der Geier*, −, 26

hay *das Heu*, 38

haying *das Heuen*, 38

hazy *diesig*, 23

he *er*, 1

head *der Kopf*, ⁼e, 30; *der Leiter*, −, 39; to head in the direction of *zusteuern auf*, 32

head cold *der Schnupfen*, 33

headache *die Kopfschmerzen* (pl), 33

headlight *der Scheinwerfer*, −, 8

headline *die Schlagzeile*, −n, 27

health *die Gesundheit*, 33; to your health *zum Wohl!* 20

healthy *gesund*, 2

hear *hören*, 5

hearing: hearing loss *die Schwerhörig-keit*, 40

heart *das Herz*, −en, 27

hearty *herzlich*, 12; hearty appetite! *guten Appetit!* 20

heat *erhitzen*, 38

heat *die Hitze*, 18

heaven *der Himmel*, 18

heavy *schwer*, 15; *stark*, 18

hedge *die Hecke*, −n, 16; hedge clip-pers *die Heckenschere*, −n, 16

heed *beachten*, 8

height *die Grösse*, −n, 15

hello! *guten Tag!* 6; *grüss Gott!* 6; when saying hello *zur Begrüssung*, 6

helmet *der Sturzhelm*, −e, 34

help *helfen*, 13; *mithelfen* 14; may I help you? *was darf es sein?* 9; *bitte-schön!* 15; *bitte sehr!* 17; *womit kann ich dienen?* 33; to help along *nach-helfen*, 31; I can't help it *ich kann nichts dafür*, 35

help *die Hilfe*, 25

hen *das Huhn*, ⁼er, 38

henhouse *der Hühnerstall*, ⁼e, 38

her (pronoun) *sie*, 5; (possessive) *ihr*, 2

here *hier*, 4; *da*, 7; *her-* (pref), 11; (motion toward speaker) *her*, 35; (to) here *hierher-* (pref), 14; to come here *hierherkommen*, 14; may I sit here? *ist hier noch frei?* 22; from here *von hier aus*, 23

hey! *he!* 29

hi! *grüss dich!* 6; *servus!* 6; *hallo!* 36

high *hoch*, 10; higher *höher*, 13; high jump *der Hochsprung*, ⁼e, 28

high point *der Höhepunkt*, −e, 28

higher: higher and higher *immer höher,* 26
hike *wandern,* 10
hike *die Wanderung, –en,* 23
hiker *der Wanderer, –,* 40
hiking: map showing hiking trails *die Wanderkarte, –n,* 23; hiking boot *der Bergschuh, –e,* 23
him *ihn,* 5
hire *anstellen,* 38
his *sein,* 2, 5
historical *historisch,* 28
history *die Geschichte,* 4
hit *der Treffer, –,* 36; *der Schlager, –,* 37
hit *schlagen,* 31; *treffen,* 36
hobby *das Hobby, –s,* 7; family hobby *das Familien-Hobby,* 30
hold *halten,* 26; to take hold of *anfassen,* 11; to hold tight *festhalten,* 23; *s. festhalten,* 36; hold on tight! *halt dich fest!* 36; to hold (s.o.) up *aufhalten,* 28
hole *das Loch, ⸗er,* 9
home: from home *von zu Hause,* 11; at home *zu Hause,* 16; go home *nach Hause gehen,* 21
homeroom teacher *die Klassenlehrerin, –nen,* 26
homework *die Hausaufgabe, –n,* 4; she has so much homework! *sie hat so viel auf!* 4
honey *der Honig,* 33
honor *ehren,* 34
horoscope *das Horoskop, –e,* 32
hospital *das Krankenhaus, ⸗er,* 33
hope *hoffen,* 17; I hope *hoffentlich,* 9
hopefully *hoffentlich,* 9
horrible *schrecklich,* 24
horse *das Pferd, –e,* 28
horseback: on horseback *zu Pferd,* 28
hose *der Schlauch, ⸗e,* 16
hot *heiss,* 18; it's so hot! *so eine Hitze!* 18
hotel *der Gasthof, ⸗e,* 14; *das Hotel, –s,* 23
hour *die Stunde, –n,* 22; working hours *die Arbeitszeit, –en,* 39
house *das Haus, ⸗er,* 1; house number *die Hausnummer, –n,* 12; to help in the house *im Haushalt helfen,* 38; open house *Tag der offenen Tür,* 39
houseplant *die Zimmerpflanze, –n,* 40
household *der Haushalt, –e,* 38; to help with household chores *im Haushalt helfen,* 38
housewife *die Hausfrau, –en,* 3
how *wie,* 1; how much *wieviel,* 5; how are you? *wie geht's?* 6; how do you like . . . ? *wie gefällt dir . . . ?* 17; how come? *wieso?* 31; how about . . . ? *wie wär's mit . . . ?* 36; how are you? *wie geht's dir?* 37
huge *riesig,* 26
human being: fellow human being *der Mitmensch, –en,* 40

humid *feucht,* 28
hundred *hundert,* 4
hunger *der Hunger,* 7
hungry *hungrig,* 32; to be hungry *Hunger haben,* 7
hurray! *bravo!* 13
hurry *s. beeilen,* 21; *drängen,* 23
hurt *weh tun,* 33; it hurts me *es tut mir weh,* 33
husband *der Mann, ⸗er,* 27

I

I *ich,* 1
ice *das Eis,* 37
ice-cold *eiskalt,* 23
ice cream *das Eis,* 20; to go for ice cream *Eisessen gehen,* 32
ice hockey *das Eishockey,* 34; ice-hockey stick *der Eishockeyschläger,* 34
ice-skate *Schlittschuh laufen,* 34
ice skate *der Schlittschuh, –e,* 34
idea *die Ahnung, –en,* 8; *die Idee, –n,* 8
ideal *ideal,* 10
identification: (numbers, letters, symbols) *das Kennzeichen, –,* 29; (automobile) *das Autokennzeichen, –,* 29; (nationality) *das Nationalitätszeichen, –,* 29
if *wenn,* 6; *ob,* 7
illustration *die Abbildung, –en,* 27
imagination *die Fantasie,* 36; leave it up to your imagination *ganz nach deiner Fantasie,* 36
import *einführen,* 38; *importieren,* 39
important *wichtig,* 14
improve *verbessern,* 40
in *in,* 1; (motion toward the speaker) *herein- (pref),* 36; (motion away from the speaker) *hinein- (pref),* 36; in the afternoon *am Nachmittag,* 10; in the attic *auf dem Boden,* 19; in March *im März,* 25; in 1975 *im Jahre 1975,* 28; in it, in that *darin,* 31
incline: steep incline *der Abhang, ⸗e,* 23
increase *ansteigen,* 40; *vermehren,* 40; *zunehmen,* 40
incredible *sagenhaft,* 32
india ink *die Tusche, –n,* 25
individual (adj) *einzeln,* 27; the individual *der einzelne,* 40
industrial: industrial area *das Industriegebiet, –e,* 40
industrious *fleissig,* 25
industry *die Industrie, –n,* 38
infect *anstecken,* 33
infection *die Entzündung, –en,* 33; throat infection *die Halsentzündung, –en,* 33
influence *beeinflussen,* 18
information *die Auskunft, ⸗e,* 8; *die Information,* 39; to ask for informa-

tion *um Auskunft bitten,* 8; tourist information office *das Fremdenverkehrsbüro, –s,* 10
inhabitant *der Bewohner, –,* 40
inherit *erben,* 19
injure o.s. *s. verletzen,* 33
injury: knee injury *die Kniewunde, –n,* 33
inn *der Gasthof, ⸗e,* 14
innkeeper *der Gastwirt, –e,* 3; *die Wirtin, –nen,* 34
inquire: to inquire about *fragen nach,* 39
insect *das Insekt, –en,* 16
instruct *unterrichten,* 3
instruction *der Unterricht,* 4; *die Anweisung, –en,* 26; sailing instruction *der Segelunterricht,* 35; driving instruction *der Fahrunterricht,* 37
instructor: sailing instructor *der Segellehrer, –,* 35; driving instructor *der Fahrlehrer, –,* 37
instrument *das Instrument, –e,* 5
intend *beabsichtigen,* 34
interest *das Interesse, –n,* 39
interested: to be interested in *s. interessiern für,* 30; *interessiert sein an,* 39
interesting *interessant,* 2
international *international,* 29
intersection *die Kreuzung, –en,* 8
interrupt *unterbrechen,* 26
interview *das Interview, –s,* 28; *das Vorstellungsgespräch, –e,* 39
interviewer *der Interviewer, –,* 28
into *in,* 19
introduce *vorstellen,* 7
invention *die Erfindung, –en,* 40
invitation *die Einladung, –en,* 7; invitation card *die Einladungskarte, –n,* 7
invite *einladen,* 7
iron *mangeln,* 14
it *es,* 3
Italian *der Italiener, –,* 34
Italien (adj) *italienisch,* 29
item: popular item *der Schlager, –,* 37
its *sein,* 5

J

jacket *die Jacke, –n,* 9
January *der Januar,* 12
jeans *die Jeans* (pl), 9; jeans shop *der Jeans-Shop, –s,* 9
jerk: you jerk! *du blöder Kerl!* 29
job *der Job, –s,* 37; vacation job *der Ferienjob, –s,* 37; person who has a job *der Berufstätige, –n,* 38; job adviser *der Berufsberater, –,* 39; job training *die Berufsausbildung,* 39
joke *der Witz, –e,* 34
journal *das Tagebuch, ⸗er,* 23
judge *bewerten,* 27
juice *der Saft, ⸗e,* 20

juicy *saftig,* 38
July *der Juli,* 12
jump *springen,* 13
jump *der Sprung, ⁼e,* 13
June *der Juni,* 12; June bug *der Mai-käfer, –,* 16
junk *der Kram,* 19
jury *die Jury, –s,* 27
just *eben,* 13; *gerade,* 14; *bloss,* 23; *erst,* 23; I'll just ask *ich frag' mal,* 5; it's just 3 now *es ist grad erst drei,* 7; just yesterday *gestern noch,* 16; he is just now (doing . . .) *er ist gerade dabei,* 34

K

kayak *der Kajak, –s,* 35
keep *behalten,* 11; *aufheben,* 17; where have you been keeping yourself? *wo steckst du denn?* 28; to keep open *freihalten,* 32; to keep (pigs) *(Schweine) halten,* 38
keeper *der Wärter, –,* 26
ketchup *der Ketchup,* 37
key *der Schlüssel, –,* 14; *die Taste, –n,* 24
kidding: I was only kidding *ich hab' nur Spass gemacht,* 35
kilogram *das Kilogramm, –,* 15
kilometer *der Kilometer, – (km),* 10; it's 48 kilometers *es sind 48 Kilometer,* 10
kind: what kind of (a) *was für (ein),* 6
king *der König, –e,* 26
kitchen *die Küche, –n,* 3
knapsack *der Rucksack, ⁼e,* 23
knee *das Knie, –,* 33
knife *das Messer, –,* 20
knit *stricken,* 3
knob *der Knopf, ⁼e,* 24
knock: to knock down *umrennen,* 32
knot *der Knoten, –,* 35
know *kennen,* 3; (facts) *wissen,* 14; to get to know *kennenlernen,* 5; to know about *verstehen von,* 31; well, what do you know! *soso!* 32; I don't know *ich weiss es nicht,* 35; I know something *ich kann etwas,* 39
knowledge *das Wissen,* 30

L

label *das Etikett, –e,* 33
ladder *die Leiter, –n,* 16
ladies: ladies and gentlemen *meine Damen und Herren,* 36
lady *die Dame, –n,* 32
ladybug *der Marienkäfer, –,* 16
lake *der See, –n,* 8
Lake Constance *der Bodensee,* 29
lamb *das Lamm, ⁼er,* 38
lamp *die Lampe, –n,* 19; floor lamp *die Stehlampe, –n,* 19; night-table lamp *die Nachttischlampe, –n,* 19

land: to land on *landen auf,* 26
landscape *die Landschaft, –en,* 40
language *die Sprache, –n,* 35
last *letzt-,* 26; last of all *zuletzt,* 12; last name *der Nachname, –n,* 12; last week *letzte Woche,* 14; from last year *vom letzten Jahr,* 27; last year *im letzten Jahr,* 29
late *spät,* 25; to be late *Verspätung haben,* 22; how late is it? *wie spät ist es?* 25
lateness *die Verspätung, –en,* 22
later *später,* 4; *nachher,* 6
latest: at the latest *spätestens,* 34; by 11 o'clock at the latest *bis spätestens um 11 Uhr,* 34
Latin *das Latein,* 35
laugh *lachen,* 26; to laugh at *auslachen,* 31; to laugh o.s. sick *s. kaputtlachen,* 32
laughter *das Lachen,* 27
laundry *die Wäsche,* 14
law *das Gesetz, –e,* 40
lawn *der Rasen, –,* 16; *die Wiese, –n,* 21; lawn sprinkler *der Rasensprenger, –,* 16
lay *legen,* 16
lazy *faul,* 31
leaf *das Blatt, ⁼er,* 16; lettuce leaf *das Salatblatt, ⁼er,* 37
learn *lernen,* 4; *einstudieren,* 27; to learn s.th. in addition *etwas hinzulernen,* 32
least: at least *wenigstens,* 29
leather *das Leder,* 34
leave *verlassen,* 4; *lassen,* 23; to leave behind *stehenlassen,* 10; *liegenlassen,* 40; leave me alone! *lass mich in Ruh'!* 31; leave it up to your imagination *ganz nach deiner Fantasie,* 36
left *links,* 8; *link-,* 32; on the left *links,* 19; to the left *nach links,* 8
leg *das Bein, –e,* 21
leisure time *die Freizeit,* 30; leisure-time activity *die Freizeitbeschäftigung, –en,* 30
lemon soda *die Limonade, –n,* 20; *die Limo, –s,* 37
lend *leihen,* 32
length: length of time *die Dauer,* 39
lengthen *verlängern,* 31
leopard *der Leopard, –en,* 11
less *weniger,* 13
lessen *s. verringern,* 40
lesson: driving lesson *die Fahrstunde, –n,* 37; music lesson *die Musikstunde, –n,* 30; sailing lesson *der Segelunterricht,* 35; skiing lessons *der Schikurs, –e,* 37; to take skiing lessons *einen Schikurs machen,* 37
let *lassen,* 26
letter *der Brief, –e,* 12; letter carrier *der Briefträger, –,* 12; letter of application *das Bewerbungsschreiben, –,* 39
lettuce *der Salat, –e,* 15; lettuce leaf

das Salatblatt, ⁼er, 37
let's: let's go! *auf geht's!* 36
license: driver's license *der Führerschein, –e,* 37; to get a driver's license *den Führerschein machen,* 37
license plate *das Nummernschild, –er,* 29
lie *liegen,* 10; lie down on *s. legen auf,* 21; *s. hinlegen,* 33
life *das Leben, –,* 25; in life *im Leben,* 25
life jacket *die Schwimmweste, –n,* 35
life-threatening *lebensgefährlich,* 40
lift *heben,* 4; lift the receiver *den Hörer abnehmen,* 6
light *hell- (pref),* 9; *leicht,* 17; a light beer *ein Helles,* 20
lighting *die Beleuchtung,* 25; ceiling lighting fixture *die Deckenleuchte, –n,* 25
lightning *blitzen,* 18
lightning *der Blitz, –e,* 18
like *gern haben,* 5; *mögen,* 7; to like to play *gern spielen,* 2; he would like (to) *er möchte,* 7; I would like *ich möchte gern,* 15; would you like anything else? *haben Sie noch einen Wunsch?* 15; I like it *es gefällt mir,* 17; how do you like . . .? *wie gefällt dir . . .?* 17; would you like (an ice cream)? *hättest du Lust auf (ein Eis)?* 36; would you like . . .? *möchtest du . . .?* 36
like *wie,* 19; it looks like rain *es sieht nach Regen aus,* 18; something like that *so etwas,* 37
liked *mochte,* 20
lily of the valley *das Maiglöckchen, –,* 16
limited *begrenzt,* 40
line *die Zeile, –n,* 27; *die Linie, –n,* 32; to stand in line *s. anstellen,* 34
lion *der Löwe, –n,* 11
lip *die Lippe, –n,* 21
lipstick *der Lippenstift, –e,* 31
listen (to s.th.) *anhören,* 5; *zuhören,* 10; listen, please! *bitte einmal herhören,* 27
liter *der Liter, –,* 29
little *wenig,* 13; a little *ein bisschen,* 5; *etwas,* 24
live *wohnen,* 1; *leben,* 32; where we live *bei uns,* 18
lively *lebendig,* 27
liverwurst *die Leberwurst, ⁼e,* 15
livestock *das Vieh,* 38
living: living room *das Wohnzimmer, –,* 6; living quarters *die Wohnung, –en,* 19; *die Wohnräume (pl),* 38; living thing *das Lebewesen, –,* 40; standard of living *der Lebensstandard, –s,* 40
lizard *die Eidechse, –n,* 11
load *laden,* 34
located: to be located *liegen,* 10
location *die Lage, –n,* 14
lock *abschliessen,* 29

locker *das Schliessfach, ⸚er,* 22
locomotive *die Lokomotive, –n,* 23
lodge *die Hütte, –n,* 34
long *lang,* 7; for a long time *lange,* 6; so long! *tschau!* 6; *tschüs!* 6
look *schauen,* 5; *aussehen,* 7; to look at *sehen auf,* 13; *ansehen,* 17; *s. ansehen,* 22; *schauen auf,* 26; to look here *herschauen,* 11; to look up *nachsehen,* 8; it looks like rain *es sieht nach Regen aus,* 18; it looks good on you *es steht Ihnen gut,* 17; it doesn't look good on you *es steht dir nicht,* 17; it looked as if *es sah so aus, als ob,* 26; he's giving us a dirty look *er sieht uns böse an,* 32; to look around *s. umsehen,* 34
lose *verlieren,* 2
loss: hearing loss *die Schwerhörigkeit,* 40
lost: to be lost, get lost *verlorengehen,* 40
lot: a lot of (money) *eine Menge (Geld),* 25
lottery *die Tombola, –s,* 25
loud *laut,* 5
loudspeaker *der Lautsprecher, –,* 36
lousy *scheusslich,* 5
lower *herabsetzen,* 40
Lower Bavaria *(das) Niederbayern,* 28
lozenge: throat lozenge *die Halstablette, –n,* 33
luck *das Glück,* 22; good luck *das Glück,* 25; bad luck *das Pech,* 29; to have bad luck *Pech haben,* 29; bad luck! *Pech gehabt!* 36
lucky: to be lucky *Glück haben,* 22; lucky duck *der Glückspilz, –e,* 36
luggage rack *das Gepäcknetz, –e,* 22
lunch *das Mittagessen, –,* 20; lunch break *die Mittagspause, –n,* 23
lush *saftig,* 38

M

mad *böse,* 32
made: I have color prints made *ich lasse Farbbilder machen,* 30
made-up *geschminkt,* 31
magnifying glass *die Lupe, –n,* 30
mail *die Post,* 12
main *Haupt-* (noun pref), 20; main course *Hauptgericht, –e,* 20; main room (of a restaurant or lodge) *die Gaststube, –n,* 34
mainly *hauptsächlich,* 18
make *machen,* 5; to make easier *erleichtern,* 40; to make more beautiful *verschönern,* 40
make-up *das Make-up,* 31; to put on make-up *(s.) schminken,* 31
making up *das Schminken,* 31
man *der Mann, ⸚er,* 22; man! *Mensch!* 5
manage *managen,* 3; *schaffen,* 38
manager *der Leiter, –,* 39

manicure *(s.) maniküren,* 31
manicure set *das Maniкür-Etui,* 31
manual: manual transmission *die Gangschaltung,* 37
manufacture *herstellen,* 38
many *manche,* 7; *viele,* 10; many a *mancher, –e, –es,* 27
map *die Karte, –n,* 10; *der Plan, ⸚e,* 11; map showing hiking trails *die Wanderkarte, –n,* 23
march *marschieren,* 26
March *der März,* 12
mark *die Note, –n,* 4; *die Mark, –,* 5; on your mark! get set! go! *auf die Plätze! fertig! los!* 13; one-mark piece *das Markstück, –e,* 20; German mark *die D-Mark (Deutsche Mark),* 34
marked *markiert,* 8
market *der Markt, ⸚e,* 22
marksman *der Schütze, –n,* 28
marry: to marry *heiraten,* 27
mascara *die Wimperntusche, –n,* 31
mast *der Mast, –en,* 35
match *der Wettkampf, ⸚e,* 13
material *das Material, –ien,* 34
math *die Mathe,* 4
matter: what's the matter? *was ist los?* 5; it doesn't matter *das macht nichts,* 17; *ganz gleich,* 36; what's the matter with the children? *was fehlt den Kindern?* 33; what I do doesn't matter *auf mich kommt es nicht an,* 40
may *dürfen,* 8; may be *kann sein,* 35
May *der Mai,* 12
maybe *vielleicht,* 5
me *mich,* 7; me, too! *ich auch!* 11
meadow *die Weide, –n,* 23; *die Wiese, –n,* 26
meal *das Essen,* 14; meal (time) *die Mahlzeit, –en,* 20
mean *bedeuten,* 8; *heissen,* 8; *meinen,* 28
mean *gemein,* 21
means: by all means *unbedingt,* 23; *ganz bestimmt,* 39
measles *die Masern* (pl), 33
measure *messen,* 9
meat *das Fleisch,* 15
mechanic *der Mechaniker, –,* 3
medical *ärztlich,* 39
medication *die Medikament, –e,* 33
medicine *die Medizin,* 33; portable medicine chest *die Hausapotheke, –n,* 33
meet *s. treffen,* 32; *begegnen,* 39
member *das Mitglied, –er,* 39
mention *erwähnen,* 39; don't mention it! *keine Ursache!* 26
menu *die Speisekarte, –n,* 20
merchandise: article of merchandise *die Ware, –n,* 39
messy *unordentlich,* 19
metal *das Metall, –e,* 34; lightweight metal *das Leichtmetall, –e,* 34; (made) out of metal *aus Metall,* 34

meter *der Meter, –, (m),* 9
midday meal *das Mittagessen, –,* 20
middle *die Mitte, –n,* 27; in the middle of November *Mitte November,* 27; in the middle of *mitten (in),* 34
Middle Ages *das Mittelalter,* 28
midnight: 30 minutes past midnight *null Uhr dreissig,* 22; at midnight *um Mitternacht,* 25
mile *die Meile, –n,* 10
milk *melken,* 38
milk *die Milch,* 14
milking machine *die Melkmaschine, –n,* 38
million *die Million, –en,* 28
minds: they changed their minds *sie haben es sich anders überlegt,* 32
mine *mein,* 5; mine, yours, etc. *meins, deins, usw.,* 32
mini-bus *der Kleinbus, –se,* 34
minus *minus,* 4
minute: let's listen for a minute *hören wir mal zu!* 10; give it to me a minute, will you? *gib mal eben her!* 32
mirror *der Spiegel, –,* 19
miss *danebegehen,* 36; to throw and miss *danebenwerfen,* 36
Miss *das Fräulein, –,* 3
mistake *der Fehler, –,* 32
misty *diesig,* 23
mixed *gemixt,* 37
moist *feucht,* 38
moped *das Moped, –s,* 37
model *das Modell, –e,* 30; photographer's model *das Fotomodell, –e,* 30
modern *modern,* 30
modest *bescheiden,* 32
mofa *das Mofa, –s (Motorfahrrad),* 37
mom *die Mutti, –s,* 7
moment *der Moment, –e,* 26; at that moment *da,* 21; just a moment *einen Moment,* 26; at the moment *gerade,* 30
Monday *der Montag,* 4
money *das Geld,* 5
monkey *der Affe, –n,* 11
month *der Monat, –e,* 12
monthly *monatlich,* 39
mood *die Stimmung,* 25; to put in the mood for a party *in Schwung bringen,* 25
more *mehr,* 7; more potato salad *noch Kartoffelsalat,* 7; don't you want any more leberkäs? *magst du keinen Leberkäs mehr?* 7; more and more popular *immer beliebter,* 30; all the more *um so mehr,* 36
morning *der Morgen, –,* 4; in the morning *morgens,* 13; yesterday morning *gestern vormittag,* 20
mosquito *die Mücke, –n,* 16
most *die meisten,* 14; most of all *am liebsten,* 6; *am meisten,* 30; at the most *höchstens,* 39
mother *die Mutter, ⸚,* 3; Mother's Day *der Muttertag, –e,* 15

motion *die Bewegung,* −*en,* 28; to be in motion *in Bewegung sein,* 30

motor *der Motor,* −*en,* 37

motor vehicle *das Fahrzeug,* −*e,* 37

motorcycle *das Motorrad,* ⸚*er,* 37

mountain *der Berg,* −*e,* 10; mtn. cabin *die Berghütte,* −*n,* 23; mtn. climber *der Bergsteiger,* −, 10; mtn. range *das Gebirge,* 10; down the mtn. *bergab,* 23; road through a mtn. pass *die Passstrasse,* −*n,* 23

mountainous *bergig,* 26

mouse *die Maus,* ⸚*e,* 26

mouth *der Mund,* ⸚*er,* 26

mouthwash *das Mundwasser,* 31

move *ziehen,* 26; *bewegen,* 27; *s. bewegen,* 30; move (into place) *einräumen,* 10; (everything) moved back into place *eingeräumt,* 19; to begin to move *sich in Bewegung setzen,* 28

movement *die Bewegung,* −*en,* 28

movie *der Film,* −*e,* 24

movies *das Kino,* −*s,* 32; to go to the movies *ins Kino gehen,* 32

mow *mähen,* 16

mower *der Mäher,* −, 16

mowing *das Grasmähen,* 38

Mr. *der Herr,* −*en,* 3

Mrs. *die Frau,* −*en,* 3

much *viel,* 4; how much *wieviel,* 5; as much as *soviel wie,* 40

mumps *der Mumps,* 33

museum *das Museum, Museen,* 22

mushroom *der Pilz,* −*e,* 26

music *die Musik,* 4; popular music *die Pop-Musik,* 24

musician *der Musikant,* −*en,* 28

must *müssen,* 8

mustard *der Senf,* 7

my *mein,* 3

mystery *der Krimi,* −*s,* 24

N

nail *der Nagel,* ⸚, 25; nail file *die Nagelfeile,* −*n,* 31; nail polish *der Nagellack,* 31; nail scissors *die Nagelschere,* −*n,* 31

name *nennen,* 7

name *der Name,* −*n,* 1; my name is *ich heisse,* 1; first name *der Vorname,* −*n,* 12; last name *der Nachname,* −*n,* 12

named: to be named *heissen,* 1

namely *nämlich,* 40

napkin *die Serviette,* −*n,* 14

narrow *eng,* 10

nasty *gehässig,* 14

nation *das Land,* ⸚*er,* 10

nationality: emblem identifying nationality *das Nationalitätszeichen,* −, 29

naturally *natürlich,* 14; *von Natur aus,* 31

nature *die Natur,* 24

near *bei,* 15; *nah,* 23; *in der Nähe,* 40

neat *ordentlich,* 32

necessary *notwendig,* 39

neck *der Hals,* ⸚*e,* 21

necktie *die Krawatte,* −*n,* 9

need *brauchen,* 4; to need to *brauchen . . . zu,* 30

negative(ly) *negativ,* 40

neighbor *die Nachbarin,* −*nen,* 11; *der Nachbar,* −*n,* 27

neighborhood *die Nachbarschaft,* −*en,* 39

nervous *nervös,* 27

nest *das Nest,* −*er,* 16

Netherlands *die Niederlande* (pl), 29

never *nie,* 22; never yet *noch nie,* 22

new *neu,* 9; what's new? *was gibt's Neues?* 6

news *die Nachrichten* (pl), 18; news of the day *die Tagesschau,* 24

newspaper *die Zeitung,* −*en,* 3; to be in the newspaper *in der Zeitung stehen,* 37

next *nächst-,* 25; to come next *dran sein,* 4; next to *bei,* 6; *neben,* 19; next to each other *nebeneinander,* 8; next year *im nächsten Jahr,* 25; next April *nächsten April,* 27

next-to-last *vorletzt-,* 39

nibble *naschen,* 7

nice *nett,* 10; *lieb,* 36; nice and wide *schön weit,* 17; half as nice *halb so schön,* 36; it would be nice of you *es wäre lieb von dir,* 36

nicest: nicest of all *am schönsten,* 28

nickname *der Spitzname,* −*n,* 7; *der Kosename,* −*n,* 29

night *die Nacht,* ⸚*e,* 6; good night! *gute Nacht!* 6; night table *der Nachttisch,* −*e,* 19

nine *neun,* 1

nineteen *neunzehn,* 1

ninety *neunzig,* 4

no *nein,* 1; to say no *neinsagen,* 11; oh, no! *au weh!* 27; no one *keiner,* 34

nobles *die Edelleute* (pl), 28

nobody *niemand,* 22; *keiner,* 35

noise *der Krach,* 23; *der Lärm,* 36

noodles: swabian noodles *die Spätzle* (pl), 20

none: none at all *gar kein,* 37

nonsense *der Quatsch,* 32

normal *normal,* 9

north *der Norden,* 18; north (of) *nördlich (von),* 10

northeast *der Nordost,* 18

northwest *der Nordwest,* 18; out of the northwest *aus dem Nordwesten,* 18

nose *die Nase,* −*n,* 21

not *nicht,* 1; not any *kein,* 7; not at all *gar nicht,* 23; not only . . . but also . . . *nicht nur . . . sondern auch . . .* 26; not until *erst,* 32

notebook *das Heft,* −*e,* 4

nothing *nichts,* 6; nothing at all *überhaupt nichts,* 32; *gar nichts,* 36

notice *merken,* 27

notion *die Ahnung,* −*en,* 8

November *der November,* 12

now *jetzt,* 2; *nun,* 3; right now *gerade,* 30; now and then *ab und zu,* 31

number *die Zahl,* −*en,* 1; *die Nummer,* −*n,* 6

nut *die Nuss,* ⸚*e,* 7

nylon *das Nylon,* 34

O

oak tree *die Eiche,* −*n,* 26

oar *das Ruder,* −, 35

observe *beachten,* 8; *beobachten,* 30

occasion *das Ereignis,* −*se,* 25

occupied *besetzt,* 22

occupy: to occupy o.s. with *s. beschäftigen mit,* 30

o'clock: at 6 o'clock *um sechs Uhr,* 5

October *der Oktober,* 12

of *von,* 15

off: afternoon off *freier Nachmittag,* 39; to fall off a bike *vom Rad fallen,* 33

offer *bieten,* 10

office *das Büro,* −*s,* 3

officer: police officer *der Polizist,* −*en,* 39

often *oft,* 16

oh! *ach!* 2; *auweh!* 37; oh, dear! *oje!* 4

oil *das Öl,* 29

oils: containing fats and oils *fetthaltig,* 31

okay *ja, gut,* 5; *gut!* 6; *O.K.* 7; *na gut!* 32; *schön,* 28; *schon gut!* 32; okay then *also,* 32; that's okay with Peter *dem Peter ist das recht,* 32

old *alt,* 1; old part of the city *die Altstadt,* ⸚*e,* 28

Olympics *die Olympiade,* 34

on *an,* 19; *auf,* 19; *weiter-* (pref), 11; on July 22 *am 22. Juli,* 21; on (this) birthday *zum Geburtstag,* 17; on Saturday *am Samstag,* 7; on J. S. Bach Street *in der J.-S.-Bach-Strasse,* 19; on Monday *am Montag,* 27

once *einmal,* 25; once again *noch einmal,* 6; once a year *einmal im Jahr,* 25

one *eins,* 1; *man,* 8; one (of them) *einer,* 32

ones: the first ones *die ersten,* 7

one-way (ticket) *einfach,* 22

onion *die Zwiebel,* −*n,* 37

only *nur,* 6; *erst,* 21; *bloss,* 23; *einzig,* 29; *nur noch,* 37; the only ones *die einzigen,* 23; only the second time *erst das zweite Mal,* 28; if only I would win 20 marks! *wenn ich doch nur 20 Mark gewinnen würde!* 36

onward *weiter ging's,* 26

open *aufmachen*, 17; *öffnen*, 18; *aufschlagen*, 27; *eröffnen*, 39

open *auf*, 35; open house *Tag der offenen Tür*, 39; in the open air *in der freien Natur*, 40

operation *die Operation*, –en, 33

opinion *die Meinung*, –en, 39; to be of the opinion *meinen*, 9; have an opinion about *halten von*, 24; in my opinion *meiner Meinung nach*, 27

opponent *die Gegnerin*, –nen, 13

opportunity *die Chance*, –n, 39

or *oder*, 2; either/or *entweder/oder*, 37

orange *die Apfelsine*, –n, 15

orchestra *das Orchester*, –, 25; school orchestra *das Schulorchester*, –, 27

order *bestellen*, 14

order *die Ordnung*, 19; there has to be order! *Ordnung muss sein!* 19; in order to . . . *um . . . zu . . .*, 26

orderly *ordentlich*, 32

ordinary *gewöhnlich*, 30

organ *die Orgel*, –n, 30

organist *der Orgelspieler*, –, 30

organization *der Verein*, –e, 40

originate *entspringen*, 35

other *andere*, 3; the others *die anderen*, 7; on the other side *auf der anderen Seite*, 19; each other *einander*, 27; the other one *die andre*, 32

otherwise *sonst*, 32

our *unser*, 1

out (of) *aus*, 15; *raus*, 33; *draussen*, 37; to put out *ausmachen*, 26; out of all hobbies *von allen Hobbys*, 30; I have to go out *ich muss weg*, 31; to go out *ausgehen*, 32

outfit: ski outfit and equipment *die Schiausrüstung*, –en, 34

outfitted (adj) *ausgerüstet*, 35

outing *der Ausflug*, ⸚e, 8; to go on an outing *einen Ausflug machen*, 8

outside *draussen*, 37; outside the city limits *vor der Stadt*, 28

outskirts: on the outskirts of the city *vor der Stadt*, 28

outspoken *forsch*, 32

oval *oval*, 29

over *über*, 10; *zu Ende*, 26; over here *her-* (pref), 11; over there *dort drüben*, 22; to be over *vorbei sein*, 27; come over sometime! *komm doch mal vorbei!* 28; over (s.th.) *drüber*, 29; to be over *zu Ende gehen*, 36; over there *drüben*, 36

overcast *bewölkt*, 18; *bedeckt*, 18

overnight: to stay overnight *übernachten*, 14

overtime *die Überstunden* (pl), 37; work overtime *Überstunden machen*, 37

owe *schulden*, 14

own *besitzen*, 30

own (adj) *eigen*, 27

owner *der Inhaber*, –, 15

ox *der Ochse*, –n, 36

oxygen *der Sauerstoff*, 40

P

pace *der Schritt*, –e, 13

pack up *zusammenpacken*, 21; *einpacken*, 26

package *das Päckchen*, –, 17

packaged (adj) *verpackt*, 40

paddle *das Paddel*, –, 29; paddle boat *das Paddelboot*, –e, 35

page *die Seite*, –n, 4

pain *der Schmerz*, –en, 33

paint *lackieren*, 31; to paint on *bemalen*, 25

paintbrush *der Pinsel*, –, 25

pair *das Paar*, –e, 9

pajamas *der Schlafanzug*, ⸚e, 17

palace *der Hof*, ⸚e, 22

pale *blass*, 26

pamphlet *der Prospekt*, –e, 29

pansy *das Stiefmütterchen*, –, 16

pants *die Hose*, –n, 9

pantsuit *der Hosenanzug*, ⸚e, 17

paper *das Papier*, –e, 4; small piece of paper *der Zettel*, –, 35

paper cup *der Pappbecher*, –, 37

parade *der Umzug*, ⸚e, 28; Fasching parade *der Faschingsumzug*, ⸚e, 36

pardon? *wie bitte?* 6

parent *der Elternteil*, –e, 39; parents *die Eltern* (pl), 3

park *parken*, 28

park *der Park*, –s, 22; *die Grünanlage*, –n, 40

parka *der Anorak*, –s, 34

parking lot *der Parkplatz*, ⸚e, 23; parking space *die Parklücke*, –n, 37

part *der Teil*, –e, 23; *die Rolle*, –n, 27; in part *zu einem Teil*, 38

partially *zu einem Teil*, 38

participant *der Mitspieler*, –, 28

participate *mitmachen*, 26

participation *die Teilnahme*, 37

particle *das Teilchen*, –, 40

partner *die Dame*, –n, 32; *der Partner*, 32

party *die Party*, –s, 7; *die Feier*, –n, 25

pass (in traffic) *überholen*, 8; (food, etc.) *reichen*, 20; (a test) *bestehen*, 25; (time) *vergehen*, 26; to pass along (an illness) *anstecken*, 33

passport *der Pass*, ⸚e, 22; passport inspection *die Passkontrolle*, –n, 22; passport photo *das Passbild*, –er, 37

past: in the past year *im vergangenen Jahr*, 30

pastime *der Zeitvertreib*, 30

pasture *die Weide*, –n, 23; Alpine pasture *die Alm*, –en, 38

path *der Weg*, –e, 10; *der Pfad*, –e, 26

patience *die Geduld*, 30

patient *der Patient*, –en, 33

pause *die Pause*, –n, 26

pay *zahlen*, 20

pay *der Verdienst*, 37; *die Bezahlung*, –en, 39; *der Lohn*, ⸚e, 39

peace *die Ruhe*, 10

peach *der Pfirsich*, –e, 15

peak *der Gipfel*, –, 23

pear *die Birne*, –n, 15

pedestrian *der Fussgänger*, –, 8; pedestrian mall *die Fussgängerzone*, –n, 22

pencil *der Bleistift*, –e, 4; pencil case *das Etui*, –s, 4; pencil sharpener *der Spitzer*, –, 4

people *man*, 8; *die Leute* (pl), 14; *das Volk*, ⸚er, 28

per *je*, 40

percent: fifty percent *50% (fünfzig Prozent)*, 30

perfect(ly) *ausgezeichnet*, 9

perform *verrichten*, 16; *aufführen*, 27

performance *die Aufführung*, –en, 27; *die Vorstellung*, –en, 36

perfume *das Parfüm*, –s, 31

period: German class period *die Deutschstunde*, –n, 27; period of apprenticeship *die Lehrzeit*, 39

permanent wave *die Dauerwelle*, –n, 31

permitted: was permitted to *durfte*, 20

person *die Person*, –en, 19; *der Mensch*, –en, 23

persuade *überreden*, 32

pet *streicheln*, 11

pet store *die Tierhandlung*, –en, 11; *der Zoo*, –, 11

pharmacist *der Apotheker*, –, 3

pharmacy *die Apotheke*, –n, 33

phone *telefonieren*, 6

phone *der Apparat*, –e, 6; *das Telefon*, –e, 6; phone booth *die Telefonzelle*, –n, 6

photo *die Aufnahme*, –n, 30; *das Foto*, –s, 30; black-and-white photo *die Schwarzweissaufnahme*, –n, 30; passport photo *das Passbild*, –er, 37

photograph *fotografieren*, 11; to photograph in color *farbig fotografieren*, 30

photographer *der Fotograf*, –en, 30

photography *das Fotografieren*, 30

physical(ly) *körperlich*, 39

piano *das Klavier*, –e, 5; piano player *der Klavierspieler*, –, 30

pick out *auswählen*, 24

pick up *abholen*, 21

pickle *die Gurke*, –n, 37

picnic *das Picknick*, –s, 26; picnic area *der Picknickplatz*, ⸚e, 26; to have a picnic *ein Picknick machen*, 26

picture *das Bild*, –er, 3; *die Aufnahme*, –n, 30; animal picture *das Tierfoto*, –s, 30; color picture *das Farbbild*, –er, 30; to take pictures *Bilder machen*, 26; to take a picture *eine Aufnahme, ein Foto machen*, 30

picturesque *malerisch*, 29

piece *das Stück*, –e, 15; two pieces

of cheese *zwei Stück Käse*, 15; one-mark piece *das Markstück, -e*, 20; small piece of paper *der Zettel, -*, 35

pier *der Steg, -e*, 35

pig *das Schwein, -e*, 38

piggy bank *die Sparbüchse, -n*, 38

pill *die Tablette, -n*, 33

pillow *das Kissen, -*, 19

pirate *der Pirat, -en*, 36

place *stellen*, 19; to place o.s. *s. hinstellen*, 26

place *der Ort, -e*, 12; *der Platz, ̈e*, 13; *die Stelle, -n*, 23; to take place *stattfinden*, 13; to be in first place *an erster Stelle stehen*, 30; in place *auf dem Platz*, 32; place of birth *der Geburtsort, -e*, 39

plain *einfach*, 37

plan *planen*, 7; *vorhaben*, 9

plan *der Plan, ̈e*, 27

plant *anbauen*, 38; *pflanzen*, 40

plant *die Pflanze, -n*, 16; house plant *die Zimmerpflanze, -n*, 40

plaster (cast) *der Gips*, 33

plastic *das Plastik, -s*, 34; plastic bag *der Plastiksack, ̈e*, 16

plate *der Teller, -*, 20

play *spielen*, 2; do you want to play? *spielst du mit?* 2

play *das Spiel, -e*, 27; *das Stück, -e*, 27; *das Theaterstück, -e*, 27; to put on a play *Theater spielen*, 27

playground *der Spielplatz, ̈e*, 40

plaza *der Platz, ̈e*, 22

please *gefallen*, 17

please *bitte*, 5

pleasure *das Vergnügen*, 36

plum *die Pflaume, -n*, 15

plus *plus*, 4

point: to point to *zeigen auf*, 26

poison *vergiften*, 40

poison *das Gift, -e*, 40

poisonous *giftig*, 26

pole: (ski) pole *der Stock, ̈e*, 34

police *die Polizei*, 37; by the police *polizeilich*, 37; police officer *der Polizist, -en*, 39

polish *lackieren*, 31

polite *höflich*, 32

pollute *verschmutzen*, 40

polluted *verschmutzt*, 40; *verseucht*, 40

pollution *die Verschmutzung*, 40

poor *arm*, 26

popcorn *das Popcorn*, 26

popular *populär*, 5; *beliebt*, 30

population *die Bevölkerung*, 38

pork *das Schweinefleisch*, 15; pork chop *das Schweinskotelett, -s*, 15

Porsche *der Porsche, -*, 29

portable radio *das Kofferradio, -s*, 40

portion *der Ausschnitt, -e*, 27

position *die Stelle, -n*, 39; apprentice position *die Lehrstelle, -n*, 39

possess *besitzen*, 30

possibility *die Möglichkeit, -en*, 39

possible *möglich*, 34; that's not possible *das geht nicht*, 36

post office *die Post*, 12; *das Postamt, ̈er*, 12; to the post office *auf die Post*, 12

postcard: picture postcard *die Ansichtskarte, -n*, 26

poster *das Poster, -s*, 19; *das Plakat, -e*, 25

posterboard *die Pappe*, 25

postpone *verschieben*, 25; to postpone for half an hour *um eine halbe Stunde verschieben*, 25; to postpone until *verschieben auf*, 35

potato *die Kartoffel, -n*, 20; potato chips *die Kartoffelchips* (pl), 7; potato salad *der Kartoffelsalat*, 7

pound *schlagen*, 27

pound *das Pfund, -e*, 15; two pounds of meat *zwei Pfund Fleisch*, 15

pour *einfüllen*, 14

practice *üben*, 27

practice *das Training*, 35

preferably *lieber*, 13

preferred: I preferred my old skis *mir waren meine alten Schier lieber*, 34

preparation *die Vorbereitung, -en*, 27

prepare *vorbereiten*, 25; *zubereiten*, 38; to prepare for *s. vorbereiten auf*, 36

prepared: to be prepared to *bereit sein zu*, 35

prescribe *verschreiben*, 33

prescription *das Rezept, -e*, 33

present *das Geschenk, -e*, 17

present: at the present time *zur Zeit*, 39

press *mangeln*, 14; *drücken*, 24

pretty *schön*, 8; *hübsch*, 26; really pretty hot *ganz schön heiss*, 33

pretzel *die Brezel, -n*, 7

prevail *herrschen*, 36

price *der Preis, -e*, 17; worth the price *preiswert*, 9

pride *der Stolz*, 27

prince *der Fürst, -en*, 28

princess *die Prinzessin, -nen*, 28

principal *der Schuldirektor, -en*, 21; *der Rektor, -en*, 25

print *der Abzug, ̈e*, 30; color print *das Farbbild, -er*, 30

private *privat*, 40

prize *der Preis, -e*, 25

probably *wohl*, 20

procession *der Festzug, ̈e*, 28; wedding procession *der Hochzeitszug, ̈e*, 28

produce *herstellen*, 27; *erzeugen*, 38; *produzieren*, 40

profession *der Beruf, -e*, 3; by profession *von Beruf*, 28

profit *der Profit, -e*, 25

program *das Programm, -e*, 24

progressive *fortschrittlich*, 39

prom *der Ball, ̈e*, 25

promote *fördern*, 30

proof *der Nachweis, -e*, 37

proper *richtig*, 26

properly: to learn to dance properly *vernünftig tanzen lernen*, 32

proprietor *der Inhaber, -*, 15

protect *schonen*, 31

proud *stolz*, 23; to be proud of *stolz sein auf*, 40

provide *vermitteln*, 37

public *öffentlich*, 40; public square *der Platz, ̈e*, 22 in public *in der Öffentlichkeit*, 40

puck *der Puck, -s*, 34; *die Scheibe, -n*, 34

pudding *der Pudding, -s*, 20

pull *ziehen*, 33

pullover *der Pullover, -*, 9; *der Pulli, -s*, 17

pump: foot pump *die Fusspumpe, -n*, 29

pump up *aufpumpen*, 8

punctual(ly) *pünktlich*, 22

pupil *der Schüler, -*, 4

puppet *die Puppe, -n*, 27

puppet show *das Puppenspiel, -e*, 27

pure *rein*, 40

purpose *der Zweck, -e*, 37

pursue *ausüben*, 30

push *schieben*, 23; *drücken*, 24

put *stecken*, 6; *legen*, 19; *setzen*, 19; *stellen*, 19; put in (cassette) *einlegen*, 5; put on (records) *auflegen*, 5; (clothing) *anziehen*, 17; *s. anziehen*, 21; *s. etwas aufsetzen*, 21; (cream, oil) *s. einreiben*, 21; (make-up) *auftragen auf*, 31; *s. schminken*, 31; to put in a cast *in Gips legen*, 33

puzzle: to do a jigsaw puzzle *puzzeln*, 2

Q

quarrel *streiten*, 29

quarters: living quarters *die Wohnräume* (pl), 38

quiet *still*, 34

quite: quite hot *ganz schön heiss*, 33

R

rabbit *der Hase, -n*, 11

radar: radar trap *die Radarfalle, -n*, 29

radio *das Radio, -s*, 5; portable radio *das Kofferradio, -s*, 40

radish *das Radieschen, -*, 15

railroad platform *der Bahnsteig, -e*, 22

rain *regnen*, 18; it's raining *es regnet*, 18

rain *der Regen*, 18

raincoat *der Regenmantel, ̈*, 8

rainy *regnerisch*, 18

raise *heben*, 4; *züchten*, 11; to raise

(pigs) *(Schweine) halten,* 38
rake *rechen,* 16; to rake up *zusammenrechen,* 38
rake *der Rechen, –,* 16
rate *bewerten,* 27
rather *lieber,* 13; *ziemlich,* 19
razor blade *die Rasierklinge, –n,* 31
reach *erreichen,* 13
read *lesen,* 3; the thermometer reads *das Thermometer zeigt,* 18; to read aloud *vorlesen,* 34
ready *fertig,* 13; *bereit,* 35; to be ready so *weit sein,* 27; to get ready *s. fertigmachen,* 31
real *echt,* 24; *richtig,* 26
really *endlich mal,* 9; *wirklich,* 10; *überhaupt,* 32; *richtig,* 37; really? so? *14;* really pretty hot *ganz schön heiss,* 33
reason *der Grund, ⸚e,* 14; what's the reason for that? *woran liegt das?* 35
reasonable *preiswert,* 9; *vernünftig,* 32
receive *bekommen,* 4; *erhalten,* 38
receiver *der Hörer, –,* 6
recently: as recently as yesterday *gestern noch,* 16
receipt *der Kassenzettel, –,* 17
recess *die Pause, –n,* 4
recognize *erkennen,* 40
recommend *empfehlen,* 33
record *die Platte, –n,* 5; *die Schallplatte, –n,* 30; record player *der Plattenspieler, –,* 5; record shop *der Plattenladen, ⸚,* 5
records: to set records *Rekorde aufstellen,* 36
red *rot,* 2
Red Cross *das Rote Kreuz,* 36
reduce *herabsetzen,* 40
refresh *erfrischen,* 31
refrigerator *der Kühlschrank, ⸚e,* 25
register *s. anmelden,* 37
regret *bereuen,* 31
regular (gas) *das Normal(benzin),* 29
regular(ly) *regelmässig,* 32
regulation *die Vorschrift, –en,* 40
rehearsal *die Probe, –n,* 27
rehearse *proben,* 27
reign *regieren,* 36
relative *der Verwandte, –n,* 39
relative(ly) *verhältnismässig,* 38
relax *s. ausruhen,* 21; *entspannen,* 30
relaxation *die Erholung,* 10
remain *bleiben,* 5
remember *s. erinnern an,* 32; *s. merken,* 35; do you still remember? *wissen Sie noch?* 14
rent (to) *vermieten (an),* 19
rent (from) *mieten,* 10
repair *reparieren,* 3
repeat *wiederholen,* 27
reply *erwidern,* 26
report *berichten,* 12
report: short report *der Kurzbericht, –e,* 24; weather report *der Wetterbericht, –e,* 18
report card *das Schulzeugnis, –se,* 39

reputation *der Ruf,* 32
require *verlangen,* 30; *benötigen,* 40
rescue *retten,* 27
resident *der Einwohner, –,* 22
respectfully *hochachtungsvoll,* 39
responsibility *die Pflicht, –en,* 39
responsible: to be responsible for *verantwortlich sein,* 39
rest *s. ausruhen,* 21; *rasten,* 38
rest *die Erholung,* 10
restaurant *das Lokal, –e,* 14; fast-food restaurant *das Billig-Restaurant, –s,* 37
rested *(adj) ausgeruht,* 34
result *das Ergebnis, –se,* 22
résumé *der Lebenslauf, ⸚e,* 39
Rhine River *der Rhein,* 40
rich *reich,* 27
ride *reiten,* 2; *fahren,* 8
ride *die Fahrt, –en,* 22
rifle *das Gewehr, –e,* 36
right *richtig,* 4; *rechts,* 8; *recht-,* 32; on the right *rechts,* 8; right away *sofort,* 12; *gleich,* 14; to be right *recht haben,* 26; that's right *das stimmt,* 27
right *das Recht, –e,* 39
right-of-way *die Vorfahrt,* 37
ring *klingeln,* 6; *schallen,* 38
rise *steigen,* 18; *aufgehen,* 27; *entspringen,* 35; *ansteigen,* 40; to rise (to) *steigen (auf),* 40
river *der Fluss, ⸚e,* 8; (big) river *der Strom, ⸚e,* 40
roast *der Braten, –,* 20
role *die Rolle, –n,* 27
roll *die Semmel, –n,* 7; *das Brötchen, –,* 15
roll up (hair) *eindrehen,* 31
room *der Platz,* 10; *das Zimmer, –,* 14; *der Raum, ⸚e,* 26; to have room *Platz haben,* 10; to have no more room *keinen Platz mehr haben,* 19; main room (of a restaurant or lodge) *die Gaststube, –n,* 34
rooster *der Hahn, ⸚e,* 38
rose *die Rose, –n,* 16
rouge *das Rouge,* 31
round trip *hin und zurück,* 22; round-trip ticket *die Rückfahrkarte, –n,* 22
route: en route *unterwegs,* 8
row *rudern,* 35
rub: to rub o.s. *s. reiben,* 21; (with cream, oil) *s. einreiben,* 21
rubber *der Gummi,* 34
rudder *das Ruder, –,* 35
rule *herrschen,* 36; *regieren,* 36
rule *die Regel, –n,* 40; as a rule *in der Regel,* 40
ruler *das Lineal, –e,* 4
rumba *die Rumba,* 32
run *laufen,* 13; *rennen,* 23; to run around *umherlaufen,* 4; to run away *weglaufen,* 11; *davonlaufen,* 26; to run down *hinunterlaufen,* 13; to run after *nachlaufen,* 32
rural *ländlich,* 40

S

sacrifice *opfern,* 35
sad *traurig,* 24
sail *segeln,* 35
sail *das Segel, –,* 35
sailboat *das Segelboot, –e,* 35
sailing: sailing instruction *der Segelunterricht,* 35; sailing instructor *der Segellehrer, –,* 35; sailing course *der Segelkurs, –e,* 37
salad *der Salat, –e,* 20
salamander *der Molch, –e,* 16
sale *der Verkauf,* 25
salesperson *der Vertreter, –,* 14; *der Verkäufer, –,* 11
salt *das Salz,* 15
salutation *die Anrede, –n,* 12
same *gleich-,* 35; the same to you *gleichfalls,* 20; the same thing *dasselbe,* 27; the same *denselben (dieselben),* 34; on the same evening *am selben Abend,* 37; it's all the same to me *es ist mir gleich,* 39; the same thing *das gleiche,* 40
sand *der Sand,* 21
sandal *die Sandale, –n,* 17
sandwich *das Brot, –e,* 25; open-faced sandwiches *belegte Brote,* 25
sandy *sandig,* 29
Saturday *der Sonnabend,* 4; *der Samstag,* 7
sausage (sausage meats) *die Wurst, ⸚e,* 15; *die Bratwurst, ⸚e,* 15; pork sausage *das Schweinswürstl, –,* 36
save *aufheben,* 17; *retten,* 27; *freihalten,* 32; to save for *sparen für,* 36
say *sagen,* 2; a sign says *auf einem Schild steht,* 23; say! *sag mal!* 28; as it says on the label *wie es auf dem Etikett steht,* 33; that is to say *nämlich,* 40
scarf (head) *das Kopftuch, ⸚er,* 17; (neck) *das Halstuch, ⸚er,* 17
scar *die Narbe, –n,* 33
scene *die Szene, –n,* 27
scenery *die Landschaft, –en,* 23; *das Bühnenbild, –er,* 27; *die Kulisse, –n,* 27
schedule (school) *der Stundenplan, ⸚e,* 4; (train) *der Fahrplan, ⸚e,* 22; (TV) *das Fernsehprogramm, –e,* 24
school *die Schule, –n,* 4; school bag *die Schultasche, –n,* 4; no school because of the hot weather *hitzefrei,* 21; school field-day *das Schulsportfest, –e,* 13; to go to school *zur Schule gehen,* 16; *die Schule besuchen,* 39; academic secondary school *das Gymnasium, –ien,* 25
schooling *die Schulbildung, –en,* 39
schoolyard *der Hof, ⸚e,* 4
scientific(ally) *wissenschaftlich,* 40
scissors *die Schere, –n,* 25
score *die Leistung, –en,* 13
scratch *kratzen,* 11
scream *schreien,* 36

script *der Text, –e,* 27
script-writing *das Texten,* 27
scythe *die Sense, –n,* 38
sea *das Meer, –e,* 35
seat *der Platz, ⸚e,* 22; *der Sitzplatz, ⸚e,* 28; (of chair lift) *der Sessel, –,* 34; to take a seat *Platz nehmen,* 29
second *zweit- ,* 28
second *die Sekunde, –n,* 13
secondary: secondary school student *der Oberschüler, –,* 32
secure *befestigen,* 35
see *sehen,* 4; *schauen,* 5; *besichtigen,* 39; go and see what the weather's like *schau mal nach dem Wetter!* 18; to see to *achten auf,* 39
seldom *selten,* 4
select *aussuchen,* 27
selection *die Auswahl,* 37
self: myself, yourself, etc. *selbst,* 27
self-service: self-service store *der Selbstbedienungsladen, ⸚,* 37
sell *verkaufen,* 25
send *schicken,* 13; to send to *schicken an,* 25; to send along with *mitgeben,* 33
sender *der Absender, –,* 12
sensation *die Sensation, –en,* 39
sensible *vernünftig,* 32
September *der September,* 12
serious(ly) *ernsthaft,* 30; *ernst,* 32; *im Ernst,* 35
serve *bedienen,* 7
set *setzen,* 19; (the table) *decken,* 20; to set records *Rekorde aufstellen,* 36
set: stage set *das Bühnenbild, –er,* 27; *die Kulisse, –n,* 27
seven *sieben,* 1
seventeen *siebzehn,* 1
seventy *siebzig,* 4
several *einige,* 14; *ein paar,* 15; *mehrere,* 28
severe *heftig,* 33; *schwer,* 33
sew *nähen,* 3
sewing machine *die Nähmaschine, –n,* 36
shade *der Schatten, –,* 21
shampoo *das Shampoo, –s,* 31
sharp *scharf,* 24; a sharp guy! *ein fescher Junge!* 32
sharpen *schärfen,* 38
shave: to shave (o.s.) *s. rasieren,* 31
shaver *der Rasierapparat, –e,* 31
shaving: for shaving *zum Rasieren,* 31; shaving lotion *das Rasierwasser,* 31
she *sie,* 1
sheep *das Schaf, –e,* 38
shelf *das Regal, –e,* 39
shift (gears) *schalten,* 37
shilling (Austrian monetary unit) *der Schilling, –,* 34
shine *scheinen,* 18
ship *das Schiff, –e,* 22
shirt *das Hemd, –en,* 9
shoe *der Schuh, –e,* 9
shoot *schiessen,* 36

shooting gallery *die Schiessbude, –n,* 36
shop *einkaufen,* 15
short *kurz,* 7; *klein,* 7; a short way *ein kurzes Stück,* 34
shortcoming *der Fehler, –,* 32
shortly: shortly before seven *kurz vor sieben,* 18
shot *der Schuss, ⸚e,* 36
should *sollen,* 8
shout *rufen,* 5
show *zeigen,* 16; to show consideration for *Rücksicht nehmen auf,* 40
show *die Vorführung, –en,* 26; *die Vorstellung, –en,* 36
shower *die Dusche, –n,* 31; to take a shower *s. duschen,* 31; *unter die Dusche gehen,* 31
shut off *abstellen,* 18
shy *schüchtern,* 32
sick *krank,* 33; Marita feels sick *der Marita ist schlecht,* 26
sickly *kränklich,* 40
sickness *die Krankheit, –en,* 33
side *die Seite, –n,* 19
sidewalk *der Bürgersteig, –e,* 36
sideways *seitwärts,* 32
sight *der Anblick, –e,* 26
sign *unterschreiben,* 39; to sign up for a test *sich zur Prüfung anmelden,* 37
sign *das Schild, –er,* 8; *das Zeichen, –,* 8; astrological sign *das Sternzeichen, –,* 32
signature *die Unterschrift, –en,* 12
significance *die Bedeutung, –en,* 39
signpost *der Wegweiser, –,* 23
silence *das Schweigen,* 26
silly *blöd,* 18
silver *das Silber,* 23
silverware *das Besteck, –e,* 20
simple *einfach,* 29
simply *einfach,* 26
since *seit,* 27; since then *seitdem,* 32;
sincerely *mit freundlichen Grüssen,* 33
sing *singen,* 5
single *einzig,* 29; *einfach,* 37; not one single thing more *kein einziges Stück mehr,* 29
Sirs: Dear Sirs: *Sehr geehrte Herren!* 39
sister *die Schwester, –n,* 2; brothers and sisters *die Geschwister* (pl), 19
sit *sitzen,* 3; to sit down *s. setzen,* 21; *Platz nehmen,* 29; *s. hinsetzen,* 32; may I sit here? *ist hier noch frei?* 22
six *sechs,* 1
sixteen *sechzehn,* 1
sixty *sechzig,* 4
size *die Grösse, –n,* 9
ski *Schi laufen,* 10; *Schi fahren,* 34
ski *der Schi, –er,* 34; ski area *das Schigelände, –,* 34; ski boot *der Schistiefel, –n,* 34; ski lift *der Lift, –s,* 34; ski slope *der Schihang, ⸚e,* 34
skier *der Schiläufer, –,* 10; *der Schi-*

fahrer, –, 34
skiing: skiing lessons *der Schikurs, –e,* 37
skillful *geschickt,* 32
skim: to skim off the cream *entrahmen,* 38
skin *die Haut, ⸚e,* 31
skirt *der Rock, ⸚e,* 17
sky *der Himmel,* 18
sled *der Schlitten, –,* 34
sledding: to go sledding *rodeln,* 34; *schlitten fahren,* 34
sleep *schlafen,* 10
sleeping bag *der Schlafsack, ⸚e,* 29
slice *die Scheibe, –n,* 37
slicker *die Öljacke, –n,* 35
slide: color slide *das Dia, –s,* 28
slope *der Hang, ⸚e,* 34; on the slope *am Hang,* 34
sloppy *schlampig,* 32
slowly *langsam,* 23
small *klein,* 3
smart *klug,* 32; *fesch,* 37
smell *riechen,* 31
smoked (adj) *geräuchert,* 36
smooth *glätten,* 31
smooth (adj) *glatt,* 31
snail *die Schnecke, –n,* 16
snake *die Schlange, –n,* 11
snap: to snap a picture *knipsen,* 26
snapshot *der Schnappschuss, ⸚e,* 30
sneaker *der Turnschuh, –e,* 23
snow *schneien,* 18; it's snowing *es schneit,* 18
snow *der Schnee,* 18; snow-covered *verschneit,* 34
snowplow *der Schneepflug, ⸚e,* 34
so *so,* 4; so long! *tschüs!* 6; is that so? *so?* 14; so that *damit,* 16; so what? *na und?* 31
so-called *sogennant,* 30
soap *die Seife, –n,* 31
soccer *der Fussball,* 2; soccer ball *der Fussball, ⸚e,* 2
social studies *die Sozialkunde,* 4
sock *die Socke, –n,* 9; *der Strumpf, ⸚e,* 17
sofa *das Sofa, –s,* 19
soft *leise,* 5; *weich,* 26
sold out (adj) *ausverkauft,* 28
soldier *der Soldat, –en,* 28
some *manche,* 7; *ein paar,* 12; *einige,* 14
somebody *einer,* 35
someday *einmal,* 19
someone *jemand,* 22
sometimes *manchmal,* 11; sometimes . . . sometimes *mal . . . mal,* 18
something *etwas,* 7; something else *was andres,* 2; *noch was,* 15; something else besides *noch was andres,* 7; something else for a change *mal was andres,* 10; something cold (warm) *etwas Kaltes (Warmes),* 7; something (good) for *etwas (Gutes) gegen,* 33
somewhat *etwas,* 16

son *der Sohn, ⸚e,* 3

song *das Lied, −er,* 26

soon *bald,* 7; so soon again *schon wieder,* 7

sore: sore throat *die Halsschmerzen (pl),* 33

sorry: I'm sorry *das tut mir aber leid!* 17

so-so *soso,* 37

sound *klingen,* 26; *schallen,* 38

sound *der Ton, ⸚e,* 24

soup *die Suppe, −n,* 20; soup of the day *die Tagessuppe, −n,* 20

soupspoon *der Suppenlöffel, −,* 20

south *der Süden,* 18; south (of) *südlich (von),* 10

southeast *der Südost,* 18

Southern Germany *(das) Süddeutschland,* 29

southwest *der Südwest,* 18

souvenir *das Andenken, −,* 26

space *der Platz,* 10; parking space *die Parklücke, −n,* 37

spade *der Spaten, −,* 16

Spain *(das) Spanien,* 40

speak *sprechen,* 4; Radler speaking *hier Radler,* 6

special *besonder,* 27; *Sonder-* (noun pref), 32; special offer *das Sonderangebot, −e,* 5

spectator *der Zuschauer, −,* 27

speech *die Rede, −n,* 25; to give a speech *eine Rede halten,* 25

spend *ausgeben,* 25; (time) *verbringen,* 10

spider *die Spinne, −n,* 16

splash *anspritzen,* 21

splendid *herrlich,* 10

spoilsport *der Spielverderber, −,* 32

sponge *der Schwamm, ⸚e,* 4

sport(s) *der Sport,* 2; sports roundup *die Sportschau,* 24; school sports *der Schulsport,* 13; to go in for sports *Sport treiben,* 32; winter sport *der Wintersport,* 34; water sport *der Wassersport,* 35

sporting goods store *das Sportgeschäft, −e,* 34

sporty *sportlich,* 29

spot *die Stelle, −n,* 23; *die Fläche, −n,* 23

sprain *verstauchen,* 33; to sprain one's (foot) *sich (den Fuss) verstauchen,* 33

spread out *ausbreiten,* 21

spring *der Frühling,* 18 *das Frühjahr,* 40

stable *der Stall, ⸚e,* 38

stag *der Hirsch, −e,* 11

stage *die Bühne, −n,* 27

stairs *die Treppe, −n,* 19

stall *stehenbleiben,* 37

stamp *die Briefmarke, −n,* 12 *die Marke, −n,* 30; 50-Pfenning stamp *die 50-Pfennig-Marke, −n,* 12; stamp catalog *der Briefmarkenkatalog, −e,* 30; stamp collecting *das Briefmar-* kensammeln, 30; stamp collector *der Briefmarkensammler, −,* 30; special-issue stamp *die Sondermarke, −n,* 30

stand *stehen,* 13; to go and stand *s. hinstellen,* 26; to stand in line *s. anstellen,* 34

standard of living *der Lebensstandard, −s,* 40

standing room *der Stehplatz, ⸚e,* 23

stapler *die Heftmaschine, −n,* 25

star *der Stern, −e,* 32 movie star *der Filmstar, −s,* 30

start *anfangen,* 5; *losgehen,* 28; starting at 6 marks 95 *ab DM 6,95,* 5; to start driving *losfahren,* 26 we started *es ging los,* 26

start *der Anfang, ⸚e,* 27

state *erwähnen,* 39

station *die Station, −en,* 34; lift station *die Liftstation, −en,* 34

stay *bleiben,* 5; to stay overnight *übernachten,* 14; to stay alive *am Leben bleiben,* 40

steak *das Steak, −s,* 20

steam *der Dampf,* 23

steep *steil,* 23; steep incline *der Abhang, ⸚e,* 23

step *treten,* 27

step *der Schritt, −e,* 13; basic step *der Grundschritt, −e,* 13

stereo set *die Stereoanlage, −n,* 37

stick *kleben,* 25; *stecken,* 25

still *noch,* 7; *noch immer,* 13; *immer noch,* 33; *still,* 34

stir *umrühren,* 20

stocking *der Strumpf, ⸚e,* 17

stomach *der Bauch, ⸚e,* 21

stomachache *die Bauchschmerzen (pl),* 33

stone *der Stein, −e,* 23

stony *steinig,* 23

stop *aufhören,* 5; *halten,* 8; *anhalten,* 8; *stoppen,* 13; *stehenbleiben,* 23; hey, stop! *hört doch auf!* 5

stop (bus, streetcar) *die Haltestelle, −n,* 32

stopwatch *die Stoppuhr, −en,* 13

store *aufheben,* 19

store *das Geschäft, −e,* 11; *der Laden, ⸚,* 15; pet store *der Zoo, −s,* 11; *die Tierhandlung, −en* 11; vegetable store *die Gemüsehandlung, −en,* 15; camera store *der Fotoladen, ⸚,* 34; sporting goods store *das Sportgeschäft, −e,* 34; self-service store *der Selbstbedienungsladen, ⸚,* 37

story *die Geschichte, −n,* 26

straight *glatt,* 7; straight ahead *geradeaus,* 8

strange *merkwürdig,* 26; *komisch,* 29; *fremd,* 40

stranger *der Fremde, −n,* 27

strawberry *die Erdbeere, −n,* 7

streamer: (crepe) paper streamer *die Papierschlange, −n,* 36

street *die Strasse, −n,* 8; street worker *der Strassenarbeiter, −,* 37; street traffic *der Strassenverkehr,* 40

streetcar *die Strassenbahn, −en,* 22

strike (lightning) *einschlagen,* 18

string *die Schnur, ⸚e,* 25

stroke *streicheln,* 11

stroll *bummeln,* 32

strong *stark,* 18; *kräftig,* 36

stuck: to get stuck *steckenbleiben,* 27

student *der Schüler, −,* 4; *die Studentin, −nen,* 19; *der Gymnasiast, −en,* 27; secondary school student *der Oberschüler,* 32

study *lernen,* 4; *einstudieren,* 27; *pauken,* 32

stupid: how stupid! *so was Blödes,* 33

struggle *kämpfen,* 21

style *die Mode, −n,* 30; to be in style *Mode sein,* 30

stylish *schick,* 9

subject *das Motiv, −e,* 30; *das Thema, −men,* 32; (school) *das Fach, ⸚er,* 4; subject of a composition *das Aufsatzthema, −themen,* 19; photographer's subject *das Fotomodell, −e,* 30

subway *die U-Bahn (Untergrundbahn), −en,* 22

success *der Erfolg, −e,* 25

such: such as *wie,* 10; such a *so ein,* 28

suggest *vorschlagen,* 26

suddenly *plötzlich,* 8

sugar *der Zucker,* 15

suggestion *der Vorschlag, ⸚e,* 35

suit *passen,* 17

suit *der Anzug, ⸚e,* 9; woman's suit *das Kostüm, −e,* 17

suitable *passend,* 39

suited: to be suited for *s. eignen für,* 39

summer *der Sommer,* 18; summer vacation *die Sommerferien (pl),* 21

sun *die Sonne, −n,* 18

sunbathe *s. sonnen,* 21

sunburn *der Sonnenbrand, ⸚e,* 21

Sunday *der Sonntag, −e,* 20

sunglasses *die Sonnenbrille, −n,* 8

sunlight *das Sonnenlicht,* 40

suntan cream *die Sonnencreme, −s,* 21

suntan oil *das Sonnenöl, −e,* 21

sunny *sonnig,* 18; mostly sunny *heiter,* 18

super (gas) *das Super(benzin),* 29

superhighway *die Autobahn, −n,* 26

supermarket *der Supermarkt, ⸚e,* 15

supper *das Abendessen, −,* 20; to eat supper *zu Abend essen,* 20

supplies: camping supplies *die Campingsachen (pl),* 29

supply: water supply *der Wasservorrat, ⸚e,* 40

supposed: to be supposed to *sollen,* 8; was supposed to *sollte,* 20

sure(ly) *bestimmt,* 6; *sicher,* 14; sure!

klar! 7; *freilich!* 36; be sure you shave! *dass du dich ja rasierst!* 31

surprise *überraschen,* 32

surprise *die Überraschung,* −en, 26

surroundings *die Umgebung,* −en, 40

swallow *schlucken,* 33

sway *schaukeln,* 36; to link arms and sway to music *schunkeln,* 36

sweater: ski sweater *der Schipullover,* −, 34

sweep *kehren,* 16

sweet *süss,* 11

swim *schwimmen,* 2; *baden,* 21

swimming: (while) swimming *beim Baden,* 28

swimming trunks *die Badehose,* −n, 21

swing *schaukeln,* 36

Swiss *der Schweizer,* −, 34

Switzerland *die Schweiz,* 1

swollen *geschwollen,* 33

synthetic: synthetic material *der Kunststoff,* −e, 34

symbols: identifying numbers, letters, or symbols *das Kennzeichen,* −, 29

syrup: cough syrup *der Hustensaft,* ⁼e, 33

T

table *der Tisch,* −e, 14; table manners *der Tischgebrauch,* ⁼e, 20

tablespoon *der Esslöffel,* −, 33

tablet *die Tablette,* −n, 33

take *nehmen,* 4; take care! *mach's gut!* 6; to take along *mitnehmen,* 8; to take place *stattfinden,* 13; he takes the knapsack from me *er nimmt mir den Rucksack ab,* 23; to take down *herunternehmen,* 25; to take up a person's time *aufhalten,* 28; to take a picture *eine Aufnahme (ein Foto) machen,* 30; it doesn't take me long *bei mir dauert's nicht lange,* 31; to take a shower *unter die Dusche gehen,* 31; to take one's temperature *das Fieber messen,* 33; to take (medicine) *einnehmen,* 33; to take skiing lessons *einen Schikurs machen,* 37

talent *das Talent,* −e, 35

talk *reden,* 6; to talk about *reden über,* 25; *sprechen über,* 39

tall *gross,* 7; *hoch,* 26; he's one meter and seventy centimeters tall *er ist eins siebzig,* 9

tame *zahm,* 11

tan (skin) *braun,* 21

tango *der Tango,* 32

tank *der Tank,* −s, 29

tape: transparent tape *der Tesafilm,* 25

tape recorder *das Tonbandgerät,* −e, 5

taste *kosten,* 26; let me have a taste! *lass mich mal kosten!* 26

taxi *das Taxi,* −s, 22

tea *der Tee,* −s, 14

teach *unterrichten,* 3; *beibringen,* 34

teacher *der Lehrer,* −, 3; homeroom teacher *die Klassenlehrerin,* −nen, 26

team *das Team,* −s, 25; *die Mannschaft,* −en, 35

technological(ly) *technisch,* 40

teeth: to brush one's teeth *sich die Zähne putzen,* 31

telephone *das Telefon,* −e, 6; telephone number *die Telefonnummer,* −n, 32

telephoto lens *das Teleobjektiv,* −e, 30

telescope *das Fernrohr,* −e, 23

television *das Fernsehen,* 24; (see also: **TV**)

tell *erzählen,* 4; can you please tell us . . . ? *kannst du uns bitte sagen . . . ?* 8; tell about *erzählen von,* 33

temperature *die Temperatur,* −en, 18; what's the temperature today? *wieviel Grad haben wir heute?* 18; to take one's temperature *das Fieber messen,* 33

ten *zehn,* 1; 10-year-old (child) *der Zehnjährige,* −n, 35

tennis *das Tennis,* 2

tent *das Zelt,* −e, 29

terrace *die Terrasse,* −n, 26

terrible *scheusslich,* 5; *furchtbar,* 33

terrific *toll,* 2; *einmalig,* 28; *klasse,* 29

test *prüfen,* 29; *testen,* 39

test *die Klassenarbeit,* −en, 4; *die Prüfung,* −en, 35; to sign up for a test *sich zur Prüfung anmelden,* 37

than *als,* 13

thank *danken,* 17; thank God! *Gott sei Dank!* 33

thanks *danke,* 6; many thanks! *vielen Dank!* 8

that *das,* 1; *dass,* 7; that one there *das da,* 19; so that *damit,* 22; that way *so,* 24

the *das,* 1; *der,* 1; *die,* 1

theater *das Theater,* −, 8; student theater *das Schülertheater,* −, 27; movie theater *das Kino,* −s, 32

their *ihr,* 2

them; with them *mit denen,* 32

then *dann,* 2; *da,* 21; now and then *ab und zu,* 31

theoretical *theoretisch,* 27

there *da,* 7; *dort,* 8; (to) there *dorthin,* 8; *hin,* 22; over there *dort drüben,* 22; *drüben,* 36; that one there *das da,* 19; there is *es gibt,* 7; there are *da sind,* 32;

therefore *deshalb,* 16, *also,* 22; *darum,* 26

thereupon *daraufhin,* 39

thermometer *das Thermometer,* −, fever thermometer *das Fieberthermometer,* −, 33

they *sie,* 2; *man,* 8

thin *dünn,* 31

thick *dick,* 26; *dicht,* 31

thing *die Sache,* −n, 17; *das Ding,* −e, 30

think *glauben,* 2; *meinen,* 9; to think of *halten von,* 24; *denken an,* 25; I think so *ich glaub' schon,* 28 to think over *s. überlegen,* 32

third *das Drittel,* −, 40

thirst *der Durst,* 7

thirsty: to be thirsty *Durst haben,* 7

thirteen *dreizehn,* 1

thirty *dreissig,* 4; 5:30 *halb sechs,* 23; 8:30 *halb neun,* 25

this *dieser,* 9; this Saturday *diesen Samstag,* 9

thousand *tausend,* 10

threaten *drohen,* 40

three *drei,* 1; the three (of them) *die drei,* 2

throat: throat infection *die Halsentzündung,* −en, 33; sore throat *die Halsschmerzen (pl),* 33

through *durch,* 10; *über,* 10; *durch-(pref),* 22; does this train go through (to Munich)? *fährt der Zug durch?* 22

throw *werfen,* 13; throw away *wegwerfen,* 19; to throw and miss *danebenwerfen,* 36

throw *der Wurf,* ⁼e, 36

thumbtack *die Reisszwecke,* −n, 25

thunder *donnern,* 18

thunder *der Donner,* 18

thunderstorm *das Gewitter,* −, 18

Thursday *der Donnerstag,* 4

ticket *die Karte,* −n, 11; *die Fahrkarte,* −n, 22; round-trip ticket *die Rückfahrkarte,* −n, 22; two tickets to Munich *zweimal nach München,* 22; admission ticket *die Eintrittskarte,* −n, 25 traffic ticket *der Strafzettel,* −, 29; lift ticket *die Liftkarte,* −n, 34

tie *festbinden,* 16; to tie together *zusammenbinden,* 25

tiger *der Tiger,* −, 11

tight *fest,* 11; *eng,* 17; to hold tight *festhalten,* 23; *s. festhalten,* 36; hold on tight! *halt dich fest!* 36

time *die Zeit,* −en, 13; *das Mal,* −e, 28; three times *dreimal,* 17; all the time *dauernd,* 18; what time is it? *wie spät ist es?* 25; *wieviel Uhr ist es?* 25; how many times *wievielmal,* 27; this time *diesmal,* 27; the eighth time *das achte Mal,* 28; at that time *damals,* 28; a few times *ein paarmal,* 32; it's time *es wird Zeit,* 32; time span *der Zeitraum,* 32, at this time *zu dieser Zeit,* 36; at the present time *zur Zeit,* 39; length of time *die Dauer,* 29

tint *färben,* 31

tip *das Trinkgeld,* −er, 14

tire *der Reifen,* −, 29

tired *müde,* 26; dead tired *hunde-müde,* 31
title *der Titel, –,* 27
to *bis,* 1; *zu,* 7; *an,* 8; *nach,* 10; *bis nach,* 10; from . . .to . . . *von . . . bis zu . . . ,* 27; to (France) *nach (Frankreich),* 29; to (Switzerland) *in (die Schweiz),* 29
today *heute,* 4
together *zusammen,* 15; *zusammen-*(pref) 21; *gemeinsam,* 36; all together *durcheinander,* 27
tomato *die Tomate, –n,* 15
tomorrow *morgen,* 4
tone *der Ton, ⸚e,* 24
tonsils *die Mandeln* (pl), 33
too *auch,* 1; *zu,* 5; too bad! *schade!* 23
tool *das Gerät, –e,* 16; *das Werkzeug, –e,* 25
tooth *der Zahn, ⸚e,* 31
toothache *die Zahnschmerzen* (pl), 33
toothbrush *die Zahnbürste, –n,* 31
toothpaste *die Zahnpasta, –pasten,* 31
top: on top of *auf,* 19; on top *oben-drauf,* 37
topic *das Thema, Themen,* 32
tote bag *die Tasche, –n,* 22
touch *anfassen,* 11
tour *besichtigen,* 39
tour *die Besichtigung, –en,* 39; guided tour *die Führung, –en,* 26
tourist information office *das Frem-denverkehrsbüro, –s,* 10
tournament: jousting tournament *das Turnier, –e,* 28
toward *gegen,* 21; *entgegen,* 26; to-ward the end of July *gegen Ende Juli,* 21; toward s.th. *auf etwas zu,* 36
towel *das Handtuch, ⸚er,* 14
tower *der Turm, ⸚e,* 14
town *der Ort, –e,* 12; in a town *in einer Kleinstadt,* 1; town hall *das Rathaus, ⸚er,* 22
toy *das Spielzeug, –e,* 30
toy store *der Spielzeugladen, ⸚,* 37
trace *nachziehen,* 31
track *das Gleis, ⸚e,* 22
tractor *der Traktor, –en,* 38
trade school *die Berufsschule, –n,* 39
trading *das Tauschen,* 30
traditional *traditionell,* 36; group dressed in traditional costumes *die Trachtengruppe, –n,* 36
traffic *der Verkehr,* 26; *der Strassen-verkehr,* 37; traffic light *die Ampel, –n,* 8; traffic sign *das Verkehrs-zeichen, –,* 22; against the traffic *dem Verkehr entgegen,* 26; air traffic *der Flugverkehr,* 40; street traffic *der Strassenverkehr,* 40
trail: hiking trail *der Wanderweg, –e,* 40
train *trainieren,* 30; *ausbilden,* 39; to train to become a hairdresser

Friseuse lernen, 32
train *die Bahn,* 22; *der Zug, ⸚e,* 22; by train *mit dem Zug,* 22
training *die Ausbildung,* 39; job train-ing *die Berufsausbildung,* 39
transform *verwandeln,* 18
transmission: automatic transmission *die Automatik,* 37; manual transmis-sion *die Gangschaltung,* 37
transportation: means of transportation *das Verkehrsmittel, –,* 22
trap: radar trap *die Radarfalle, –n,* 29
travel *reisen,* 29; travel folder *der Reiseprospekt, –e,* 10; travel bro-chure *die Reisebroschüre, –n,* 29; travel bureau *das Reisebüro, –s,* 29
tray *das Tablett, –e,* 14
tree *der Baum, ⸚e,* 16
tributary *der Nebenfluss, ⸚e,* 35
trip *die Reise, –n,* 16; *die Fahrt, –en,* 22; *die Hinfahrt, –en,* 29; to be on a trip *auf Reisen sein,* 16; summer trip *die Sommerreise, –n,* 29
trouble *der Ärger,* 32; there'll be trouble *es gibt Ärger,* 32
truck *der Lastwagen, –,* 37
true *wahr,* 19; true-to-life *echt,* 24
truly: very truly yours *mit freund-lichen Grüssen,* 33; *hochachtungs-voll,* 39
trumpet *die Trompete, –n,* 5
trunk (car) *der Kofferraum, ⸚e,* 23
try *versuchen,* 11; *probieren,* 32; try on *anprobieren,* 9
Tuesday *der Dienstag,* 4
tune in *einschalten,* 24
tunnel *der Tunnel, –,* 23
turn *abbiegen,* 8; *drehen,* 24; *wenden,* 35; to turn off *abdrehen,* 5; *abstel-len,* 18; *ausschalten,* 24; to turn on *andrehen,* 5; *einschalten,* 24; to turn around *umkehren,* 8; s. um-drehen, 29; to turn to Channel 2 *aufs zweite Programm umschalten,* 24; to turn out well *gut werden,* 28
turn: whose turn is it? *wer ist dran?* 2
turtle *die Schildkröte, –n,* 11
TV *das Fernsehen,* 24; to watch TV *fernsehen,* 24; TV broadcast *die Fernsehsendung, –en,* 24; TV set *der Apparat, –e,* 24; *der Fernseher, –,* 24; black-and-white TV set *der Schwarzweissfernseher,* 24; color TV set *der Farbfernseher,* 24; TV schedule *das Fernsehprogramm, –e,* 24; TV terms *die Fernsehsprache,* 24; on TV *im Fernsehen,* 27; to be on TV *im Fernsehen kommen,* 27
tweezers *die Pinzette, –n,* 30
twelfth *zwölft-,* 30
twelve *zwölf,* 1
twenty *zwanzig,* 1
twice *zweimal,* 22; twice a week *zweimal in der Woche,* 27
two *zwei,* 1; the two (of them) *die*

beiden, 2
type *der Typ, –en,* 32
typical(ly) *typisch,* 38
Tyrol *das Tirol,* 1

U

ugly *hässlich,* 29
uh-oh! *auweh!* 37
umbrella: beach umbrella *der Sonnen-schirm, –e,* 29
uncle *der Onkel, –,* 3
uncomfortable *umbequem,* 29
under *unter,* 18
understand *verstehen,* 6; *verstehen von,* 31; *kapieren,* 32; understand? *kapiert?* 32
undressed: to get undressed *s. auszie-hen,* 21
unemployed *arbeitslos,* 39
unfortunately *leider,* 17
unhealthy *ungesund,* 40
uniform *die Uniform, –en,* 37
unknown *fremd,* 40
unload *abladen,* 38
unlucky person *der Pechvogel, ⸚,* 36
unnatural *unnatürlich,* 31
unoccupied *frei,* 22
unpleasant *lästig,* 31
until *bis,* 25; not until *erst,* 32
unwrap *auspacken,* 17
up: up to *bis,* 1; *bis nach,* 10; *herauf-*(pref), 19; up to the (parking lot) *bis zum (Parkplatz),* 23; up there (here) *dort (hier) oben,* 26
Upper Bavaria *das Oberbayern,* 1
upward *aufwärts,* 26
upstairs *oben,* 23; (to run) upstairs *nach oben (rennen),* 23
urge *auffordern,* 40
us *uns,* 7
use *benutzen,* 8; *gebrauchen,* 21; *verbrauchen,* 40; to use up film *ver-knipsen,* 28; to use (for) *gebrauchen (zu),* 31
use *der Gebrauch,* 40; *der Verbrauch,* 40; it's no use *es hat keinen Zweck,* 37; to be of use *nützen,* 40
used (adj) *gebraucht,* 29; to get used to *s. gewöhnen an,* 28; you get used to it *man gewöhnt sich daran,* 28; to be used up *alle sein,* 32
usually *gewöhnlich,* 4
utensil *das Gerät, –e,* 16

V

vacation *der Urlaub,* 10; *die Ferien* (pl), 29; on vacation *im Urlaub,* 10; to go on vacation *Urlaub machen,* 11; *in Urlaub fahren,* 29; day of vaca-tion *der Urlaubstag, –e,* 29; (going)

on vacation *in den Urlaub*, 29; vacation spot *der Ferienort*, —e, 29; during vacation *in den Ferien*, 37; vacation job *der Ferienjob*, —s, 37
vacationer *der Urlauber*, —, 10
valley *das Tal*, "er, 10
various *verschieden*, 18
vase *die Vase*, —n, 25
vegetable *das Gemüse*, —, 15; vegetable store *die Gemüsehandlung*, —en, 15
verb *das Verb*, —en, 35
very *sehr*, 2; *ganz*, 17
vicinity: in the vicinity of *in der Nähe*, 40
victor *der Sieger*, —, 34
view *die Aussicht*, 10; *der Anblick*, —e, 26
village *das Dorf*, "er, 1
violin *die Geige*, —n, 5
visibility *die Sicht*, 23
visit *besuchen*, 10
visitor *der Besucher*, —, 28; *der Besuch*, 36
vocabulary word *die Vokabel*, —n, 35
voice *die Stimme*, —n, 5

W

wages *der Lohn*, "e, 39
waist size *die Bundweite*, —n, 9
wait *warten*, 6; wait for *warten auf*, 7
waiter *der Kellner*, —, 32
waitress *die Kellnerin*, —nen, 20
wake up *aufwachen*, 26; to wake (s.o.) up *aufwecken*, 26
walk *gehen*, 8; *laufen*, 23; *zu Fuss gehen*, 28; they take a walk *sie gehen spazieren*, 4; walk back *zurücklaufen*, 23; to walk leisurely *bummeln*, 32
walk *der Fussweg*, —e, 8
walker *der Spaziergänger*, — 10
wall *die Wand*, "e, 19; *die Mauer*, —n, 26
waltz *der Walzer*, —, 32
wander *wandern*, 10
want to *wollen*, 8
wanted to *wollte*, 20
wardrobe *der Schrank*, "e, 19
warm *herzlich*, 12; *warm*, 13; *gemütlich*, 34; warmest greetings *herzliche Grüsse*, 12
warmth *die Wärme*, 18
was *war*, 20
wash (dishes) *spülen*, 14; (o.s.) *s. waschen*, 23
wash *die Wäsche*, 14
washcloth *der Waschlappen*, —, 31
washing machine *die Waschmaschine*, —n, 19
wasp *die Wespe*, —n, 16
waste *der Abfall*, "e, 40

wastebasket *der Papierkorb*, "e, 40
watch *zuschauen*, 2; *beobachten*, 30; watch out *aufpassen*, 11; watch TV *fernsehen*, 24
water (plants) *giessen*, 16
water *das Wasser*, 11; water fight *die Wasserschlacht*, —en, 21; go under water *tauchen*, 21; body of water *das Gewässer*, —, 35; water sport(s) *der Wassersport*, 35; water supply *der Wasservorrat*, "e, 40
waterway *der Wasserweg*, —e, 35
wave *winken*, 22; *wehen*, 34
wavy *wellig*, 31
wax *wachsen*, 34
wax *das Wachs*, 34
way *der Weg*, —e, 10; by way of *über*, 10; on the way *unterwegs*, 8; that way *so*, 24; by the way *übrigens*, 30; a short way *ein kurzes Stück*, 34
we *wir*, 2
weak *schwach*, 26
weapon *die Waffe*, —n, 26
wear *tragen*, 7
weather *das Wetter*, 18; weather bureau *das Wetteramt*, "er, 18; in this weather *bei diesem Wetter*, 18; weather report *der Wetterbericht*, —e, 18
wedding *die Hochzeit*, —en, 28; the Landshut Wedding *die Landshuter Hochzeit*, 28
wedeln *wedeln*, 34
Wednesday *der Mittwoch*, 4
weed *jäten*, 16
weed *das Unkraut*, 16
week *die Woche*, —n, 10; last week *letzte Woche*, 14
weekend *das Wochenende*, —n, 20
weekly *wöchentlich*, 39
weigh *wiegen*, 15
weight *das Gewicht*, —e, 15
welcome: you're welcome *bitte schön!* 8; *keine Ursache!* 26
well *gut*, 8; *wohl*, 33; well done! *gut gemacht!* 13
well *na*, 5; *nun*, 17; well, then, anything else? *so, bitte!* 15; well, can you beat that! *ja, so was!* 32; well then *na gut!* 32; well, what do you know! *soso!* 32
well-behaved *brav*, 36
well-known *bekannt*, 29
went: we went on *weiter ging's*, 26
west *der Westen*, 18; west (of) *westlich (von)*, 10
western *der Western*, —, 24
wet *nass*, 4
what *was*, 2; what will it be? *bitteschön!* 15; *bitte sehr?* 17; with what *womit*, 31
when *wann*, 4; *wenn*, 6; *als*, 26
whenever *wenn*, 6
where *wo*, 1; to where *wohin*, 8; where we live *bei uns*, 18; from

where? *woher?* 29; where are they from? *woher kommen sie?* 29; where are they going? *wohin fahren sie?*
whether *ob*, 7
which *welcher*, 9; every which way *kreuz und quer*, 32
while *während*, 26; while brushing one's teeth *beim Zähneputzen*, 31
whisper *flüstern*, 26
white *weiss*, 2; white-collar worker *der Angestellte*, —n, 3; white wine *der Weisswein*, —e, 20
who *wer*, 1
whoever *wer*, 27
whole: the whole family *die ganze Familie*, 3
whom *wen*, 4; (to, for) whom *wem*, 14
why *warum*, 2; *wieso?* 31
wide *breit*, 9; *weit*, 17
wife *die Frau*, —en, 19
wig *die Perücke*, —n, 27
win *gewinnen*, 2; *siegen*, 13
wind *der Wind*, —e, 18
window *das Fenster*, —, 19; ticket window *die Kasse*, —n, 26
windy *windig*, 18
wine *der Wein*, —e, 20
wing *der Flügel*, —, 26
winner *der Gewinner*, —, 27; *der Sieger*, 34
winter *der Winter*, —, 10; in the winter *im Winter*, 10
wire *der Draht*, "e, 25; wire-cutters *die Zange*, —n, 25
wish *wünschen*, 17
wish *der Wunsch*, "e, 15; best wishes *alles Gute*, 15
with *mit*, 4; *mit-* (pref), 6; with each other *miteinander*, 4; with it *damit*, 27; with you *bei dir*, 29
without *ohne*, 10
witty *witzig*, 32
woman *die Frau*, —en, 27
wonder *s. wundern*, 32; I wonder if it's my tonsils again? *ob es vielleicht wieder meine Mandeln sind?* 33
wonderful *wunderbar*, 28
wood *das Holz*, 26
woods *der Wald*, "er, 10
wool *die Wolle*, 34
word *das Wort*, "er, 21; words *die Worte* (pl), 27; vocabulary word *die Vokabel*, —n, 35
work *arbeiten*, 3; work together *mithelfen*, 14; work overtime *Überstunden machen*, 37
work *die Arbeit*, —en, 16; at work *bei der Arbeit*, 26; *im Geschäft*, 32
working *berufstätig*, 39; working hours *die Arbeitszeit*, —en, 39
workroom *das Arbeitszimmer*, —, 19
worktable *der Basteltisch*, —e, 19
world *die Welt*, —en, 28
worn out *kaputt*, 9

worry *die Sorge, −n,* 20; don't worry! *mach dir keine Sorgen!* 20; don't worry, they'll come *die kommen schon noch,* 32

worth: it was worth it *es hat sich gelohnt,* 28

would *würde,* 23; I would like *ich möchte gern,* 15; it would be nice of you *es wäre lieb von dir,* 36

wound *die Wunde, −n,* 33

wrap *einpacken,* 36

write *schreiben,* 4; write down *aufschreiben,* 7; to write on *beschriften,* 25; to write to *schreiben an,* 26; to write over *neu schreiben,* 27

writing *die Schrift, −en,* 30

wrong *falsch,* 8

Y

year *das Jahr, −e,* 1; this year *in diesem Jahr,* 27; *heuer,* 28; 10-year-old (child) *der Zehnjährige, −n,* 35; year after year *Jahr für Jahr,* 36

yearly *jährlich,* 40

yellow *gelb,* 2

yes *ja,* 1

yesterday *gestern,* 14; yesterday morning *gestern vormittag,* 20

yet *noch,* 7; never yet *noch nie,* 22

yogurt *der Joghurt, −s,* 15

you *du,* 1; *ihr,* 2; *dich,* 7; *euch,* 7; *man,* 8; *Sie,* 10

young *jung,* 11; young person *der Jugendliche, −n,* 34; young (animal) *das Junge, −n,* 38

your *dein,* 3; *euer,* 5; *Ihr,* 10

Yugoslavia *(das) Jugoslawien,* 29

Z

zebra *das Zebra, −s,* 11

zero *die Null, −en,* 9

zip code *die Postleitzahl, −en,* 12

zoo *der Zoo, −s,* 8; *der Tierpark, −s,* 11

Grammar Index

Abbreviations

317

136 (I); past tense, 210 (I); subjv forms, 241f (I)

seit: prep foll by dat, 42 (fn); in time expr, 52f

separable prefixes: verbs with, 53 (I); past part of verbs with, 135ff (I); in verb-last clauses, 124, 253 (I)

setzen/sitzen: use of, 200f (I)

sich: reflexive pron, 216f, 220f (I)

so . . . wie: in comparisons, 130f (I)

sollen: pres tense, 80f (I); past tense, 210 (I); conv past, 140f; subjv forms of, 180f

stellen/stehen: use of, 200f (I)

strong verbs: conv past tense of, 135ff (I); past part of strong verbs, 136, 148, 158, 190, 252 (I); narrative past of, 12f, 23, 29, 45; see also: summary chart of strong verbs, 262

subject: noun phrase as, 37, 38, 73, 91 (I); pron as, 3, 6, 12 (I); interr pron as, 59 (I);

subjunctives: subjv forms of modals, 180f; to express wishes, 183; in polite requests, 186; in "if only" statements, 200

superlatives: 86f

tense: pres, 6, 12 (I); pres tense to express future, 89 (I); future tense with **werden,** 89 (I); conv past, 135ff, 138 (I); narrative past of weak verbs, 4f; of strong verbs, 12f, 23, 29, 45; past perfect, 46; see also: present tense, modals, conditional sentences

time expressions: use of acc in, 92 (I); for 24-hour clock, 228 (I), informal, 9; foll **wann? wie oft? wie lange?,** 38, 39; foll **wie oft? wieviel mal?,** 40; with **erst, schon,** and **seit,** 52f; with **in** and **vor,** 59; with **heute, gestern,** and **morgen,** 61; order of phrases, 137

two-way prepositions: to answer the ques **wo** (dat), 196f, 201 (I); to answer the ques **wohin** (acc), 200f (I)

über: prep foll by dat, 196f (I); prep foll by acc, 200f (I)

um: prep foll by acc, 106 (I)

um . . . zu: 152f

und: word order after, 127 (I)

unter: prep foll by dat, 196f (I); prep foll by acc, 200f (I)

verb-first order: 18, 123 (I)

verb-last order: 124, 138, 253 (I)

verb-second order: 74, 123, 127, 253 (I)

verbs: pres tense of **sein,** 3, 15 (I); of reg verbs, 6, 12 (I); of verbs with ending **-eln,** 12 (I); of verbs with stem ending **-s, -t,** 12 (I); of **haben,** 35 (I); of verbs with stem vowel change, 41 (I); of verbs with sep pref, 53 (I); of **mögen,** 69, (I); **möchte**-forms, 71f (I); of **wollen, sollen, können, dürfen, müssen,** 80f (I); future time, 89 (I); formal Sie-forms, 98f (I); comm forms, 111f, 114, 116f, 117, 118 (I); conv past, 135f (I); with dir obj in dat case, 177f (I); past tense of **haben, sein, werden,** and the modals, 210 (I); summary of tenses, 250f (I); narrative past of strong verbs, 12f, 23, 29, 45; of weak verbs, 4f; using the narrative past of, 13; used with acc and dat prep, 168f

viele: det of quantity, 60; foll by adj, 93f

von: prep foll by dat, 154f (I)

vor: prep foll by dat, 196f (I); prep foll by acc, 200f (I); in time expr, 59

wann: in ques, 59 (I); 38, 39

warum: in ques, 18 (I); summary, 59 (I)

was: in ques, 18 (I); summary, 59 (I); in relative clauses, 251

was für ein: in ques, 59 (I); summary, 59 (I); used as pron, 126

weak verbs: conv past tense of, 135ff (I); past part of irreg weak verbs, 148 (I); narrative past of, 4f

weil: word order after, 253 (I)

welcher: see **dieser**-words; used as pron, 126

wem: in ques, 145 (I); after dat prep, 154f (I)

wen: in ques, 59 (I); after prep, 106, (I)

wenige: det of quantity, 60; foll by adj, 93f

wenn: used in cond sentences, 241f (I); word order after, 124, 253 (I); used in "if only" statements with subjv, 200

wer: in ques, 18 (I); summary, 59 (I), 165

werden: pres tense forms, 89 (I); to express future time, 89 (I); past part, 158 (I); past tense, 210 (I); subjv forms, 241f (I); plus past part (passive), 213f

wie: in ques, 2 (I); summary, 59 (I)

wie lange: in ques, 38

wie oft: in ques, 38, 40

wieviel: in ques, 59 (I)

wievielmal: in ques, 40

wissen: pres tense, 143 (I); past part, 148 (I)

wo: in ques, 18 (I); summary, 59 (I); answering **wo** (two-way prep), 196f, 201 (I)

wo-compounds: 105; used as interr, 168f

woher: 164

wohin: answering **wohin** (two-way preps), 200f (I); 164

wollen: pres tense, 80f (I); past tense, 210 (I); conv past, 140f; subjv forms of, 180f

word order: in ques, 18, 123; verb-second order, 74, 123 (I); position of **nicht,** 62 (I); with modals, 80f (I); in comm, 111f, 114, 116f, 117, 118 (I); verb-last position, 124 (I); sentences joined by **und, oder, aber, denn,** 127 (I); in dep clauses with verb in the conv past, 138 (I); aux in double inf constr, 140f; expr of time and place, 137; order of objects, 135

würde: plus inf in cond sentences, 241f (I)

zu: prep foll by dat, 154f (I); in inf constr, 152f

zum: with inf used as noun, 102

zwischen: prep foll by dat, 196f (I); prep foll by acc, 200f (I)